编辑委员会

成协中　丁晓东　胡永恒　郭剑寒　贺　剑　任启明
褚福民　王　炜　傅　强　沈朝晖　徐　斌　尤陈俊

本辑主编

尤陈俊

声　明

本刊的各篇文章仅代表作者本人的观点和意见,并不必然代表编辑委员会的任何意见、观点或倾向,也不反映北京大学的立场。特此声明。

《北大法律评论》编辑委员会

中文社会科学引文索引（CSSCI）来源集刊

北大法律評論
PEKING UNIVERSITY LAW REVIEW
第 10 卷·第 2 辑（2009）

《北大法律评论》编辑委员会

图书在版编目(CIP)数据

北大法律评论·第10卷·第2辑/《北大法律评论》编辑委员会编.—北京:北京大学出版社,2009.7
ISBN 978-7-301-15582-0

Ⅰ.北… Ⅱ.北… Ⅲ.法律-文集 Ⅳ.D9-53

中国版本图书馆 CIP 数据核字(2009)第 128032 号

书　　　名:北大法律评论(第 10 卷·第 2 辑)
著作责任者:《北大法律评论》编辑委员会　编
责 任 编 辑:王　晶
标 准 书 号:ISBN 978-7-301-15582-0/D·2376
出 版 发 行:北京大学出版社
地　　　址:北京市海淀区成府路 205 号　100871
网　　　址:http://www.pup.cn　电子邮箱:law@pup.pku.edu.cn
电　　　话:邮购部 62752015　发行部 62750672　编辑部 62752027　出版部 62754962
印 刷 者:北京大学印刷厂
经 销 者:新华书店
　　　　　787 毫米×1092 毫米　16 开本　19.25 印张　355 千字
　　　　　2009 年 7 月第 1 版　2009 年 7 月第 1 次印刷
定　　　价:35.00 元

未经许可,不得以任何方式复制或抄袭本书之部分或全部内容。
版权所有,侵权必究
举报电话:010-62752024　电子邮箱:fd@pup.pku.edu.cn

《北大法律评论》第10卷·第2辑(总第19辑)

目　录

编者按语 …………………………………………………………（305）

主题研讨　行政裁量的法治空间

　　王锡锌　行政自由裁量权控制的四个模型
　　　　　　——兼论中国行政自由裁量权控制模式的选择 ………（311）
　　余凌云　行政裁量的治理
　　　　　　——以警察盘查为线索的展开 ………………………（329）
　　朱新力　唐明良　尊重与戒惧之间
　　　　　　——行政裁量基准在司法审查中的地位 ……………（343）
　　王贵松　行政裁量权收缩的法理基础
　　　　　　——职权职责义务化的转换依据 ……………………（354）

论文

　　于　明　法律规则、社会规范与转型社会中的司法
　　　　　　——《叔向使诒子产书》的法理学解读 ……………（375）
　　王　慧　国际货物买卖合同中买方"拒受权"辨析 ……………（398）
　　郭　雳　美国证券集团诉讼的制度反思 ………………………（426）

评论

陈福勇　仲裁机构的独立、胜任和公正如何可能
　　　　——对 S 仲裁委的个案考察 …………………（447）

胡　凌　网站治理：制度与模式 ……………………………（478）

谢进杰　中国刑事审判对象的实践与制度 ………………（499）

何才林　夹缝中的变革
　　　　——以行政审判管辖权为视角的叙事 …………（520）

侯　猛　CSSCI 法学期刊：谁更有知识影响力？ ………（546）

苏　力　追求不可替代
　　　　——《北大法律评论》十年感言 …………………（563）

书评

卢　超　经由"内部契约"的公共治理：英国实践
　　　　——评戴维斯的 Accountability: A Public Law Analysis
　　　　of Government by Contract ……………………（569）

编后小记 …………………………………………………（582）

《北大法律评论》总目录（第 1 卷—第 10 卷）…………（588）

Peking University Law Review
Vol. 10, No. 2 (2009)

Contents

Editors' Notes ··· (305)

Symposium:

Wang Xixin

    Four Models of Regulating the Administrative Discretion: On the Choice of Models of China's Regulating the Administrative Discretion ······ (311)

Yu Lingyun

    Governance of Administrative Discretion: Unfolding through the Clue of Police Stop and Search ··· (329)

Zhu Xinli & Tang Mingliang

    Between Respect and Precaution: The Status of the Administrative Discretion Standard in the Judicial Review ························· (343)

Wang Guisong

    On the Legal Foundation of the Shrink of Administrative Discretion: Why the Norms of Authority and Responsibility Can Be Transformed to Duty? ··· (354)

Articles

Yu Ming

    Legal Rules, Social Norms, and Justice in Social Transformation: An Interpretation of *Letter from Shuxiang to Zichan* from the Perspective of Jurisprudence ································· (375)

Wang Hui
    On the Buyer's Right to Reject Goods in the Contract of International
        Sale of Goods ………………………………………………………… (398)

Guo Li
    Further Thoughts on the US Securities Class Action ………………… (426)

Notes & Comments

Chen Fuyong
    How Could Arbitration Institution Become Independent, Competent,
        and Fair? A Case Study of S Arbitration Commission ……………… (447)

Hu Ling
    The Regulation of Websites in China: Institutions and Models ……… (478)

Xie Jinjie
    The Practice and System of Criminal Trial Object in China ………… (499)

He Cailin
    Reforms in the Crack: Description Taking the Administrative Litigation
        Jurisdiction as a Perspective ………………………………………… (520)

Hou Meng
    Law Journals of CSSCI: Which One Is More Influential in Knowledge
        Production ………………………………………………………… (546)

Su Li
    Pursuing the Irreplaceability: Some Thoughts on the 10th Anniversary of *Peking*
        University Law Review …………………………………………… (563)

Book Review

Lu Chao
    Government by Internal Contract: Practice of UK—A Review of
        A. C. L Davies' *Accountability: A Public Law Analysis of*
        Government by Contract …………………………………………… (569)

Afterword ……………………………………………………………… (582)

General List (Vol. 1—10) ……………………………………………… (588)

编者按语

  如何有效控制行政裁量,是现代行政法的一个永恒话题。近年来,裁量权太大、裁量权滥用等问题,引起了公众、媒体和政府越来越多的关注,成为中国社会转型时期一个矛盾汇聚的焦点。长期以来,法治主义在控制自由裁量权问题上的种种努力,所体现的都是过分强调"规则之治"的形式法治理念。然而,现代行政过程的现实一再证明,裁量权是行政权的内在要素,裁量权的普遍存在是行政国家中的一个基本事实。这一方面源于人类知识和理性的局限,另一方面则源于对行政回应性、灵活性的需求,以及人们对个案正义的诉求。特别是在转型时期的中国法治建设过程中,这几方面的因素同时存在。因此,行政裁量的问题,既是法治面临的一个普遍性问题,也是中国特定时空背景下的特殊性问题。为此,我们组织了"行政裁量的法治空间"的主题研讨,共由四篇论文组成。

  建构控制行政裁量的基本制度,必须在特定的控制理念指导之下进行。在不同控制理念的指导之下,行政裁量的控制主体、控制制度、控制技术都各不相同。王锡锌在《行政自由裁量权控制的四个模型——兼论中国行政自由裁量权控制模式的选择》一文中,根据控制主体、控制理念、控制制度和控制技术的不同,将行政自由裁量权的控制模式归纳为四种类型——通过规则的命令控制模式、通过原则的指导控制模式、通过程序的竞争控制模式和通过监督的审查控制模式,并深入分析了各种模式的特点和不足。传统的控制理念基于行政裁量的消极后果,试图割裂行政规范中"人"的因素,建构一种法律规范与法律效果之间的直接关联机制。王锡锌对这种控制理念提出了批判。他认为,自由裁量控制的核心目标,是实现不同条件下裁量的理性化。要实现这一目标,必须转变传统控制模式的单一性、封闭性视角,而代之以多元的、开放的、复合的视角,在控制模式的选择上,从单一控制模式走向复合控制模式。

对行政裁量四种控制模型的归纳,无论在学术上是否严谨,它们基本上已涵盖了我们所能想象到的控制制度和技术。但这些控制技术多半是"洋货",它们能否解决中国的"疑难杂症"呢?基于这些疑问,余凌云在《**行政裁量的治理——以警察盘查为线索的展开**》一文中,以两种引起盘查裁量偏差的情形作为强有力的例证,证明我们已知的技术和策略远远不足以解决裁量偏差问题。因为行政裁量乃是运行于一个复杂的系统之中,系统内的各种因素都可能对裁量发生作用,所以,欲求解决裁量偏差,绝不能只着眼于行政裁量的控制,而应该更加注意各种因素的影响。这样的追寻,必然会将我们带到一个更为广袤的、超脱传统的治理领域。一方面,在我国现阶段,裁量权的滥用,很多是由于各种制度的运转过程中存在着某种(些)不尽合理的制度或因素而在运行挤压下产生的。因此,要彻底解决裁量滥用,绝不是从控制入手,而是需要我们去理顺有关的制度,剔除不合理的因素或影响,通过制度性舒缓和释放来解决问题。这个发现,能够让我们跳出传统的板块式控制结构,从另外一个角度审视自由裁量的控制问题。另一方面,当前自由裁量的滥用,在很多情形下是行政机关与相对人不能形成很好的互动关系而形成的。因此,我们要积极引入协商式的裁量模型,通过强化相对人的服从义务意识,进一步推进行政机关的柔性执法,在塑造良好互动关系的过程中有效规范自由裁量。

对行政裁量控制技术的学理概括和探讨,有助于我们从整体上认识行政裁量控制模式和技术,而实践中兴起的裁量控制技术,更有助于我们深刻认识中国行政实践中的控制行政裁量的现实情景。行政裁量基准就是我国行政实践中普遍使用的压缩裁量权的一种重要手段,在细化法律规范、提供执法指引、避免执法风险等方面,裁量基准都具有重要意义。但其在司法审查中的地位,尚有待学理上的深入探讨。朱新力和唐明良的《**尊重与戒惧之间——行政裁量基准在司法审查中的地位**》一文,通过考察司法审查与裁量基准的应然关系以及司法实践对裁量基准的真正态度,提出裁量基准既是实质意义上的司法审查规范,同时又是司法审查的对象。这一在中国语境下看似吊诡的悖论,实际上导源于两种法律传统之间的张力,即司法对行政裁量的尊重与"信任法院、戒惧行政"传统之间的一种撕扯与平衡。至于个案中究竟倾向于尊重抑或戒惧,除了受在人类社会具有通约性的一些司法规律影响外,更赖于一国某一时期的司法政策以及法官的司法理念,当然,一个不可或缺的因素还在于个案中裁量基准本身的"品质"。而且,法院也正是在"尊重与戒惧之间"或明或暗、或有意或无意地输出自己的公共政策意图。

如果说上述三篇文章都是旨在从外部视角将行政裁量导入法治轨道,那么王贵松的《**行政裁量权收缩的法理基础——职权职责义务化的转换依据**》则是从行政权本身的内部视角,通过法解释学的方法,将实在法上关于行政主体职责职权的规定转换成义务性规定,从而压缩行政裁量的空间。在多数情况下,行政主体在适用法律规范的时候必定享有一定的裁量权,如此,法律上对行政主体的职权或职责规定,就无法直接转化为义务的规定,私人也难以请求行政主体作出特定的行为。但在现代社会,随着私人在行政法上地位的变迁、行政法律关系向着三面乃至多极化方向发展,私人的行政介入请求权逐渐获得承认;随着基本权利由主观公权利向兼有客观法属性转变、国家由注重自由转向兼顾福利,国家保护义务亦得以确立。正是由于行政介入请求权和国家保护义务的存在,行政裁量权在特定情形下就会发生收缩,职权职责规定的义务化才获得了规范上的支持。作者通过证明两者的存在及其要求,为整个危险防止领域行政裁量权收缩提供一体的法理基础。

春秋末期的昭公六年(公元前 536 年),晋国大夫叔向与郑国执政子产围绕"铸刑书于鼎"一事,曾有过一次著名的对话,后来为《左传》所记载。近代以降,"叔向使诒子产书"被学人们作为中国历史上首次"公布成文法"的基础史料,频繁地为各种法学著作所引用。区别于先前的此类研究,于明的《**法律规则、社会规范与转型社会中的司法——〈叔向使诒子产书〉的法理学解读**》一文,结合春秋时代社会转型的历史背景,对子产与叔向的言辞与追求进行重新理解,用现代社会科学的语言将其转化成可交流的"普遍的信息与共识",试图揭示这一古典文献中所隐含的一般性的法理学意涵。于明指出,无论子产的"铸刑书",还是叔向的"议事以制"与"惧民之有争心",都并非传统的"进步"与"保守"那样简单,他们的思想与意涵都不能仅仅在理念上予以理解,而要回归到具体精细的制度层面上来理解。于明在本文中的真正目的,并非只是做一番别出心裁的史料解读,而是意在借此探讨这份古典文献所包含的有关转型社会中的司法裁量与法律解释等诸多问题的深刻意蕴,以及这一著名的历史论争对于近现代中国的法治与法学的理论启示。

在《**国际货物买卖合同中买方"拒受权"辨析**》一文中,王慧主张在中国法中确立一种新的违约救济方式——拒绝接受。对本论题如此专门的论述,在国内似尚无前例。王慧不仅考察和分析了英美法系国家和大陆法系国家以及有关的国际商事法律、惯例中关于买方拒受货物的规定以及相关的学说,对材料的占有和论述的展开已达到相当充分的地步;而且,她从多方面,如概念、性质、成立条件、法律后果等,对此话题本身进行了分析,较为实在与具体。这些研究工作,对于拓展和深化中国学界对相关制度的认识,颇具价值。

郭雳的《**美国证券集团诉讼的制度反思**》一文,不仅给读者呈现出证券集团诉讼的前世今生、基本制度价值、制度缺陷所在、社会文化背景、理想与现实的差距,而且结合上述讨论,开出了相应的"什锦药方"。虽然全文大范围地涵盖了证券集团诉讼的相关背景,但其核心并未因此淡化,而是围绕着因现行和解与保险机制所放大的弊端而导致填补投资者损害和惩戒阻却违法者两大目标的双双落空,展开了详尽的分析。不同于在中国炒美国的"剩饭",文章并未止于对美国制度的引介,而是引出了其在我国的"适应性"问题与改良方案。

对于我国地方仲裁机构,很多学者都持怀疑态度,怀疑它们不能独立于地方政府,专业性程度不够,对此,陈福勇在《**仲裁机构的独立、胜任和公正如何可能？——对 S 仲裁委的个案考察**》中进行了实证性的个案研究,有力地回应和反驳了这种怀疑。借助于长达两年的参与观察,以及对于材料的谨慎筛选和运用,陈福勇发现,S 仲裁委在中国的现实语境中,通过政治话语这一杠杆,巧妙地实现了仲裁机构的独立;通过考核和筛选机制,不断提高仲裁员和秘书的胜任程度;以及通过预防和惩罚机制,尽量预防腐败,追求公正。作者细致而清晰地分析了 S 仲裁委所采取的各种措施和效果,并且在学理上分析了这些措施的可推广性,提炼了超越这一个案研究的具有普遍性的理论意义和实践意义。

随着互联网的进一步发展,以网站为平台开展的各种活动也日益增多。一方面,国家需要互联网作为新的媒介进行宣传和发展网络经济与文化产业;另一方面,对日益增多的成本低廉的网上言论、表达以及非法行为,国家也需要采取措施加以管理和控制,以免危害社会秩序和国家安全。这一切的网络空间中的基础架构就是网站,可以说,对网站的治理构成了中国互联网治理的核心内容。胡凌在《**网站治理:制度与模式**》一文中,对我国网站治理的基本制度进行了深入分析,集中梳理了国家管理一般网站平台的正式制度、基础架构、各部门之间的分工流程,并对网站治理形成基本的认识。胡凌以其严密的制度法学视角,对我国网站治理的具体制度进行的细致梳理,不仅有助于我们深刻认识我国网站治理的基本制度和模式,而且对于我们分析其他领域的管制实践和管制模式也大有裨益。

在很长时间内,"审判对象"都没有进入中国刑事诉讼研究的关键词之中。而谢进杰的《**中国刑事审判对象的实践与制度**》一文进行细致研究的,正是中国的审判对象。谢进杰指出,中国刑事审判对象的问题在于强职权主义的诉讼构造:以案件事实为审判对象,强调控审权力、忽略权利保障。这导致审判效果欠佳。因此,需要从理念、结构和程序层面寻求基础资源,构建遵循被告人主体性理念的诉讼结构和程序。其鲜明特点是自中国问题切入,并颇具实践色彩。文章也在对诉因制度和公诉事实制度比较研究的基础上,呼应了程序性裁判及侦查合法性审判等前沿研究。最终有一定的理论分析与制度提升,一定程度上处于该法学分支研究的前沿地带。

与其他诉讼类型比较起来,行政诉讼由于与地方政府的关系密切,其审判的独立性问题历来备受关注。基于对法官中立存在的疑虑,众多当事人选择了上访而不是诉讼,这是行政审判存在危机的一项例证。如何尽可能摆脱地方政府干预、实现独立审判,也就成了行政诉讼不容回避的现实问题。在行政诉讼立法未予变革之前,最高人民法院通过司法解释为摆脱行政干预作出了重要努力,也取得了一定的积极效果。然而司法改革也并未显得一帆风顺。何才林在《夹缝中的变革——以行政审判管辖权为视角的叙事》一文中,结合司法解释流动的变化过程,从管辖权变革的角度,对法院为摆脱行政干预所作的抗争实践进行一番考察。通过研究,何才林指出,无论是我国《行政诉讼法》本身,还是"1991年解释"以及"2000年解释",均未对主动报请提级管辖以及请求异地管辖设置严格的法律禁区,可以说给了地方法院以相当大的裁量余地,然而实践效果却并不理想,基层审判在行政干预面前常常"溃不成军"。即使是在最高人民法院不断出台审判解释予以"加油打气",明确提供制度支持的背景下,不少基层法院仍然"不思进取"。何才林认为,在意志不能足够自主的审判生态中,强求基层法院的法官们超然世外,无疑构成了一种道德强制。寻找问题的根源并努力作出理论解释,是这篇论文的研究目的。

在今天中国的法学界,一个众所周知的事实是,"中文社会科学引文索引"(Chinese Social Science Citation Index,简称"CSSCI")数据影响巨大,早已被作为科研评估、成果评奖、人才培养等方面的重要考核指标。因此,CSSCI法学类来源期刊,对中国法学的知识生产有着极其重要的影响。2008—2009年CSSCI来源期刊的遴选标准是,每类期刊按照总被引次数与2004—2006年三年他引影响因子的加权值高低顺序排序。在《CSSCI法学期刊:谁更有知识影响力?》中,侯猛认为,CSSCI现有这种以引证次数和引证率(影响因子)为遴选标准的做法,并不能全面、真实地反映法学期刊的影响力,甚至会对法学的知识生产带来不利影响。因此,我们应当审慎地考虑改善CSSCI法学期刊的现有评价标准,充分发挥引证的积极功能,减少引证的负面影响,促进法学期刊在更新法学知识、建立法学知识传统中发挥更大的作用。在侯猛看来,一个可行的做法便是将法学期刊的相互引证程度,即"期刊影响系数",作为重要的修正。

自1998年创刊以来,《北大法律评论》至今已走在第11个年头。《追求不可替代——〈北大法律评论〉十年感言》一文,系苏力于2008年末为《北大法律评论》十周年而写。从形式上看,如今刊登此文,似显滞后,但就实质而言,则并非如此。正如苏力在文中所言,"我们真正想纪念的,无论人物、机构还是事件,都不会仅仅因为他或她或它的时间悠久,而更可能因为他或她或它的(无论过去还是现在)独特性,以及对于我们此刻的意义。""创造《北大法律评论》对于这个社会的不可替代性",苏力的这一期许,实际上正是我们 11 年来孜孜以求的目标。困难重重,但我们始终如一地为此努力不懈。

在传统的夜警国家下,行政权高于公民权,高权行政盛行,整个国家与社会呈纵向金字塔体系。而现代社会的发展,特别是国家行政任务的扩充,使得传统的高权行政日趋掣肘。在此种背景下,行政契约作为一种更加柔和、富有弹性的行政手段,适应了时代需求。社会结构由金字塔向扁平社会的变革,提升了个人在整个国家体系中的地位,使得原本依附于国家公权力的个体拥有了独立与公权主体进行磋商协议的空间。行政契约的出现,不仅适应了现代行政的迫切需要,更是社会结构变迁引发的必然结果。卢超在《**经由"内部契约"的公共治理:英国实践——评戴维斯的 *Accountability*:*A Public Law Analysis of Government by Contract*》**一文中,对英国公法学者戴维斯女士的《责任机制:契约治理的公法探析》一书进行了深度评析,分析了内部契约制度在英国公共治理中的作用。在戴维斯看来,以公法手段来规制内部契约是一项有效和公平的责任机制,内部契约已经成为推进政策实施和提供服务的重要模式。

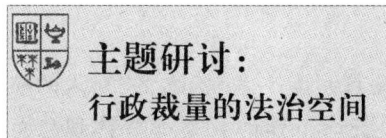

行政自由裁量权控制的四个模型
——兼论中国行政自由裁量权控制模式的选择

王锡锌[*]

Four Models of Regulating the Administrative Discretion:
On the Choice of Models of China's Regulating the Administrative Discretion

Wang Xixin

内容摘要: 自由裁量权是行政权的核心要素。根据控制主体、控制理念、控制制度和控制技术的不同,行政自由裁量权的控制可被归纳为四种模式:通过规则的命令控制模式,通过原则的指导控制模式,通过程序的竞争控制模式,通过监督的审查控制模式。控制自由裁量的核心目标,应当是将自由裁量的行使引向"理性化"。行政自由裁量"失衡"和滥用情形的复杂性,决定了单一控制技术无法现实地控制目标。因此,控制行政自由裁量的模式需要从单一控制模式转向复合控制模式。

关键词: 自由裁量权　模式选择　行政理性

---

[*] 法学博士,北京大学法学院教授,北京大学公众参与研究与支持中心主任,电子邮箱: xxwang@pku.edu.cn。

一、自由裁量的存在作为一个普遍事实

以"法律的统治"为核心价值的法治理念及其制度实践,始终将"对人的控制"视为其基本目标。[1] 在理想的法治国中,统治个体的只是那些体现公意的、经过民主程序制定的并事先公布的法律规则和原则,而且公权力的创设、运作无不受制于这些法律规则和原则。在这一图景中,法律规则成为恣意和专制的对立面。难怪坐落于美国首都华盛顿宾夕法尼亚大道上的司法部大理石门墙上镶刻着这样一句格言:"法律终止之处,即暴政发轫之地。"[2]

不幸的是,与这一"法律统治"理想相映照的现实情境,却是自由裁量的广泛存在。即便是法治概念的鼻祖亚里士多德,在强调法律规则统治必要性的同时,也不得不为"人治"存在的事实可能性及意义留出空间。[3] 其实,通过常识和经验,我们也会发现,规则统治总是或多或少为人的能动作用留出空间。因此,法律规则发生作用的真实过程永远是"人—规则"之间的互动过程。即便规则看起来明确具体,适用规则的主体对规则的理解、对事实判断以及对纠纷、事务决断的存在,也表明规则带给我们的其实只是一种"确定的不确定性"。我们不难发现,个人基于主观的理解、判断而作出选择的过程,正是典型自由裁量过程。[4]

在当代行政领域,行政自由裁量权广泛存在,并且渗透于行政过程的各个环节,行政自由裁量权俨然成为行政权力的当然组成部分。首先,在行政立法

---

[1] 在《政治学》一书中,亚里士多德对法治的理解,明显突出了规则对人进行控制的重要性。他强调所有的人都必须遵守法律;同时,人们遵守的法律必须是好的法律。参见亚里士多德:《政治学》,吴寿、彭中译,商务印书馆1964年版,第168—171页。

[2] "Where law ends tyranny begins." 参见 K. C. Davis, *Discretionary Justice: A Preliminary Inquiry*, Urbana: University of Illinois Press, 1971, p. 3。

[3] 在《政治学》一书中,亚里士多德认为"法治应当优于人治",并且认为法治的两个核心原则是:"对已成立的法律普遍的服从,而大家所服从的法律又应该本身是制定良好的法律。"但亚氏在承认"法律是优良的统治者"的同时,并没抹杀人们尤其是政治家的智慧,认为"如果既是贤良政治,那就不会乱法"。参见亚里士多德:《政治学》,吴寿、彭中译,商务印书馆1964年版,第168—171、199、271页。

[4] 学界对于自由裁量的理解存在不同认识。如伽利根(D. J. Galligan)认为,几乎所有的权力都有裁量性,在决定作出的所有环节,从事实认定,到法律适用,到最终决定的作出,都存在行政裁量。参见 D. J. Galligan, *Discretionary Powers: A Legal Study of Official Discretion*, Oxford: Clarendon Press, 1986, p. 20。而戴维斯(K. C. Davis)认为,行政裁量是指行政机关在可作为、也可不作为之间作出选择的权力,他认为行政裁量只存在于行为选择过程中,在事实认定阶段不存在行政裁量。参见 K. C. Davis, *Discretionary Justice: A Preliminary Inquiry*, Urbana: University of Illinois Press, 1971, p. 4。余凌云教授也持此种观点,认为尽管在查明事实和解释法律阶段存在判断,但这种判断不同于裁量,行政裁量只是在法律许可的情况下,对作为或不作为以及怎样作为进行选择的权力。参见余凌云:《行政自由裁量论》,中国人民公安大学出版社2005年版,第23—38页。本文不想陷入概念上的无谓争论,而是对行政裁量采取广义的理解,即认为在行政的整个过程,包括事实认定、法律解释、行为选择等阶段,都存在裁量。

过程中,行政机关享有相当的自由裁量权。作为行政机关实现行政管理目的之重要手段的行政立法(包括决策)本身并不是只是对立法指令的严格执行,行政机关需要根据立法所给定的宽泛目标来确定实现目标的路径和手段,在此情境中,对立法机关指令的理解(判断)以及对实现目标的手段、技术、方式的选择,都涉及自由裁量。其次,行政执法的过程是行政机关行使行政权最经常和最广泛的领域。传统行政法的研究倾向认为,自由裁量权只存在于法律规则和原则不明确或留下选择空间的情境,但即使是在法律规则规定完备的情况下,也无法避免行政执法人员在事实判断、法律的取舍上融入个人的价值因素、个性甚至情感,而影响决定的作出。概言之,自由裁量权无处不在,在行政过程中集中表现为:(1)选择性裁量。这是一种最具典型意义的裁量权,包括确定是否作为、选取实施作为的模式、进行作为的幅度和范围等。例如,根据《中华人民共和国治安管理处罚法》的规定,对于违反治安管理处罚法的行为人,行政主体可以根据其违法的具体情况处以警告、罚款、行政拘留、吊销公安机关发放的许可证,对违反治安管理的外国人,可以附加适用限期出境或者驱逐出境。(2)判断性裁量。行政执法人员在对特定相对人采取行为之前,首先需要对行为事实的性质、严重程度等问题予以判定,这是一种判断性自由裁量权。例如,法律对于行政违法行为情节或其他情形未作出具体规定,而是运用诸如"情节较轻"、"情节较重"等模糊和不确定的法律概念,这就需要行政执法人员通过自身的经验和认识,对违法事实进行认定并判断其严重程度。[5](3)混合性裁量。主要表现为行政立法和决策过程中对某些宽泛目标界定时的自由裁量权。例如在公共决策过程中,法律规定"为了公共利益,行政机关应采取必要措施……"。在这种情境中,将同时存在判断性裁量和选择性裁量,此时两种裁量空间形成数学意义上的并集,将意味着更加宽泛的裁量空间。最后,在行政司法中,裁量权的存在自不待言。行政机关作为中立的裁判者在解决民事或行政争议的过程中,必然涉及对涉案事实的认定,对相关法律的解释和在此基础上作出裁判,其中,公务人员的法律素养、职业伦理、认知差异等,都会影响行政司法的整个过程和最终裁决的作出。

行政过程中自由裁量广泛存在的事实,与当代行政的"积极功能"、行政的创新需求、个体化正义(individualized justice)的背景具有紧密联系。这表明自由裁量的存在有其现实必要性。"历史上所有的政府和法律制度,无一不是法

---

[5] 关于不确定法律概念与行政裁量的关系,学理上存在不同理解。对相关学术争论的梳理,参见陈慈阳:"行政裁量及不确定法律概念——以两者概念内容之差异与区分必要性问题为研究对象",载台湾行政法学会主编:《行政法争议问题研究》(上),台湾五南图书出版有限公司2001年版,第462—464页;郑春燕:"取决于行政任务的不确定法律概念定性——再论行政裁量概念的界定",载《浙江大学学报》(人文社会科学版)2007年第3期。本文认为二者在内涵上并不完全一致,但二者存在交叉之处,在不确定法律概念的适用方面,也存在裁量空间和可能。

律规则与自由裁量共存。从自由裁量权广泛存在的意义上讲,没有一个政府能够做到'只受法律的统治'而不受'人的统治'。所有法治政府都是法律统治和人的统治的结合。"[6]根据美国行政法学者戴维斯教授的理解,行政自由裁量权的存在,不仅能够满足行政灵活性的需求,并且由于其与个人利益的直接相关性而关乎个体化正义的实现。但同时也需要看到,自由裁量的广泛存在,的确可能对法治主义所强调的规则确定性、事先性、可预测性,以及权力行使理性化、法律正义等价值构成威胁。在这个意义上,对自由裁量权的控制,始终是法治主义的一个基本问题。如何对行政自由裁量权进行控制,这也是当今中国在推进依法行政、建设法治政府进程中一个重大的理论和实践问题。

本文试图对自由裁量控制的主要路径和技术进行考察,据此归纳出自由裁量控制的四个理论模式。运用这些理论模式,本文试图进一步对中国目前控制自由裁量的主要路径和技术,即"自由裁量权基准"机制,进行检讨,尝试探讨控制行政自由裁量的建设性思路。

二、行政自由裁量权控制模型:界定与归纳

对行政自由裁量权控制,直观上包含了控制主体、控制技术、方法及手段。但必须指出,在这些控制技术背后,存在着不同的理念认知和路径选择。本文所称的"控制模型",是指特定主体基于特定的理念,选择特定路径,运用特定控制技术和方式而对行政自由裁量予以控制的制度系统。控制模型的基本要素包括:关于对自由裁量权控制的理念(**控制理念**),控制主体(**控制主体**)由此为实现这种理念而设计的自由裁量控制支撑制度(**控制制度**)以及具体的控制技术(**控制技术**)这四个最基本的要素。本文借助这一分析框架,将控制行政自由裁量的制度系统归纳为以下四种模型:通过规则的命令控制模式、通过原则的指导控制模式、通过程序的竞争控制模式、通过监督的审查控制模式。需要说明的是,本文用以区分这四种模型的标准是控制理念、控制主体、控制制度和控制技术。这种标准尽管略显复杂、不尽单一,但我认为分类标准的意义不在于单一,而在于统一,只要将四者统一应用于控制自由裁量权制度系统的区分上,这种分类在逻辑上就是成立的。当然,任何分类都可能存在一定的交叉之处,但这并不妨碍我们在学理上所进行的分类探讨。

(一)自由裁量权的四种控制模型

1. 通过规则的命令控制模式

在古典法治主义理念中,人们相信法律规则的缺位就意味着自由裁量;而

---

[6] K.C. Davis, *Discretionary Justice: A Preliminary Inquiry*, Urbana: University of Illinois Press, 1971, p.17.

自由裁量则意味着恣意、专横和武断。[7] 自由裁量被认为是法律规则供给不足的产物。因此从逻辑上讲，对自由裁量权进行控制，最有效的方法就是通过制定明确的规则，从源头压缩、甚至取消自由裁量空间。具体而言，这一逻辑可作如下展开：如果规则可以很明确地表达出某种命令和指令，而且执法者必须依照这一指令进行处理，那么执法者就失去了判断、选择和斟酌余地。规则越明确、越具体，裁量的余地就越小。在这种情况下，最极端的一种情形就是规则的统治完全排除了"人"的因素。

通过规则的命令控制模式遵循了古典的法治逻辑，将规则视为最公正无私的治理者，规则之治完全优于人之治。如果能够通过完善、细化法律规则，对执法者提出精确的命令和指令，就可以完全阻却执法过程中个人因素对法律意志的扭曲。在当代，哈耶克重申了这一古典法治的核心理念。在《自由的宪章》中，他指出："法治意味着，除非为了执行某项具体法律规则，政府不得以强制力对个人权利进行限制……法治要求政府在实施强制性行为时必须遵循明确的规则，这些规则不仅必须规定何时和何种情况下可以行使强制性权力，而且必须规定这种强制性权力的行使方式。"[8]而且，"只有当行政对公民的私人领域（private sphere）进行干涉时，自由裁量权问题才具有相关性。在这一方面，法治原则意味着行政当局不应当拥有任何自由裁量权。"[9]在目前的行政实践中，各地普遍出现的各种裁量基准就是通过规则的命令控制模式的典型例证。通过尽可能的细化、明确规则，为行政裁量的行使设定各种"刻度"，能够最大限度地压缩执法者的行政裁量空间。这种做法受到了实务界和学术界的普遍欢迎。[10]

这种"规则控制"模式，对压缩和取消不必要的自由裁量具有重要意义。但是规则控制模式面临以下技术问题：第一，通过将规则的行为模式和后果模式极端具体化，可以在一定程度上压缩和消灭自由裁量权；但是这种压缩和消灭只限于对选择性裁量的控制；对事实认定、理解等判断性裁量的控制则相当有限。也就是说，在"定性"问题上，执法者依然有很大的判断权和裁量空间。

---

[7] 严格法治主义强调通过事先制定并明确公布的法律规则对政府权力进行控制，在强调法律规则之重要性的同时，对自由裁量权怀有一种深深的敌意，甚至将自由裁量权与"恣意"（arbitrariness）相等同。例如，早在1885年，严格法治主义的著名代表人物戴雪（A. V. Diecy）赋予法治主义三个基本要素，其中之一乃是法治意味着"绝对的法律至上或法律统治，而排除恣意的权力、特权或政府所拥有的广泛自由裁量权"。

[8] F. A. Hayek, *The Constitution of Liberty*, Chicago: University of Chicago Press, 1960, pp. 205—206.

[9] Id., p. 213.

[10] 比较有代表性的观点，参见余凌云："游走在规范与僵化之间——对金华行政裁量基准实践的思考"，载《清华法学》2008年第3期。笔者对于设定裁量基准的做法提出了一些不同意见，参见王锡锌："自由裁量基准：技术的创新还是误用"，载《法学研究》2008年第5期。

因此，命令控制模式其实并不必然实现规则与行为后果之间"对号入座"的期待。[11] 第二，制定具体、详细规则的过程本身就是一个"裁量"过程，只不过这种裁量是"批发式"的，而具体执法者的裁量是"零售式"的。我们如何有确定的理由相信规则细化的过程必定是一个"合理化过程"？谁来赋予细化规则过程的合理性？在行政立法盛行的时代，特别是在"黑头（法律）不如红头（文件），红头不如白头（领导批条），白头不如口头（领导指示）"的当下中国，规则的细化过程本身的正当性就面临质疑。第三，裁量权是法律赋予执法者的法定权力，其旨在授权执法者在具体行政执法过程中根据个案具体事实灵活适用法律，任何行政主体均可独立地、自主地行使法律所赋予的裁量权。这种规则细化过程，极有可能压缩或侵犯行政主体所享有的法定的裁量权。第四，规则控制模式本身还面临一个技术性难题，那就是如何处理规则的"细化"和"僵化"之关系。因为，规则细化总是相对的，并非越具体越好。过分的细化和具体化，将导致规则适用的僵化和个体正义的湮没；过分抽象或原则化，又会影响控制的效果。因此，规则细化程度本身始终面临"过"与"不及"的两难，构成对规则设计者经验与智识挑战。

2. 通过原则的指导控制模式

如上文说述，古典法治主义传统对自由裁量持非常怀疑和排斥的态度，所以在路径上主张从源头予以控制。但现代行政的变迁一方面带来大量自由裁量，另一方面也使人们重新审视自由裁量存在的社会需求基础。当代英国著名行政法学者韦德指出："法治所要求的并不是消除广泛的自由裁量权，而是法律应当能够控制它的行使。"[12] 的确，受限于规则制定的能力以及回应当代行政现实的需求，我们不难发现：通过规则细化的路径和技术而对自由裁量空间进行无限压缩，不仅是不可能的，而且也是"不可欲的"。

与规则控制模式不同，通过原则的指导控制模式试图在承认自由裁量存在的现实及其合理性基础上，通过基本原则的指导性功能，一方面为自由裁量权行使划定基本框架，另一方面又使执法者保留一定的判断、斟酌和选择空间，从而在法治基本价值与行政现实需求之间追求一种平衡。通过原则的指导作用，自由裁量既符合法治主义所强调的基本价值，同时又可以使其在面对多样化的现实情境时保持一定的"自由"。通过原则的指导控制模式的范例，可以从英

---

[11] 国务院法制办官员也承认，实践中，一些裁量标准还有些粗，带有一定的局限性，科学性较弱，主要表现为：在制定裁量标准时，对执法实际的概括和提炼不足，使得违法行为的特性、个性未得以充分体现，有些违法行为的具体表现形式在标准中尚不能找到适当的"座号"，要适用只能以"就近分配"、"相互配合"的方式来确定阶次，有些行为的罚款数额又规定得过死，在具体操作上带来一些工作难度。以上资料见"中国行政执法网"，http://cache.baidu.com/，最后访问日期2008年12月18日。

[12] 威廉·韦德：《行政法》，徐炳等译，中国大百科全书出版社1997年版，第55页。

国行政法中去找寻。行政合理原则成为英国司法机关对议会赋予公共管理机关自由裁量权的重要原则和标准,这一原则在 1948 年韦德内斯伯里案件的判决中得到适用,后被称为"韦德内斯伯里原则"、"韦德内斯伯里不合理性"或者"韦德内斯伯里理由"。[13]

如果我们坚持法治基本原则是行政活动必须遵循的准则,那么就可以说:所有的行政自由裁量权本质上都不应是"自由的",因为行政裁量受到原则的控制,必须符合行政法治基本原则。规则是某个具体而明确的指令,而原则传达基本而抽象的价值。[14] 面对法律所调整的社会关系和事务的无限性,法律规则总是显得滞后或捉襟见肘;而基本原则可以为不断变化和发展的社会现实提供基本的法律调控框架。在这个意义上,原则的控制提供了原则与弹性、策略变化与价值坚守之间平衡的可能性。

当代行政法治的理论和实践,已经为规范行政裁量权提供了极为丰富的资源。行政法一系列基本原则,例如行政合理性原则、一致性原则、行政公平原则、比例原则、信赖保护原则等,都构成抑制自由裁量权滥用的重要技术。[15]

如果将原则控制作为自由裁量控制的一种模式,在控制技术层面上需要解决三个基本问题:第一,原则必须是法律原则而非法理原则,也就是说在法律上承认行政法基本原则的直接适用效力。第二,行政主体必须在决定中对裁量权的行使进行明确的说理和证明。原则的适用,要求行动者的行为与这些价值和理念的诉求相一致。第三,当事人和公众对行政机关的说理和论证可以进行评价和质疑。考虑到法律原则与社会共识、常理和一般理性之间的通约性,引入法律原则来控制自由裁量,也就意味着将控制自由裁量的任务,当作一个共同体公共的责任,而不是立法者和执法者所独享的责任。[16]

另外,原则本身是抽象和枯燥的,而且随着时间的推移,其含义会发生变化,因此需要通过其他机制对它的含义进行丰富和修正,例如行政判例制度。通过判例制度,行政官员和法官可以对法律原则进行不断阐明和解释,同时结合具体案例,还能够为行政主体的具体行为提供指导。因此,要使原则指导控制模式有效发挥作用,就需要类似于判例制度的其他制度来辅助其发挥作用。

3. 通过程序的竞争控制模式

通过程序的竞争控制模式,不同于规则指令和原则指导的控制技术,后两

---

[13] *Associated Provincial Picture Houses v. Wednesbury Cooperation*, (1948)1 KB 223.

[14] Ronald Dworkin, *Taking Rights Seriously*, Cambridge: Harvard University Press, 1977, pp. 31—32.

[15] Martina Kunnecke, *Tradition and Change in Administrative Law: An Anglo-German Comparison*, Berlin; New York: Springer, 2007.

[16] 具体论述,可参见王锡锌:"自由裁量基准:技术的创新还是误用",载《法学研究》2008年第 5 期。

者的核心在于强调通过提供事先存在的、外在的标准来约束自由裁量,这种控制技术是从实体内容上对行政主体行使裁量权进行控制;而程序控制模式则是一种过程中的控制技术,是从程序上对行政主体行使裁量权的行为进行控制。这种控制技术的要旨是,在自由裁量过程中的所有行动者(而非只是执法者),在程序规则导引下进行知识交流和理性讨论,构成一种竞争和制约机制,从而防止行政裁量权非理性的行使,实现行政裁量权行使的理性化(rationalization)。

通过规则的命令控制模式和通过原则的指导控制模式,都旨在从实体规范上为行政自由裁量权的行使设定各种框架和束缚。而裁量权的存在,在很大程度上就是源于现实情景的不可预测性,无论是规则控制还是原则指导,在面对复杂的、多元的、不可预测的社会情势时都可能捉襟见肘。于此,程序控制成为控制自由裁量权的重要手段。当自由裁量权作为行政过程的当然事实之后,法律控制的目标应当是权力行使的公平与合理问题。公平与合理以及可接受性的要求,指向裁量权行使的"理性化"。从这种意义理解,理性地行使裁量权而非消灭裁量权,成为控制行政自由裁量权的核心问题。此外,现代行政要求行政权的行使不仅仅实现行政目标,还必须增强行政结果的可接受性,裁量权的行使尤其如此。这就要求裁量权不仅应该根据它们的实际作用,还应该根据受到影响的利益相对人所理解的方式来进行。

行政自由裁量权非理性化指向的是裁量权行使的"恣意"、"武断"、"专横"。在传统的行政权行使构架下,行政主体作为权力的享有者,垄断了裁量过程,相对人只是成为权力作用的受体。要达到权力行使的理性化,关键是要避免和克服权力行使主体对知识、信息和权力的垄断。而要消除这种垄断,关键是通过行政程序确立一个"公权—私权"的竞争和作用的架构,使得行政相对人以及其他利害关系人不仅仅是执法者行使裁量权的受体,而是裁量权行使过程的参与者和竞争者。竞争性结构的引入,可以打破权力主体的这种垄断[17],迫使行政主体在行使裁量权的过程中不断地进行说理和论证,同时,竞争性结构又为相对方提供了陈述和抗辩的机会,这不仅可以提升裁量过程的理性化水平,也可提升裁量结果的可接受性。

通过程序的竞争控制模式所强调的核心技术是行政程序的结构调整,当事人的有效参与,构造一种对行政权行使的制约性机制;其最终目的是通过设定行动者的相互关系结构来使自由裁量权行使过程和结果符合理性化的要求。美国行政法学者戴维斯将这一技术称为"使自由裁量结构化"(structuring dis-

---

[17] 这种垄断不仅指权力的运用,也包括话语、言说、解释、沟通、采取集体行动等,本身就是一种重要的权力。参见 Frank Fischer, *Reframing Public Policy: Discourse Politics and Deliberative Practices*, New York: Oxford University Press, 2003, p. vii。

cretion),并将之定义为"通过规范、安排自由裁量权的行使方式,从而使自由裁量权的行使能够产生秩序和理性,并促使相关的行政决定符合更高质量的正义"。[18]

在通过程序的竞争控制模式下,行政裁量权的行使不再是一个封闭的过程,裁量的意义也不仅仅表现在裁量的结果上。通过"自由裁量结构化"的改造,裁量权行使过程成为一个信息分享、知识交流、利益竞争、相互制约的过程;行政裁量权行使的正当性,不仅仅是法律的"传送",而且从过程中产生意义。

需要注意的是,通过程序的竞争控制,依赖程序过程中当事人的有效竞争来实现利益的竞争和制约。这一机制发挥作用的前提,是行政程序所设立的竞争机制必须有效,能够实现真正意义上的"以权利制约权力"。第一,程序过程中当事人需要真正完成"角色就位",摆脱受控制和支配的角色,成为有能力与行政主体进行对话、交涉的主体。第二,相对方必须获得充分的信息,这就要求政府信息公开制度的确立。第三,在交流、对话、竞争过程中,相对方应享有充分的防卫权,包括陈述、申辩、反驳以及申诉等程序权利。相对方只有获得与权力主体在竞争程序中"平等武器"才能实现有效的竞争,从而促使行政裁量的理性化和正当化。第四,行政主体必须对其行使自由裁量权的决定说明理由,使相对方与行政主体就具体问题形成交锋。第五,行政程序法所要求的行政公开原则、正当程序原则应当贯穿行政程序的全过程,通过公开和公正的程序促进充分、理性化的交流和竞争。[19]

4. 通过监督的审查控制模式

审查控制模式是权力监督逻辑的体现。其基本思路是通过权威主体依据预先的标准对权力主体行使自由裁量权的过程和结果进行审核和判断。[20] 审查控制模式与事先的规则和原则控制技术以及事中程序控制不同,它是一种事后监控和校正机制。对行政权行使的事后审查和校正机制,长期以来就是行政法的一项核心控制技术。对裁量权行使的审查控制模式,又可细分为行政内部的审查控制和外部的司法审查控制。

在行政法体系中,司法审查虽然是控制行政权的重要制度,对自由裁量权的控制也具有相当重要的作用,但司法对自由裁量权的控制模存在相当的局限。第一,在当代行政语境中,自由裁量权是立法机关赋予行政机关的权力,而

---

[18] K. C. Davis, *Discretionary Justice: A Preliminary Inquiry*, Urbana: University of Illinois Press, 1971, p.97.

[19] 关于程序竞争模式的作用条件,可参见王锡锌:"自由裁量基准:技术的创新还是误用",载《法学研究》2008年第5期。

[20] 此处所说的监督,主要是狭义的权力监督,是指有权机关(行政主体或司法主体)对裁量主体行使裁量权的行为进行的事后监督,不包括广义的人大监督、舆论监督、事前监督、程序监督等。

建立在分权基础之上的司法审查,显然需要遵守一定程度的司法克制主义以尊重行政权的行使。第二,行政自由裁量过程涉及行政专业知识的使用,甚至行政执法经验的运用;行政裁量合理与否,不仅仅应当依据法律的明确规定来考察,还依赖于对目标、资源、效率等因素的考量,这些因素决定了司法机关在很多情况下很难胜任对自由裁量的审查。法院即使启动审查,也可能被行政机关基于专业性和政策性说辞所"俘获"。第三,如果司法机关全面介入自由裁量的行使,也可能导致司法裁量代替行政裁量。也正是基于这些考虑,很多国家的司法审查制度都采取了克制立场。[21] 例如,美国《联邦行政程序法》第701节明确将"法律赋予行政机关自由裁量的行为"排除在司法审查之外。但是立法机关似乎在这一问题上作出了非常矛盾的规定,因为该法第706节又明确将"专横、任意、滥用自由裁量权"纳入司法审查的范围。美国行政法学者斯特劳斯(P. Strauss)认为,这其实表明立法者对司法审查和行政裁量关系的微妙处理,法院对自由裁量,既不是不审查,也不是全部包揽。[22] 在我国,行政诉讼法规定法院对行政行为的"合法性"进行审查,原则上排除了对行政行为合理性的审查。但是同一法律又规定:如果法院认为行政行为"滥用职权",或者"行政处罚显失公正",法院可以进行审查并可以作出撤销或变更判决。[23]

对行政自由裁量权审查控制的另一个路径,就是通过行政系统内部制度进行监督和控制。实行这一路径的方式具有多样性:行政系统的层级监督,例如上级行政机关对执法活动的监督检查;专门监督,例如监察机关的监督;行政法制机构的监督,例如行政复议制度。由于内部监督的主体是行政机关,因此在对专业知识的占有、行政经验、对政策问题更好的把握和理解上,以及监督的广度和强度方面,内部监督都优于司法审查。但是,监督主体的行政性也是其局限性所在,因为审查主体的中立性无法得到保障,其权威性和监督结果的可接受性也就大打折扣。因此,考虑在行政系统内部设立专业化的、相对独立的审查机构和人员,应是一条必要而且可行的路径。例如,英国的裁判所制度以及美国的行政法法官制度等。

(二) 自由裁量权控制模型之比较

不同的控制模式由于理念、目标及控制技术有别,决定了这些模式以下几个重要方面的差异:第一,控制之目的。在控制目标上,规则控制的目的是消灭或者削减自由裁量空间;原则控制则通过原则对自由裁量的指引,促进裁量的

---

[21] 关于英国法和德国法对于行政裁量的司法审查,有学者进行了详细分析和论证,参见李洪雷:"英国法上对行政裁量的司法审查——兼与德国法的比较",载罗豪才主编:《行政法论丛》(第6卷),法律出版社2003年版。

[22] 相关法律条文见5 U.S.C 706(2)A。对此条文的解读,参见 Peter Strauss, *Administrative Justice in the United States*, Durham, NC: Carolina Academic Press, 2002, p.311。

[23] 《中华人民共和国行政诉讼法》第5条、第54条。

合法和合理;程序控制模式是通过程序过程中的当事人竞争实现裁量权行使的理性化;审查控制模式的目标则是通过更权威主体的判断评价,促使执法者更准确地利用法律的原则和规则进行裁量,并且为裁量的受害者提供救济。第二,控制的时机选择,即何时控制？在控制行政裁量的时机上,规则和原则控制都强调通过事先制定和公布的规则,对自由裁量进行事先的控制。程序控制模式强调裁量过程中的控制;而审查控制模式则是一种事后的监督和救济机制。第三,控制主体,即谁来控制？在控制角色上,规则控制强调了"规则制定者"的角色,本质上是一种立法控制;原则指导强调的是执法者自身对原则的把握和运用,强调执法主体的素质和品性;程序控制所强调的是当事人作为控制的核心角色;而审查控制则强调更高层级的或外部的监督主体的角色意义。第四,控制技术,也就是如何控制？在控制技术上,规则控制强调通过规则对裁量空间的压缩;原则控制强调对裁量的指引以及通过其他制度的示范;程序控制强调竞争和制约机制的作用;而审查控制则强调裁量主体之外的权威评价。

表 1

	理念	制度	主体	技术
规则命令控制模式	自由裁量必然导致恣意与专断,必须实现规则统治;消灭或压缩自由裁量权	立法制度	规则制定者	通过立法细化规则,使得规则明确、具体,压缩和消除自由裁量空间。
原则指导控制模式	行政裁量权成为法治社会的一个事实;同时不存在绝对的和不受控制的裁量权	立法制度 判例制度	执法者	通过设立原则为自由裁量权行使划定基本框架,同时执法者保留一定的判断、斟酌和选择空间。
程序竞争控制模式	对行政裁量的程序控制优于实体控制;自由裁量权行使的核心问题是裁量权行使的理性化	行政程序制度	程序中的行动者	通过裁量程序的改造,形成竞争和制约机制
监督审查控制模式	执法主体受知识、情感等方面的因素影响可能会使裁量不合理,需要层级更高或者更中立权威的主体来作出权威评价	司法审查制度 内部行政监督制度	上级行政机关、内部专门的监督机关、法院	行政复议、行政监督和司法审查

需要注意的,对比分析并没有在各种控制模式之间划一道鸿沟;相反,我们可以发现它们之间不是相互独立和排斥的。自由裁量权存在原因的多元性、情形的复杂性都意味着:单一的控制模式无法完成对自由裁量权的良性控制。理

想的情形应当是将不同的控制模式进行整合。当然,所谓整合,并不是简单地将各种控制模式及其技术加以简单组合。整合首先需要对自由裁量难题的症结进行分析,确立自由裁量的控制目的,并最终确定自由裁量控制核心技术和模式。

三、行政裁量控制与中国实践

行政自由裁量权的广泛存在及其滥用问题,是当代中国推进依法行政、构建法治政府进程中的一个突出问题。目前,行政法律制度的框架及内容过于原则,通常只能给出原则性指导和目的性指向。行政权的具体运用,更多需要执法部门和执法人员根据具体的情况进行决策和决定。此外,我国处于社会转型和政府职能转变时期,政府应该干什么、怎么干,都还是遵循改革开放以来的"摸着石头过河"的逻辑,因此无法通过行政的法制化对行政权进行明确界定,更无法谈对行政权具体行使作出明确和具体指令。最后,在当代中国公共生活中,政府始终扮演着积极的干预者的角色。传统行政法治原则的核心内涵"无法律即无行政"与中国现实相去甚远。这不仅意味着政府行政权增加,更意味着其享有的行政自由裁量权的膨胀。正如孟德斯鸠所说:"一切有权力的人都很容易滥用权力,这是万古不变的一条经验。有权力的人们使用权力一直遇到有界限的地方才休止。"[24]法律给予的空间和实践发展的需要,使行政裁量空间过于宽泛,这导致了大量的自由裁量权滥用问题,例如权力寻租和腐败、执法中的人情案和态度案等。

在中国推进依法行政的情境中,法治改革者对自由裁量控制,传统上主要通过"规则细化的方式",即立法控制,着重从实体法角度,不断对规则进行细化。例如,全国人大及其常委会制定法律,国务院(或执行的部位)制定行政法规和规则(实施细则)予以细化,再由部门和地方(省、市等)制定实施办法予以进一步细化,从而在很多行政领域都出现了"法律树"(legal tree)。这种控制技术,基本上是规则控制模型的应用,其用心虽不难理解,但问题多多。其一,不断细化的立法耗费了大量立法资源;其二,不断细化的过程,也并不一定是一个理性化过程;其三,不断细化的过程,有时恰好使地方和部门将规则细化的机会,当作"立法加塞"、"搭便车"的过程——将本部门、本地方立法合法化。

近年来,这种通过规则细化方式而控制自由裁量权的做法,通过"自由裁量权基准"制度得到进一步的鼓励和推动。2008年国务院发布的《关于加强市县政府依法行政的决定》明确提出"建立自由裁量权行使的基准制度",对各级地方政府的裁量基准实践给予肯定。有学者指出:裁量基准制度的兴起,已经

---

[24] 孟德斯鸠:《论法的精神》(上册),张雁深译,商务印书馆1963年版,第154页。

成为我国行政改革与政府再造的一个重要符号,并被视为公共行政领域的科学化、民主化、公正化的重要制度创新。[25]

但是,观察各地所推行的裁量基准制度,我发现,这一制度的核心技术,主要是通过"规则细化"甚至"量化"的方式而压缩、甚至消灭自由裁量。借助具体的、明确的、细化的规则来抑制自由裁量的滥用,在法治理念和实践中是一种朴素思想和基本控制技术。裁量基准本质上就是对行政裁量权(其中主要是对行政处罚裁量权)行使的细化的操作性标准,其具体内容主要是:依照不同基点,如"中间线标准"、"平均值标准"而设计出不同的"格次"[26],将行政处罚幅度进行细化、量化,有些地方甚至采用"定额标准"。[27] 裁量基准技术试图通过规则的细化实现对裁量权的控制,以改善目前裁量权滥用的现状。其积极效用包括:克服裁量的随意性;抑制行政权的寻租和腐败;增强行政决定的正当性;体现形式正义和一致性。应当承认,通过规则的细化、量化以控制行政裁量的裁量基准制度,对遏制当前行政裁量权的滥用,推进依法行政,实现法治政府的目标无疑具有重要意义。特别是当前我国行政过程中很多自由裁量的存在可归因于基本原则和规则指导的缺乏,即存在大量所谓的不必要的自由裁量权。

然而,自由裁量基准是否可以实现制度设计者和支持者的"功能期待"?如果我们将自由裁量基准制度的目的与手段进行对应性分析,将不难发现这一制度的手段与目的之间存在内在紧张关系。这种紧张关系可能表现为两种情形:一种是"过分",一种则是"不及"。所谓"过分",主要是指:假如规则的细化达到足够程度,的确可以解决所界定的裁量滥用问题,但却可能导致裁量的"僵化",并因此在最终意义上违背自由裁量存在的意义和目的。所谓"不及",

---

[25] 周佑勇:"裁量基准的正当性问题研究",载《中国法学》2007年第6期。类似的评价,还可参见余凌云:"游走在规范与僵化之间——对金华行政裁量基准实践的思考",载《清华法学》2008年第3期。

[26] 这些标准引自于刑事量刑领域。学理上对于处理类似的"轻"、"重"划分标准问题,一般采用"基准点说"和"中间线说"两种标准。前者主张在"暂不考虑从严从宽情节的各种情节"的前提下,仅根据犯罪行为本身的社会危害性程度,首先在法定刑幅度以内确定一个"基准点",所谓的从轻、从重,以该"基准点"为分界点。参见何秉松主编:《刑法教科书》,中国法制出版社1995年修订版,第462—463页。后者则主张直接以法定刑幅度的平均值为从重、从轻的"分水岭",凡从重处罚的应在平均值以上、最高刑以下量刑;反之,则在平均值以下、最低刑以上量刑。参见李光灿、林汉宁、马克昌:《中华人民共和国刑法论》,吉林人民出版社1984年版,第544页。

[27] 例如,"郑州市公安局交巡警支队罚款自由裁量"内容足足有318条。其中规定,"未取得驾驶证驾驶机动车的罚款1500元"、"在禁止鸣喇叭的区域或者路段鸣喇叭的罚款200元"、"驾驶人未按规定使用安全带的罚款100元"、"未随车携带行驶证的罚款100元"、"驾驶时拨打接听手持电话的罚款100元"、"机动车行驶时,乘坐人员未按规定使用安全带的罚款50元"等具体情形,采用的都是定额制。见裴蕾、何玉厚:"行政处罚弹性,年底全部消除",载《郑州晚报》2007年3月23日。

主要是指:假如基准的设定仍然给执法者留有相当裁量空间,那么制度设计者所希望的目标,仍然只是一种可能性,而非必然结果,因为在这种情况下,执法者主观上的裁量依然是一个重要因素。考虑到裁量基准的设计无法穷尽现实多样性这一基本事实,通过"基准"来控制"人"的判断和选择空间,可能也只是一厢情愿。

通过裁量基准对自由裁量空间进行压缩,在当代中国行政活动的现实情境中具有重要意义。然而,如果仅仅寄希望于规则细化而"一劳永逸"地解决行政自由裁量问题,就会将复杂的问题简单化。行政自由裁量权的存在有非常复杂的原因,这既包括知识的匮乏、立法过程的妥协、未来的不确定性等客观因素,也包括人们在主观上对自由裁量的"欲求":裁量的正义(tailored justice),在很大程度上正是人们对个体化正义和行政灵活性的要求。正如戴维斯教授所指出的,行政法治对自由裁量问题的关注,关键应在于如何界定出"自由裁量权的适度范围"(the optimum breadth of discretionary power)[28],而不是仅仅将裁量幅度"精细化"。事实上,自由裁量范围既可能太宽,也可能太窄。如果自由裁量范围太宽,个体就可能承受行政的专横和恣意之苦;如果自由裁量权范围太窄,正义就可能因为缺乏必要的"个别化"(individualization)而被扭曲。因为有时候立法机关或者行政机关自己也可能基于某些难以得到正当化的考虑,而对自由裁量权之范围作出过于武断的限定。[29]

裁量基准制度,只是近年来我国对自由裁量控制的一次政府推动的、大规模的"制度化努力"。事实上,除裁量基准制度外,在我国行政法制理论和实践中,原则控制和事后审查控制一直以来也受到关注。

原则控制主要是行政法学界应对我国行政自由裁量权滥用的设想。该种控制方法主张由形式主义法治走向形式与实质相结合的行政法治,确立行政权理性、正当行使的诸项实体性原则,以指导和调控行政自由裁量权的运用。遗憾的是,一些重要的行政法治原则在学理甚至立法上虽然已得到"重视",但并没有真正进入行政法治的生活实践。原则控制出现空洞化倾向——与前述控制技术的应用相反,原则控制在中国一直没有得到有效应用。例如,虽然我们强调合理性原则、比例原则、正当程序原则、信赖保护原则等,并且有些立法,如我国《行政处罚法》、《行政许可法》也肯定了这些原则,但原则对行政活动的约

---

[28] K.C. Davis, *Discretionary Justice: A Preliminary Inquiry*, Urbana: University of Illinois Press, 1971, p.52.

[29] 例如,美国联邦最高法院在 *FCC v. RCA* 一案中,认为联邦电讯委员会(FCC)过分地限制了自己的自由裁量权,以至于无法保障个体化正义的实现。参见 346 U.S. 86(1953)。

束效率还远远没有得到落实。[30]

从实践角度看，原则的空洞化表现为案例指导技术远未得到认同和重视。原则的指导作用应当与典型案例的指导作用相结合。这一方面可以使原则"生活化"并得到充实，另一方面也可以不断促进对原则理解和运用上的知识增长，从而使行政自由裁量的理性化程度能够通过不断的、连续的"学习过程"而得到提升。

事后控制制度是我国行政法治实践控制自由裁量的另一项努力。这种制度努力通过设置事后的司法监督和行政机关的事后监督，对行政机关运用行政自由裁量进行审查和控制，主要的制度载体是行政诉讼和行政复议制度。但是这两项制度也由于体制因素而无法充分发挥对自由裁量的控制作用。例如，虽然我国《行政诉讼法》第54条规定人民法院对具体行政行为出现"滥用职权的"以及"行政处罚显示公正"可以进行审查，但司法克制主义和行政专业性的特征，都决定了司法裁量并不能代替行政裁量。另一方面，行政诉讼法所规定的"具体行政行为合法性审查"原则，在很大程度上限制了法院对行政裁量的审查范围。我国《行政复议法》虽然将行政自由裁量权行使的"适当性"纳入了审查范围，但行政复议制度的结构和程序上的局限，例如复议机关中立性的不足、复议程序公正性的匮乏等，都在很大程度上抑制了这一制度对自由裁量进行有效控制的功能。

四、控制模型的选择：从单一控制模式走向复合控制模式

行文至此，我们需要提出和回答的问题是：对自由裁量权的控制，应选择什么样的控制模式？在我看来，对这一问题的探讨和回应，需要回答一个隐含的前提性问题，即对自由裁量权进行控制的目标是什么？从逻辑上讲，手段的选择，如果离开了对目标的认知和界定，将变成无的放矢。因此，自由裁量控制模式的选择，其实包含两个具有递进关系的问题：第一，对行政自由裁量权控制的目标是什么？第二，实现这一目标的有效手段应如何设计？下文围绕这两个问题进行论述。

对自由裁量进行控制的核心目标，是否要消灭裁量，使各种执法活动按规则"对号入座"？很明显，消灭自由裁量的目标，只是一厢情愿的幻觉。规则再完备，也不可能穷尽未来的无限可能性。其次，就算存在明确的、具体的规则，

---

[30] 例如，国务院《全民推进依法行政实施纲要》规定了依法行政的基本原则要求，包括合法行政、合理行政、程序正当、高效便民、诚实守信、权责统一等，但这些原则能否直接约束行政活动？法院在对行政行为的司法审查过程中能否直接使用这些原则？在实践中，这些原则依然没有直接的适用效力。即便是法律明确规定的基本原则，在执法和司法过程中往往也很难具有直接适用力。规则主义的法律传统和适用技术，在很大程度上制约了法律原则的适用力。

执法者对规则的理解、对事实的认定等,也还是具有裁量空间,正所谓"一千个读者有一千个哈姆雷特",只要法律指令和命令最终需要人去执行,不同的人在执法过程中对法律的理解、对事实的认定,都会因为其智识、职业素养、专业水平、感情而不同,并影响最终的决定。在历史上,严格规则主义的法治主义试图采取这一道路,但却颇具讽刺意味地导致了自由裁量的泛滥。而且裁量权的存在也具有相当的积极意义。法律授予裁量权不仅仅是因为不可能细化所有规则,更是因为社会现实的无限可能性需要执法者根据社会生活的具体情势,综合运用多种行政手段和法律手段,对法律事实进行理性判断和选择,最终实现法律效果与社会效果的统一。

我认为,控制自由裁量的核心目标,应当是将自由裁量的行使引向"理性化";相应地,自由裁量控制模式的核心,应落脚于对权力恣意、专横、反复无常等非理性活动的抑制。控制自由裁量的核心问题,事实上,正是法治系统中始终面临的"制度—人"之间的关系问题。[31] 法治的人性基础是对人性的悲观假定,因此要控制人性的弱点;但无论如何,制度并不能消除"人"在这一系统中的作用。因而,关键问题不是消灭自由裁量,而是通过制度、技术的引入,抑制权力的恣意行使,促进裁量的理性化。

这一基本目标的设定,决定了对自由裁量的控制应是"控制"而非"消灭"。实现对自由裁量权的良性控制,也就是要尽可能寻求并维持一种"自由裁量与法律原则及规则之间的平衡"。

那么,如何才能实现自由裁量与法律原则及规则的平衡呢?为了回答这一关键问题,需要全面而系统地分析行政过程中自由裁量权"失衡"的现象,并反思现象背后的体制性原因。当代中国行政过程中自由裁量失衡的原因主要在于:(1)自由裁量权的存在过于泛滥。由于我国法律条文过于原则化,而实践中的行政权的行使又缺乏必要的原则和规则指引,这就使得自由裁量权的存在处于一种随意状态。(2)裁量过程中竞争性制约机制的匮乏。裁量不仅仅表现为最终的行为选择,而是渗透于认定事实、选择适用法律和作出决定的整个行政过程。在这个过程中,必要的程序控制和相对人参与的缺乏,使得行政机关在进行裁量时会考虑不相关因素或者不考虑相关的因素。(3)自由裁量事后监督体系的缺陷。虽然我国《行政诉讼法》和《行政复议法》为行政自由裁量权的事后审查提供了制度支撑,但是这两部立法都没有对审查的原则以及标准作出有效指引规定。例如,我国《行政诉讼法》虽然规定了人民法院可以对"滥

---

[31] 罗斯科·庞德通过实证归纳的方式提出:"没有一个法制体系能够做到仅仅通过规则而不依靠自由裁量来实现正义,不论该法制体系的规则系统如何严密,如何具体。所有的实施正义的过程都涉及规则和自由裁量两方面。"参见 R. Pound, *Jurisprudence*, Cambridge, Mass.: Harvard University Press, 1959, p.355。

用职权"的情形进行审查并进行撤销或者宣布无效,但无论是法律还是最高人民法院的司法解释都回避了何谓"滥用职权"。

　　行政自由裁量"失衡"和滥用情形的复杂性,决定了单一控制技术无法实现控制目标。因此,自由裁量控制模式的选择需要改变单一化、简单化的思维,走向复合式控制方向。结合上文的原因分析,这种复合模式必须包括:(1)通过规则控制模式尽可能地细化规则,消除那些不必要的和不受任何原规则限制的自由裁量。(2)确立行政法原则的指导控制模式,强化行政法基本原则在行政执法和司法过程中的法律效力。对于规则无法细化而留下的"剩余空间",强调行政法基本原则对行政裁量的指导性控制。(3)改变静态化裁量认识,将控制视角转向动态的裁量过程。通过行政程序的改进,特别是强化告知、说明理由、抗辩等制度,引入一种行政主体—相对方之间的竞争性结构,打破行政主体在行政过程中对知识、话语、信息和权力的垄断结构,使行政裁量权的行使演变为行政主体与相对方进行知识交换、信息共享、权力交互、利益博弈的动态过程,迫使行政主体在行使自由裁量权过程中不断地说理和论证,增强裁量的理性化程度。(4)完善对自由裁量权的事后监督体系。自由裁量的事后监督制度不仅仅是审查主体、审查程序的构建,更为重要的是确立审查的标准。特别是确定"滥用职权"的标准,对行政自由裁量的理性化程度进行评价和校正,使得事后审查能够在行政法治实践中展开。

　　复合式控制模式并不是多种控制模式的简单叠加和组合。在结构上,复合控制模式强调以程序的竞争性控制为核心,其他控制模式为辅助。之所以强调通过程序的竞争性控制,是因为:首先,这一控制模式契合了对自由裁量进行控制的根本目标。通过程序的竞争控制模式,在承认必要裁量空间的基础上,力图实现行政裁量权行使的理性化。其次,程序的竞争控制可以营造一种知识、信息进行交流、竞争的环境,行政机关必须对其判断和选择的理由进行说明,相对方可以进行讨论和反驳,并且这一过程需要公开接受监督和评价。这种开放、竞争性的程序,提供了一个不同主体相互交流、沟通、竞争和制约的制度环境,可以有效抑制裁量的恣意和专横,从而提升裁量权行使的理性化。进一步,相对方的参与也增强了裁量结果的可接受性。再次,这种通过程序的竞争性控制模式,并不排除其他控制模式的运用,相反可以将其他模式予以整合:事先的细化的裁量标准和确立的原则,事后的监督审查与救济,对于压缩不必要的裁量空间,强化裁量过程的结构性控制,特别是对于强化行政相对方的"竞争能力"或者为相对方提供权利保障,都具有重要意义。通过程序的竞争控制模式,是以裁量权的行使过程为中心的权力控制模式,能够从根本上转变传统单一控制模式的不足,在行政过程领域吸纳多种权力控制模式,从根本上保证裁量权的理性行使。

五、结论

　　行动的背后总是蕴含着基本理念和立场。长期以来,法治主义在控制自由裁量权问题上的种种努力,体现的都是过分强调"规则之治"的形式法治理念。然而现代行政过程的现实一再证明,裁量权的普遍存在是行政国家中的一个基本事实。这一现实源于人类知识和理性的局限,也源于对行政回应性、创新、灵活性和需求,以及人们对"个体化正义"(individualized justice)的诉求。特别是在中国转型时期的法治建设过程中,这几方面的因素同时存在,因此,自由裁量的问题,既是法治面临的一个普遍性问题,也是一个中国特定时代和空间背景下的特殊性问题。对于在这一背景下展开的依法行政和法治政府建设而言,一方面需要压缩和控制自由裁量,促进裁量的理性化;另一方面也需要保持行政的创新性、灵活性以及"个体化正义"的实现。如果一味强调规则细化的控制模式,将可能导致方案和技术的"简单化",反而回避了真正的挑战。

　　自由裁量控制的核心目标,是实现不同条件下裁量的理性化。要实现这一目标,必须转变传统控制模式的单一性、封闭性视角,而代之以多元的、开放的、复合的视角,在控制模式的选择上,从单一控制模式走向复合控制模式。在对行政自由裁量的控制上,既要通过立法规则的细化,尽可能压缩不必要的自由裁量空间,也要强化法律原则对于裁量权行使的指导作用;既要强调事前的立法控制和事后的监督控制,更要强调事中的程序控制,强化行政裁量权行使程序的竞争性,使当事人能够在一个公开、公平的程序中运用自己的话语、知识和权利,来挑战行政的判断和选择,构成一种知识和利益上的竞争机制,打破行政机关对知识、信息和话语的垄断,从而促进裁量主体作出判断、选择和决定的理性化。只有运用此种复合的控制模式,自由裁量权控制的核心目标才能真正实现。

(初审编辑:成协中)

行政裁量的治理

——以警察盘查为线索的展开

余凌云[*]

Governance of Administrative Discretion:
Unfolding through the Clue of
Police Stop and Search

Yu Lingyun

内容摘要: 通过立法、行政、司法和社会四个维度来控制行政裁量的四元结构,表面上穷尽了逻辑上的一切可能,但这种结构依然未能抑制行政裁量权的滥用。本文以警察盘查为线索,分析了实践中制度挤压型的裁量偏差,以及不良互动中诱发的裁量偏差,并提出这种裁量偏差是诱发行政裁量滥用的更为根本的、深层次的重要病灶。要彻底解决裁量滥用,不是从控制入手,而是需要我们去理顺有关的制度,剔除不合理的因素或影响,通过制度性舒缓和释放来解决问题。其次,要积极引入协商式的裁量模型,通过强化相对人的服从义务意识,进一步推进行政机关的柔性执法,在塑造良好互动关系的过程中有效规范

---

[*] 清华大学法学院教授、博士生导师,电子邮箱:yulingyun@ mail. tsinghua. edu. cn。本文系我主持的北京市哲学与社会科学"十一五"规划项目"北京市行政执法自由裁量权问题研究"的阶段性成果。在 Utrecht University 攻读博士学位的洪延青同学帮助我收集了大量的英文文献,清华大学法学院冯爱芳同学也做了一些辅助工作,在此一并致谢。

自由裁量。

关键词：行政裁量　治理　警察盘查　制度挤压　柔性执法

一、引言

如何有效控制行政自由裁量，是现代行政法的一个永恒话题。近年来，裁量权太大、裁量权滥用等问题，引起了公众、媒体和政府越来越多的关注，成为中国社会转型时期的一个矛盾汇聚的焦点。很自然，行政法实践和理论也迅速作出了回应。比如，金华行政裁量基准实践的成功，霎时成为行政改革的一个耀眼亮点，也陡然成为行政法理论的一个新的增长点，甚至与另外一个行政法的理论热点——软法(soft law)发生了某种勾连。[1] 又比如，对如何善用"滥用职权"的审查路径的思考，对实际审判中甚少适用的困惑，又再度激发了学者和法官新一轮的研究热情。可以说，当前，行政法学者对行政自由裁量理论倾注了前所未有的理论关怀，有学术分量的研究成果不断问世。

纵览有关文献，对行政裁量的控制，从宏观上都逃脱不了立法、行政与司法控制之"三段论"，至多再加上一个社会控制，成为"四元结构"。[2] 在这种稳固的结构之下，似乎已把所有的自由裁量控制技术概览无余、尽收囊中，呈现出一种约定俗成的板块式的控制模式，构成了我们讨论行政自由裁量的基本语境，划定了我们理论发展的疆域。很多的学术努力都是在这个平台上展开，进一步去摸索哪一种控制机制为核心性技术和主导模式的问题。

比如，对于如何控制宽泛的自由裁量，最早思考这个问题的戴维斯(K. C. Davis)在其学说中实际上倡导的是行政导控。他认为，更好地控制必要的裁量，有着两种核心方法，即构建裁量(structuring)与监控裁量(checking)。前者指通过计划、政策陈述、规则以及公开事实、规则和先例来具体构建裁量结构；后者是加强对裁量的司法与行政监控。[3]

又比如，在近年来颇受我国学者青睐、引用率极高的斯图尔特(Richard B Stewart)著述中，他所说的"传送带"(transmission belt)模式、"专家知识"(expertise)模式和"利益代表"模式，都是在注重上述机制的系统运作的基础上，试图根据社会变迁、民众需求、行政复杂性等因素，测试出它们在运转过程中应该更加侧重哪一个(方面)。我称之为宏观层面的系统运动解构，目的是寻找控

---

[1] 北京大学法学院软法研究中心于2008年10月19日召开了"行政裁量基准"研讨会，专门探讨了裁量基准与软法之间的关系。

[2] 杨建顺教授曾对上述几个机制逐一做了比较细致的解构，参见杨建顺："行政裁量的运作及其监督"，载《法学研究》2004年第1期。

[3] Cf. K.C. Davis, *Discretionary Justice: A Preliminary Inquiry*, Baton Rouge: Louisiana State University Press, 1969, p.55.

制裁量的"急场"(借用一个围棋术语)。

而我们耳熟能详的比例原则(principle of proportionality)、合理性原则(principle of reasonableness),分别从手段和目的、裁量过程(process of discretion)的角度切入,从一定层面上实现对行政裁量的控制。但是,这些基本技术仍然是依托在上述机制与过程之中,是一种微观层面的、颇为实用的具体技术。

上述粗略的盘点,让我们大致清点了现有的裁量学说,也似乎已囊括了我们已知的所有裁量控制策略与技术。在宽泛的意义上,上述的说法都是成立的。不管是宏观或微观解构,还是动态或静态解析,都是有意义的。

但是,在我们已知的控制技术中,多半是"洋货"。所以,我更想追问的是,这些能够救治中国的"疑难杂症"吗?是一剂对症下药的方子吗?上述昭示的路径是一览无余的吗?宽泛意味着空灵,定式潜藏着僵化。面面俱到之中必然有仅凭逻辑生硬推理或者主要借鉴国外经验的嫌疑,阐释之中缺少了本土的情结与泥土的芳香。

我也的确很怀疑,在我国解决行政裁量的滥用就只限于这些"灵丹妙药"。我们凭藉这些推理、这些"拿来主义",似乎还不足以真正发现中国的问题,真正解决中国的问题。所以,我们更需要、也更迫切要去做的,是在更加实在、更加具体的中国实践情境下来思考对行政裁量的控制问题。这是为了验证,更是为了发现问题、为了校正研究的偏差。

而且事实上,我总有种挥之不去的感觉,就是上述板块结构的稳定性,尽管很周延,但似乎也在禁锢着我们的思想。所以,在这个意义上,我觉得戴维斯的裁量理论尤其值得我们关注。他所提示的第二种方案,也就是删除不必要的裁量(the elimination of unnecessary discretionary power),潜藏着一种可能发生的突变。因为,在戴维斯的理论框架中,他已经认识到行政裁量不是一个简单的控制问题,单纯的控制不能彻底解决裁量的滥用问题,必须超越一般意义上的裁量控制,去思考行政裁量的治理问题。这才是一个更为根本的问题。

尽管在我目光所及的有限文献中,我还无法考证戴维斯学说和后来的实践之间是否存在着承续,但从现象上看,现代行政法的实践的确拾起了这条线索,并走得很远,也很活跃,已经远远超出了戴维斯略显简单化的思维,而是走入了更为广阔的、生机盎然的治理之路。它把我们带入另外一个更高的境界。行政裁量的治理——这个让人激动的话题,也诱使我想在本文中做一点尝试,尽管可能只是浅尝辄止。

在本文中,我只想做一个实例的分析,一个小小的试验。在分析的样本上,我选择了警察盘查(stop and search)。我想通过两种引起盘查裁量偏差的情形,作为强有力的例证,证明我们已知的技术和策略远远不足以解决裁量偏差问题。因为行政裁量是在一个复杂的系统中运行的,系统内的各种因素都可能对裁量发生作用,所以,解决裁量偏差,决不能只着眼于行政裁量的控制,而应该更加注意各种因素的影响。这样的追寻,必然会将我们带到一个更为广袤的、超脱传统的治理领域。

当然,这样的剪裁也必然决定了本文的研究不可能做到全面、系统地归纳、梳理行政裁量的治理理论。我的知识储备也无法让我系统地勾画出所有轮廓。我只能通过透视盘查实践,向大家揭示出校正裁量偏差还可以有另外一种视角。由于"行政裁量的治理"这个话题和领域过于宏大,也由于我们对这类现象的认识还不够透彻,所以,我也不想急于给它下定义,只是笼统地把所有解决行政裁量滥用的方法、技巧与策略都归拢到这个概念之下。

二、制度性挤压与释放

过度的误差会变得不能容忍,这时我称之为偏差或者"滥用裁量",是一种质变的形态。引发偏差的因素是多样的,形态也是多样的,我把它们分成两类:一是故意违法(有心之失);二是误读法律而违法(无心之过)。前者如超期羁押、违法留置、刑讯逼供等;后者像有些基层警察对口头传唤和盘查之间的区别认识不清,在实践中有误用。[4]

对于很多的滥用裁量形态,偏差的原因很可能是在裁量过程中发生了偏差,或者在目的(aim)与手段(means)上失去了比重,所以,我们可以依据比例原则、合理性原则等利器去发觉、校正,甚至教育和预防。

但是,据我长期对警察盘查的留意观察,特别是利用到基层或者给警衔班讲座的机会,通过与基层警察、领导交谈,我发现,很多滥用盘查的形态却不是能够那么简单治愈的,有些滥用盘查形态,甚至是有意而为之,并不得不为之;是因为无法有效控制当事人,而又必须完成行政职责、应对受害人和执法考评的压力,在这些因素的相互作用、挤压下发生的。[5] 这是当前最困惑实践、亟待解决的一种病态。

---

〔4〕 其实,传唤和盘查具有同样的实效,但适用的对象和条件却是不同的,所以,不能够交替混用。

〔5〕 有意思的是,这种制度性挤压在英国也存在,但不是像我们这种情形,而是绩效考评的挤压。盘查次数是绩效考评的一个指标(performance indicator),从中判断警察工作是否勤勉。所以,有的警察在访谈中也承认,如果盘查次数少了,上级会说"你的盘查数量下降了"(Your stops [searches] are down)、"你做得还不够好"(You're not doing enough),或者"还可以再棒些"(could do better)。为了应付考评,有的盘查可能也没有充分的理由(do searches which I can't justify to myself)。盘查也就在某种程度上背离了打击和预防违法犯罪的目的,而变成了主要用于增加工作绩效(boosting performance)的一种方法。也就是说,通过多逮捕些轻微违法者(minor offences),来显示警察的工作绩效。但是公众对此并不怎么买账。Cf. FitzGerald, M. *Searches in London: Interim Evaluation of Year One of a Programme of Action*, London: MPS, 1999.

（一）病理分析

先让我分析一下这种挤压的发生过程。我想从以下两个方面去解构：

一方面，在社会转型时期，为了适应迅猛发展的社会需求，解决交织复杂的各种矛盾，满足公众日益攀升的公法期待，行政机关面临着前所未有的巨大压力。在这个过程中，最终也会融入执法责任制，通过对岗位目标的量化、对执法绩效的考评，像达摩克利斯之剑（the sword of Damocles）一样，被转化成一种对机构、甚至对个人的工作压力。[6] 在晋升职位稀缺、绩效考核取决上级的情境下，上述压力通过"晋升锦标赛"又会由被动转化为主动承受，甚或有可能被递增和放大。

另一方面，治安违法行为的社会危害程度明显低于刑事犯罪，所以，在警察法上没有规定、也没有必要规定过多、太长的强制措施。在调查阶段对当事人采取的限制人身自由的调查措施，不应该比最后作出的行政处罚还要严厉。这种理念本身没有问题，而且完美地体现了比例的思想。但是，客观上却造成了公安机关事实上后续强制手段的不足，有些涉及流动人口作案的案件不好办理。因为，改革开放之后，随着市场经济的发展，人口流动加剧。[7] 原来的户籍制度对人的控制能力大为下降，公安机关对流动人口的信息情况的掌握也变弱，违法嫌疑人一旦摆脱公安机关的控制，就很难再缉拿归案。而逃逸几乎是没有成本的。对于流动人口来说，只不过是换个居住的环境与打工的地点。但是，在有受害人的案件中，案件的"夹生"极易引发受害人因不满而上访。而上访又可能会引起连锁反应，包括上级的不满与追查、行政内部的执法考评与责任追究，连锁循环中产生的压力最终又都落到了行政机关及其执法人员身上。

这种由行政任务出发，经过目标管理、执法考评、内外监督与责任追究等多种制度的加总，形成了对机关与个人的执法风险与压力，直接关系着机关的荣誉、个人在行政系统中的发展甚至待遇。这种循环运动，在现阶段却不时遭到因其他相关制度或者规则缺失的阻却，导致了运行梗塞。由此聚攒起来的压力，却又回流作用到基层和执法人员身上。

---

[6] 据不完全统计，2002、2003、2004、2005 年度，全国考评优秀单位比率分别为 34.72%、34.22%、40.86%、41.48%，达标单位比率分别为 60.44%、62.57%、56.03%、55.73%，不达标单位比率分别为 4.83%、3.21%、3.11%、2.81%。其中，共有 12 个县级公安机关和 1 个监管支队连续两年考评不达标，其中 9 个公安机关的一把手已经引咎辞职或者被免职，另外 3 个也在处理之中。参见"公安部通报全国公安机关开展执法质量考评等情况"，http://www.gov.cn/xwfb/2006-04/18/content_256703.htm，最后访问日期 2009 年 3 月 20 日。

[7] 有关人口抽样调查数据显示，近年来人口流动进一步加剧。全国人口中，流动人口为 14735 万人，其中，跨省流动人口 4779 万人。与第五次全国人口普查相比，流动人口增加 296 万人，跨省流动人口增加 537 万人。在一些沿海发达地区、大城市，流动人口在城市人口中占有相当大的比例。根据北京市统计局 1% 人口抽样调查显示，2005 年底，北京市户籍人口 1180.7 万人，流动人口 357.3 万人，流动人口与户籍人口数量之比为 1 比 3.3。参见"北京将改革暂住证制度，为流动人口出租房屋建档"，http://news.sina.com.cn/c/l/2006-10-10/161911200701.shtml，最后访问日期 2009 年 3 月 20 日。

在挤压之下,在缺乏制度设计与创制能力的情况下,实践者就很可能会在制度之外寻找解决方法。实践的"条件发射"就很可能是,在盘查48小时之后,如果嫌疑仍然无法排除,或者无法及时结案,便就势转为传唤,变成盘查和传唤的交替使用;或者采取一些"土办法",比如要求当事人在当地找保人、交保金,或者变相监视居住、限制行动自由等。

在这里,自由裁量权的滥用似乎变成了一种润滑剂,能够消除梗塞,让循环继续下去。而不确定法律概念无法根除的不确定性,又恰好为上述裁量偏差提供了很好的借口。因为无论是当场盘问还是留置的四种情形当中,都充满了大量的无法准确界定的概念。[8]

这种循环挤压现象在我国的行政执法实践中非常突出,也是一个很有中国特色的问题。在与民警的座谈和交流中,很多民警询问:是否对违法嫌疑人书面传唤到案的,就不能进行留置了?若询问后发现案情较为复杂或有其他违法行为,释放后,有可能再也无法到案,怎么办?之所以会提出这些问题,实际上也反映了办案人员的上述心态与焦虑。

(二)治疗

所以,对于这种偏差的校正,或许,我们还无法求助于任何我们所熟悉的控制机制。因为它与程序的正当性、司法救济的充分性、公众的参与性等所谓的治愈良方统无涉。它的病灶无法用传统的裁量控制方法与技术来消除。即便我们祭起我们所擅长的合理性审查和比例原则,也只能是在个案之中实施微观的矫治手术,却很难影响全局,无法形成制度化效应。只能治标,不能治本。

对于制度的挤压,在我看来,最好的策略是释放、舒缓或转移。可以考虑的方案有二:

第一种方案是让公众理解制度的缺陷,并接受和容忍。但在当前,人们尤其注重实质结果正义,我们很难立刻扭转这种公众心理认同。这样的转变有待时日。但我们可以对执法绩效进行理性考评,不过分苛求执法人员,不把制度性偏差计算到执法人员个人身上,不因为受害人不理解上访而责罚执法人员。

第二种方案是加强对个人信息的掌控,通过网络实现共享。同时引入辅助控制手段,包括:(1)引入保证人和保证金制度。警察在法定期限内仍然无法排除当事人的重大嫌疑,而释放又会导致当事人逃逸的,可以要求后者交纳保证金和寻找当地的保证人。(2)建立信用担保制度。又可分两个部分,前部分是构建制度,包括建立身份证综合信息功能,汇集个人的生物识别、户籍(护照)、社会保障、开户银行、保险等信息;要求公民随身携带身份证,对不携带

---

[8] 我国《人民警察法》第9条规定允许留置的四种情形是:(1)被指控有犯罪行为的;(2)有现场作案嫌疑的;(3)有作案嫌疑身份不明的;(4)携带的物品有可能是赃物的。尽管《公安机关继续盘问规定》用第8条、第9条从正反两个方面去解释,也无法根除某些概念的不确定性。

者,一经发现,予以处罚。后部分是发挥制度的功用,包括对于逃逸的当事人,可以通知银行暂时冻结或罚没其一定数额的财产;通过网上追逃,要求宾馆不得登记入住、用工单位不得录用、不得出入境等。

三、追求良好互动

在我看来,当前,行政裁量的滥用,有不少就是在行政机关与相对人之间差强人意的互动之下激发、激荡出来的,实践中弥漫在一些执法人员意识中的"以暴制暴"也是这样的一种病态,值得我们深思。这个问题在盘查上体现得尤为明显。

2007年岁末发生的"广州珠江医院副教授尹方明被枪杀"一案,就是一次颇为糟糕的警察与当事人之间的互动。当事人出示(过期)军官证、找熟人等努力,都无法根本消除警察认为的"有违法犯罪嫌疑"。而法律又没有限定当场盘查的时间,把它完全交给警察来裁量。警察盘问得"没完没了",让当事人厌烦,无法忍受,甚至激烈反抗,这反过来又直接刺激了警察采取了过激的、不当的措施。[9]

尹方明案不是一个个案,有普遍代表性。我在进行暴力抗法问题的立法研

---

[9] 按照广州市公安局通报中的说法,警察之所以会对尹方明的车辆进行盘查,是因为:第一,凌晨,车内仍有动静;第二,前后车牌均被报纸包裹着。尽管后一个事实似乎有些争议,但是依据前一事实,警察仍有理由认为"有嫌疑",所以,启动盘查没有问题。

据当时在场的王燕鸣说,13日凌晨3时40分左右,他和尹方明在珠江医院招待所大排档吃完夜宵后,把车停在珠江医院住院部门口,车头向西,俩人坐在车里聊天。约一个小时后,一辆警车突然斜停在车前,挡住了去路。从车上走下一名警察,一个非警人员。警察向司机座走来,非警人员向副驾驶座走来。警察要尹方明出示证件。尹方明连忙解释自己就是珠江医院的医生,王燕鸣也帮忙解释。同时,尹方明左手从右上衣口袋掏出一个"软软"的证件(军官证)给警察。警察查看后,还要尹方明出示其他证件。此时,尹方明没有再掏证件,直接下车。而车内的王燕鸣听到外面发生一些争执。尹方明说:"我就是珠江医院的医生。"随后开始打电话。此后,他听到警察接电话,但不知道说了些什么。王燕鸣下车,绕到车另一边去劝说警察:"他是珠江医院的医生,都在你们的辖区内……"警察和尹方明的声音小了一些后,他又上车回到副驾驶位置。王燕鸣看到,尹方明从警察手中拿过证件说:"你拿我的证件,我也拿你的证件。"

上述事实,参见"警察枪杀副教授调查",http://news.hsw.cn/2007-11/30/content_6696334_2.htm,最后访问日期2009年3月20日;又见http://news.sina.com.cn/s/l/2007-11-14/033214300376.shtml,最后访问日期2009年3月20日。尹方明案发生后,我也接受了包括东方卫视、《中国新闻周刊》等媒体的采访,尽管媒体提供的信息在某些细节上与官方公布的信息有出入甚至冲突,但是,就上述因盘查而生争执的信息却是一致的。

从这些表述中,我们可以猜到,尹方明之所以和警察发生争执,首先是因为他觉得,像他这样身份的人,警察凭什么怀疑、盘查他呢? 其次,是因为警察盘查时,对其军官证和口头解释不置可否,一再索要其他证件,引起尹方明的强烈不满。尹方明觉得,自己就在自己工作的医院旁边,而且也对自己的身份说得很明白,就是军官证有什么瑕疵,有什么关系? 有必要这么较真吗?

但是,从警察盘查的角度看,尹方明出具的证件是医院改制之前的,已过时,仍无法证明其真实身份。尹方明本该进一步协助调查,他的反应却是"你拿我的证件,我也拿你的证件",这种与警察的互动是很糟糕的,刺激(冒犯)了警察。而他不顾警察制止而驱车离开的举动,直接诱发了枪击案件的发生。因为警察在努力制止尹方明驾车驶离的过程中,主动地让自己涉身险地,似乎符合了《人民警察使用武器和警械条例》第9条第(十)项"以暴力方法抗拒或者阻碍人民警察依法履行职责或者暴力袭击人民警察,危及人民警察生命安全"之规定,所以就鸣枪了。

究与调研中,更为深刻地感受到这一点。因此,我有一个强烈的感觉,就是对行政裁量的治理,很大程度上要依赖于对行政机关与相对人相互关系的重塑。通过建立起一种良好的互动关系,来校正行政裁量的偏差。

忽然,我发觉,我一不小心,踏入了一个非常宏大、宏大到难以解构的话题。因为行政机关与相对人之间的紧张关系,很可能来自数也数不清的制度、政策、措施方面,比如,房屋拆迁、土地征用、企业改制、股市监控等,是多种因素的加总,是点滴积累的结果。

但是,我们可以先"大题小做",把这个宏大的话题放到尹方明案中进行微观的解构。我们至少可以发现两个着力点:一是要进一步强化相对人的服从、协助与容忍义务,让依法解决争议变成公民的心理依赖路径和行为规则;二是要进一步构建裁量的行使路径,弱化行政执法的强制色彩,让它更规范、更温情、更人性化,更容易被相对人所接受与服从。

就像我在考察"泉州模式"时发现服务行政能够有效抑制和消弭纷争一样[10],我也相信,规范化、人性化的执法,也能够有效地缓和行政机关与相对人之间的紧张关系,化解矛盾。[11] 因为,在行政机关与相对人之间相互矛盾、作用、激荡的过程中,前者始终应该占据主导地位。而且,从某种意义上说,公民正确的权利和义务意识,也是通过行政机关严格、规范和文明执法培养与塑造出来的。因此,行政机关也就更加有责任积极引导这种互动向着良好行政方向发展。这是现阶段我们在推进法治建设中尤其应该注意的一种制度效益。

(一)进一步强调相对人的服从义务

尹方明案发生之后,媒体给予追踪报道,其中充斥着不少像"警察开枪打死尹方明有滥用职权的嫌疑"、"声援尹方明教授——抗议素质太差的警察枪杀好人"、"尹方明死不瞑目"、"珠江医院员工自发悼念尹方明,憔悴幼女几乎难以站立"这样的颇为煽情的标题。舆论似乎站在尹方明一边。尹方明妻子也表示"我的老公无缘无故被一枪打死了!我要求严惩凶手!"[12]

然而,整起事件的起因,却是尹方明不耐烦警察的盘问,甚至有暴力抗法的举动。这一点,连当时在场的他的朋友也不否认。但却很少有人谴责这种违

---

〔10〕 参见余凌云:"行政指导之中的合法预期——对泉州工商局实践经验的考察与思考",载《法学家》2007年第5期。

〔11〕 在伦敦的一项调查中显示,被警察盘问之后,又接着被检查,这会加剧当事人对警察的不满。但是,在这个过程中,警察是否有礼貌,是否充分说明理由,也是至关重要的。不少警队的领导都对下属强调,在一开始实施查时就要注意姿态低些(at a very low level),对被盘查人尊重和礼貌,要保持冷静。一位领导还说,有的人仇视警察,抗拒警察,但是,他却发现实施盘查的警察十分冷静。从这位领导的个人经验看,后来有些人还多次向其道歉。Cf. FitzGerald, M. *Searches in London: Interim Evaluation of Year One of A Programme of Action*, London: MPS, 1999.

〔12〕 http://gd.news.163.com/07/1113/16/3T6NI3LQ0036000Q.html,最后访问日期2009年3月20日。

法。虽然个别学者也谈到了这一点,但似乎被媒体有意或无意地吞没了。这至少说明,很多人在潜意识中都没有把这个问题当回事,或许在其与行政机关交往的经验里这也是"很正常"的事,而警察的反应却"过分了"。

对警察的盘问,相对人是否有沉默权? 早先,美国法院在这个问题上是持肯定态度的。认为,警察拦停行人盘问,该人并没有义务回答,警察也不能强迫其回答。拒绝回答,尽管可能会让警察更加警觉,可以继续留意观察,但却不构成逮捕的理由。也就是说,警察可能会问一些适度的问题,以弄清被盘问人的身份,解除或者进一步肯定其怀疑,但却没有强制其回答的权力。在当时的法官看来,这是"非威胁性特征"(nonthreathening character),是可以被法院和法律所容忍的边际与限度。[13]

但是后来,美国法院的态度转变了,在平衡个人隐私利益与国家执法利益之间孰轻孰重上偏向了后者,要求相对人回答警察的盘问。法院认为,要求嫌疑人回答有关身份的问题是警察调查的一个必要组成部分,是常规的询问,这可以使警察了解其是否涉及其他违法犯罪,或者有无暴力犯罪或精神错乱的记录。[14]

日本虽然把盘问视为"任意性行为",但多数学说认为,如果没有合理理由,当事人却拒绝警察的盘问,这只能增加其嫌疑的程度,因此,警察可以继续盘问,劝告当事人回心转意与警察合作。1981年11月13日大阪地方法院判决认为:"警察的盘问以当事人的任意承诺为前提,若违反该前提而继续进行盘问,即非法之所许。但并非因此即谓,当事人一旦拒绝,警察即不得再为任何行动。警察在未达强制的范围内,为求当事人回心转意所为的说服功夫,仍为合法可为的行为。"[15]

我国台湾地区《社会秩序维护法》第67条第1项第2款也有类似规定,但后果更加严厉,要遭致处罚。[16] 学者的看法却不尽相同。比如,陈运财认为这个规定违反沉默权和正当法律程序。[17] 王兆鹏也认为,被盘查人虽然有配合的义务,但却不能因为不回答警察关于其个人基本信息的询问便遭到处罚。[18] 但简弓皓则认为,沉默权不适用于盘查权,理由有二:第一,沉默权是一种拒绝

---

[13] Cf. E. Martin Estrada, "Criminalizing Silence: Hiibel and the Continuing Expansion of the Terry Doctrine", 49 *Saint Louis University Law Journal* 298—299(2004—2005).

[14] Id., 293.

[15] 参见中央警察大学教授合著:《各国警察临检制度比较》,台湾五南图书出版股份有限公司2002年版,第113页。

[16] 该条款规定:"于警察人员依法调查或查察时,就其姓名、住所或居所为不实之陈述或拒绝陈述者",得处3日以下拘留或新台币1.2万元以下罚锾。

[17] 参见陈运财:《刑事诉讼与正当之法律程序》,第八章"论缄默权之保障",第343—345页。转自王兆鹏:《路检、盘查与人权》,台湾元照出版有限公司2003年版,第142页。

[18] 参见同上书,第142—143页。

自己入罪而生的权利,仅限于在刑事诉讼程序上适用;第二,如果对盘查权的行使不服,可以要求行政救济,这足以保障相对人权益,无需再引入沉默权的保障机制。[19]

在我看来,这个问题比较复杂,应当区别盘问内容而有不同态度:(1)警察为消除疑问而盘问与疑问有关的信息,包括被盘查人的个人基本信息,被盘查人不能拒绝。这有着实在法的依据。[20] (2)与疑问无关的信息,相对人有权拒绝。但主流应该是进一步强调相对人的协助、服从与忍受的行政法义务。

相对人的服从、容忍与协助义务,是我们长期忽视的,迄今没有真正进入行政法结构之中。当前政府的无端软弱、畸形克制,助成了"小闹小解决、大闹大解决"的不良互动。而行政执法人员是一个活生生的人,在反复不间断的不良刺激下,也难免偏激、反应过度。裁量的空间恰好被这种偏激利用了。制度可以规范行为,裁量无法抑制偏激。

所以,在制度性层面上,我强烈反对无效行政行为,始终坚持认为在我国现阶段不适宜引入无效行政行为理论[21],因为它不利于理顺和构筑行政机关与相对人之间的和谐互动关系,也难以养成相对人在行政法上服从、协助与忍受义务意识。所以,对于警察在"形迹可疑"、"有违法犯罪嫌疑"等方面的判断而发生的争执,不论孰是孰非,都只能循行政救济途径解决,特别是寻求由督察现场检查与备案制度构建的临时性救济来及时解决,不能引用抵抗权理论,以行政行为无效为由拒绝接受盘查。

(二)增进亲和力的一剂"方子"

在媒体关于尹方明案件的诸多报道中,有一些似乎不为人们所关注但却颇有意味的细节。"警察叶青云曾驻珠江医院的警务室",这个信息的潜台词很丰富,比如,"他与医院是熟悉的",照理来讲,尹方明自报家门之后,叶应该比

---

[19] 参见简弓皓:"盘查与附带搜索",台湾私立中原大学财经法律系2003年硕士学位论文。

[20] 我国《居民身份证法》第15条规定:"人民警察依法执行职务,遇有下列情形之一的,经出示执法证件,可以查验居民身份证:(一)对有违法犯罪嫌疑的人员,需要查明身份的;(二)依法实施现场管制时,需要查明有关人员身份的;(三)发生严重危害社会治安突发事件时,需要查明现场有关人员身份的;(四)法律规定需要查明身份的其他情形。有前款所列情形之一,拒绝人民警察查验居民身份证的,依照有关法律规定,分别不同情形,采取措施予以处理。"其中第(一)项"对有违法犯罪嫌疑的人员,需要查明身份的",自然包括盘查在内。对于拒绝回答个人基本信息的,警察可以根据《人民警察法》第9条规定的"有作案嫌疑身份不明的",结合已收集的其有作案嫌疑的初步证据,进一步对被盘查人实施留置盘问。

[21] 我是不太赞成行政行为无效与可撤销二元划分的,参见余凌云:"行政行为无效与可撤销二元结构质疑",载《上海政法学院学报》(法治论丛)2005年第4期。在这里,我也同样坚持这样的主张。

较客气,或者"完全可以到旁边紧挨着的保安那边核实嘛"。[22] 给人的印象是叶的做法太生硬了,太不近情理了。

我国近年来的行政实践也一再表明(尹方明案件又是一个例子),在社会转型时期,过分迷信"硬法"(hard law)和依赖"刚性执法"似乎已走到"瓶颈",关注"软法"(soft law)和兼顾"柔性执法"逐渐受到青睐。这股涌动的思潮与实践,如果放到重塑行政机关与相对人之间良好互动关系上去审视,我们会发现,"软法"和"柔性执法"或许更有助于消除它们之间业已存在的某种紧张关系。

在这样的学术背景下,郑春燕博士为治理行政裁量,开出了"协商行政导控模式"的药方。其中,她谈到:"如果行政主体准备以协商行政的方式实现管理任务,则行政决定的最终成立,必须有相对人的配合与同意。此时,行政裁量权的行使,除受事实与法律的约束外,更要尊重行政相对人的意愿。"[23]

实际上,在我看来,这剂药方暗合了当前行政法理论研究与实践的上述潮流——淡化传统的强制色彩,揉入现代的柔性执法,积极推进行政执法模式转型。"协商行政"只不过是从另一个层面切入并整合了有关理念与手段,包括我们熟悉的行政契约和行政指导,也包括我们还不太知晓的任意调查。

Rachel Karen Laser 把警察的检查分为三类:一是经当事人同意的检查(consensual searches);二是基于"相当理由"(probable cause)的检查;三是 Terry 检查。关于第一种检查,他认为,只要当事人的同意是明确、具体和理智地作出的,没有强迫或强制,就是有效的。警察因此而实施的检查就是合法的。[24] 这种分析模式,实际上认同了在盘查的实施过程中是可以撤开强制,先行试探当事人的意见,积极征得后者的同意和协力,从而可以独立成就一个阶段性调查活动。

在我看来,我们也可以借用同样的分析框架来解构我国的盘查。从属性上看,我们习惯把盘查归类为一种警察强制措施,是一种即时强制形态。尽管法律没有明确规定检查遇到拒绝时是否可以强制实施,但是,从实践的需求看,如果盘查遇到阻扰,当然是可以强制实施的。但是,我们也无须一味追求强制。盘查在实施过程中,只要当时情境许可,就完全可以(但不必然)进一步拆解为两个阶段。在第一个阶段,不妨先藏匿"强制",彰显"柔性",可以在拦阻之后,先试探征得相对人同意,进行盘问或检查,以消除警察怀疑。这样的调查形态在我国的行政调查理论上可称之为"任意调查"。如果遇到阻扰,当然可以顺

---

[22] http://2008.163.com/07/1128/16/3UDA4LKJ00742437_3.html,最后访问日期 2009 年 3 月 20 日。

[23] 参见郑春燕:"运作于事实和规范之间的行政裁量",浙江大学法学院 2006 年博士学位论文。

[24] Cf. Rachel Karen Laser, "Unreasonable Suspicion: Relying on Refusals to Support Terry Stops", 62 *The University of Chicago Law Review* 1164—1167(1995).

势进入第二阶段,转为强制调查。

在任意调查下,尽管任何公民都有协助警察实施调查的道义上的义务,但是,并没有法律上的强制义务。也就是说,在这种情况下,即便是拒绝了警察的调查要求,也不会构成妨碍执行公务。警察通常也不以公权力的手段来处分被调查人的权利,也不得使用超过合理限度的物理上的力量,比如强行拉住或者非法拘禁被调查人,来滞留被调查人,让他接受调查。也不能以附带的行为事实上遏制当事人的意志。[25] 但是,警察在未达强制的范围内,为求当事人回心转意所为的说服功夫,仍为合法可为的行为。[26] 也正因为任意调查的基本特征是被调查人自愿放弃权利,而不是强制地限制或剥夺公民的权利和自由,因此,也称为"非权力的调查"。[27]

当然,在具体的界限方面,美国和日本的解读是比较细腻的,对公民权利保障也十分敏感。其中的理论或标准可以拿来参考,但却很难完全适合我国目前尚属于粗放式的实践。因为我们在价值取向与社会认同上更倾向于有力打击违法犯罪,所以公众对盘查的力度与实施细节的容忍度相对要高些。

实践表明,通过任意调查,弱化盘查的生硬度,能够一定程度地润滑警察与相对人之间的紧张关系。曾有一位北京地铁警察告诉我,他们发现某人携带的物品有嫌疑,一般也不直接进行盘查,而是"学雷锋做好事",主动上前帮助提拿行李,通过触摸行李,观察当事人反应。如果仍然无法排除嫌疑,便征得当事人同意开包检查。他告诉我,当事人一般都会配合,实践效果很好。

四、治理的基本策略

很显然,行政裁量的治理,相对于行政裁量的控制,是一个更加宏大的话题,是一个更大范畴的综合复杂实践。它涉及的技术超越了直接针对行政裁量的调控方法,与政府的职能转变、手段的多样化等发生了交错,涉及在裁量过程

---

[25] 美国有两个判例很说明问题。在 Florida v. Royer 案中,警察在机场的走道上拦阻嫌疑人,要求其出示机票与证件,看完后却没有返还,而是请求其到不远处的一个房间接受询问。法院认为,未返还机票和证件,对于一个旅行者,实际上等于强迫其必须服从警察要求。而在 Florida v. Rodriguez 案中,便衣警察在机场遇到嫌疑犯,出示警徽之后,指出十五尺之外有其他警察站立之处,问嫌疑犯是否愿意共同至该处接受询问。法院认为,这种征询同意的询问,不构成违法。参见王兆鹏:《路检、盘查与人权》,台湾元照出版有限公司 2003 年版,第 124 页。

[26] 比如,日本东京地方法院在 1986 年 11 月 17 日的一个判决中以为:"巡佐对拒绝同行并推开警察想要离去的被告,以右手抱其左腕,同时更将被告的两袖抓住,行使若干的实力措施,其程度,参照被告有违反大麻取缔法的浓厚嫌疑,以及强烈盘问之必要等客观状况,应认为系想要促使被告回心转意的暂时性不得已之行为。再者,其行使实力之程度,尚未达以实力制服被告行动的强度,应属尚在所谓伴随动作之说服的可容忍范围内。"参见艾明:"论警察盘查措施——比较法视野下的考察",载《贵州警官职业学院学报》2006 年第 2 期。

[27] 参见余凌云:《警察行政强制的理论与实践》,中国人民公安大学出版社 2007 年版,第 210 页。

中可能与之发生影响、作用关系的方方面面的各种因素。

从我所阅读到的文献看,可以起到治理之效的策略包括:(1)我们上述已知的自由裁量控制技术;(2)通过立法剔除不必要的裁量;(3)随时代需要而动,将传统的一些政府职能不断社会化、市场化,其中依附在这些职能之上的自由裁量也必然随之转移出去;(4)积极探索和改变政府作业方式,建立新的决策模式,让行政行为不再单纯地、唯一地经由行政机关的裁量而作出。

其中(4)是最能引起行政法学者兴趣的,但又多半学者认为这属于手段更新,很少往行政裁量的角度去思考。其实,这种实践的基本目标是不断在政府权力中冲淡自由裁量的浓度、降低自由裁量的比例,把公众对自由裁量的不满转移出去。比如,积极引入经济激励,包括推行可交易的污染许可、征收环保税、向开发商收取基建费和环境影响费,以及在经济上激励卫生保健服务的供应者[28];又比如,采取由当事人选择法律效果的规制方法,也就是对于某一特定的行为,设定若干个法律效果或者法律处理,由当事人自己选择其中之一[29];再比如,加强权力(利)的竞争机制,用程序设计和制衡原理来解决裁量滥用问题。[30]

当然,这绝不是全部。伽利庚(D. J. Galligan)在他的裁量理论体系中,专门论述了能够对裁量行使产生约束(constraint)作用的各种因素,他把这些因素分为两类:一类是更为实践性的(those of a more practical kind),另一类是更多基于价值的(those of a more value-based knid)。比如,效率和效果(efficiency and effectiveness);政治考虑(political considerations);组织因素(organizational factors);经济因素(economic factors);任务属性(the nature of the task);官员的道德水准(the moral attitudes of officials)等。所有这些,在伽利庚看来,都会对行政裁量的行使产生约束作用。[31] 所以,所有这些,也都将可能成为治理行政裁量的思考路径。

在我看来,对控制行政裁量的思考,最终必将走向行政裁量的治理之路,也就是要踏上一个更加广阔、更加生机盎然的综合治理之路。对它进行理论上的全面梳理、归纳和总结是必要的,也是颇具吸引力的课题,但却不是本文能够完成的宏大任务。

---

[28] 参见徐晨:《权力竞争:控制行政裁量权的制度选择》,中国人民大学出版社2007年版,第223页。

[29] 比如,对于携带限带物来到天安门广场的当事人,可以由其选择:(1)丢弃限带物;(2)暂存限带物;(3)既不愿丢弃、也不愿暂存者,禁止进入天安门广场。

[30] 参见王锡锌:"自由裁量权基准:技术的创新还是误用",载《法学研究》2008年第5期。

[31] Cf. D. J. Galligan, *Discretionary Powers: A Legal Study of Official Discretion*, Oxford: Clarendon Press, 1986, pp. 128—163.

五、结束语

据我的观察,上述发现,特别是制度挤压型的裁量偏差,以及不良互动中诱发的裁量偏差,在我国现阶段具有典型代表性,是比较突出而亟待解决的本土性问题。我甚至认为,这是诱发行政裁量滥用的更为根本的、深层次的重要病灶。社会生活中出现的各种裁量权滥用形态,在多数情况下只是这种病态的表征与症状。而治愈之道,已无法完全寄希望于我们已知的裁量控制技术。我们必须走向"标本兼治"之道。具体而言:

一方面,在我国现阶段,裁量权的滥用很多是在各种制度的运转过程中,由于其中存在着某种(些)不尽合理的制度或因素,在运行挤压下产生的。因此,要彻底解决裁量滥用,不是从控制入手,而是需要我们去理顺有关的制度,剔除不合理的因素或影响,通过制度性舒缓和释放来解决问题。这个发现,能够让我们跳出传统的板块式控制结构,从另外一个角度审视自由裁量的控制问题。

另一方面,当前自由裁量的滥用,在很多情形下是行政机关与相对人不能形成很好的互动关系而导致的。因此,我们要积极引入协商式的裁量模型,通过强化相对人的服从义务意识,进一步推进行政机关的柔性执法,在塑造良好互动关系的过程中有效规范自由裁量。

这说明,我们已掌握的裁量控制理论,看似完美,却远未形成自治的周延体系。任何单维度的、静态的控制都不太可能取得对行政裁量的最终胜利。行政自由裁量的控制应该是多维的,是在运动过程中相互作用的结果。行政裁量的治理路径可能更有前途,更为根本,也需要有更为宏大的视野与构思。我们应该更加注重疏通诸多制度协调运转中的梗塞,更加注重培养和营造行政机关与相对人之间的良好互动关系。

当然,这也从另一个方面提醒我们,对行政裁量的治理不太可能一蹴而就,没有立竿见影的灵丹妙药。制度的设计、对接与磨合需要一个过程。而消除行政机关与相对人之间的紧张关系,更需要假以时日。

很显然,行政裁量的治理,相对于行政裁量的控制,是一个更加宏大的话题,是一个更大范畴的综合复杂实践。它涉及的技术远远超越了直接针对行政裁量的调控方法,与政府的职能转变、手段更新等发生了勾连,涉及一个错综复杂的系统作用,甚至触及一种文化的形成。这或许能够把我们引领到更为广袤、精妙无比的境界,让我们真正能够触摸到、并读懂行政裁量那张透着神秘、变幻莫测的普洛透斯(Proteus)之脸。

(初审编辑:成协中)

尊重与戒惧之间
——行政裁量基准在司法审查中的地位[*]

朱新力[**]　唐明良[***]

Between Respect and Precaution:
The Status of the Administrative Discretion Standard in the Judicial Review

Zhu Xinli & Tang Mingliang

内容摘要：随着各种裁量基准在中国各地的大量出笼，其在司法审查中的地位也成为理论和实务不可回避的一个话题。通过考察司法审查与裁量基准的应然关系以及司法实践对裁量基准的真正态度，我们可以发现，裁量基准既是实质意义上的司法审查规范，同时又是司法审查的对象。作为司法审查的法源，裁量基准具有双重性格，其主要功能在于弥补司法审查能力的局部不足；作

---

[*] 本文系两位作者长期合作开展学术研究过程中的一个产品。由朱新力提出并与唐明良共同商定基本思路和框架结构，由唐明良具体执笔写作初稿，朱新力先后多次进行修改订正。两位匿名审稿人和初审编辑提出了十分中肯和适恰的学术意见，使作者在修改本文时获益匪浅，在此对他们之于本文的学术贡献表示感谢。当然，文责由作者自负。本文系2007年度国家社会科学基金项目《行政法基础理论的改革》（项目批准号：07BFX022）的阶段性成果。

[**] 法学博士，浙江大学光华法学院教授、博士生导师，电子邮箱：zhuxinli007@126.com。

[***] 浙江大学光华法学院博士研究生，浙江省社会科学院法学研究所助理研究员，电子邮箱：lawsonpeter@126.com。

为司法审查的对象,法院对其享有不完整的审查权,在形式和实质两大方面进行不同程度的判断。裁量基准在司法审查中的双重地位,导源于司法对行政裁量的尊重与"信任法院、戒惧行政"这两种法律传统之间的紧张关系,更进一步地,裁量基准也在这种紧张关系中扮演着输出法院政策意图的载体角色。

关键词:裁量基准 司法审查 法源 不完整审查权 政策输出

一、引言

初步考察学界对行政裁量基准的研究轨迹,可以发现,人们对裁量基准的广泛关注大致肇始于2004年浙江省金华市公安局下发的《关于推行行政处罚自由裁量基准制度的意见》(金市公通字[2004]23号)。此后,全国各地渐次出笼的形形色色的裁量基准(或标准),更为理论界和实务界提供了可以"不断言说"的丰富素材。随着裁量基准的广泛应用,一些依基准作出的具体行政行为,也自然进入司法审查的视野,由此便引发了这样一个话题:外观上常体现为规范性文件的裁量基准[1],在法院对行政行为进行合法性判断时充当着怎样的角色?在这个问题上,已有的理论作品或多或少提出了自己的观点。其中一种结合了比较法知识的代表性论点,将裁量基准与司法审查之间的关系概括为逻辑周延的五个方面[2]:法院对行政机关是否具有行政裁量权进行司法审查,从而判断裁量基准的设定是否越权——法院对行政机关是否设定了裁量标准进行司法审查,以判断有无违反"裁量标准设定义务"——法院以"判断过程审查方式"对裁量标准是否合法进行审查——法院对行政机关变更已公布裁量标准的理由进行审查——法院对合法裁量标准的适用进行审查。以上五点,除第二点具有特定的比较法背景外[3],其余四点在中国语境下同样具有"问题意义",而它们实际上又可以化约为两大问题域:作为司法审查法源的裁量基准

---

[1] 关于裁量基准的外延及表现载体,现有的讨论有着极不一致的理解。最为广义的一种认识甚至认为"行政机关在没有以规范性文件形式存在的裁量标准的情况下行使裁量权作出具体行政行为时,裁量标准也是存在的,其形式为具体行政行为的理由"(参见王天华:"裁量标准基本理论问题刍议",载《浙江学刊》2006年第6期)。从抽象逻辑上讲,这种理解无可厚非,但就本文的讨论视角而言,如果将"具体行政行为的理由"等作为裁量基准的一种,那么,所谓"裁量基准与司法审查的关系"将演化为"行政裁量与司法审查的关系",由此,探索裁量基准在司法审查中的地位,也将不再具有独特的问题意识。当然,也有论者主张将以细化量化裁量权为目标指向的法规规章列入裁量基准的范畴,从其实质规范内容而言,这类法规规章自可视为"裁量基准"无疑,但在形式法治意义上,法规规章的法源地位自有《立法法》等予以确定。基于上述两点,本文将讨论的外延基本上限定于一般以非立法性质的规范性文件为载体的裁量基准规范。

[2] 参见同上注。

[3] 如日本在《行政程序法》中把行政机关设定裁量基准作为一种义务来规定:对许认可,要制定基准;对不利益处分,要努力制定基准。参见朱芒:"日本《行政程序法》中的裁量基准制度",载《华东政法学院学报》2006年第1期。

和作为司法审查对象的裁量基准。进一步地,该两大问题又衍生出裁量基准可能充当司法与行政互动之有效媒介的话题。

二、作为司法审查法源的裁量基准——实质上的司法审查规范

鉴于本文讨论的裁量基准基本上限定在表现为规范性文件的实质规范,因此,就一般意义上而言,所谓裁量基准在司法审查中的法源地位,本质上等同于"行政规定的法源地位"这样一个命题。但同时,裁量基准作为一种特殊的规范性文件,其在司法审查中的法源地位还表现出一定的特质。以下分而述之。

（一）作为"行政规定"的裁量基准的法源地位

从内容上看,行政规定（或称"规章以下的其他规范性文件"）包括两种:一种是仅仅规定行政机关内部分工、程序、责任等的内部文件,不直接涉及外部相对人;另一种则为相对人设定权利义务。在大陆法系的学说话语系统中,前者被归之于"行政规则",后者则被称为"法规命令"。一般认为,法规命令具备法规范的特质,而行政规则并不具有规范效力,但也有相当一部分行政规则期待下级行政机关及其公务员的执行,因而具有外部法的效果。目前各地制定的裁量基准,多属于上级行政机关为下级设定的"内部性行政规则"[4]。但一方面,我们国家上下级行政机关之间存在组织领导关系和监督关系,另一方面,裁量基准的实体内容实际上又直接关涉相对人的权利义务,故从其实践效力来看,基准一旦制定颁布,便成为执法人员执法的重要依据,具有规范效力和适用效力。因此,以"行政规则"为经常表现形态的裁量基准具有事实上的法律适用效果。

在我国,包括裁量基准在内的行政规定,在行政审判中具有怎样的法源地位呢？对此,"《行政诉讼法》、《行政复议法》和《立法法》都没有明确规定,主流观点也一直把它们排斥在法律渊源之外,但它们在实际生活中的作用是毋庸置疑的"[5],它们充当着实质意义上的法源功能。有鉴于此,《关于审理行政案件适用法律规范问题的座谈会纪要》在第一部分特意明确了"其他规范性文件"的法律地位:"在行政审判实践中,经常涉及有关部门为指导法律执行或者实施行政措施而作出的具体应用解释和制定的其他规范性文件,主要是:国务院部门以及省、市、自治区和较大市的人民政府或其主管部门对于具体应用法律、法规或规章作出的解释;县级以上人民政府及其主管部门制定发布的具有普遍约束力的决定、命令或其他规范性文件。行政机关往往将这些具体应用解释和其他规范性文件作为具体行政行为的直接依据。这些具体应用解释和规

---

〔4〕 当然,前已述及,并非所有的裁量基准均系"行政规则",部分裁量基准的载体是"法规命令"性质的行政规定,甚至规章、法规。参见前注〔1〕及后注〔14〕等。

〔5〕 应松年、何海波:"我国行政法的渊源:反思与重述",载浙江大学公法与比较法研究所编:《公法研究》第2辑,商务印书馆2004年版,第17—18页。

范性文件不是正式的法律渊源,对人民法院不具有法律规范意义上的约束力。但是,人民法院经审查认为被诉具体行政行为依据的具体应用解释和其他规范性文件合法、有效并合理、适当的,在认定被诉具体行政行为合法时应承认其效力;人民法院可以在裁判理由中对具体应用解释和其他规范性文件是否合法、有效、合理或适当进行评述。"《纪要》对行政规定在司法审判中的效力进行了谨慎的认可,尽管是那么小心翼翼甚至略显"态度暧昧",但至少在诸多限制条件下肯定了行政规定的法效果。

(二)裁量基准作为司法审查法源的特质

作为一种行政规定,裁量基准的法源地位受前述一般规律的约束,但其同时又表现出自己的特质。

第一,作为法源的裁量基准在适用上具有双重法源性格。此处所谓"双重法源性格",表征着这样一个现象:一方面,鉴于大部分裁量基准是一种内部行政规则,因此,它并非基于其所设计的规范本身,而是通过要求行政机关自我拘束等原则性媒介,来间接实现其法源功能;另一方面,现代国家的裁量基准通过"公开"、"公众参与"等程序要素来提升其自身的自当性,使得裁量基准实际上具有一种"立法"的功能,而可在一定条件下得以直接适用。我们暂且将这种双重法源性格归纳为隐性法性格和显性法性格。

在传统的"法规命令—行政规则"二元框架之下,通说性的观点是:尽管上级行政机关设定的裁量标准会对下级行政机关特别是具有行政执法权的行政机关及其执法人员发挥事实上的约束作用(即产生外部效果),但必须认为:上级行政机关以规范性文件形式设定的裁量标准,对具有作出具体行政行为权限的下级行政机关并无法律拘束力。作为解释性规则的裁量基准本身,也并不构成行政法的渊源,而仅仅只是行政惯例和法律原则的载体,因此并不直接构成对法院审判具有强制性和拘束力的依据。笔者基本认同上述观点,但就裁量基准的法源地位角度来说,更愿意选择如下的解说:裁量基准在一般意义上具有一种隐性的法性格,其不构成直接的法规范,但法院在进行司法审查和个案审判时通过适用行政自我拘束原则[6]、平等原则等来间接实现其法功能,即借助于"要求行政机关接受行政惯例或行政机关自身制定的裁量基准的拘束"来发掘裁量基准的规范意义。

如果问题仅止于此,那么在对裁量基准的法源性格上,我们最多只是换了

---

[6] 所谓行政自我拘束原则(Selbstbindung),是指行政主体如果曾经在某个案件中作出一定内容的决定或者采取一定的措施,那么,在其后的所有同类案件中,行政主体都要受前面所作出的决定或者所采取的措施的拘束,对有关行政相对人作出相同的决定或者采取相同的措施的原则。参见杨建顺:"论行政裁量与司法审查——兼及行政自我拘束原则的理论根据",载《法商研究》2003年第1期。

一种新的表述,并无实际的创见。进一步的观察让我们发现,许多国家在实践运行中均要求裁量基准的公开,如日本《行政程序法》第5条第3款规定:"除非在行政上存在特别的障碍,行政厅必须在法令规定的该申请提交机关的办公场所备置以及以其他适当的方法公开审查基准。"在中国,裁量基准制度的始作俑者在实践之初即认识到公开的重要性,正如金华市公安局所认为的那样:"这样公安机关的处罚能更多的得到社会的认同,得到当事人的认可,同时也有利于社会公众、新闻媒体加强对公安行政执法的监督,使公安机关执法办案在阳光下运作,保证在法律面前人人平等,努力实现公平公正。"[7] 在规范层面上,国务院《关于加强市县政府依法行政的决定》也明确要求"将细化、量化的行政裁量标准予以公布、执行"。这种对基准公开的强调,以及一些地方实践中已经出现的加强裁量基准制定中的公众参与,甚至直接提升裁量基准的位阶至"规章"一级等做法,实际上都是有意无意地在强化裁量基准的显性法性格。[8] 因为,从严格意义上来说,基于层级指挥权而发生效力的内部行政规则并不必然需要向社会公开,更不需要引入公众参与。在显性法性格得到强化的前提下,"裁量基准的制定,本质上就是行政立法权的行使"[9],裁量基准在司法审查中的法源地位也可能从"幕后"走向"台前",法院可能在符合法律适用规则(如上位法高于下位法)的前提下,直接援引裁量基准进行裁判,而不再借助于行政自我拘束原则、平等原则等桥梁。

第二,作为法源的裁量基准在适用上不具有唯一性和绝对刚性,其主要功能在于弥补法院审查能力之不足。在裁量基准成为司法审查法源的妥当性问题上,学者们最大的担忧是:裁量基准成为实质上的司法审查规范,将排除或限制裁判空间,违背立法目的,甚至有取代立法的嫌疑。[10] 这种担忧不无道理,而且这种担忧一旦成立,也将反过来使得行政一律遵循裁量基准,减损其面对个案的灵活性。因此,笔者赞同余凌云教授关于"裁量基准只应该成为行政裁

---

[7] 余凌云:"游走在规范与僵化之间——对金华行政裁量基准实践的思考",载《清华法学》2008年第3期。

[8] 人们甚至偏爱于强化行政裁量基准的法性格,因为"行政规则制定程序是现代政府最伟大的发明之一。只要行政机关愿意,它可以成为立法委员会程序事实上的翻版。但它更快捷,花费更少的成本"。See Kenneth Culp Davis, *Discretionary Justice: A Preliminary Inquiry*, Urbana: University of Illinois Press, 1971, p.65.

[9] 王锡锌:"自由裁量权基准:技术的创新还是误用",载《法学研究》2008年第5期。需要说明的是,此处所谓"行政立法权的行使",显然系实质法治语境下的一种表述,即对"行政立法权"作广义的理解,其行使主体是各级行政机关,行使结果是包括法规、规章和其他规范性文件在内的各种实质性规范。而严格地从形式法治的角度来说,行政立法仅指:有行政立法权的行政机关(根据我国《立法法》,包括国务院各部委、中国人民银行、审计署和具有行政管理职能的直属机构、省、自治区、直辖市和较大的市的人民政府)根据法定权限、遵循法定程序制定行政法规、行政规章的行为。

[10] 参见李震山:《行政法导论》,台湾三民书局1999年版,第235页以下。

量遵循的一个基础性轴线,围绕着这根轴线,实践的运作应该是因时、因地、因势的上下微微摆动"[11]的论说,并认为这一"基础性轴线说"不应止于行政,而应当进一步延伸到司法审查,即在司法审查过程中,裁量基准作为法源不具有绝对的刚性和唯一性,它是一根具有重要参考价值的基础性轴线,行政行为合法性判断应立足于这根基线并结合其他的考量因素。

那么,紧接着的问题是,按照司法审查最终的原则,法院对法律的解释具有最终权威,为何还需要多此一举地借助裁量基准这根所谓的"基础性轴线"?其中的奥秘,恰在于法院对涉及专业判断和行政惯例的行政裁量是否"显失公正"或者"明显不当",往往缺乏足够的审查能力,审查能力不足,使得其经常忽略和放任行政机关无正当理由偏离行政惯例的做法。因此,"行政机关基于行政经验、行政技术与管制背景考虑制定的裁量基准,是在法律、法规层面之外,法院据以判断是否构成'显失公正'和'明显不当'的最佳规范性依据。"[12]换言之,作为一种法源,裁量基准的主要功能不在于"刚性适用",而在乎为法院的裁判提供一种可供考量的"轴线",弥补司法审查能力的局部不足。

在司法审查中,裁量基准的"基础性轴线"功能往往隐形发挥于法官的"自由心证"过程,法官在判断裁量行为的合法性、合理性时,经常参考行政主体制定的裁量基准,但未必在判决文书中明确宣示在判断过程中曾受其影响。不过,司法实践中也已出现明确将裁量基准作为"基础性轴线"的案例,如在"北京金洋天蓝科技发展有限公司不服北京市工商行政管理局行政处罚案"中,法院认为"北京市工商局对金洋天蓝公司作出的处罚,违反了过罚相当的原则,显失公正,应当予以纠正,具体变更数额,本院将参考北京市工商局行政处罚裁量标准酌定。"最终其将罚款数额由10万变更为2万。[13] 在该案中,裁量基准不仅成为法院判断裁量行为本身是否"违反过罚相当原则"的标准,亦明示其作为变更处罚的参考依据。

第三,裁量基准的法源地位,也因为基准本身形式内容的不同而分成若干"格次"。从形式意义上来说,载体为行政规定的裁量基准与以规章甚至法规为形式[14]的裁量基准在法源地位上显然是不一样的,这是形式法治和法律位

---

[11] 余凌云:"游走在规范与僵化之间——对金华行政裁量基准实践的思考",载《清华法学》2008年第3期。

[12] 郑春燕:"论'行政裁量理由明显不当'标准——走出行政裁量主观性审查的困境",载《国家行政学院学报》2007年第4期。

[13] 该案来自本案资料来自北大法律信息网·法院裁判文书,http://vip.chinalawinfo.com/newlaw2002/slc/slc.asp? db=fnl&gid=117563898,最后访问日期2009年3月31日。

[14] 且不论事实上许多行政法规、地方性法规和规章实质上都是上位法的"裁量基准",仅就狭义的裁量基准而言,也已存在不少升格为政府规章形态的例子,如《宁波市行政处罚自由裁量权行使规则》。

阶理论的必然结果,无须再予论证。我们此处更关心的是,裁量基准中的实质性规范是否因本身内容的不同而导致其法源地位的高下。

中国各地实践着的裁量基准制度尽管在具体内容上千姿百态,但绝大部分裁量基准的看家本领系所谓的"分格技术",即在法律规定的比较大的裁量幅度之间,再详细地均等或者不均等划分为若干小格,同时,分别明确每个小格对应的违法行为及其情节。[15] 在这样一种分格技术之下,裁量基准的实质规范中既包含了对法律要件中不确定法律概念的解释[16],又包括了量罚幅度的划分。在传统法理上,司法和行政在不确定法律概念和裁量的审查权分配上是不一致的,一般认为,不确定法律概念具有"唯一正解",拥有法律解释权的法院可对行政主体的判断行使审查权;而对于裁量,法院则无权审查。尽管"不确定法律概念"和"裁量"本身的界分是那么困难,以至于该种理论备受争议[17],但是,至少有一点是获得公认的,即法院在对"一义解释"性要件和纯粹的裁量事项上的审查能力和深度是不一致的。换言之,对于那些就一义性规范作出解释的行政裁量基准,现代国家的法院保留着更多的最终解释权,因此其法源地位相对较低;而对于那些纯粹在既有的法律要件之下进行的量罚幅度划分这样一种裁量基准,则更具有"裁量"的性格,法院往往审查较浅,其法源地位故而相对较高。当然,有时候,裁量基准中的这两种实质性规范是水乳交融的,并不那么容易界分。

三、作为司法审查对象的裁量基准:非完整审查权及其审查要素

在由司法主导规范性文件合法、合宪性审查的国家/地区,规范性文件既担当法源功能,又被作为司法审查的对象。而按照我们国家的宪政架构,严格地说,一般意义上的司法审查法源(包括宪法、法律、行政法规、地方性法规、规

---

[15] 除了这种分格技术之外,实践中还出现比之更为细化的分"点",如《〈杭州西湖风景名胜区管理条例〉行政罚款自由裁量权适用规则》采取了"罚款公式"的控制方式。这种控制裁量权的方式与分格技术最大的不同,就是将"格"变为了"点"。不同的违法行为和情节,都可以直接从公式的计算中得出精确的罚款额。"多养一只鸡罚98元;西湖边偷钓一公斤鱼罚300元;把草地换成水泥地,摆茶桌做生意,破坏1平方米绿地罚45元……"

[16] 如《广州市公安局办理治安案件指引》第42条将"公然侮辱"解释为当着众人或者第三人的面,或者利用不特定的多数人听到、看到的方式,对他人进行侮辱。其主要表现为以油墨涂人、当众泼污水、污物,强迫他人作有损人格的动作、以大字报、小字报、漫画、语言等形式攻击被害人的人格或者涂划、玷污、践踏、损毁他人肖像等。

[17] 例如有学者认为,区分"裁量"和"不确定法律概念"似乎毫无意义,语言中绝大部分概念需要评价,而不是依靠界分"裁量"和"不确定法律概念"就能清楚地界定法院享有审查权的领域,德国法学界的这些理论只是把事情弄得像蜘蛛网一样复杂而徒劳无功。参见林立:《法学方法论与德沃金》,中国政法大学出版社2002年版,第28—32页;陈慈阳:"行政裁量及不确定法律概念——以两者概念内容之差异与区分必要性问题为研究对象",载台湾地区行政学会主编:《行政法争议问题研究(上)》,台湾五南图书出版公司2001年版,第461页以下。

章)不能成为司法审查的对象。[18] 既然我们在第二部分已论证了作为司法审查法源的裁量基准,在此又开始叙述"作为司法审查对象的裁量基准",是否本身就存在中国语境下的悖论?事实上,前文所论证的裁量基准在作为法源时的若干特质,都至少隐含着这样一层含义:法院对作为法源的裁量基准保留了一定的审查权,这正是裁量基准与一般法源的最本质区别。那么,法院对裁量基准拥有何种程度的审查权,其具体又审查哪些要素呢?

(一)法院对裁量基准的非完整审查权

如果将法院对一个具体行政行为的审查权视为完整的审查权,那么,相对于这一参照系,法院对裁量基准所拥有的审查权则是不完整的,这主要体现为两个方面:一是审查的权能限制;二是审查强度和范围限制。所谓审查的权能限制,系指法院对裁量基准进行审查后,若发现其违法,可在个案中不予适用,但不得直接撤销或者确认违法、无效。当然,这种限制是立足于当前中国的法治框架,若将来抽象行政行为被纳入行政诉讼受案范围等制度通道得以建立,那么,审查权能的非完整性亦将得以补全。所谓审查强度和范围限制,主要是基于司法对行政裁量尤其是涉及专业判断之领域的尊重。这种尊重,在美国有一项以判例命名的原则,即著名的"谢弗林尊重"(Chevron deference),自 1984 年的"谢弗林诉自然资源保护委员会案"[19]以来,法院持续地保持着对行政机关作出的各种解释性规则的尊重,当然,尊重的程度在个案中是不一样的。特别是伴随着现代科学技术的高速发展和广泛应用,许多情况下,要认定有关法律规范所规定的要件,往往需要进行专门技术性判断。例如,要判断原子能发电所的设施是否满足了"在防止灾害方面没有障碍"这一法定要件,需要进行高度的专门技术性判断。关于这样的问题,"作为外行的法院若以自己的判断优先于拥有核能专家的行政机关的判断,则是非常不适当的,甚至是非常危险的。"[20]法院对行政专业判断的尊重,也使得其对裁量基准的审查权具有非完整性。

(二)审查的要素

对裁量基准进行司法审查的要素,在理论上很难予以穷尽,当立足于个案不断探寻。在此,我们就中国的法制度框架下的审查要素列举出如下四个,以求教于方家。

---

[18] 法院对规章的"参照"是不是意味着有一定的审查权,这存在争论,参见孔祥俊:《审理行政案件适用法律规范的若干问题——〈关于审理行政案件适用法律问题的座谈会纪要〉释评》,载最高人民法院行政审判庭编:《行政审判指导》第 1 辑,人民法院出版社 2004 年版,第 73 页。

[19] Chevron U. S. A v. Natural Resources Defense Council, 467 U. S. 837(1984).

[20] 杨建顺:"论行政裁量与司法审查——兼及行政自我拘束原则的理论根据",载《法商研究》2003 年第 1 期。

1. 形式审查之一：是否有授权

法院应当首先审查裁量基准的制定有无获得立法者的授权。不过，有无授权的判断不是基于法律条文中的明确授权条款，而应分析立法本身是否具体和确定。如果立法充分具体和确定，依立法而进行的行政当为羁束行政或者裁量权限缩为零，"皮之不存，毛将焉附"，此时应当视为立法没有授权制定行政裁量基准。既然立法未授权，那么设定的裁量基准本身即属越权之列，自不能作为法院裁判之依据。

2. 形式审查之二：裁量基准的载体

实践中，裁量基准多表现为行政机关的决定、实施办法、执法指南、手册等。在法律属性上，这些裁量基准有的属于规章，但绝大部分属于规章以下的其他规范性文件。法院对裁量基准载体的审查，主要考察其是否构成"规范性文件"，或表现为行政机关内部和上下层级间的解释性规则，或表现为直接面向社会公众的行为规范。如果裁量基准在载体上不具有这种"规范性"，则当被否认效力。例如，朱金凤与桐乡市人民政府土地行政审批纠纷上诉案[21]中，被告通过会议纪要的形式，将原相关规范性文件中规定的"农村农民建房生活用房用地每户不得超过125平方米"这一可裁量规范进一步细化为："对特殊群体村民建房用地的具体标准为，在册农业人口1人的，每户安排建房用地60平方米。"终审法院绕开行政机关裁量时将"特殊群体"、"在册农业人口1人"等作为建房用地面积考量因素的合理性这一实质问题，而直接认定会议纪要不符合规范性文件（裁量基准）的形式要求，故不认可其效力。

3. 实质审查之一：对要件裁量基准的合目的性考量

如前所述，大陆法系的理论传统是对不确定法律概念和裁量进行界分，认为不确定法律概念存在"唯一正解"。因此，大陆法系国家的传统行政法学通说及判例，都不承认要件裁量的存在。但在当下，随着主流学说不再明确区分不确定法律概念和裁量，所谓要件裁量和效果裁量的区别也就相对化了。就中国的实践而言，大量的裁量基准规范是针对"要件"设计的解释性规则，或可称之为要件裁量的基准。例如前述《广州市公安局办理治安案件指引》中对"公然侮辱"的解释，《金华市公安局盗窃违法行为处罚裁量基准》对"情节特别轻微"的解释等，不胜枚举。

对于这些要件裁量基准的司法审查方法和深度，在日本的学说和判例中被总结为"判断过程审查方式"，法院根据被告行政机关的说明理由乃至举证，对其判断过程进行追溯，审查其所依据或者设定的裁量标准中是否混入了权限外

---

[21] 本案资料来自北大法律信息网·法院裁判文书，http://vip.chinalawinfo.com/new-law2002/SLC/SLC.asp? Db=fnl&Gid=117534124，最后访问日期2009年2月28日。

事项或者与法律的宗旨目的无关的事项,是否脱落了必要考虑事项(包括行政法律规范要求行政机关予以重视的价值、经验法则等),如果是,法院判决撤销被诉具体行政行为并责令重作。[22] 本质上,在笔者看来,这种"判断过程审查方式"的精髓,乃在于将裁量基准对照于立法本意进行合目的性考量。中国的司法者们对于要件裁量基准的审查,实际上也在默默地遵循着合目的性考量原则,例如,在汤庚昌中医伤骨科诊所不服仪征市卫生局卫生行政处罚案[23]中,终审法院认为卫生部的《医疗机构管理条例实施细则》(本质上系以规章形式体现的裁量基准)对《医疗机构管理条例》规定的"情节严重"的列举性解释不符合立法本意和现实生活经验,从而认定这种解释基准不能成为法律适用的依据。

4. 实质审查之二:对效果裁量基准的合理性审查

与要件裁量基准相对应的是效果裁量基准。所谓效果裁量,大致系指法律要件得以满足的前提下存在的"行为与否"(不作出处理决定或者作出拒绝处理决定)和"怎样行为"的裁量选择。中国的大部分裁量基准文本,在效果裁量环节的表现主要是将法律法规设定的处罚幅度予以分格,对于这种分格式的基准的司法审查,除了同样适用要件裁量基准审查中的合目的性考量原则外,还强调比例原则的运用。我国台湾地区"最高行政法院"的一则判例有助于让我们直观地认识这一问题。法院在违规营业罚锾案(93 判字第 1127 号)判决中,首先认为,行政机关基于行使裁量权的需要,有权根据其行政目的的考量而订定裁量基准,无须立法者另行授权;继而,话锋一转,指出:行政机关的裁量基准仍应遵循立法者授权裁量的意旨。被上诉人所定《电子游戏场业违规营业罚锾金额标准》,原先一律处以 250 万元最高额的罚锾,继而于 2001 年 4 月 3 日修正为第一次违反处 240 万元、第二次处 250 万元。显然,该裁量基准与《电子游戏场业管理条例》第 31 条关于罚锾部分的 50 万元至 250 万元的法定范围相去甚远,无异于将法定罚锾数额下限提高为 240 万元,实在难以认定其符合立法者授权裁量之意旨。而未就个案分别具体认定,除有违比例原则外,亦有裁量怠惰之违虞,因此被上诉人所为之裁处,难谓适法,从而作出了撤销判决。[24]在此,法院综合运用"立法授权裁量之意旨(目的)"、"比例原则"、裁量怠惰等原理,论证效果裁量基准之"非常不合理"乃至于"难谓适法"。当然,笔者认为,本案法院动用众多原理来强化论证裁量基准的违法性和司法审查的可得性,也从一个侧面说明了司法审查对裁量基准尤其是效果裁量基准的尊重,因

---

[22] 参见王天华:"裁量标准基本理论问题刍议",载《浙江学刊》2006 年第 6 期。

[23] 本案资料来自北大法律信息网 · 法院裁判文书,http://vip.chinalawinfo.com/new-law2002/slc/slc.asp?_db=fnl&gid=117564297,最后访问日期 2009 年 3 月 1 日。

[24] 参见我国台湾地区"最高行政法院"2004 年(93)判字第 1127 号判决,转引自周佑勇:"裁量基准的正当性问题研究",载《中国法学》2007 年第 6 期。

而,这一判例也可构成对本文第二部分相关观点的一个注解。

上述四个方面仅是中国语境下的一种列举式、描述式研究,显然无法穷尽司法对裁量基准的审查要素。例如,在比较法的语境中,特别是在法律上设有裁量基准设定义务的国家/地区(如日本),还需要审查行政机关是否在应当设定裁量基准的情况下没有设定裁量基准——如果没有设定,这本身构成违法。

四、代结语:两种法律传统的张力及司法的政策功能

裁量基准一方面是司法审查的法源和实质性规范依据,另一方面又是司法审查的对象,这在中国语境下看似吊诡的悖论,实际上导源于两种法律传统之间的紧张张力,即司法对行政裁量的尊重与"信任法院、戒惧行政"传统之间的一种撕扯与平衡。因为尊重,所以成为法源;因为戒惧,所以又降格为审查的对象。这一切变得不那么矛盾。至于个案中究竟倾向于尊重抑或戒惧,除了受在人类社会具有通约性的一些司法规律所左右外,更赖于一国某一时期的司法政策以及法官的司法理念,当然,一个不可或缺的因素还有个案中裁量基准本身的"品质"。

当然,一个更深层次的话题是,法院也正是在"尊重与戒惧之间"或明或暗、或有意或无意地输出着自己的公共政策意图。如果其赞同某项裁量基准所确定的政策,则通过法律技术尽量尊重行政的解释权;反之,如果法院反对某项政策,则又从前述的各种审查要素中"找茬",以达到间接否定政策的意图。[25] 在这里,裁量基准又成了法院输出其政策意图、实现司法与行政互动的一个节点和载体——通过司法的臧否,裁量基准得以存续、修订或者废止,从而导致其所承载的公共政策发生相应的变动。

(初审编辑:成协中)

---

[25] 对于司法是否存在所谓的政策功能,在理论界当然也存在争议。相关争论,参见 Gerald N. Rosenberg, *The Hollow Hope: Can Courts Bring About Social Change*, Chicago: University of Chicago Press, 1991; Abram Chayes, "The Role of the Judge in Public Law Litigation", 99 *Harvard Law Review* 1282—1283, 1285(1976);汪庆华:"中国行政诉讼:多中心主义的司法",载《中外法学》2007年第5期。

行政裁量权收缩的法理基础
——职权职责义务化的转换依据

王贵松[*]

On the Legal Foundation of the Shrink of Administrative Discretion:
Why the Norms of Authority and Responsibility Can Be Transformed to Duty?

Wang Guisong

内容摘要:在多数情况下,行政主体在适用法律规范的时候必定享有一定的裁量权。如此,法律上对行政主体的职权或职责规定就无法直接转化为义务的规定,私人也难以请求行政主体作出特定的行为。但在现代社会,随着私人在行政法上地位的变迁、行政法律关系向着三面乃至多极化方向发展,私人的行政介入请求权逐渐获得承认;随着基本权利由主观公权利向兼有客观法属性转变、国家由注重自由转向兼顾福利,国家保护义务亦得以确立。正是由于行政介入请求权和国家保护义务的存在,行政裁量权在特定情形下就会发生收缩,职权职责规定的义务化才获得了规范上的支持。

---

[*] 法学博士,中国人民大学法学院讲师,电子邮箱:wwwguisong@126.com。

关键词：行政裁量收缩论　行政裁量　行政介入请求权　国家保护义务

行政裁量,意味着行政主体对于一定职权是否行使或者如何行使享有选择的余地。然而,在现代风险社会中,有时却要求积极行使裁量权以消除危险,甚至只有一种裁量决定是正确的。这便发生了行政裁量收缩的情形。[1] 问题是:是什么力量压缩了行政的裁量权,甚至达到唯一选择的地步？本文第一部分将以一则案例来说明,裁量空间的存在,使得不能从行政主体的职权、职责直接推导出相对于私人权利的行政作为义务。职权职责规定要转化成义务,需要有转换的根据,其根据就在于行政介入请求权和国家保护义务的存在。然而,法律上常常没有设定这种私人的权利和国家的义务,后面四个部分则重点分析行政介入请求权(第二部分与第三部分)与国家保护义务(第四部分与第五部分)何以能够从国家的职权职责规定中推导出来。如果行政介入请求权和国家保护义务能够成立,职责职权的规定就可以转换成义务性的规定,行政裁量的空间就能被压缩。本文旨在证明两者的存在及其要求,为整个危险防止领域行政裁量权收缩提供一体的法理基础。

一、行政职权职责、义务的区分与转换

让我们先看一则判决中各方主体对我国《人民警察法》第 21 条的理解。案件事实很简单,2000 年初凌晨 4 点多,警察接警后立即到达现场,发现张朱明因醉酒而倒在地上,查明其身份后,警察便通知了其家属。不过后者迟迟未到,于是警察在 7 点多通知了"120"急救中心和法医。但法医到达现场时,张朱明已经死亡。

上海市普陀区人民法院审理认为,根据《人民警察法》第 21 条的规定,"人民警察遇到公民人身、财产安全受到侵犯或者处于其他危难情形,应当立即救助",本案中被告采取了一系列救助行为,不存在不作为行为,更不构成违法行为。

原告不服,认为被上诉人在张朱明生命危险的情形下只通知亲属而没有及时通知医院,没有履行《人民警察法》第 21 条所规定的救助义务。**义务即职责**,被上诉人的行为构成了行政不作为,请求撤销原审判决,支持上诉人的诉讼请求。

被上诉人辩称,《人民警察法》第 21 条规定的是警察的义务,**法定职责与义务是有区别的**,《国家赔偿法》规定的是违法行使职权而非义务,且被上诉人

---

〔1〕 关于行政裁量收缩论的形成与演变,可参见王贵松:"行政裁量收缩论的形成与展开——以危险防止型行政为中心",载《法学家》2008 年第 4 期。

已经尽了应尽的义务,不存在不作为行为。

二审法院认为,《人民警察法》第 21 条规定了人民警察遇到公民人身、财产安全受到侵犯或者处于其他危难情形,有应当立即救助的义务。但从被上诉人的一系列行为来看,其已经实施了救助行为,而不存在不履行法定义务的行为,无违法事实。

一审法院的法官在评析该案时还指出,**人民警察只对一般公众承担一般保障义务**,而不是对每个特定的个人承担特殊的保护义务。人民警察履行救助义务,应当建立在特定的行政法律关系之上,并不存在人民警察对特定人的人身财产负全部责任的因果关系。[2]

虽然这一案件比较寻常,但诉讼中各方主体对法律的认识却是那么的不同,其中的诸多问题也充满玄机,其中浸透的法理也是极为深刻的。

首先,法院认定,虽然《人民警察法》第 21 条规定了救助义务,但是对于醉酒倒地者如何救助,法律却没有明文规定。法院没有说其中存在着行政裁量的空间,但实际上警察对于如何救助(包括救助的时间、救助的措施、救助的程序等)是享有裁量权的。这里需要注意"应当立即救助"的表述,警察只是对如何救助享有裁量权,对于"应当"救助却没有选择;而且是"立即"救助,不能无故延缓。但是"立即"一词又是一个不确定的法律概念,如何解释呢?对于不确定法律概念,虽然行政机关可以自行解释,但在行政诉讼中,最终要由法院来对其解释进行审查。如果张朱明满脸是血,警察仅仅通知其家属,而在三个小时之后才通知"120"急救中心,警察的裁量是否适当?如果警察真的见到张朱明满脸是血,面对如此现实而迫切的危险,本享有裁量权的警察还能否在通知张朱明家属和立即送往医院之间进行选择?他还是否继续享有裁量的权力?他的哪一种裁量决定才是没有瑕疵的决定?答案显然是警察的裁量权限缩为零,应当立即出动警车,护送张朱明去医院救治。

其次,原告和被告、法院之间对《人民警察法》第 21 条的认识出现了偏差。原告认为,根据该条的规定,警察负有保护人民生命财产安全的职责;被告认为,该条规定的是警察的义务,法定职责与义务是有区别的,《国家赔偿法》规定的是违法行使职权而非义务才承担国家赔偿责任;法院认为,该条规定了警察的救助义务;具体负责审判的法官还进一步认为,警察只是对一般公众承担保障义务,而对非每个特定的个体承担保护义务。这样,就存在着两个问题:(1) 如何认识《人民警察法》第 21 条的规定:是义务,还是职责?不同的理解是否乃至为什么会产生不同的结果?我们到底是在什么意义上来讨论这样的

---

[2] 张志发申请上海市公安局普陀分局行政赔偿案,载最高人民法院中国应用法学研究所编:《人民法院案例选》(2004 年行政·国家赔偿专辑),人民法院出版社 2005 年版,第 475—482 页。

问题的？这些常用的法律概念却有如此繁杂的理解，这与我们的分析工具本身的精确化和单义性是有关的，对此，我将在下文稍作分析；(2) 警察的安全保护职责，是针对一般公众的，还是针对特定个体的？个人能否对于警察的职责享有请求权？如果存在，其请求权的基础又在哪里？

　　从分析法学的角度看，义务、职责、职权等法律概念是不同的。美国法学家W. N. 霍菲尔德（W. N. Hohfeld）认为，权利和义务、特权和无权利、权力和责任、豁免权和无资格就像是法律的最小公分母，对这些基本概念分析得越深入，对法律的根本的统一与和谐的认识就会越强烈。[3] 如果笼统地将这些法律概念化约为权利和义务，则不可避免地会产生一些分歧和混乱。权利和义务难以承载法律关系和法律利益的复杂性，故而有必要予以细化，使法律概念尽量能够做到精确化并具有单义性。在霍菲尔德的体系中，权利（right），准确地说应为请求权（claim），是与义务（duty）相对应的，它需要对方的协力才能实现其内容。举例来说，甲有权要求乙不得进入前者的土地，则乙对甲负有不进入该地方的义务。特权（privilege）是与无权利相对应的，它是对义务的否定，实际上就是自由，而且是积极的自由。如果甲有进入的特权或自由，则乙无权要求甲不进入。甲进入并不需要得到乙的许可和同意。权力（power）大致相当于"形成权"，它才是与责任（liability）相对应的。而豁免（immunity）与无资格相对应，大致可以被描述为消极的自由，它是对责任的否定，是指在特定的法律关系中，一个人免受他人的法律权力或控制力的约束的自由。[4]

　　由此可以发现，在公法中，职责和义务可能确实有其不同之处。职责是就国家与行政主体或者行政主体与具体执行某项任务的公务人员之间的行政法律关系而言的。行政主体负有某项职责，这是针对国家而言的。国家赋予行政主体以权力，这种"赋予"本身就是一种"权力"，行政主体对国家承担责任或职责。义务则是就行政主体与行政相对人或其他私人之间的行政法律关系中来说的。行政主体负有某一义务，则私人对此是享有请求权的。私人要求行政主体为一定行为或不为一定行为，行政主体应按照其要求作出。那么，在职责和义务之间是否可以沟通和转换呢？这里并不能给出一句话式的结论。在职责的内容与私人权益无关的时候，行政主体对国家承担的职责与对私人承担的义务是不可以置换的；但是职责的内容具有外部性，与私人权益之间存在关联性，则行政主体对国家承担的职责与对私人承担的义务是可以沟通的，私人可以借

---

〔3〕 See Wesley Newcomb Hohfeld, *Fundamental Legal Conceptions As Applied in Judicial Reasoning*, Aldershot: Ashgate/Dartmouth, 2001, pp. 30—31. 其中第一篇论文的中文翻译，可参见霍菲尔德："司法推理中应用的基本法律概念"，陈端洪译，载《环球法律评论》2007年第3期、第4期。

〔4〕 See Wesley Newcomb Hohfeld, *Fundamental Legal Conceptions As Applied in Judicial Reasoning*, Aldershot: Ashgate/Dartmouth, 2001, pp. 12—29.

助于一定的制度来激活职责的履行。

让我们再回过头来看看《人民警察法》第21条的规定:"人民警察遇到公民人身、财产安全受到侵犯或者处于其他危难情形,应当立即救助;对公民提出解决纠纷的要求,应当给予帮助;对公民的报警案件,应当及时查处。人民警察应当积极参加抢险救灾和社会公益工作。"从法律的表述来看,这整个一条是有所区别的。第一个分号之前的话应是职责的规定,属于依职权的行为;第二个分号之前的话则是义务的规定,属于依申请的行为;之后的话则又是职责的规定。〔5〕既然将"人民警察……应当立即救助"理解为职责的规定,对此,私人是否可以请求呢?换言之,这是否为警察对私人所承担的义务呢?职责与义务是否可以沟通转换呢?显然,这里的职责内容是与私人权益相关的,职责的履行与否直接关系到私人人身、财产的安全状况。这就具有沟通转换的前提,那么它是否具有转换的轴承呢?其一,从法律解释来看,《人民警察法》第21条的规定具有保护私人法益的意旨,故而可以将其解释为立法者在赋予警察以职责的同时,亦希望将其作为行政主体对私人所负有的义务。其二,从其他法律来看,在《行政诉讼法》第11条第5项中规定,"申请行政机关履行保护人身权、财产权的法定职责,行政机关拒绝履行或者不予答复的"可以提起行政诉讼。警察自然属于这里的行政机关,《人民警察法》第21条规定的警察的法定职责在私人请求履行时,应该履行,否则将被提起行政诉讼,由法院予以纠正。这就说明,立法者在规定《人民警察法》第21条警察的法定职责的同时,确实也具有赋予私人请求权的意旨。这种请求权相应的就是行政主体的义务。如此,行政主体的职责同时成为行政主体的义务。"请求权—义务"、"权力—职责"的分析工具就能解释得通。

我们说"行政裁量"是在法的适用的背景下来讨论的,也就是说行政裁量是行政主体在法的适用过程中所进行的具有一定自主性的判断和选择,故而应先找到法律规定。从法律规定的内容来看,大致存在着三种类型,其一为私人权利的规定,其二是行政主体职权的规定,其三是行政主体任务的规定。私人的权利自然对应着行政主体的义务;职权对应的是职责;而任务只是立法者对行政主体的一种期望,但也可能没有赋予行政主体相应的职权。到底以何种类型来规定,这属于立法者的裁量范围。如果只有行政主体的任务的规定,而没有职权(即没有实现任务的手段)的规定,这时行政主体的裁量空间将是最大的,很难要求其限缩其裁量权,甚至将裁量的决定限缩为一种选择。当然,这并不是没有可能,只是在解释上有一定的困难,需要外界现实的压力足够大,才可

---

〔5〕 如果从该条所在的章节来看,则又存在着一定的混乱:该条所在的第三章是"义务和纪律",那么该章之下的所有条文要么是义务,要么是纪律。当然,纪律可以理解为团体对其成员的内部要求,与职责有某种相通之处。立法语言不一定会按照学术语言来表述,这是可以理解的。

能产生行政裁量收缩的情形。至于只存在行政主体职权的规定,则应该有某种轴承性的制度存在,以便让职权和义务之间能实现沟通转换。当然,即便是存在私人权利的规定,也不见得行政主体就必须以某种方式去履行其行政介入义务,因为行政主体仍然享有裁量的空间。其理由在于:法律规范一般由法律要件和法律效果两部分构成,而法律要件在大多数情况下都会使用不确定的法律概念,法律效果也常常包含了选择的可能,有时候不确定法律概念和裁量选择还混杂在一起。这样,行政主体在判断法律事实是否符合不确定法律概念时,就需要对不确定法律概念进行解释,相应地,行政主体就可以在解释和判断中享有一定的判断余地。法律效果的多样性,同样也赋予了行政主体根据现实情况进行适当选择的裁量权力。概言之,行政主体在适用法律规定时,除了那种单义性或一义性的法律规定之外,就都存在着裁量的空间。行政主体在这样或那样的裁量决定中可以享有一定的自主权,是否作出裁量决定、如何作出裁量决定以及作出何种裁量决定,是无法仅仅从法律规定上推断的。参见下图1所示。而行政裁量收缩论就是要结合法律规定和现实情况来探讨行政裁量收缩的条件,在符合行政裁量收缩的要件时,就要将行政裁量逼入"死角",要求行政裁量必须作出,甚至作出某个特定的行政裁量决定,将行政裁量的权力义务化甚至羁束化,适当地介入到需要保护的事务之中。

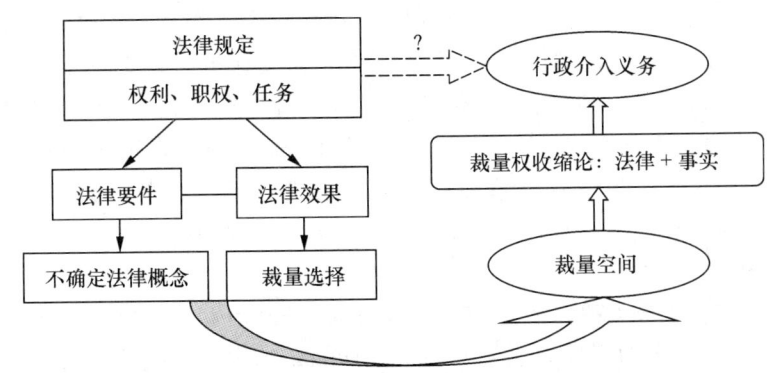

图1 行政裁量与行政介入义务的推导

二、私人地位的变迁与行政介入请求权

如果仅从法律规定来看,私人怎样才算是享有预防危险的请求权呢?这需要放到私人与行政主体之间的关系中来考察。私人在行政过程中的地位则是分析这一问题的重要道具。

(一) 主观公权利的判断标准

应该说,只有到了近代国家之后,才可以提得出国民在国家中地位的问题。有关行政乃至国家与国民之间的关系的理论,其始作俑者乃是德国实证主义法学家格贝尔(C. F. Gerber),其于1852年即撰有《公权论》一书。但真正称得上"公权理论之父"的则是德国国法学大师G.耶利内克,其于1892年撰写的《主观公权利体系》一书奠定了他在公法学上的崇高地位,其公权、基本权利理论对后世具有决定性的影响。

G.耶利内克从国民与国家之间关系的角度,来分析国民的身份或地位(status)问题。他将国民地位分为四种:(1)被动地位——个人的义务;(2)消极地位——个人的自由;(3)积极地位——积极的请求权;(4)能动地位——参政权。[6]其中,积极的地位与本文的主旨是相关的。积极地位是保障针对国家的请求权而作为国家共同体构成成员所享有的地位,不再仅为纯粹的义务关系,而是具有权利与义务双重关系的地位。这可以称之为"国籍权"或"公民权"的地位。积极地位中的个人具有要求国家积极给付、提供法律保护的能力。国家也负有为个别利益而行动的法律义务。这一地位所产生的请求权包括:法律保护请求权,行政活动利益满足请求权,请愿权和事实上的利益照顾请求权。G.耶利内克认为,公权的本质在于为了个人的利益而发动法规范的能力。主观公权利与客观法的反射效果是不同的。[7]区分真正的公权与反射性利益(法的反射效果)是有意义的。其形式的标准为是否存在权利保护请求权,也就是为了自己的利益而发动公法法规的能力;其实质的标准为是否存在需要保护的必要利益。形式标准在实定法上是明了的,如何根据这一标准来承认权利,属于立法者裁量的余地。至于什么是需要保护的必要的利益,在实定法上则并不甚明了,但在立法论上可以发挥作用。要根据实质标准来划定权利,则存在着一定的困难。[8]在耶利内克的理论中,虽然肯定了公权的存在,具有自由主义的进步色彩,但在难以区分真正的公权与反射性利益时,他认为应将其推定为反射性利益。这也是当时德国处于君权国家时期、而立宪主义尚未成熟的一点折射。

在第二次世界大战之前,继承并发展了G.耶利内克的公权理论,将其导入行政诉讼体系,居功至伟者当推O.布勒(Ottmar Bühler)。他分析了公权的三

---

〔6〕 虽然对于这种四分法有一定的指责(诸如地位之间的关系并不总是清晰),但分析性的地位理论却是相当重要的,不可求全责备。作为理解复杂事物的一个尝试,它具有智识上的正当性。参见Robert Alexy, *A Theory of Constitutional Rights*, trans. by Julian Rivers, New York: Oxford University Press, 2002, pp. 173—177。

〔7〕 反射性利益概念的原型的铸造者就是G.耶利内克。自其之后,始有主观权利(真正的公权)与反射性利益的差别的观念。参见和田英夫:"反射的利益論1",载《法律時報》第41卷第1号(1969年),第54页。

〔8〕 参见中川义郎:《ドィッ公権理論の展開と課題》,日本法律文化社1993年版,第111—118页;山本隆司:《行政上の主観法と法関係》,日本有斐閣2000年版,第122—126页。引用一个耶利内克的例子来说,国家提高进口税对国内企业是有利的,但是这只是其获得的事实上的利益,是国家实施客观法反射的效果,企业并没有权利请求国家提高进口税。

要素:第一,法规的强行性。作为公权基础的法规要具有强行的性质,换言之,排除行政主体的"自由裁量"。因此,本文所探讨的行政裁量就不具备这一要素,私人对此也就无从享有公权。第二,个人利益的保护性。该法规是为了特定的人或者一定范围内的人,也就是说,不但是为了一般利益,而且也是为了个人的利益而制定。第三,具有针对国家的请求权或对国家请求权能的赋予性,即赋予特定的人依据法规的规定而请求行政主体为一定行为的效力。[9] 符合这三个要素的,方能构成公权。这一公权三要素理论,在第二次世界大战之前一直居于德国的通说地位,并奠定了第二次世界大战之后的"保护规范说"的基础。这一理论也为判断主观公权利与反射性利益提供了较为清晰的标准。

(二)宪法原理的转变与行政介入请求权的引入

德国在经历了第二次世界大战的浩劫之后,随着自由法治国向社会法治国的转变,随着宪法法院的建立、行政法院制度的恢复和发展,公权理论也发生了变化。这里主要关注公权理论中主观权利与反射性利益之间关联性的变化。

屠雷格(Kurt E. v. Turegg)在德国基本法之下较早地再建了公权理论在行政法教科书中的位置,并将国家的公权首次剔除于公权概念之外。[10] 但第二次世界大战之后,真正继承耶利内克等人的公权理论并将其发扬光大的,当属巴霍夫(Otto Bachof)。他创立了"保护规范说",补充并修正了布勒的公权三要素:第一,对于法规强行性的补充。唯独法规才能创造客观法,行政规则虽然也可能具有强行性的效力,但原则上只对内部关系发生拘束力。一旦法规赋予裁量权,该法规就不具有强制的羁束性,但也仅限于裁量权所及范围而已,并非行政作用全然不受拘束。任何裁量的行使,必须合乎义务,必须进行适当无误的衡量,而且它还要受到某些较高秩序的成文或不成文的法规的限制,例如平等原则、比例原则等。遵行这些限制的义务,即属于强行法规,也可以发生主观权利(请求权)。除了裁量规定外,不确定法律概念的规定也降低了行政受法的拘束,不确定法律概念赋予了了行政机关对要件的"判断余地"。在行政机关享有判断余地的范围内,该法规不具有强行性,故而不产生主观权利。第二,对于法规目的之私益保护性要素的补充。确定值得法规保护的利益的范围,要看是不是事实上受益,若依一般见解认为值得保护,则推定为值得保护。法规究竟是保护个人利益还是保护公共利益,应在各个事项与整体法规的关联之中探究其利益评价。这种利益评价就是所谓法规保护目的的解释。保护目的的解释并非探究立法者主观的意思,而是要探究现在的客观的利益评价。第三,对赋

---

〔9〕 参见中川义郎:《ドィッ公権理論の展開と課題》,法律文化社1993年版,第186—191页;另可参见王和雄:《论行政不作为之权利保护》,台湾三民书局1994年版,第36—38页。

〔10〕 在之前的理论中,所谓的公权实际上包括国家的公权与私人的公权两个部分。参见中川义郎:《ドィッ公権理論の展開と課題》,日本法律文化社1993年版,第235—236页。

予请求国家为一定行为的意思力或法律上之力要素的补充。若法规仅以义务规定的方式来保护利益,而没有以授权规定的方式让利害关系人获得实现其请求的能力时,该利害关系人即使在事实上受益,也只是客观法的反射而已。以往实务上常以起诉可能性为依据判断是否为主观权利,但在适用新的行政法院法的概括条款(非宪法性质的公法争议均可提起行政诉讼)和德国《基本法》第19条第4款(任何人在权利受到官署侵害时,均可提起诉讼)之后,起诉可能性已不再能成为主观权利的判断标准。[11] 虽然德国公法学界对"保护规范说"也多有批判,但该学说基本上仍立于通说地位。此后,"新保护规范说"将规范的基础由普通法律延伸至宪法,将探寻规范目的由客观判断延展到探究立法者主观观念与规范构造的体系相结合进行判断,它进一步完善了"保护规范说",是一个值得关注的发展。[12]

  在日本,公权理论在战前和战后也有微妙的变化。随着日本国宪法的制定和实施,国民主权主义、尊重基本人权主义、司法国家主义等民主主义原理确立下来并发挥着重要的影响。战后初期的通说是以法的宗旨或目的为依据,来区分法律保护的利益和反射性利益,并以此作为判断国民是否有排除违法行政请求权的根据,判例基本上采取了这种观点。[13] 随着行政诉讼的发展,法院也明显倾向于扩大解释个人受法律保护的利益。在学术上,学界渐渐将行政介入请求权当作了个人的公权,并将反射性利益逼向墙脚。原田尚彦教授是行政介入请求权在日本的始作俑者和积极倡导者,其于1979年出版的《行政责任与国民的权利》即是论述行政介入请求权的名著。原田教授认为,在法治行政中,私人在实体法上的地位大致可以分为三种:其一,排除侵害请求权,这是近代法治国的产物。行政权应依据法律的规定行使,若违法侵害国民的自由和财产,国民就享有排除行政权违法侵害的法的权能。其二,给付请求权,这是20世纪的现代国家由自由国家转向福利国家的产物。行政在满足法定给付要件的情况下而怠于实施给付和保护,国民就有请求实施给付和保护的权能。以前这也被认为是一种反射性利益,但随着社会权被实定法化,也被承认为具体的现实的权利。其三,行政介入请求权。国民在取缔行政中所享受的利益,只是行政的公益活动的结果所产生的反射的利益,而不易承认其为个人的权利。然而,随着福利国家思想的深入人心和社会风险的增大,国民对行政的依存性提高,再

---

  〔11〕 参见奥托·巴霍夫:"公法中的反射作用以及主观权利",载埃贝哈德·施密特-阿斯曼等著、乌尔海希·巴迪斯选编:《德国行政法读本》,于安等译,高等教育出版社2006年版,第303页以下;参见王和雄:《论行政不作为之权利保护》,台湾三民书局1994年版,第39—42页。

  〔12〕 参见中川义郎:《ドィッ公権理論の展開と課題》,日本法律文化社1993年版,第285—287页。

  〔13〕 参见杨建顺:《日本行政法通论》,中国法制出版社1998年版,第199页;另可参见和田英夫:"反射的利益論2",载日本《法律時報》第41卷第2号(1969年),第87页以下。

加上权利意识的普及,国民因行政上的规制、取缔行为而享有的利益渐渐地也被推定为权利或法律上的利益,承认国民有权请求实施适当取缔权力的倾向较为强烈。[14] 原田教授在其实体三权之中明确承认行政介入请求权,这是较为突出和进步的理论。[15]

诚然,法的利益或主观权利与反射性利益之间的形式性严格区分论应该克服,但主张主观权利与反射性利益之间一律无差别的理论也是不易成立的。从上文对于公权理论的简单梳理来看,公权的发展实际上与宪法的践行、行政诉讼制度对权利的保护程度是密切关联的。特别是在法治尚不发达的国家,主观权利与反射性利益之间的差别还是较为明显地存在着。在我国,无论是行政主体还是法院,都经常说私人对某某事项没有请求权,国家职权仅为一般公益而行使。上述张朱明案中的法官解说正是如此。虽然它们没有用"反射性利益"理论来"武装"自己的头脑,但该理论实际上在发挥着作用。既然我们的法制还无法消除主观权利与反射性利益区分论的影响,那么,我们就需要努力减少它的负面影响。我们需要结合具体的个案进行"个别的、具体的、实证的分析研究",而不能从形式上就否定私人的权利。[16] 正如前文所述的那样,虽然《人民警察法》没有私人的请求权,但规定了警察的职责,从该法的目的以及《行政诉讼法》的相关规定来看,具有保护私人的目的,同时具有赋予私人请求权的意旨,因而,承认私人的行政介入请求权是可以成立的。

三、行政法律关系的三面性与行政介入请求权

上述张朱明案中的危险来自于其自身的贪杯。但在风险社会中,私人所遭遇的危险更多地来自于第三人,而非自身,更非行政主体。例如,生产者得到许可从事生产,却污染了环境;经营者销售有毒有害食品,侵害私人的权益。受害者与行政主体之间并没有直接的法律关系存在。处于非行政行为直接相对人的私人,何以能够请求行政主体介入、预防乃至消除危险呢?这里还可以从行政法律关系的角度加以论证。

(一) 从两面关系到三面关系

行政的功能,随着社会需求的变化和发展也在发生变化。近代的行政基本

---

[14] 参见原田尚彦:《行政法要論》,日本学阳书房2005年全订第六版,第95—98页。

[15] 与此类似的是,盐野宏教授之四种地位说也将请求介入列入其中。他认为私人在与行政主体的关系上处于如下四种地位:第一是防御性地位,第二是受益性地位,第三是请求行政介入的地位,第四是参与的地位。参见盐野宏:《行政法》,杨建顺译,法律出版社1999年版,第239—242页。

[16] 参见和田英夫:"反射的利益論3",载日本《法律時報》第41卷第3号(1969年),第58页。和田英夫在该文中还指出,只要被侵害的利益是事实上的利益,由此带来的不利是具体的、特定的、个人的、直接的、重大的、明白的,就不应以反射性利益论来否定其诉的利益。

上属于消极意义上的行政,行政的功能主要在于维护社会秩序,巩固国防。行政与私人之间的关系也较为简单。所谓的行政法律关系,主要就是行政主体与行政行为直接指向的对象之间的法律关系。但随着经济的发展和思想的多元,利益日渐分化,多元的利益主体日趋明显,各种各样的社会问题也层出不穷,国家不再恪守古典自由主义的教条,而积极应对福利国家的种种需要。行政也由消极行政向积极行政、由干预行政向服务行政转化。现代的行政法律关系就与近代自由法治国时期的行政法律关系也有所差别。以前的行政法律关系主要是行政主体与其直接的行政相对人之间的关系,而"最近越来越多出现的是多边或者多角的行政法律关系。它与双边法律关系的区别在于:它不是由国家作为一方、一个公民或者多个具有相同利益方向的公民或几个利益方向公民为另一方形成的关系,而是由国家为一方,不同方面的、利益冲突的公民为另一方形成的关系,其中各种不同的和相互冲突的利益复杂地交织在一起,必须予以积极的平衡,行政程序法律关系尤其如此"。[17] 行政法律关系的模型,也由两面模式转为三面模式。

在传统的两面关系模式下,行政主体与行政行为直接指向的对象或者说直接受领行政行为的人之间的行政法律关系受到重视,而受到行政行为影响的第三人则被排除于行政法律关系的视野之外。诸多制度和原理都是奠基于这种两面关系模式之上,其关注点在于如何控制行政权,如何防止行政权不干涉私人的自由空间,例如警察比例的原则、警察权界限的法理等都是为限制行政权力的过度行使而设计。但在现代社会中,福利国家、服务行政盛行,这种两面关系模式就显得有些力不从心了,特别是对授益性行政这种没有受害的行政相对人(行政行为的受领人)的情形就更加缺乏解释力。现代社会利益关系较为复杂,行政行为虽然可能只是直接指向某一个主体,但是其影响往往并不限于该主体。例如,炼油厂的生产是得到环境保护局的认可的,但是获得许可的生产却产生了污染周边农田的结果。再比如,行政许可授予了某一主体,而没有获得的其他申请者实际上也受到了这一许可行为的影响;行政机关批准在某一地段建造超市,周边居民的生活安宁和安全因此也可能受到影响。行政法律关系中就存在着三方主体:一者是行政主体,它自然必不可少;二者为直接受领行政行为的主体,笔者倾向于以"行政相对人"来指称,好让行政相对人这一词语含义更加明确单一;三者就是权益受到行政行为影响的主体,即第三人。由人的行为所产生的危险或妨害,其三方主体是加害人·受害人·行政主体。自然公害中也可以存在三方主体,即公害原因制造者·受害人·行政主体。有时候,私人间的利益纠葛较为复杂,可能不是两方主体之间的争端,而是多方主体之

---

[17] 哈特穆特·毛雷尔:《行政法学总论》,高家伟译,法律出版社 2000 年版,第 165 页。

间的矛盾。这时候,行政主体介入其中进行利益调整,其所涉及的法关系则不仅是三面的,而是多极性的。行政法律关系的三面性乃至多极性是现代行政法的重要特征,也是理解现代行政法构造变化的重要工具。但为简洁起见,下面主要就三面模式中的第三人来分析。

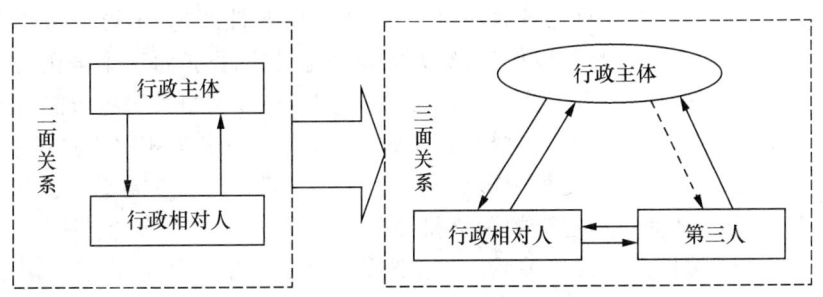

图 2　行政法律关系模式转换图

（二）三面行政法律关系中的第三人公权

现代行政法律关系的三面性[18],提醒行政机关在作出行政行为时要有更多的考量因素,不能将眼光局限于与自己直接打交道的行政相对人,而要将那些可能受到自己规制行为影响的第三人利益考量纳入范畴之内。一个合法而公正的行政行为,必定是在作出的过程中将各种考量因素悉数考虑的行政行为,而受规制影响的第三人就是这样一种必需考量的因素。在传统的二面关系中,第三人的利益被包含、消解于公益之中,而不承认其独立性。然而,第三人的利益并不可以简单地被舍弃、轻视,或者为一般公益所吸收。以前一直将行政视为公共利益的代表,但是行政主体的见解并不见得与第三人的见解相一致。这时不从程序上听取第三人的意见,而直接以行政主体的意见代替,显然有悖于现代行政法的民主理念。并且,"第三人利益在内容上是多样的,而不一定相同,第三人利益之间也可能相互对立。在个案中,第三人利益体现为多数的个人和团体所有时,那就没有公益的意味,而是公益与第三人利益的结合"。[19] 从三面关系看待行政法,或许如日本学者大桥洋一所言,我们对行政和行政法可以重新理解,可以由一般公益代表的行政观转为利益调整主体的行政观,行政法由此也就变成了利害调整法。[20] 换言之,行政法就存在着一个

---

[18]　在学理上,讲"行政法律关系的三面性",实际上与行政行为的双重效果或者说复效的行政行为有类似之处,只是行政行为这一概念常常在不同意义上使用而较为混乱,而且,行政行为理论重在行政行为的结果,而不重视作出行政行为的过程,故而提"行政法律关系的三面性"也有其可取之处。

[19]　芝池义一:"行政法における公益・第三者利益",载芝池义一、小早川光郎、宇贺克也编:《行政法の争点》,日本有斐阁 2004 年第 3 版,第 13 页。

[20]　参见大桥洋一:"行政法総論から見た行政訴訟改革",载矶部力、小早川光郎、三边夏雄、高桥滋编:《法治国家と行政訴訟——原田尚彦先生古稀記念》,日本有斐阁 2004 年版,第 18 页。

"由权利防御型模式到复效行政活动的三面性利害调整型模式"的转变。[21] 传统的行政法学以行政主体与行政相对人二面关系为出发点,以两者的对立为前提,从而形成了以承认国民的权利而防御行政权侵害为中心的模式。国民选举代表组成国会,由其制定法律,要求行政严格遵守,而不得违法,以确保国民自由和财产的安全。而今日之行政法,则不再恪守行政性恶论、不再教条式地秉承自由主义,而要求行政积极作为,努力实现公益目的,保护每一个国民的合法权益。行政在作出为或者不为一定行为的决定时,应该考量其决定可能给不同利益主体带来的各种影响。在授予权益时,应考虑竞争者等相关人员的利益;在进行规制时,要考虑到受规制影响的其他一些人的利益。它需要在这不同的利益之间权衡,从而作出适当的调整和决定。

三面乃至多极的行政法关系论与传统的两面关系论有其不同之处,其特殊性主要表现在,多极的行政法关系(纷争)的中心,不在于从前的行政主体与国民(行政相对人+第三人)之间的垂直关系,而在于国民相互间(行政相对人↔第三人)的水平关系,而行政的作用就在于对这些市民性、社会性纠纷的调整。在这种情况下,"调整"就成为行政的中枢性功能之一。为了扩大保护建筑法上的邻人、公共设施的附近居民、交通设施的利用者、广播电视的视听者、行政许可的竞争者等所谓"第三人"的权利,就需要通过法解释的方法实现保护目的。[22] 多极的行政法关系论,其首要的着眼点不是聚集于行政对国民,而是聚集于复杂、多样的利害关系的当事人间的纷争。在多极的行政法关系中,多数的、利害相反的私的当事人之间的纷争是第一重要的,而行政与行政相对人以外的第三人之间的关系则相对地后退了。在多极的行政法关系中,行政机关必须作为诸多利益及纷争的调整机关而存在。在多极的行政法关系中,必须尊重包括第三人在内的多数当事人间的参加权、影响力的公平考虑的原则以及"武器平等原则"。[23] 在现代行政法中,承认第三人的公权地位,特别是行政介入请求权是有其积极意义的。不承认第三人的公权地位,就不足以保护其与行政相对人相对的利益,就不足以彻底而迅速地消除矛盾。毕竟私人间的利益纷争是可以在公共利益内部得以化解平息的。将私人水平间的纷争予以公共化,由受公益支配的行政来加以调整,也是符合行政之公益性、公共性和公定力要求的。

实际上,第三人的公权地位得以承认,也是基本权利在水平地位上辐射效

---

[21] 阿部泰隆:《行政の法システム》(上),日本有斐阁1997年新版,第37页。
[22] 这里实际上就是保护规范理论的扩大。第三人保护是否以关系人的范围可以明确界定为前提,德国联邦行政法院认为,关键在于特定人群的个人要件特征是否可以明确,从而得以将其与大众区别开来。参见汉斯·J. 沃尔夫、奥托·巴霍夫、罗尔夫·施托贝尔:《行政法》(第一卷),高家伟译,商务印书馆2002年版,第506—507页。
[23] 这里需要感谢杨建顺教授的赐教。

力的体现。如果行政主体不行使其规制权限或者不适当行使其规制权限,则对被规制者或应该被规制者是有影响的,对受规制结果影响的第三人也是有影响的,而且后者所受的影响是一种合法权益的损害。虽然本来是被规制者与受规制结果影响的第三人之间的关系,但是,如果第三人因其合法权益受到侵害而要求行政主体作出适当规制,而负有监管职责的行政主体却没有行使其规制权限、作出相应的适当的规制,则第三人的主观公权利就会受到侵犯,因为原本是被规制者与第三人之间水平上的关系,在这时就转变成为第三人与行政主体之间垂直上的关系,主观公权利就要发挥其作用。第三人的主观公权利在水平关系中发生辐射效力,实际上也可以从客观法上推导出来,它也是客观法或者客观价值秩序的内容之一。客观存在的法规范,要求行政主体作出适当的规制,而行政主体却违反了这一要求。行政主体不执行法的规定,不适当地行使其规制权限,水平关系上所出现的问题就没有办法得到妥当的解决,则第三人有权请求行政主体作出适当的规制。

四、基本权利的双重属性与国家保护义务

一般而言,主观公权利可以直接请求国家为或不为一定行为,而反射性利益则没有法上的权能。传统上,主观权利主要是具有防御权或者消极的功能,如何从积极地位或者法规范中推导出国家保护义务呢?这里从基本权利双重属性理论出发,继续推导论证国家保护义务的存在。而国家保护义务对应的正是私人的权利,体现的正是权利—义务的对应。

(一)基本权利属性的演变

在德国法制传统上,基本权利一般也是被视为仅仅具有防御权的功能,即防止国家非法侵入私人自治领域,而不承认基本权利还有积极请求给付的功能。国家的给付只是为了国家的目的而实施,并不是个人的权利。但在德国法学中却存在着一种主观权利与客观法的基本权利双重属性理论。[24] 也就是说,基本权利一方面具有主观权利的属性,权利主体可以要求国家为或不为一定行为,另一方面也具有客观法的属性,国家有义务去执行和维护。所谓客观法,是指"施加于社会中个人的一种行为规则。在某一确定时期,社会认为对这种规则的遵守能保证公正及大众利益。而违背该规则的行为会引起社会的公愤"。[25] 基本权利针对个人来说是主观权利,它可以成为要求国家的请求权的基础,它更多地体现为防御国家非法侵害的功能;对国家来说则是客观法,即

---

[24] 有关这一理论的基本脉络,可参见张翔:"基本权利的双重性质",载《法学研究》2005年第3期。

[25] 莱昂·狄骥:《宪法学教程》,王文利等译,辽海出版社、春风文艺出版社1999年版,第1页。附带说明一句的是,狄骥的客观法与主观权利的概念系借鉴于德国。

使个人对执行法律不享有请求权,国家也应遵守这种客观法的规定,基本权利的规定在这里更多地体现为国家保护义务的功能。虽然说,主观权利与客观法是基本权利的双重属性,但从规范的表述来看,有的条文更侧重于主观权利[26],有的条文则侧重于客观法[27]。所谓客观法,在国家看来,就是客观实际存在的法律条文,它主要为是公共利益而制定的。实际上与前文所述的反射性利益是相似甚至相同的。人们通常不能依据客观法去要求国家去为或不为一定行为,国家执行客观法,人们因此而获得的利益就是反射性利益。

直到 1957 年路特案的判决中[28],联邦宪法法院首次在实务中接受了基本权利的双重属性理论,该判词写道:"毫无疑问,基本权利首先确立个人不受公权力干预的自由范畴,这就是国民对抗国家的防御权","基本法在基本权的章节里也建立一项客观的价值秩序,并借此在原则上强化基本权的适用效力"。[29] "这些价值不仅是个人具体化的权利,也是普遍法律秩序的一个部分;它不仅有利于与国家具有某种关系的个人,而且与所有的法律关系都有关联。"[30] 国家有义务将这些价值转化为整个法律秩序的一个组成部分。立法者需要制定出必要的实体性法律规则、适当的组织结构和程序,而解释、执行法律的则应该尊重这些宪法保障,将其落实在低位阶的整个法律体系之中。[31] 路特判决将基本权利定性为"客观的价值秩序"("客观法"的别称),这对于推导出基本权利的客观法内容乃至国家的保护义务具有决定性的影响。

(二) 客观法与国家保护义务

所谓国家保护义务,又可以称之为基本权利的保护义务[32],它是指国家负有保护其国民的法益以及宪法上所承诺的制度的义务,特别是指国家负有保护国民的生命、健康、自由以及财产等的义务。[33] 这种国家的保护义务,主要用

---

[26] 例如,我国《宪法》第 42 条第 1 款规定,"中华人民共和国公民有劳动的权利和义务"。

[27] 例如,我国《宪法》第 42 条第 4 款规定,"国家对就业前的公民进行必要的劳动就业训练"。

[28] 关于路特案及其判决,可参见陈新民:《德国公法学基础理论》(上册),山东人民出版社 2001 年版,第 312—315 页。

[29] 吴庚:"基本权利的三重性质",载《释宪五十周年纪念论文集》,司法周刊杂志社 2001 年版,第 16 页注十七。

[30] Peter E. Quint: "Free Speech and Private Law in German Constitutional Theory", 48 *Maryland Law Review* 247, p. 261(1989)。

[31] See Helmut Goerlich, *Fundamental Constitutional Rights: Content, Meaning and General Doctrines*, in Ulrich Karpen (ed.), *The Constitution of the Federal Republic of Germany*, Baden-Baden: Nomos Verlagsgesellschaft, 1988, pp. 58—59.

[32] 德国学者阿列克西则称之为"保护权"(Protective Rights),意指国家保护权利人不受第三人干涉的权利。Robert Alexy, *A Theory of Constitutional Rights*, trans. by Julian Rivers, Oxford: Oxford University Press, 2002, p. 300.

[33] 参见 Christian Starck:"基本权利之保护义务",李建良译,载台湾《政大法学评论》第 58 期(1997 年 12 月)。

来防止国民的生命、自由和财产免受第三人的侵犯,这种义务来源于宪法的直接规定,来源于基本权利的客观法功能。立法者要积极通过制定法律来提供保护的具体依据,执法者要在其执法中执行这些法律,并限缩其裁量权以及时提供所需要的保护。

这里不妨以德国 1975 年第一次堕胎判决为例,来看看它是如何从客观法中推导出国家的保护义务的。它首先重申,客观价值秩序是所有法的领域中基本的宪法决定,为立法、行政以及司法实践提供行为准则和推动力。人的生命表征着宪法秩序中至高无上的价值,它是人性尊严的重要基础,也是所有其他基本权利的必要前提。宪法法院从《基本法》第 2 条生命权的规定当中,直接得出国家有义务保护所有人的生命。这也是《基本法》第 1 条保护人性尊严的要求。而发展中的生命也享有人性尊严,故而国家有义务使用社会政治手段以及公共援助来保护发展中的生命。[34] 这种国家保护义务是综合性的,它不仅禁止国家对发展中的生命的直接干预,更是要求国家保护和促进这一发展中的生命,防止第三方的非法侵犯。虽然国家保护胎儿生命的义务与母亲相关,因为她目前与胎儿之间存在着自然的联系,毋庸置疑,她们之间存在着一种特殊的关联。然而,母亲的人格自由发展权,却不能包含无正当理由干预另一受保护的权利的内容。在保护胎儿的生命与孕妇堕胎的自由之间不可能达到一种平衡,因为堕胎即意味着杀死尚未出世的生命。[35] 1992 年第二次堕胎判决同样声称,基本法要求国家保护生命,尚未出世的生命也是人的生命,有权得到国家保护,并进一步阐明这种保护义务的一系列最低要求。[36]

国家保护义务又是如何被主观化而成为个人的请求权呢?德国联邦宪法法院的"大学判决"就是一个很好的例子,它也是与本文的裁量权收缩论直接相关的。在该判决中,德国联邦宪法法院首先确认了"学术自由"是客观价值决定,进而指出:"基于此项价值决定,《进步法》第 5 条第 3 项之基本人权的权利主体有权要求,该项基本人权所确保之自由空间亦受这种不可或缺之国家措施的保护。惟借助该措施,其自由学术才得以实现。若非如此,在作为客观价值决定的基本法之保护效能将广泛地被剥夺。"[37] 如果一项措施对于实现基本

---

[34] See Donald P. Kommers, *The Constitutional Jurisprudence of the Federal Republic of Germany*, Durham: Duke University Press, 1997, 2nd edt., pp.338—339.

[35] See Sabine Michalowski and Lorna Woods, *German Constitutional Law: The Protection of Civil Liberties*, Aldershot, Hants, England; Brookfield, Vt.: Ashgate Publishing Company and Dartmouth Publishing Company, 1999, pp.138—139.

[36] 详细分析,可参见王贵松:"价值体系中的堕胎规制",载《法制与社会发展》2007 年第 1 期。

[37] 参见"关于大学组织之判决",蔡震荣译,载《德国联邦宪法法院裁判选辑》(第三辑),司法周刊印行社 1993 年版,第 132 页。

权利是必不可少的,则个人对此即享有主观的请求权。由此,客观价值秩序就转化为一项主观权利。当然,是否意味着采取这项措施的裁量权限缩为零,还需要结合具体的案件加以判断。[38]

我国 1982 年《宪法》有关基本权利的规定,能否包含着国家的保护义务呢？从宪法有关基本权利的规定来看,我国的基本权利在规范上有的表现为消极的防御权,例如宗教信仰自由、人身自由等；有的则表现为积极的请求权,例如物质帮助权、国家赔偿请求权等。而有一些规范的表述中则直接使用"国家保护……"[39]《宪法》第 33 条修正案第 24 条规定,"国家尊重和保障人权"。这一条文更多地表现为客观法,而不是主观权利,它很大程度上不是赋予个体的权利,而是将全体或者某一类人作为对象科以国家保护的义务。它很难通过请求行政予以保障,很难通过司法加以实施。它需要通过立法的具体化而在执法领域得到落实。

但既然"国家尊重和保障人权"已经明确规定在我国宪法文本之中,国家就应该尊重基本权利的价值体系,就应恪尽职守采取一切可能的措施,给基本权利以最为周到的保护。当然,国家的保护只是在私人力所不及之时方才介入,因为我国宪法系以成熟公民为前提预设,自治精神贯穿于宪法之中,国家允许其自由发展而不予干涉。但我国宪法将国家定位于社会主义,提倡集体主义。如此,社会正义又必须在整个权利体系之中得以彰显,这样才能保证这一定位的实现。在私人无以自治或不能完美自治之时,国家自然应提供保护,排除其实现自治权利的妨碍,维持其基本的尊严和价值。生命权等基本权利在受到来自他人的威胁之时,私人又无力自保,国家即应施以援手,履行其保护的义务和基本的职能。

---

[38] 上述论证推理有点循环的味道：基本权利→客观法（客观价值秩序）→再主观化→主观权利。阿列克西认为,"在破坏德国《基本法》第 2 条第 1 款〔即人格自由发展权——引者注〕宪法秩序的背景下,去理解违反《基本法》第 2 条第 2 款的保护生命与健康的义务,如果有人要想避免这种高度矫揉造作的、教条的、可疑的建构,唯一的选择就是去第 2 条第 2 款中推导出与这一义务相关的保护性权利。"See Robert Alexy, *A Theory of Constitutional Rights*, trans. by Julian Rivers, Oxford: Oxford University Press, 2002, p.300. 阿列克西希望走的路实际上就是一条捷径,也就是直接承认其为主观权利,这也符合霍菲尔德的"请求权—义务"的范畴。诚然,宁简勿繁。但从忠实于宪法文本的角度来看,德国联邦宪法法院乃至主流学说的观点还是有其可取之处的。因为毕竟主观权利与客观法在文本中的表述还是有一定差别的。这一点,在我国宪法文本乃至法制环境中也是较为明显的。

[39] 例如,我国《宪法》第 36 条第 3 款规定,"国家保护正常的宗教活动"；第 48 条第 2 款规定,"国家保护妇女的权利和利益"；第 49 条第 1 款规定,"婚姻、家庭、母亲和儿童受国家的保护"；第 50 条规定,"中华人民共和国保护华侨的正当的权利和利益,保护归侨和侨眷的合法的权利和利益"。

五、行政职能的变迁与国家保护义务

国家保护义务还可以从行政职能的变迁来进行推导。从国家角度来看,随着国家体制的变化,行政职能也随之变迁,行政负有危险管理或者危险预防的责任,国家的保护义务由此亦可产生。

(一) 从夜警国家到福利国家

所谓夜警国家,又可称之为自由国家。在那里,人们享受着法律下的自由,国家均不得非法干预他人。公民自己照顾自己,自己的事情自己负责。有人甚至夸张地说,"直到1914年8月,除了邮局和警察外,一名具有守法意识的英国人可以度过他的一生却几乎没有意识到政府的存在"。[40] 国家只承担维持社会治安、保卫国防、保障社会安宁的职能。国家的角色定位就是一个"守夜人"。

到了近现代,人口迅速增长,自然、人为灾害频频发生,大批工人失业,人口老龄化日趋严重,个人、团体往往都难以给公民提供充足而有效的帮助。政党和国家渐渐承担起给个人生存照顾的政治责任。至此,福利国家逐渐形成。把进一步发展经济、社会和文化,增进国民福利作为国家的重要任务来考虑,是现代国家的特色之一。福利国家又可称为社会国家,给付行政与之相伴而生。社会国家与自由国家相对,国家不再拘泥于维持治安、不干预公民的私人生活,而要积极作为,保障国民生活,促进社会福利的发展。福利国家负有积极义务的基础,很大程度上就在于社会连带关系的存在。"由于社会连带性的首要因素是个人活动,因而国家不仅有义务不损害个人的物质、智力、精神活动的自由发展,而且还有义务为保证所有个人充分发展其物质、智力和精神活动而制定必要的法律、组织必要的公用事业。"[41] 从公民个人的角度来看,他有权利获得像人一样的生活,在其特别困难之时,可以获得社会、国家的救济。从国家和社会的角度来看,人与人之间相互联系,过多的贫困会出现恐慌,从而导致社会的不安定,破坏社会秩序。国家和社会有必要施以给付。另外,保护劳动力也有利于提高生产效率。社会国家以实现社会福利为目标。"社会国家原则的伦理学基础和基本组成部分,是社会稳定原则,因为这个从友爱(博爱,我为人人、

---

[40] A. J. P. Taylor, *English History*, *1914—1945*, 1. 转引自威廉·韦德:《行政法》,徐炳等译,中国大百科全书出版社1997年版,第1页。在中国古代也曾出现过这样一种情形,一个国民只要没有田地,不参加科举考试,不触犯政府法令,他甚至可以终身不和国家发生丝毫的直接关系。参见钱穆:《中国历代政治得失》,生活·读书·新知三联书店2005年版,第84页。

[41] 莱昂·狄骥:《宪法学教程》,王文利等译,辽海出版社、春风文艺出版社1999年版,第242—243页。

人人为我)为先的思想引导出来的原则,是以社会均衡、以再分配为目标的。"[42]"法律的终极原因是社会的福利。未达到其目标的规则不可能永久性地证明其存在是合理的。"[43]

公民的社会经济权利作为宪法的一项基本内容率先在 1919 年的魏玛宪法中落实下来。国家有义务通过对整个经济社会的积极介入来保障所有人的社会和经济生活。但是,这一点多被解释为"单纯的面向将来生活的立法基准,是以立法者为对象的纲领性规定,它不拘束法律执行机关,是必须靠具体法律才得以具体化的法规"[44]。也就是说,这些规定只是政策方针式规定,是宣言性的。魏玛宪法基本的理念却为 1949 年的《德意志联邦共和国基本法》所继承并发扬光大。基本法规定,德意志联邦共和国是一个民主的社会合作的联邦国家(第 20 条)。1946 年的《日本国宪法》也采用了社会国家的理念,规定国民均享有最低限度的健康的与文明的生活的权利。新中国历部宪法也都规定了社会经济权利[45],也体现出社会国家的特色。1982 年宪法更为完备、具体地予以规定。1989 年《行政诉讼法》和 1999 年《行政复议法》将很多宪法上的纲领性规定转化为公民可以请求的权利。可以说,社会国家的理念是 20 世纪宪法的一大特色。

随着由自由国家而福利国家的转变,行政的职能也在发生变化。行政也由消极行政、机械地执行法律、不侵犯国民的自由和财产,转为积极行政、能动地依照法律采取积极措施、实现公共目的。依照德国通说,社会国家包含着五项内涵:创造可忍受的生活条件、引进社会安全体系、强调社会公平、确保社会自由、建立必要的公法补偿体系。[46] 国家不再是夜警,而是提供各项给付的主体,是提供公共服务的主体。虽然我国经由计划经济转变为社会主义市场经济,政府由无所不为转变为"有所为有所不为",但政府在贯彻社会国家理念、提供给付方面没有发生变化。

(二) 危险防止与国家的保护义务

在传统的行政法理论中,有一个"不介入私人纠纷原则",其目的在于防止行政权过度扩张,维护私人自治,确保私域自由。然而,这一理论在现代社会中

---

[42] 罗尔夫·斯特博:《德国经济行政法》,苏颖霞、陈少康译,中国政法大学出版社 1999 年版,第 63 页。

[43] 本杰明·卡多佐:《司法过程的性质》,苏力译,商务印书馆 1998 年版,第 39 页。

[44] 影山日出弥:"《魏玛宪法》中的'社会权'",载东京大学社会科学研究所编:《基本人权 Ⅲ》,东京大学出版会 1968 年版,第 196 页。转引于大须贺明:《生存权论》,林浩译,法律出版社 2001 年版,第 82 页。

[45] 1949 年《中国人民政治协商会议共同纲领》第 25 条;1954 年《宪法》第 93 条;1975 年《宪法》第 27 条;1978 年《宪法》第 48、50 条。

[46] 参见翁岳生编:《行政法》(上册),中国法制出版社 2002 年版,第 59 页。

却不能一味不加区别地予以适用。因为社会不再是自由的平等的市民社会,行政担负的使命也不再仅仅是消极的警察色彩的行政,现代行政法自然也不能不面对这一现实的转换而重新审视适用这一原则的界限。不介入私人纠纷的前提预设是,在私人之间,力量是平等的,武器是对等的。然而,在这一前提预设不成立的情况下,这一原则就不能适用。在今天的工业化社会之中,企业,特别是大企业、垄断企业和私人之间,信息是不对称的,力量是悬殊的,相应地保护自身的能力也常常有霄壤之别。国家不给国民援之以手,则身处企业包围之中的国民无异于置身于第二种国家权力之下。

我们知道,现代社会工业化虽然十分发达,却也伴随着各种各样的社会危险频繁发生。一定意义上说,现代社会是一个具有高危险的社会。大气污染、噪音公害、食品药品的安全性等都时刻威胁着人们的生命、健康和安全。行政除了提供福利之外,还负有职责保护国民的安全、健康、舒适的生活,整备生活环境,管理社会危险。如果行政不援之以手,则国民的生存和安全将无以维系。行政的这种责任,简单地说,就是危险防止责任或危险管理责任。行政必须运用自己手中的权力,采取有力措施取缔危险设施、惩罚危险设施的设置者,以维护国民安全健康的生活环境。这也就是学者所称的"规制行政福利行政化"的现象。[47]

我们可以根据民事法对不法行为、不履行债务等请求损害赔偿,可以根据刑事法请求处罚、制裁。然而,这些手段都是事后的,虽然人们可以乐观地认为实行这些制度可以收到一般预防的效果,但只是收到间接地防止危险的效果。"行政在事前,也就是还只不过是抽象的危险、只有被害发生的可能性的阶段即行介入,防止被害与纷争于未然。以'预防行政'收'先下手为强'之功效。"[48]这就是行政的优势所在。事实上,行政所掌握的信息远远多于普通民众,它对危险的认识能力和控制能力也远远强于普通民众。行政在能够预见到危险的存在时,就应积极介入,或采取积极措施消除危险,或要求危险制造者迅速应对,或取缔危险企业消灭危险源。"与过去的保护秩序的预防工作不同,这种新的预防不再是针对阻止一个具体的、正在面临的违法现象,而是要及早地看到有可能造成破坏的根源和威胁的根源。"[49]现代国家多数在警察法、环境保护法、药品管理法、食品卫生法等法律中规定了行政的这种职责。危险防止,这是行政的现代职能之一,也是其法定职责,也是其行政权民主正当性、获得民众认可的一个支撑。

现代国家是一种民主的福利国家,国家以照顾国民的安全为其第一使命,这也带来了国家构造的价值观发生了变化。这种法的价值意识的变化,在国民

---

[47] 原田尚彦:《行政法要論》,日本学阳书房2005年全订第六版,第83、98页。
[48] 阿部泰隆:《行政の法システム》(上),日本有斐阁1997年新版,第5页。
[49] 埃贝哈德·施密特-阿斯曼等著、乌尔海希·巴迪斯选编:《德国行政法读本》,于安等译,高等教育出版社2006年版,第54页。

一方就产生了请求国家安全照顾的权利意识,否定了原来的警察规制的本质观以及与之相伴随的反射性利益论。由于社会的因素而产生国民健康等被损害的情形时,严格追究行政监督权限怠慢行使的责任,这一趋势不容错过。[50] 德国联邦行政法院曾指出,随时注意观察社会的发展,尽可能迅速且确切地判断出错误的发展或其他产生的问题,设想阻止或至少将其排除的可能,并且着手采取必要的措施,不问该措施是否仍须立法者的决议,以上事项绝对属于德国基本法所假定的联邦政府的任务。当危险性发生、发展、危及重要的公共物品时,且已造成民众极大的不安时,此时尤其要求政府对国家整体的责任。在这种情形下,特别是包括在基本权利保障内的国家保护人民,使其基本法上所保障的财产和自由不受第三人侵害的义务,可以强迫政府采取行动。[51]

在法律规范上找到行政介入请求权和国家保护义务之后,私人的权利就可以成立。再结合现实案件中的具体情形,通过私人权利的法规范力量和事实的迫切需求,就有可能压缩行政的裁量权,甚至压缩至零。最后,以一幅简图来描述一下本文的论证思路和过程。

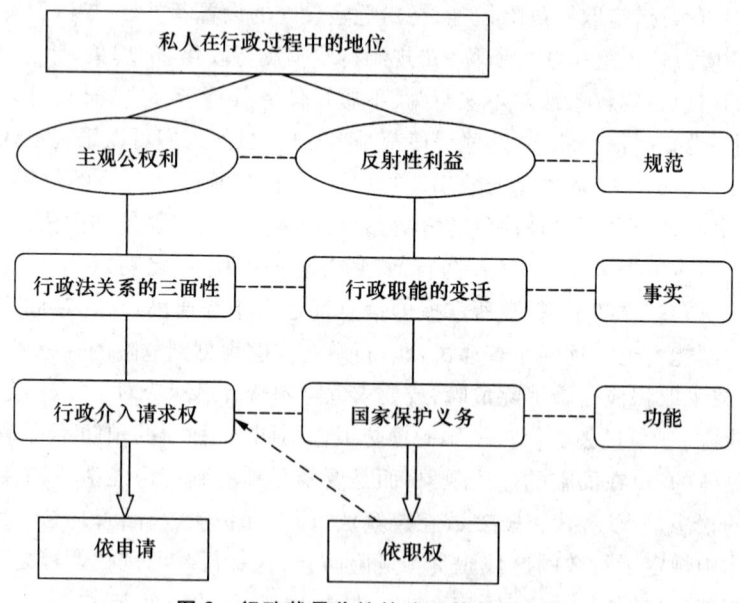

图3 行政裁量收缩的法理基础示意图

(初审编辑:成协中)

---

[50] 参见原田尚彦:"薬害と国家賠償責任",载《ジュリスト》第663期,1978年5月。
[51] 德国联邦行政法院判决1990年10月18日判决,3C 3.88(OVG Munster),载《德日英美行政事件裁判要旨选辑》(第二辑),台湾司法周刊杂志社1994年版,第10—11页。

法律规则、社会规范与转型社会中的司法
——《叔向使诒子产书》的法理学解读

于 明[*]

Legal Rules, Social Norms, and Justice in Social Transformation:
An Interpretation of *Letter from Shuxiang to Zichan* from the Perspective of Jurisprudence

Yu Ming

内容摘要：从现代社会科学的视角切入，我们可以对子产与叔向的言辞与追求进行重新理解。语境化的解读与经济学的分析表明，无论是传统的"议事以制"，还是子产的"铸刑书"，都并非仅仅着眼于法律对于民众的威慑，而旨在追求不同社会结构制约中的司法效率与司法公正的最佳绩效。而叔向所警惕的"争心"，也并非基于对传统的"保守"；它同样给予我们有关转型社会中的司法裁量与法律解释等诸多问题的深刻启示。这一历史论争，对于近现代中国的法治与法学而言，同样具有深厚的理论意蕴。

关键词：铸刑书　法律规则　社会规范　司法裁量　法律解释

---

[*] 北京大学法学院2007级法学理论专业博士研究生，电子邮箱：ywym609@163.com。

> 三月,郑人铸刑书。
>
> 叔向使诒子产书曰:"始吾有虞于子,今则已矣。昔先王议事以制,不为刑辟,惧民之有争心也。犹不可禁御,是故闲之以义,纠之以政,行之以礼,守之以信,奉之以仁,制为禄位以劝其从,严断刑罚以威其淫。惧其未也,故诲之以忠,耸之以行,教之以务,使之以和,临之以敬,涖之以彊,断之以刚。犹求圣哲之上,明察之官,忠信之长,慈惠之师,民于是乎可任使也,而不生祸乱。民知有辟,则不忌于上,并有争心,以征于书,而徼幸以成之,弗可为矣。夏有乱政而作《禹刑》,商有乱政而作《汤刑》,周有乱政而作《九刑》,三辟之兴,皆叔世也。今吾子相郑国,作封洫,立谤政,制参辟,铸刑书,将以靖民,不亦难乎?《诗》曰:'仪式刑文王之德,日靖四方。'又曰:'仪刑文王,万邦作孚。'如是,何辟之有?民知争端矣,将弃礼而征于书。锥刀之末,将尽争之。乱狱滋丰,贿赂并行,终子之世,郑其败乎?肸闻之,国将亡,必多制,其此之谓乎!"
>
> 复书曰:"若吾子之言。侨不才,不能及子孙,吾以救世也。既不承命,敢忘大惠?"[1]

这是《左传》中记载的晋国大夫叔向与郑国执政子产的一次对话。时间是春秋末期的昭公六年(公元前536年),内容似乎很简单,仅仅是两封看似寻常的书信。但近代以降,作为中国历史上首次"公布成文法"的基础史料,这段文献开始频繁地为各种法学著作所引用。[2] 新中国成立以来,通行的观点认为,子产的"铸刑书",在很大程度上,限制了"奴隶主贵族任意刑杀的特权"[3],因而代表了新兴地主阶级和广大劳动人民的利益需求;而作为"著名的保守派贵族",叔向之所以反对"铸刑书于鼎",则是为了"使人民经常处于'刑不可知,则威不可测'的极端恐怖之中,以便奴隶主贵族能够独断专行,擅作威福"[4]。其他的论著与教材,尽管侧重或有所不同,但也大多延续了这一基本的立场与视角。[5]

---

[1] (周)左丘明传、(晋)杜预注、(唐)孔颖达等正义:《春秋左传正义》(下),于振波等整理,北京大学出版社1999年版,第1225—1229页。

[2] 早期的论述,参见穗积陈重:《法律进化论》,黄尊三等译,商务印书馆1929年版;杨鸿烈:《中国法律发达史》,商务印书馆1933年版;瞿同祖:《中国法律与中国社会》,中华书局1947年版。

[3] 张国华:《中国法律思想史新编》,北京大学出版社1998年版,第42页。

[4] 同上注,第41页。

[5] 类似的观点,还见于武树臣:《中国法律思想史》,法律出版社2004年版;张晋藩主编:《中国法制史》,中国政法大学出版社1999年版;张晋藩总主编、蒲坚主编:《中国法制通史·夏商周卷》,法律出版社1999年版。但也有个别不同的声音,比如秋风的"孔子反对铸刑鼎的宪政含义"一文,阐述了反对铸刑鼎所可能具有的抵御专制的意义,参见秋风:《立宪的技艺》,北京大学出版社2005年版,第324—325页。

结合春秋时代社会转型的历史背景,本文试图重新理解子产与叔向的言辞与追求,努力揭示这段文字中所隐含的一般性的法理学意涵。针对长期以来的争议焦点,我将首先从社会结构的视角切入,对"议事以制"作出新的解说,认为这一制度的形成,实际上构成了西周("先王"时代)[6]的司法对于独特时空结构的一种更具经济学效率的语境化回应,而并非仅仅为了维持法律对于民众的威慑(所谓"刑不可知,威不可测")。在此基础上,从分析社会转型中的信息费用与信息传递入手,我还将重新理解子产的"铸刑书",论证这一行为的目的不仅旨在打破法律的"神秘主义",而更多地是为了解决转型社会中的司法效率与司法公正的问题。最后,更重要的是,我将进一步地对叔向所警惕的"争心"作出重新阐释,以论证这一担忧并非基于对传统的"保守",它同样可能给予我们有关转型社会中的司法裁量与法律解释等诸多问题的深刻启示。在结语中,我还将初步展示这一历史论争今天可能给予我们的理论启示。

一、重新理解"议事以制,不为刑辟"

> 始吾有虞于子,今则已矣。昔先王议事以制,不为刑辟,惧民之有争心也。[7]

在书信的一开始,叔向直言不讳地指出了反对"铸刑书"的两点理由:首先,因为在先王的时代,对案件的审理是由"司法"官员按照"议事以制,不为刑辟"的制度进行的;其次,之所以采取这一制度的原因,是为了防止民众中的"争心"的产生。显然,前一点理由诉诸的是历史的权威,而后者则是对一旦"为刑辟"的后果的分析;在这一意义上,我们可以将理由一称为"基于制度的理由",而将理由二称为"基于后果的理由"。这里首先讨论"基于制度的理由"。

对于"议事以制,不为刑辟"的理解,最初的一种解读,是将其视作一种不制定或不公布法律的"秘密法"。这一思路由来已久,可以上溯至晋人杜预对"议事以制,不为刑辟"的注释,即所谓"临事制刑,不豫设法也"[8]。此后,这一观点为近代以来的许多学者所接受;同时,受到梅因等西方学者的影响[9],

---

[6] 所谓"先王"时代,主要指的是历史上的西周。当然,这里并不排除叔向之前的春秋时期(公元前770—公元前536);但结合叔向之后对"礼治"社会的描述,我认为其更多地应当是指"议事以制"得以产生的西周时代。

[7] (周)左丘明传、(晋)杜预注、(唐)孔颖达等正义:《春秋左传正义》(下),于振波等整理,北京大学出版社1999年版,第1225页。

[8] 同上。

[9] 亨利·梅因在论述人类早期的古代法律时,曾经指出,"习惯法以及它为一个特权阶级所秘藏的时代","是一种真正的不成文法"。参见亨利·梅因:《古代法》,沈景一译,商务印书馆1997年版,第8页。

他们还进一步指出,"东西法律曾经有一秘密法时期,法律知识及判断争讼的原理为少数特权阶级所独占。中国也曾有此一时期"。因此,"叔向所谓'先王议事以制,不为刑辟',即无公开法律,随事议断之意",其目的是为了保持法律的神秘与统治者的权威,从而使贵族的"统治更为彻底而积极"。[10]

但这一主流学说也遭到了许多当代学者的质疑。更多的史料似乎倾向于证明,子产铸刑书并非中国公布成文法的开端,春秋之前同样存在文字形态的法律,并通过一定的形式公之于众[11];因此,对于"不为刑辟"的理解,这些学者提出了不同于"秘密法"的"罪刑分立"的解读。在他们看来,尽管西周时期存在公开且形诸文字的"法律",但这些"法律"在"罪"(行为模式)与"刑"(法律后果)的规定上却是彼此分立的,"罪状"与"刑罚"被分别规定在不同的法律文件中,两者之间不存在严格对应的关系;因此,叔向所概括的"不为刑辟",就并非是指完全不制定文字形态的法律,而是不存在"罪状"与"刑罚"严格对应的法律规则。[12]

但这并不意味着西周的司法是完全任意的,或是随心所欲的"以言代法"。绝对的自由裁量或"主观擅断",只可能存在于历史上极个别的个人与时期;基于维持社会秩序的长期稳定,有足够的激励促使人们在实践中遵循一些相对确定的裁判规则,以保证司法裁决的大致公正与统一。因此,所谓"议事以制",在很大程度上具有"司法造法"的意味,即由"司法"官员在审理案件的过程中,参照有关"罪"与"刑"的规定,具体地"创制"据以定罪量刑的裁判规范;只是这些规范大多并未诉诸文字,而更多的是依靠"司法"官员的口耳相传。至于这些"不成文"规范的来源,许多学者也尝试着给出了自己的解说,认为在叔向所谓"议事以制"的背后,实际上隐藏着西周"司法"官员所遵循的诸如"礼"[13]、"情"[14]或"先例"[15]等较之成文规则更为灵活的裁量标准。

本文基本赞同这一"罪刑分立"的解读。同时,对于裁判规范的"法源",尽管"礼"、"情"与"先例"之间的侧重各有不同,但只要我们更深入地检视其间

---

[10] 参见瞿同祖:《中国法律与中国社会》,中华书局2003年版,第213—214页。

[11] 如《周礼》曰:"布刑于邦国都鄙,乃县刑象之法于象魏,使万民观刑象"。关于"悬法象魏"与西周的成文法公布的详细讨论,参见俞荣根:《儒家法思想通论》,广西人民出版社1991年版,第64—74页。

[12] 类似的观点,参见孔庆明:"'铸刑鼎'辨证",载《法学研究》1985年第3期;武树臣等:《中国传统法律文化》,北京大学出版社1994年版,第211—214页;马小红:《礼与法:法的历史连接》,北京大学出版社2004年版,第136—137页。

[13] 此观点认为,"议事以制"的本质是依礼断罪,即将"礼"作为"议"罪轻重的标准所在。参见马小红:《礼与法:法的历史连接》,同前注,第137页。

[14] 此观点认为,"议事以制"的本质是"原情定罪","依犯罪的具体情节度量其轻重而适用法律的罪刑原则和制度"。参见俞荣根:《儒家法思想通论》,同前注,第86—87页。

[15] 此观点认为,"议事以制"实质上是"判例法",即"参酌引用既有判例来审判量刑","这里的'事'就是判例"。参见武树臣等:《中国传统法律文化》,同前注,第216—217页。

的意涵,就不难发现,这三种看似不同的解说在本质上却是共通的:一方面,无论"礼",还是"情",都实际上强调了对于"习俗传统"或"常人情理"等社会共同体内的"自发性"规范的接受与认可。[16] 而所谓"先例",尽管不排除存在部分成文的"判例"(青铜铭文),但考虑到西周文字的高昂成本,先前的"判例"仍然可能更多地表现为不成文的"惯例"或"经验性知识";故而在很大程度上又不同于后世英美法系中的"判例法"[17],而更接近于社会的"自发性"规范。因此,从现代科学的眼光来看,在三种解说的背后,都共同地反映了西周的"司法"官员对于社会共同体内自发形成且普遍遵循的"社会规范"(social norm)[18]的考量与运用。

因此,"议事以制"的实质,就不仅仅在于"原情定罪"或"遵循先例",而更多地,是对于西周"法官"综合地运用诸如"习俗"、"情理"与"惯例"等社会的"自生性"规范进行司法裁量的抽象概括。换言之,西周时期的"法官",在定罪量刑的过程中,确乎遵循了一些相对确定的裁判规范;但它们并非严格确定的成文规则,也并不来自于统治者有意识的制定或"立法"(legislation),而更多地是一种对共同体内自生自发的"社会规范"的认可与采用。从这个意义上说,它们或许更接近于近代西方学者所概括的"活法"(living law)[19],或是哈耶克所谓的"严格意义的法律"(law)或"内部规则"(nomos);甚至更准确地说,是一种"未阐明的规则"(the unarticulated rules)[20]。

同时,这样一种裁判规范又并不形诸于文字,很大程度上以"语言",甚或"无言之知"的形式存在着,通过言传身教、世代相继为西周的"司法"官员所默

---

[16] 从社会学的视角来看,"礼"的发生,来源于对传统习俗的尊重,其实施也更多地依靠于主动性的服膺,而非外在的权力。参见费孝通:《乡土中国》,上海人民出版社2006年版,"礼治秩序"。

[17] 实际上,即使在英国普通法诞生之初,也更多地是对地方习惯法的吸收,主要以法官的"经验性知识"的形式存在着,是一种法律人的"教义"(Doctrine)或"共同学识"(Common sense)。严格的"判例法",只有在近代的"判例报告"出现之后,甚至19世纪"遵循先例"原则正式形成之后,才最终形成。参见 J. H. Baker, "English Law and the Renaissance," 44(1) *Cambridge Law Journal* 46—61(March 1985)。

[18] 关于法律与社会规范,参见埃里克·波斯纳:《法律与社会规范》,沈明译,中国政法大学出版社2004年版;张维迎:《法律与社会规范》,载张维迎:《信息、信任与法律》,生活·读书·新知三联书店2006年版,第18—54页;Richard A. Posner, "Social norms and the Law: An Economic Approach", 87(2) *The American Economic Review* 365—369(1997)。

[19] 埃利希的"活法"理论,参见 Eugen Ehrlich, *Fundamental Principles of the Sociology of Law*,中国社会科学出版社1999年影印本,第493页;沈宗灵:《现代西方法理学》,北京大学出版社1992年版,第270—280页。

[20] 在哈耶克看来,真正的"法律"不必定形成文字,它是内生于社会生活的"内部规则",或"未阐明的规则",出现在现代立法机关诞生之前,往往是对自发秩序的承认和认可。关于"自生自发秩序"(spontaneous order),"法律"(law)与"立法"(legislation)二分的理论,以及"阐明的规则"(the articulated rules)与"未阐明的规则"的区分,参见哈耶克:《法律、立法与自由》(第一卷),邓正来、张守东、李净冰译,中国大百科全书出版社2000年版,第113—142页。

会与熟悉。[21] 一方面,这当然是由于共同体内部自生自发的"社会规范"往往不形成文字,甚至无法形成文字。另一方面,且更重要的是,司法官员在日常的审判实践中对这些一般"社会规范"的选择与运用,也并非依靠书面的形式推理,而更多地是一种"实践理性"的活动,因而同样无需文字形式的表达。或许,这也是叔向所谓的"不为刑辟"所蕴含的真实意涵。

但本文依然对现有的解读存有疑问。一个根本的质疑,来自于"议事以制"的制度成因。尽管"罪刑分立"的解读似乎比"秘密法"的解读更具有史料上的支持,但是,对于统治者之所以"议事以制"的"初衷",两者的理解却近乎一致。与"秘密法"的解读一样,"罪刑分立"的解读同样将"议事以制,不为刑辟"的目标归结为一种"刑不可知,则威不可测"的统治策略。[22] 有所区别的,只是对于所谓"不知"的理解:"秘密法"将其理解为法律的秘而不宣("无法"知),而"罪刑分立"则理解为一种"令不测其深浅"("难以"知);根本的目的却都是为了使百姓"常畏威而惧罪"[23],时时处于一种对统治者的高度恐惧之中。

还有的学者,将"议事以制"的原因,理解为统治者的"哀敬折狱"、"以情断狱"或取悦民心。[24] 从表面上看,似乎具有更多的"民本主义"的色彩,也与"常畏威而惧罪"的解释有很大的不同;但由于两者在实质上,都是将制度的原因诉诸统治者的政治"谋略",因此根本的思路仍然是一致的。只是在具体的策略上,"刑不可知,威不可测"旨在通过"令不测其深浅"的恐怖来保证人民对于统治者的敬畏,而"哀敬折狱"和"以情断狱"则试图通过取悦民心,来达到"民于是乎可任使"的目标[25];其意图归根结底都是对奴隶主阶级的法律特权的维护,差别仅仅在于:是"大棒",还是"胡萝卜"?

这也构成了本文与现有解读的根本分歧。毕竟,对于任何一种历史上长期存续的法律制度,我们都应当抱有最大限度的"同情之理解",而不是仅仅依据阶级的"标签"或套用古人的概括,就不加细致分析地,将一种长期存在的法律制度得以形成的原因,归结为统治者的某种主观"动机"甚至"阴谋"。因此,对于"议事以制,不为刑辟"之所以形成的原因,本文同样主张回到西周时期的历

---

[21] 穗积陈重也曾经讨论了在"记忆法"时代的法律知识的口耳相传,参见穗积陈重:《法律进化论》,黄尊三等译,中国政法大学出版社1997年版,第120—122页。

[22] 如有学者指出:"罪刑分离的立法,使法律处在半公开、半隐秘的状况中,公开的刑罚可以起到威慑及预防犯罪的作用,而'议事以制'又使人感到'威不可测'的神秘性,它便于奴隶主贵族最大程度地利用法律维护等级的特权"。参见武树臣、马小红:"中国成文法的起源",载《学习与探索》1990年第6期。

[23] (周)左丘明传、(晋)杜预注、(唐)孔颖达等正义:《春秋左传正义》(下),于振波等整理,北京大学出版社1999年版,第1226页。

[24] 俞荣根:《儒家法思想通论》,广西人民出版社1991年版,第88—89页。

[25] "在叔向、孔子看来,量刑一旦法定化,统治者就不好'以情断'而博取民心,人民也就不会敬畏它们,为他们去死难,这便动摇了国本。"同前注,第89页。

史语境之中进行重新的审视,或许我们会发现,这一制度的生成与长期存续同样是一种历史的"合理",甚至"必然"。

二、无需"法律"的秩序?——语境化解读

回到叔向所谓的"先王时代"。总体而言,西周时期是一个严格的礼治社会,社会各个领域无不处在礼治的控制之下。这样一种社会治理方式形成的原因有许多,从社会学的视角来看,传统中国礼治的生成,主要来源于农耕社会的稳定与国家权力的弱小。[26] 相比之夏商而言,西周社会具有更为典型的小型农耕社会的特征,其基本的社会结构可以概括为时间上的"世代稳定"与空间上的"小国寡民"。

首先,在时间的维度上,农耕社会的安土重迁使得世代的更替十分得缓慢,不仅人口的流动很小,人们赖以生存的土地也很少发生变化。在这一社会中,诉讼纠纷的发生频率始终维持在极低的水平,不仅案件的事实构成简单,而且也很少随着时间的推移而变化。再加之生产力的低下与公有制的实施,也使得后世涉及"田土"一类的复杂纠纷和以"盗贼"为主的犯罪形态都较少出现。[27] 因此,这一时期进入司法领域的,大多数都是事实清楚且有先例可循的"简易"案件,真正的"新型"或"疑难"的案件则几乎很少发生。

其次,从空间的维度来看,由于国家权力的弱小,西周的整体统治是通过"封邦建国"的分封制度来完成的,因而单个的诸侯国往往处于一种"小国寡民"的状态。[28] 由于土地的狭小与人口的稀少,以及随之而来的"小型社会"的熟人化,都在一定程度上抑制了诉讼案件的发生,并且降低了获取有关案件事实的信息成本。[29] 同时,诸侯国内部的成员也更为同质化,因此更容易形成相对统一的礼俗与"社会规范",[30] 贵族阶层之间甚至贵族与国民之间大多分享了共同的经验与知识。

这仅仅是一种大致的描述,但仍然可以得到很多经验材料的支持;更重要

---

[26] 参见费孝通:《乡土中国》,上海人民出版社 2006 年版,第 40—42 页。

[27] 正如福柯在研究近代欧洲的犯罪时所发现的,中世纪公有土地的大量存在,在很大程度上减少了"犯罪"的发生;由于土地私有权的缺乏,农民依据非正规的习俗,在公有土地上放牧或拾柴等行为都受到容忍,而不被视之为"盗窃"。参见福柯:《规训与惩罚》,刘北成译,生活·读书·新知三联书店 2007 年版,第 94 页。

[28] 周初分封,诸侯国不过方圆百里。《孟子·告子下》曰:"周公之封于鲁,为方百里也,太公之封于齐也,亦为方百里也。"《史记·十二诸侯年表序》曰:"齐晋秦楚,其在成周甚微,封或百里,或五十里。"

[29] 传统社会是一种机械团结的社会,社会成员之间具有相似性,且分享集体的意识,因而很少发生犯罪;即使发生,也很容易被发现。参见涂尔干:《社会分工论》,渠东译,生活·读书·新知三联书店 2000 年版。

[30] 参见张维迎:《法律与社会规范》,载张维迎:《信息、信任与法律》,生活·读书·新知三联书店 2006 年版,第 50 页。

的是,对西周社会结构的上述抽象与提炼,还将有助于我们重新理解叔向所谓"议事以制,不为刑辟"的发生。西周时期的"司法"官员[31],之所以选择以社会的"自生性"规范作为裁判规则的来源,同样可以从上述独特的时空结构中获得某种自洽的解说。甚至从经济学的视角来看,这一司法制度的产生与长期延续,实际上正是对西周社会"世代稳定"与"小国寡民"的时空结构的一种更具经济学效率,因此也更为语境化的回应。

  首先,一般的理论认为,明确的规则更有利于减少司法官员处理信息的成本[32];反之,未经阐明的社会规范,由于自身含义的模糊,则往往导致"司法"成本的增加。但有如前述,西周"世代稳定"与"小国寡民"的格局,以及由此带来的案件事实简单与信息获取的便利,都使得"司法"官员处理案件信息的成本始终维持在较低的水平,往往只需借助于以往的经验与很少的调查就可以获得。因此,"法官"运用社会的自生性规范对案件进行裁判,就不仅不会导致"司法"成本的明显增加,同时,由于这些规范很大程度上来自于社会的自生自发,也就进一步节省了大量的"立法"成本;因而,在事实上,就比人为地制定"明确"的规则——或者说是规则的"阐明"——更有利于优化法律活动的资源配置。

  其次,西周独特的时空结构也决定了,司法裁判规范以"语言",而非"文字",作为信息载体,同样是一种更具经济效益的选择。这一方面是由于社会的"世代稳定"使得裁判规范的本身很少发生变化,因此有关审判的"经验性知识"只需要通过年长官员的"言传身教"就可以获得,而很少需要求证更早时代的文字记录。只有当出现了轶出于常轨的极少数的疑难案例时,为了使这部分特殊化的司法知识得以存续,才需要通过文字的方式将其固定下来。[33] 另一方面,"小国寡民"所带来的共同体内部的高度同质化,尤其是"法官"群体之间所分享的共同的知识与经验,使得"司法"官员对于这些裁判规范的理解能够在最大程度上保持确定与统一,而很少发生"语言"在空间传递中的"误解"与"歧义"。总之,世代之间衔接的紧密与共同体内部的同质化,都使得这一时期

---

  [31] 西周的司法机关包括中央、乡遂、诸侯国三部分。除少数重大案件可能由中央的司寇直接审理之外,绝大多数的案件更多地由乡遂之中的乡士、遂士,县都之中的县士、方士以及诸侯国中的士师、乡官与族长等人审理。因此,就总体而言,西周"司法"官员所处理的案件,主要来自于小型社会之中。参见张晋藩总主编、蒲坚主编:《中国法制通史·夏商周卷》,法律出版社1999年版,第329—339页。

  [32] 参见波斯纳:《法理学问题》,苏力译,中国政法大学出版社2002年版,第57页。

  [33] 比如前述《朕匜铭》等青铜铭文的判例。有关记载判例的法律铭文,还可参见郭锦:"法律与宗教:略论中国早期法律之性质及其法律观念",载高道蕴、高鸿均、贺卫方编:《美国学者论中国法律传统》(增订版),清华大学出版社2004年版,第52—80页。

的裁判规范以"语言"作为载体就足以保证信息传递的准确性[34];而同时考虑到西周时代文字的信息成本极其高昂(青铜铭文与竹木简牍),这样一种"语言"的信息载体,无疑在最大限度上实现了"法律"信息传递的效益最大化。

但仅仅是经济学上的效率,又并不足以论证这一制度的长期合理性。有如前述,"议事以制,不为刑辟"的产生,除了上述经济学效率的因素外,另一个重要的绩效目标是为了保证判决的大体公正,以避免"绝对"的自由裁量与"罪刑擅断";但即便如此,较之"阐明的法律规则"而言,由于"社会规范"适用中的模糊与冲突[35],仍然无法完全杜绝法官滥用裁量权,甚至"上下其手,出入人罪"的可能。又由于这种裁判规则较多地以"语言",而非"文字",作为信息的载体,仅仅从理论上看,这种不确定性的危险就可能更加得紧迫。

但历史的经验却又并非如此。从长时段来看,西周的"司法"大体维持了社会秩序的长期稳定;至少在绩效上,远胜于后世的春秋与战国。个中的原因,也同样可以从西周社会的"世代稳定"与"小国寡民"中获得融贯的解说。有如前述,可能造成法官滥用权力与"司法不公"的原因,除可能的徇私舞弊之外,往往来自于"案件事实"的复杂与"法律规范"的模糊。而西周社会独特的时空结构,又决定了这一时期的"案件事实"(案情简单与事实获取便利)与"法律规范"(语言信息传递的准确)在大体上是明确与清晰的,进而在事实上缩减了法官行使裁量权的范围与空间,极大地抑制了法官滥用权力的可能。更进一步地说,尽管"公开"且"明确"的"规则"长期以来被视作"法治"的前提[36],但对于叔向的"先王"时代而言,法律规则的阐明,对于社会秩序的建立就并非是完全必需的。如果我们一定要执着于形式主义的观点,将"法律"仅仅等同于明确的成文规则的话,那么,西周时代的"法治",或许,就构成了另一种"无需'法律'的秩序"[37]。

总之,以上从时、空两个维度的分析表明,"议事以制,不为刑辟"的发生,在最大限度上契合了西周时期特定历史语境下的制度需求;无论是对社会"自生性"规范的接受,还是以"语言"作为信息载体,都更有利于法律的整体资源的优化配置,实现了经济效益上的最优选择。同时,特定时空结构的制约,还使

---

[34] 正如费孝通指出的,在稳定社会中,"语言足够传递世代间的经验了","大家在同一环境里,走同一道路","时间里没有阻隔,拉得十分紧,全部文化可以在亲子之间传授无缺"。参见费孝通:《乡土中国》,上海人民出版社2006年版,第18页。

[35] 关于社会规范的模糊性与不确定性,参见张维迎:"法律与社会规范",载张维迎:《信息、信任与法律》,生活·读书·新知三联书店2006年版,第50页。

[36] 当代西方法学家在论述"法治"的要素时,往往将公开或明确的规则作为最基本的前提条件。如富勒、菲尼斯等人提出的法治原则都包含了这一要素。参见富勒:《法律的道德性》,郑戈译,商务印书馆2005年版;菲尼斯:《自然法与自然权利》,董娇娇等译,中国政法大学出版社2005年版。

[37] 参见埃里克森:《无需法律的秩序》,苏力译,中国政法大学出版社2003年版。

得这一制度选择在大体上维持了司法判决的公正如一。在这个意义上,我们有理由认为,这一制度基本实现了法律的"效率"与"公平"这两大绩效目标的统一。

因此,本文上述的语境化分析,也就在很大程度上挑战了现有解读中将"议事以制"的原因归结为"刑不可知,则威不可测"的观点;反驳了它们将这一独特的司法制度仅仅视作统治者为了维护自身特权的政治谋略。尽管这样一种不成文的裁判规范,或多或少地呈现出某些"反民主"的特征,也可能不是那么的"罪刑法定"[38];但这却并非出于统治者的"深谋远虑"或"包藏祸心",而更多地是对西周以来的"世代稳定"与"小国寡民"的社会结构所面临的基本问题的语境化回应,是在信息传递稳定与信息费用较低的条件下的一种"立法"与"司法"的效益最大化。

三、为什么铸刑书?——规则的"阐明"

不仅是对于叔向,上述对"议事以制,不为刑辟"的语境化解读,还将有助于我们更深入地理解本文叙及的另一位人物——子产。因此,在分析了叔向反对子产铸刑书的理由一之后,本文并不打算直接进入到对理由二——"惧民之有争心"的讨论,而是要将目光暂时地转向子产,试图沿着语境化的思路,进一步探索子产之所以在他的时代选择"铸刑书"的真正原因。

> 若吾子之言。侨不才,不能及子孙,吾以救世也。既不承命,敢忘大惠?[39]

面对叔向措辞激烈且"长篇大论"(考虑到竹简)的批评,善于辞令的子产却仅仅回复了这样一句简单的言辞。除去其中的谦逊之辞,全信中几乎只用"救世"一词了了回应了叔向的质疑。子产如此惜墨如金的原因,我们不得而知,或许是由于《左传》的作者在著史中的有意削减或"文献不足",也或许是由于作为改革家的子产所奉行的"不争论"[40]与"行胜于言"的策略,有意回避事关改革的理论争议。

但我们依然可以从这意味深长的一句"吾以救世也"中,去探寻子产铸刑书的真实用意。依据孔颖达的正义,我们知道所谓"救世"的含义乃是指:"当

---

[38] 许多学者还将子产与叔向争论的实质,看做"罪刑法定"与"罪刑非法定"之争。参见俞荣根:《儒家法思想通论》,广西人民出版社1991年版,第86—87页。
[39] (周)左丘明传、(晋)杜预注、(唐)孔颖达等正义:《春秋左传正义》(下),于振波等整理,北京大学出版社1999年版,第1228页。
[40] 《邓小平选集》(第三卷),人民出版社1993年版,第374页。

时郑国大夫邑长,盖有断狱不平,轻重失中,故作此书以令之,所以救当世也。"[41] 换言之,从子产的主观意图来说,"铸刑书"的目的,是为了解决当时郑国所出现的"司法"官员(大夫邑长)审判案件不公正(断狱不平)以及适用刑罚不适当(轻重失中)的问题,即子产希望通过将法律刻于鼎上并传达给各级官吏的做法,来达到法令统一、审判公平的目的。那么,为什么在子产这一时期的郑国会出现"司法"官吏审判不公与适用刑罚混乱的问题呢?子产为何又要采用"铸刑书于鼎"这一方式来解决这一问题?

正是在这一点上,我们可以感到本文上述对"议事以制,不为刑辟"的语境化理解所可能具有的建构意义。换言之,郑国当时出现的"断狱不平、轻重失中"的现象恰恰意味着,西周以来的"议事以制,不为刑辟"的传统,在子产的时代已经无法回应春秋社会对司法公正的基本需求。因此,导致这一现象的原因,同样可能来自于春秋后期社会结构的变迁,来自于西周以来的"世代稳定"与"小国寡民"的"时空"结构所发生的根本性变化。

首先是"时间"结构的改变,即传统西周社会的"世代稳定"的格局,逐渐为春秋时期社会的急速变革所取代。铁器的使用与土地私有制的出现,以及随之而来的税制改革,在实际上导致了国家对私有财产权的确认,其中也就包括郑国子产实施的"作封恤"与"作丘赋"的改革。[42] 中国社会逐步进入了一个"废井田、开阡陌"、"废封建,立郡县"的社会大变革时期。其次,"空间"结构也发生了巨大的转变,"小国寡民"的状态逐渐为更大范围内的社会共同体所取代。随着兼并战争的展开与私田的开垦,以及农业生产的发展,春秋后期的诸侯国数量大为减少;相应的,诸侯国内部的领土与人口也不断增多。[43] 随之而来的,是内部各地区与各"公室"之间差异的增大与人群异质化程度的提高,一个国家的人民之间也很难再分享完全相近的礼俗与"社会规范"。这样一种时空结构的改变,对于春秋时期的"司法"产生了深远的影响;无论是案件的"事实"还是法律的"规范",都较之西周时期出现了显著的变化,从而也导致"议事以制"的司法制度在新的历史条件下呈现出诸多的弊端。

---

[41] (周)左丘明传、(晋)杜预注、(唐)孔颖达等正义:《春秋左传正义》(下),于振波等整理,北京大学出版社1999年版,第1229页。

[42] 子产执政后,首先"作封恤",重新划分田界,明确各家的土地所有权;五年后,又"作丘赋",向土地所有者征收军赋,进一步肯定了土地私有权的合法性。参见张国华:《中国法律思想史新编》,北京大学出版社1998年版,第40—41页;童书业:《春秋左传研究》,上海人民出版社1980年版,第340页。

[43] 春秋初年诸侯国约一百四十余国,到春秋中叶以后,只剩下十余个大国。除晋、楚、齐、秦四国大肆兼并之外,鲁、卫、宋、郑、吴、越等也陆续对外兼并而扩大势力。这些诸侯国"始封于天下之时,其土地之方,未至有数百里也;人徒之众,未至有数十万人也。以攻战之故,土之博,至有数千里也;人徒之众,至有数百万人"(《左传·成公八年》)。关于春秋诸侯国领土的扩张与人口的增多,亦参见顾德融、朱胜龙主编:《春秋史》,上海人民出版社2001年版,第256—257页。

具体而言,首先,这一时空结构的改变,使得春秋时期司法案件的"事实"日趋复杂,以至于司法官员已经无法依靠参照社会"自生性"规范来保证司法的效率与公正。一方面,急剧的社会变革导致了传统礼治秩序的危机(所谓"礼崩乐坏"),也造成了案件类型的复杂化与"新型"疑难案件的层出不穷。[44]而这就使得春秋时代的"法官"难以依靠以往的经验对案件"事实"进行甄别与处理,而必须花费更多的信息费用。另一方面,共同体的扩大与陌生化程度的加深,也使得法官对案件事实的获取较之小型邦国更为困难,不得不耗费更多的资源用于事实的调查与信息的获取。总之,两方面因素的共同作用,都使得春秋时期法官处理事实的信息成本急剧膨胀,并造成案件"事实"的愈发模糊不清。如此一来,依据"未阐明"的社会规范对案件进行裁决的"议事以制",不仅无法有效地回应"司法"成本的激增,同时,也大大增加了法官在案件审理过程中任意裁减事实与滥用裁量权的可能。

其次,更重要的是,这一时空结构的改变,也使得裁判规范无法继续依靠"语言"这一信息载体,来维持"规范"自身的稳定与统一。原因之一,是由于不成文的"社会规范"大多依靠"语言"的口耳相传,它的形成与传播都是一个极其缓慢的过程[45];因此,面对社会的急速变迁,社会的自生性规范往往难以在短时间内完成"断裂性调整",从而使得"社会规范"面对社会的急速变革出现了严重的"滞后",无法为大量出现的"新型"案件提供司法裁量的依据。其二,如前所述,语言的理解必须以相同的社会经验为基础[46],当在小型邦国中适用的"社会规范"进入到一个地域更为广大、人口更为异质的国家中时,由于不同地区的司法官员的知识与经验各不相同,也必然对以"语言"为载体的裁判规范产生理解上的差异与分歧。甚至由于社会异质化程度带来的利益冲突,还可能导致这种"非成文法"由于人为的因素被有意的"曲解"。[47] 总之,这些因素在很大程度上导致了裁判规范在信息传递过程中的"滞后"与"变形",使得原

---

〔44〕 一个突出的例证就是由于私有制的确立与剩余财富的增加,秘密或强行侵占他人私产的犯罪行为急速增多,以至于春秋末期出现了"盗贼公行"的局面。依据《左传》中的记载,春秋末期,"郑国多盗,取人于萑苻之泽"(《左传·昭公二十年》)、"小人怀璧,不可以越乡"(《左传·襄公十五年》);关于"盗贼公行",亦可参见童书业:《春秋史》,中华书局2006年版,第242页。

〔45〕 "社会规范的形成与传播是一个缓慢的过程,而法律的形成和普及速度则比较快,容易立竿见影"。张维迎:"法律与社会规范",载张维迎:《信息、信任与法律》,生活·读书·新知三联书店出版社2007年版,第52页。

〔46〕 参见费孝通:《乡土中国》,上海人民出版社2006年版,第13页。

〔47〕 甚至仅仅依靠文字仍然不能解决这一问题。这亦是子产"铸刑书于鼎",而非"刻刑书于竹"的原因。木牍与竹简的材质,使得"竹木之法"依然难以完全避免传抄中的"笔误"与人为的"篡改"。实际上,中国即使在秦汉之后,依然大量地将文字刻于金石,很大程度上即是为了防止有意的改篡。如东汉"熹平石经"的刊刻,即是为了解决"今古文之争"中出现的"私贿兰台令史,偷改漆书经文"的问题,为儒学经典提供一部评定正误的标准本。参见肖东发主编:《中国编辑出版史》,辽海出版社2002年版,第116页。

本相对确定的规范日益丧失了稳定性与准确性,这无疑都增大了法官因"误解"或"歪曲"司法裁判规范,而导致裁量权滥用与司法不公的可能,甚至于出现"上下其手,出入人罪"的危险局面。

通过上述分析,我们已经不难理解春秋时代的"司法",何以出现"断狱不平、轻重失中"的原因:有如前述,产生于西周"世代稳定"与"小国寡民"之中的"议事以制"的司法制度,更多地依赖于社会的自生性规范与法官的自由裁量;并且,由于案件事实与法律规范的清晰,又在很大程度上保证了司法的公正如一。但随着春秋以来社会变革的加速与共同体的扩大,不仅法官面对的案件"事实"往往难以查清,而且裁判"规范"的本身也变得模糊不清,从而在很大程度上导致了法官的权力滥用与司法不公的大量增多。在这个意义上,"议事以制,不为刑辟"的传统逐渐失去了历史语境中的合理性。

如此一来,我们也重新理解了子产之所以选择以"铸刑书"的方式来达到"救世"的深刻意涵:在子产看来,既然"断狱不平"、"轻重失中"的产生正来源于法律"规范"与案件"事实"的日趋模糊,以及由此造成的司法裁量权滥用的难题,那么,解决这一困局最直接也或许是最有效的方式,就是将"未阐明"的"不成文"规则代之以"阐明"的"成文"规则:一方面,由于"明确"的规则对于信息费用的节省,裁判规范的"阐明",就可以在很大程度上减少事实认定所需的信息成本,并最大限度地缩减法官的裁量空间。另一方面,由于"文字"在信息传递上的"迅速"与"稳定"的优势,不仅可以在较短的时间内完成法律的"断裂性调整",保证法律规范与时代需求的衔接;同时,还可以尽可能地保证法律规范的传递在更大空间范围内的确定与统一。

在这个意义上,我们也重新理解了哈耶克、波斯纳等西方学者对于"法律规则"的一系列分析,理解了"规则使信息更为经济"与"规则的主要长处在于限制官员的裁量权"等诸多命题的深刻意涵[48];所谓的"铸刑书",不正是一种通过规则的"阐明"达到节省信息费用与限制司法裁量的直接手段么?同时,我们也重新理解了费孝通先生关于语言与文字的社会学分析,理解了"文字的发生是在传情达意的过程中受到了空间和时间阻隔的情景里"的深刻意涵[49]。换言之,子产时代的"语言之法"所面临的难题,不正是由语言的"信息传递"在春秋末世的社会变迁中所遇到的"空间"与"时间"的阻隔所带来的么?这不正是费孝通先生所阐述的"文字的发生"的历史情景么?或许,春秋时代的子产

---

〔48〕 参见波斯纳:《法理学问题》,苏力译,中国政法大学出版社 2002 年版,第 57—60 页。
〔49〕 参见费孝通:《乡土中国》,上海人民出版社 2006 年版,第 15 页。

已经意识到了这一重大的理论问题,尽管这种认识还远非自觉。[50]

四、"争心"的背后——重新理解叔向的反对

在重"新"理解了子产之所以"铸刑书"的原因之后,我们再次回到叔向,回到叔向反对子产"铸刑书"的理由二,即本文所谓的"基于后果的理由":"惧民之有争心也"。如果说前一种理由中还较多地凝聚了西周以来的政治家与法律家的智慧,那么,叔向对所谓"争心"的分析,则更为集中地展示了叔向本人对于春秋时代的法律与社会的深刻洞察。

除了在书信的一开始指出了"惧民之有争心"的原因之外,叔向在文中还具体地阐述了"刑辟"与"争心"的关系,以及预测了"争心"所可能导致的严重后果:

> 民知有辟,则不忌于上,并有争心,以征于书,而徼幸以成之,弗可为矣……[51]

> 民知争端矣,将弃礼而征于书。锥刀之末,将尽争之。乱狱滋丰,贿赂并行,终子之世,郑其败乎?[52]

那么,何谓"争心"?为什么子产的"铸刑书"会产生所谓的"争心"呢?

一种传统的解释认为,"争心"即指由于严格成文规则的颁布,使得老百姓都通晓了法律(所谓"民知有辟"),因此,当司法官吏枉法裁判之时,人民即可以"据理抗争",以维护"民众的基本人权"[53],并以此对抗奴隶制贵族的"独断专行,擅作威服"。这当然可以成为一种解释,但我依然对这种解释感到不满足。且不说由于当时的教育水平,多少"老百姓"可能将这些条文作为捍卫自身权利的武器;这种解释本身也无法在叔向本人的语境中获得自洽,至少我们

---

[50] 相比之下,唐人孔颖达似乎更为自觉地认识到了共同体的扩大对法律形态的制约。在本篇正义的最后,孔氏明确地从"小国"与"大国"所面临的不同条件出发,对子产及后世公布成文法的原因作出了语境化的解读。在他看来,根本的原因在于"古者分地建国,作邑命家",大夫"皆知国为我土,众实我民,自有爱吝之心,不生残贼之意";而此后的国家,"疆域阔远,户口滋多",使得部分官吏渐渐失去了爱民之心,"喜怒无常,爱憎改竟"。因此,才不得不制定并公布成文法,以"作法以齐之,宣众以令之"。参见(周)左丘明传、(晋)杜预注、(唐)孔颖达等正义:《春秋左传正义》(下),于振波等整理,北京大学出版社 1999 年版,第 1229 页。当然,孔颖达更多只是提供了一种论证的思路,至于其讨论的司法与"爱民"的关系,与本文的进路并不完全一致。

[51] (周)左丘明传、(晋)杜预注、(唐)孔颖达等正义:《春秋左传正义》(下),同上注,第 1227 页。

[52] 同上注,第 1228 页。

[53] 如有的学者指出,所谓"惧民之有争心",是统治者"担心百姓知道法律内容后,萌生据理抗争之心,如今将刑书铸造于刑鼎之上,使百姓了解法律内容,他们就不再畏惧统治者,发生纠纷或犯罪,他们也会以刑书为依据争辩,而不再盲目听从处罚"。参见张晋藩主编:《中国法制史》,高等教育出版社 2003 年版,第 52—53 页;或参见黄广进:"再论子产铸刑书事件",载《西南民族大学学报》2005 年第 4 期。

无法理解老百姓的"据法力争",何以会导致"弃礼而征于书"以及"乱狱滋丰、贿赂并行"的局面。因此,我们有必要在这种传统解释之外,寻求在叔向的语境下更为合理与自洽的理解。

换言之,在本文看来,所谓的"争心",同样包含了叔向对于"铸刑书"所可能带来的诸多社会后果的思考与忧虑,因此,也同样可能蕴藏了对于如何构建转型社会中的法治秩序的学理启示。尽管子产"铸刑书"的目的,在于通过法律规则的"阐明"与"文字化",来革除司法"断狱不平"、"轻重失中"的弊端;但这一做法,在叔向的眼中,却只不过是一种"扬汤止沸",而无法从根本上解决现有的问题,其中可能隐藏的问题有两点:首先,规则的"阐明"与文字化,虽然缓解了传统"议事以制"在转型社会中所可能带来的经济上的效率不足,或是在一定程度上限制了法官的裁量空间,但社会转型所导致的"新型"案件的出现与事实获取的困难,却并不会因为规则的"阐明"而完全消除。因此,司法官员所面对的案件"事实"模糊的难题,在实践中依然存在。

其次,更重要的是,法律规则的"阐明"与"文字化",以及由此所带来的"公开化",同样无法从根本上保证转型社会中法律规范的确定与统一。尽管"文字化"的规则在信息传递的过程中的"迅速"与"稳定",在很大程度上防止了法律信息的"滞后"与"变形";但这同样只是一种理论上的可能。这一初衷良好且理论可行的预想,完全可能在实际的运行中导致一些新的疑难问题的产生。而在叔向看来,"文字化"规则所引发的首要问题,或许就是"民之争心"的产生。仅仅依靠规则的"阐明"与颁布,不仅无法完全消除法律在时空传播中的"滞后"与"变形",反而可能进一步诱发国民之间"争心"的产生,从而导致更为严重的权力滥用与司法不公,以至于出现所谓"乱狱滋丰、贿赂并行"的危急局面。

因此,在叔向的语境中,对所谓"争心"至少还可能有另外两种不同的解释。首先的一种解释来源于时间的维度,将"民之争心"视作国民之间为了争夺不法利益而出现的"机会性违法"行为。这一解说不仅来自于叔向的言辞,也很大程度上来自于孔颖达的《正义》,即认为法律规则的"阐明"同样无法预测变革社会中可能出现的"新型"案件,因而依然无法完全解决法律规范相对于社会需求的"滞后"("法之设文有限,民之犯罪无穷。为法立文,不能网罗诸罪"[54]);而"铸刑书"却在实际上剥夺了法官的"司法裁量"与"司法造法"的权力("设令情有可恕,不敢曲法以矜之"[55]),也因此排除了一般的"社会规范"进入到司法的可能,从而可能进一步导致部分国民"机会性违法"("倚公法

---

[54] (周)左丘明传、(晋)杜预注、(唐)孔颖达等正义:《春秋左传正义》(下),于振波等整理,北京大学出版社1999年版,第1227页。

[55] 同上注,第1226页。

以展私情,附轻罪而犯大恶,是无所忌而起争端"[56])的增多。而正是在对这一"争心"担忧的背后,实际上隐含了叔向对于迷信"文字化"规则的"法条主义"所可能带来的诸多弊端的深刻洞察。具体而言,这种"机会性违法"可能来自如下两个方面。

　　一方面,由于转型社会中的社会需求始终处于不断的变动之中,法律一经制定就已经落后于时代,成文规则注定是不完备的[57],"因此,法官就必须不断地决定,这一规则对制定规则时未曾预见的或至少是未作决定的情况是否适用"[58]。如此一来,"文字化"规则的颁行,不仅无法完全解决转型社会中法律规范"滞后"的问题,相反,由于规则的"阐明",极大地限制了"司法"的权限,从而也无法由法官依照"议事以制"的传统,在司法实践中,依据社会的自生性规范,创制新的裁判规范(尽管这种创制相比立法是缓慢的)。这就必然更进一步地加剧,而不是缓解,法律规范"滞后"的问题,造成社会生活中出现的一些新的严重危害社会利益的行为无法依靠国家法律实施惩罚与打击。而在叔向看来,这样一种状况的出现,必然诱发潜在的违法者更多地从事这些"法无明文规定"的"犯罪",以实现个人利益的最大化,从而导致"倚公法以展私情",即"机会型违法 I"的出现。

　　更重要的是,"机会型违法 I"的增多,还可能进一步导致司法状况的持续恶化。"断狱不平"、"轻重失中"的情况不仅难以缓解,甚至可能造成"乱狱滋丰,贿赂并行,终子之世,郑其败乎"的危险局势。因为,尽管从理论上说,较之传统的裁判规则,规则的"阐明"与"文字化",有利于法律的统一与防止司法裁量权的滥用,但这只是一种可能,现实中的司法官吏依然面对着大量超越现行成文规范的案件有待裁决。尽管理论上的司法裁量权已经大大地减少,但"机会性违法"的增多依然会大量地创造出"超越法律"之外的司法裁量权[59];而这种"非法"的裁量权,由于自身缺乏法律上的正当性与缺乏合法的监督,更可能加剧案件审判中的"断狱不平"的局面。此外,由于这种隐蔽的裁量权本身具有的"灰色"性质,也必然导致潜在的"机会性违法"中寻租者的增多与法官

---

[56]　(周)左丘明传、(晋)杜预注、(唐)孔颖达等正义:《春秋左传正义》(下),于振波等整理,北京大学出版社 1999 年版,第 1226 页。

[57]　关于法律的不完备理论,参见卡塔琳娜·皮斯托、许成钢:"不完备法律"(上),汪辉敏译,载吴敬琏主编:《比较》(第 3 辑),中信出版社 2002 年版,第 111—136 页;兰德斯与波斯纳也曾指出:"人类远见的局限、语言的模棱两可以及立法研究的高成本相结合,使得大部分立法只能以一种极度不完备的形式加以颁布,而许多不确定的领域则留给法院解决",See William Landes and Richard Posner, "The independent judicial in an Interest-Gtoup Perspective", 18 *Journal of Law and Economics* 875(1975)。

[58]　波斯纳:《法理学问题》,苏力译,中国政法大学出版社 1992 年版,第 59 页。

[59]　如波斯纳指出的:"为规则支配的活动越是活跃,法官受到的压力就会越大,就要求他们制定特例和特定延伸"。同上注,第 59 页。

贪赃枉法的可能。

另一方面，也许是更重要的，"文字规则"的实施，不仅无法完全解决法律规范"滞后"的问题，甚至还可能进一步诱发转型社会中法律规则的"超前"。任何的社会转型总是一个漫长的过程，在这一过程中，尽管社会生活始终迅疾万变，但处于这一转型期内的人们却依然渴望一种基本稳定的法律秩序。因此，新的"社会规范"的产生又并非是整体性的，即使新的"社会规范"已经产生，但却可能只是局部的，原有的"社会规范"仍然可能在一定范围内继续存在下去。[60] 而子产所主张的这种以"成文规则"的形式出现的"立法"，就很可能与传统的"社会规范"产生某种背离，甚至在一定程度上破坏这个社会中依然有效的传统的社会秩序。

这种"规则超前"的情形的出现，又将引发另一种形式的"机会性违法"，即所谓"附轻罪而犯大恶"的出现。法律规则的"超前"，使得许多原本违反"社会规范"的行为越来越多地不再被视为犯罪（"礼之所恶，非刑之所禁"[61]）；但由于传统的社会秩序并没有完全解体，从而致使一些严重的损害社会秩序的个体得以成功地规避法律的惩罚。而这些违法者一旦长期成功地规避全部或部分的惩罚，这种成功就可能向社会传达一个负面的信号，激励社会中潜在的违法者通过实施触犯较轻刑法的行为，达到谋取个人私利最大化的目的（"附轻罪而犯大恶"），从而诱发"机会性违法 II"的大量增多。

与"机会型违法 I"一样，"机会性违法 II"同样在实践上容易导向加剧郑国的司法危机。因为它不仅导致社会中违法犯罪的总量进一步地增加，并且由于司法官吏本身没有法定的司法裁量权，因此也难以通过裁判对这类犯罪实施有效的惩罚，通过公平司法构建法治秩序的目标也难以实现（所谓"乱狱滋丰"）；甚至"机会性违法"的增多还可能导致违法者非法寻租的增多，由于"机会性"违法者的目的，即在于利用法律的"漏洞"谋求自身利益的最大化，因此更有意愿，也更倾向于在必要的时候对司法官吏实施寻租，从而也可能诱发司法腐败的增多（所谓"贿赂并行"）。

由此可见，叔向对所谓"争心"的担忧，就不再来自于对人民可能的"据法抗争"的恐惧，也并非基于所谓奴隶主贵族的保守立场；相反，他同样站在了时代变迁的立场上，看到了春秋社会的急剧转型对传统的法律制度所带来的强烈冲击。

---

[60] 这一方面是由于新的社会秩序的形成需要时间的内生变量，从而必然是一个缓慢的过程；另一方面，只要传统的习惯性秩序还具有满足社会需求的功能，即使为立法所禁止，也仍然会发生作用。此外，对于处在变革社会中的普通人来说，即使变革可能带来收益，也仍然拒绝过于激烈或整体的变革。参见苏力："现代化视野中的中国法治"，载苏力：《道路通向城市——转型中国的法治》，法律出版社 2004 年版，第 23—27 页。

[61] （周）左丘明传、（晋）杜预注、（唐）孔颖达等正义：《春秋左传正义》（下），于振波等整理，北京大学出版社 1999 年版，第 1229 页。

尽管叔向本人无法对于这些后果作出基于社会科学的推理与测算,但他的担忧中已然包含了丰富的理论意蕴。用现代学术的术语来说,叔向可能已经认识到了"法条主义"的弊端,认为仅仅依靠"规则"的"阐明"与"普及",不仅无法实现法律规范的确定与司法裁判的公正,甚至可能给转型社会的秩序建构带来严重的弊端。在这个意义上,子产的"铸刑书",如果离开了对社会"自生秩序"的维护与尊重,非但"不能及子孙",即便是单纯的"吾以救世",也同样无法实现!

五、另一种"争心"——法律解释的问题

"争心"的含义又不仅限于此。有如前述,所谓"机会性违法"的解释,主要来源于时间的维度;而另一方面,从空间的维度来看,我们或许还可以将叔向所谓的"争心",理解为一种不同意见与观点之间的"争议",或者更准确地说,是普通国民之间就"成文规则"的语义理解与文意解释所产生的"分歧"与"争议"(所谓"锥刀之末,将尽争之"[62])。

换言之,如果说叔向对"机会性违法"的预测,更多地是从时间的维度,指出了"成文规则"的制定在实践中无法完全解决法律规范"滞后"于社会需求的问题;那么,对可能出现的"法律解释之争"的担忧,则实际上进一步论证了,仅仅依靠"成文规则"的颁布与普及(所谓"民知有辟"),同样无法彻底根除法律在空间传播中的"意义模糊",反而可能在一定条件下,进一步导致问题的激化。具体而言,这样一种"争心"的产生来自于如下两个方面的原因。

一个因素来自于"文字化"规则本身的局限;更准确地说,是"文字"的局限。如前所述,以文字为载体的规则之所以取代语言形态的裁判规范,其目的在于减少法律规范在异质程度更高的共同体内传播时可能产生的"信息变形"。因为文字的发生即在于突破"空间的阻隔",使信息在更大范围内准确地传播,这是文字相比之语言的优势;但与语言一样,文字的传情达意同样是不完全的,文字的产生并没有完全解决信息传递的问题,甚至由于文字本身是一种"间接的传递",在一定条件下还可能使得问题进一步的复杂化。[63]

因此,文字的本身仍然无法避免歧义的发生,其意义的确定与语言一样,归

---

[62] 关于"锥刀之末",历史上有两种解释。一种如杜预注为"锥刀末,喻小事";另一种,如杨伯峻的注释:"铸刑书须预先刻字为范,锥刀乃刻字之具。锥刀之末谓刑书之每字每句",参见杨伯峻:《春秋左传注》,中华书局1990年版,第1276页。换言之,前者将"争心"之"争"理解为"纠纷"与"争端",大体相当于本文前述"机会性违法";而后者则理解为对于法条理解的"争议",即为"法律解释之争"。

[63] 正如费孝通先生指出的:"文字所要传达的情意是和当时当地的外局相配合的。你用文字把当时当地的情意记了下来,如果在异时异地去看,所会引起的反应很难尽合于当时当地的圜局中可能引起的反应。文字之成为传情达意的工具常有这个无可补救的缺陷。"费孝通:《乡土中国》,上海人民出版社2006年版,第12页。

根到底依赖于一定的社会观念与实践；甚至，对于许多只可意会的"默会"知识，语言和文字往往无能为力（所谓"书不尽言，言不尽意"，见《周易·系辞上传》）。而"成文规则"的制定，又只能使用这些本身模糊的词语来描述复杂的社会生活，以至于"法律规则频繁地把那些其实没有确定指涉的语词都当作却有所指的语词"[64]。总之，就文字本身而言，只是制定法律的一个别无选择的不完善的工具，在适用过程中，任何"成文规则"都需要进行解释，以将其进一步地确定化。[65] 换言之，子产的"铸刑书"，尽管在一定程度上"突破了空间的阻隔"，维持了"刑书"传播过程中的确定性；但这仅仅是相对的，由于随之而来的对"文字化"规则的进一步解释，问题又远远未能得到解决。

但更重要的原因，来自于"法官"的法律解释权的丧失。在传统的"议事以制"的制度下，"法官"不仅拥有较大的裁量权，同时，也掌握了解释法律的权力。当不成文的裁判规范在适用过程中发生疑义时，都由司法官员"议而后定"，通过对规范的解释明确其意义；甚至在规范与事实出现互不周延的情况下，这种法律解释还可能起到"造法"的功能。[66] 当然，由于这一时期的裁判规范，主要来源于社会的自生性规范，其本身为官员与国民所熟悉，因此，"法律解释"的问题也很少发生。即使发生的话，也往往很少产生重大的争议。[67]

而子产的"铸刑书"，却在很大程度上限制了"法官"解释法律的权力，使得"法官"在司法过程中，只能严格地适用具体的"文字化"规则；即使在"规则"出现漏洞时，法官也无法通过"创造性"的法律解释，对规则进行"变通"与发展，从而最终造成大量个案的裁判结果在"实质"上的不公正。这就必然导致当事人与普通国民对于司法判决的不满与责难；同时，由于成文规则的"普及"（"民知有辟"），这种不满还可能进一步引发普通国民对于规则含义与法律解释的"分歧"与"争议"。而另一方面，由于社会异质化程度的加深，原本高度统一的"社会规范"与"社会共识"也日益碎裂，这都使得有关法律解释的"争议"进一步地加剧，法律的确定性与权威性也更加难以实现。

事实也可能确实如此。尽管限于当时的教育水平，并不是每一个普通国民都可能主动地解释法律，但由于春秋末世"士"阶层的崛起，越来越多的平民知识分子可能参与到对司法判决与法律解释的"议论"之中。一个典型的例证，就是

---

[64] 参见波斯纳：《法理学问题》，苏力译，中国政法大学出版社2002年版，第59页。
[65] 徐国栋：《民法基本原则解释——成文法局限性之克服》，中国政法大学出版社1992年版，第142页。
[66] 法律解释的一个重要功能即是"司法造法"。参见卡佩莱蒂：《比较法视野中的司法程序》，徐昕、王奕译，高鸿钧校，清华大学出版社2005年版，第6页。
[67] 法律解释的确定性同样依赖于社会的"基本共识"，司法中的法律解释更多地是一个判断问题。参见苏力："解释的难题：对几种法律文本解释方法的追问"，载《中国社会科学》1997年第4期。

在子产铸刑书之后不久,郑国的邓析即曾经私作"竹刑";尽管其内容同样无从考证,但在很大程度上即代表了对于子产"刑书"的解释与非难。[68] 同时,随着社会共同体的不断扩大,许多原本小型社区内衍生出的地方性利益与规范之间的矛盾也愈发激烈。因此,一旦社会中出现牵涉利益广泛的疑难案件,或个案不公的判决结果时,基于地方性利益的当事人,都可能努力争取对自己有利的判决与法律解释,甚至有意地"模糊"法律的解释("操两可之说,设无穷之词"[69])。如果这一解释成立的话,那么,在叔向看来,这样一种"法律解释之争"的大量出现,必然导致法律确定性的进一步丧失,以至于出现"乱狱滋丰、贿赂并行"的衰败局面。

在这里,叔向对于"民之争心"的预防,实际上已经隐约地触摸到了法律解释中的"大众话语"与"精英话语"[70],或"普通人解释"与"法律人解释",之间的紧张关系。也即是说,在"惧民之有争心"的背后,很大程度上隐含了对于"法官"法律解释权的丧失所可能带来的诸多弊端的担忧。我们也重新理解了叔向的"议事以制";它同样是在强调"法官"的法律解释对于保证法律确定与统一的重要作用。在这个意义上,我们甚至还可以重新理解英国历史上著名的柯克法官与詹姆斯国王的论争。柯克法官对詹姆斯国王的反对,同样不仅仅是反对王权对于司法的干预,而更多地是强调法律人在法律的解释与适用上的垄断,以防止由于普通人介入法律解释与司法所可能导致的危险。[71] 面对子产的"铸刑书",叔向的反对也似乎具有相同的意味。

但这里仍有疑问。有如前述,依据传统的"议事以制",司法官员的法律解释更多地是建立在社会的自生性规范的基础之上,因此,在很大程度上不同于近代西方基于"技艺理性"的"法律人解释"。[72] 但这恰恰表明了叔向也并非一味地保守。在对于"议事以制"的理解上,他不仅坚持了司法官员对社会自生性规范的考量,同时,还更多地强调了司法官员对于法律解释的垄断。换言之,依据我们上述对于"议事以制"的理解,尽管法官对法律的解释仍然是对一

---

[68] 参见张国华:《中国法律思想史新编》,北京大学出版社1998年版,第44—45页。

[69] 《吕氏春秋·离谓》。关于中国古典的法律解释对于"无穷之辞"的担忧及其影响,可参见季卫东:"法律解释的真谛(下)——探索实用法学的第三条道路",载《中外法学》1999年第1期。

[70] 关于两者的区分,参见刘星:"法律解释中的大众话语与精英话语——法律现代性引出的一个问题",载梁治平主编:《法律解释问题》,法律出版社1998年版,第108—109页。

[71] 长期以来,这一论争往往被理解为"法治"与"专制"的对立,但更为细致的分析却表明,詹姆斯国王实际上诉诸的是"普通人的理性",认为普通人可以依据自己的理性准确地理解法律;而柯克的反驳,则更多地论证了法律人基于长期的实践所拥有的,不同于普通人(而非仅仅是国王)的"技艺理性",进而反对普通人对于法律解释的干预。参见于明:"法律传统、国家形态与法理学谱系——重读柯克法官与詹姆斯国王的故事",载《法制与社会发展》2007年第2期。

[72] 在这一点上,本文不同于秋风对于"议事以制"的理解。在他看来,"在西周时代,判例似乎主要由史官保存和解释,法律的权威主要来自法律家的理性"。参见秋风:"孔子反对铸刑鼎的宪政含义",载秋风:《立宪的技艺》,北京大学出版社2005年版,第324页。

般"社会规范"进行整合的结果,但它一旦作出,又同时具有"独断性"[73],要求排除其他主体的不同解释,以维持法律规则的确定与统一。在这个意义上,叔向的"议事以制",又的确与上述"法律人的解释"具有内在的一致与暗合。

总之,本文对"争心"的另一种理解,也再一次论证了叔向对"铸刑书"的反对与担忧并非仅仅出于对贵族特权的维护或是保守。他同样感到了春秋社会转型对传统法律制度所提出的挑战,并主张有所变革;只是在法律的制定与公布的问题上,他更多地看到了转型社会中的"立法"、"普法"与"释法"的复杂性。尽管叔向本人并没有展开详细的论述,但其论证的思路已经为我们今天的基于社会科学的解说提供了可能。依据这一思路,对于法律确定性的实现,仅仅依靠法律规则的"阐明"与"普及",是远远不够的;相反,片面强调规则的至上,甚至抑制法官解释法律的权力,还可能引发普通国民对于法律解释的"争议",从而导致法律确定性进一步地丧失。因此,面对复杂的社会现实,真正有眼光的"法律人"或"政治家"就应当抛弃"法条万能"的幻想,在制度或"阐明"规则的同时,注重"司法"的作用,强调"法官"对法律进行解释的权威性与创造性,以最大限度地实现法律规则的确定与司法裁判的公正。这或许是叔向的言辞所能给予我们的又一种超越"中西古今"的政治意蕴与深刻启示。

六、结语:意义与反思

通过对"叔向使诒子产书"的文本与语境的分析,本文已经基本展示了这一古典文献所可能具有的法理学,乃至一般社会科学的深刻意涵;也充分表明无论子产的"铸刑书",还是叔向的"议事以制"与"惧民之有争心",都并非传统的"进步"与"保守"那样简单,他们的思想与意涵都不能仅仅在理念上予以理解,而要回归到具体精细的制度层面上来理解。在结语部分,我还将进一步揭示本文的分析所能给予我们的有关中国法律现实的理论意蕴。

自19世纪开始,中国进入到了继春秋战国之后的又一个"礼崩乐坏"的社会转型时期,用李鸿章的话来说,是"数千年未有之大变局"[74]。尽管两场社会变革之间相距两千余年,在性质上也有着根本的不同,但就两者之深刻程度而言,春秋时代的政治法律经验不能不说对当下的现实仍然具有意义。因此,本文对子产与叔向的分析,也将同样有助于我们重新理解当代中国的法律,理解当下转型社会中的"变法"与"法治"。

---

[73] 诠释学的类型可分为"独断型"与"探究型",法官的法律解释属于典型的独断型解释,其目的旨在将独断的知识应用于现实的问题上,而非探究文本的真正意义。参见洪汉鼎:《诠释学》,人民出版社2001年版;或,陈金钊等:《法律解释学》,中国政法大学出版社2006年版。

[74] 李鸿章:"覆议制造轮船未可裁撤折",载梁启超:《李鸿章传》,江西人民出版社2003年版,第54页。

首先,是子产的经验。本文从社会转型的视角来解读子产的铸刑书,可以使我们重新理解近代以来中国的"变法"及其对"立法"的依赖。一个显著的事实是,中国近代以来的法律变革首先是从大规模的立法,甚至于单纯地移植国外制定法开始的,此后的历次变法也大多以一些重要的成文立法为标志。[75] 其间的原因有许多,但子产所谓的"吾以救世也",却在很大程度上揭示了转型社会中制定法的必要性。正如本文所分析的,由于"文字"这一信息传递方式的集中优势,对于一个处于剧烈变动中的转型社会来说,成文法往往能够在较短时间内完成法律的更新,并在最大限度上保证,在一个异质程度不断加深的社会中,人们对法律理解的大致统一。转型社会中的变法者也因此更多地倾向于使用大规模的立法来完成法律的变革,而较少地考虑与关注社会共同体内自生自发的"社会规范"。[76] 不过需要指出的是,尽管这一选择具有理论上的必然性,但不可否认,对制定法过度的依赖,又往往可能导致一种"法条主义"的迷信,认为仅仅依靠法律的制定就可以完成转型社会中的秩序构建。

其次,更重要的,是叔向的言辞所可能带来的启示。它将促使我们更清醒地反思这种"法条主义"的迷信,重新思考成文立法可能的不足,尤其是转型社会中的"立法"与"法治"的复杂关系。有如前述,用当代法理学的概念来说,面对子产的铸刑书,叔向同样是站在社会转型的立场上审视这场"前无古人"的法律变革;只不过相比子产而言,他可能更多地感到了当时喧嚣尘上的"法条主义"的思路所可能隐含的种种弊端,预见到了随之而来的"民之争心"对转型社会中的法治秩序所可能产生的负面效果。而这些由"法条主义"带来的"争心"与弊端,在近代以及当下中国的社会转型中,也同样大量地存在,至今仍然难以得到有效的解决。

比如,"铸刑书"所可能导致的"机会性违法"(所谓"附轻罪而犯大恶"),也同样不可避免地在近现代的中国大量出现。有如前述,中国近代以来的法律变革过多地依赖成文的立法,甚至依赖对于外国法律的移植。而由于这些制定法大多数回应的是国外的或城市的法律需求,这就必然导致制定法的规则与传统中国或乡土中国的"自生秩序"产生尖锐的冲突。其实只要我们回想一下费孝通先生当年提出的那个"打伤奸夫"的经典案例,回想一下"法治秩序的好处未得,而破坏礼治秩序的弊端却已经发生了"[77],这难道不正是叔向所担忧的"机会性违法"在近代中国的现实投影么?而费孝通先生所强调的,"法治秩序

---

[75] 中国近代移植外国法律的过程,可以参见何勤华、李秀清:《外国法与中国法——20世纪中国移植外国法反思》,中国政法大学出版社 2003 年版。

[76] 对于这一问题的反思,可参见苏力:"现代化视野中的中国法治",载苏力:《道路通向城市——转型中国的法治》,法律出版社 2004 年版,第 23—34 页。

[77] 参见费孝通:《乡土中国》,上海人民出版社 2006 年版,第 48 页。

的建立不能单靠制定若干法律条文和设立若干法庭",不正是两千年前的叔向对"法条主义"的怀疑与忧虑的另一种现代表达么？在当代法治话语中,这种"弊端"同样可能被视为另一种"必要的代价";但这并不意味着我们有理由轻视或回避这些问题。而叔向的思路,以及其中可能蕴含的对法官能动性的强调,就仍然可能构成对于当下法治实践的反思与警醒。

此外,本文将叔向对"争心"的担忧,理解为对"法官"法律解释权的维护,也同样具有现实的意义。中国社会的近现代转型,也同时凸显了法律解释的问题。一方面,统一规则与个案事实之间的冲突不断增多,要求法官在适用法律的过程中,针对规则的"漏洞",进行创造性的法律解释,以实现个案裁判的实质公正,从而尽可能减少民众对于司法裁判与法律解释的"争心"。而另一方面,在由计划经济向市场经济转变的过程中,原有"社会共识"的分裂与利益阶层的分化,也使得不同地区与不同阶层的人们,对于法律规则的适用与解释,都可能提出各自不同甚至激烈冲突的主张与诉求。这就需要增强法官对于法律解释的垄断与权威,以消弭可能的"争心",维持法律含义的确定与统一。这样一种启示,或许也构成了我们对于当代中国的"普法型法治"的反思[78],促使我们进一步思考"法律人之治"对于转型中国的秩序建构所具有的特殊意义。

启示还有许多,本文的分析只是初步的。重要的是,我们已经理解了这篇古典文献中所蕴含的对于社会转型中的诸多法理学问题的深刻思考,用现代社会科学的语言将其转化成了可交流的"普遍的信息与共识"[79]。尽管子产与叔向都远远未能给出"完美"的解决,甚至对于这些理论问题的本身可能并没有清醒的认识,但他们切入问题的视角与进路却足以发人深省。同时,这种激烈的冲突与两难,也再一次为我们展现了变革时代中的"司法"与"法治"所面临的矛盾与复杂。无论是子产的"毅然",还是叔向的"担忧",都依然对于当下的中国具有意义。至少,他们所提出的问题依然存在。

(初审编辑:尤陈俊)

---

[78] 对于普法型法治的反思,参见凌斌:"法治的两条道路",载《中外法学》2007年第1期。
[79] 正如费孝通先生所指出的:"我们中国文化里边有许多我们特有的东西,可以解决很多现实问题,疑难问题。现在的问题是我们怎样把这些特点用现代语言更明确地表达出来,让大家懂得,变成一个普遍的信息与共识。"费孝通:"关于'文化自觉'的一些自白",载《学术研究》2003年第7期。

国际货物买卖合同中买方"拒受权"辨析

王 慧[*]

On the Buyer's Right to Reject Goods in the Contract of International Sale of Goods

Wang Hui

内容摘要：对于买方拒受权的规定，既有国内法，也有国际法及国际惯例。本文着重厘清买方拒受权的概念和性质，探讨其成立的条件及在各国法律中所处的地位、该权利行使的方式及后果。建议我国法律至少应涵盖：买方有收取货物的一般义务；当卖方交货与合同不符构成根本违约时，买方有权拒绝接受货物；买方错误地拒绝接受，因而拒绝给付价款的，构成受领迟延，并承担给付迟延责任；拒绝接受后，买方无须返还标的物，但有保管货物的义务，风险视为从未发生转移，也不影响买方行使其他救济措施的权利。

关键词：国际货物买卖　买方接收　买方接受　买方拒受权　解除合同

一、引言

本文标题所称国际货物买卖合同的"国际性"标准，是以《联合国国际货物

---

[*] 北京大学法学院副教授，电子邮箱：wanghuipku@vip.sina.com。

销售合同公约》(United Nations Convention on Contracts for the International Sale of Goods,以下简称"CISG")第1条第1款的规定划分的,即合同主体的当事人的营业地分处不同国家即为国际货物买卖合同。对于本文标题中所称国际货物买卖合同的"货物"一词的含义,CISG虽没有给出明确定义,但在该《公约》第2条中,列举了排除在其适用范围之外的买卖。就一般情况而言,"货物"一词应指有形动产。因此,国际货物买卖合同是指营业地处于不同国家的买卖双方经过磋商,就一笔货物的进出口所达成的卖方以取得货款、买方以取得货物所有权为目的的双务合同。

根据国际私法规则,国际货物买卖合同所适用的法律,可能是有关国家的国内法,也可能是国际公约或国际惯例。对于买方拒受权的规定,在有关国家的国内法以及国际公约和国际惯例中均有规定。由于目前现有的法律渊源对此问题的规定存在差异,导致买方在行使拒受权这一救济措施时发生障碍。国际货物买卖合同适用的准据法不同,结果也各异。本文标题之所以以国际货物买卖合同为视角分析买方的拒受权,是因为本文不仅分析相关的国内法的规定,也分析国际公约和国际惯例的规定。买方能否顺利行使这一权利,取决于合同所应适用的法律。就国际货物买卖统一实体法而言,并没有完成清晰界定买方拒受权的概念和性质的任务,对其成立的条件、当事人行使该权利的方式及行使该权利所产生的后果等方面的问题,国际公约与国际惯例均未很好解决。因此,对现有主要法律渊源进行比较分析,并为完善我国相关规定提出进一步设想,是本文所追求的目的之一。

在国际货物买卖中,经常会发生卖方所交付的货物与合同约定不符或者延迟交货的情况。因此,为了保护买方利益,在国际货物买卖中一般都承认买方在一定条件下享有拒绝接受货物的权利(以下均称为买方的拒受权)。这项权利可以被视为在卖方违反合同时,对买方最有力的和最彻底的补救措施。

对于买方的拒受权,英美法系和大陆法系均有规定,我国《合同法》第148条也出现了这样的条款。[1] 这说明我国《合同法》对标的物质量不符合质量要求,致使不能实现合同目的的,赋予买方享有拒受权和解除合同的权利。

我国法律的这条规定,有着大陆法系法律理论上的物之瑕疵担保责任的特点,也体现了类似于CISG中根本违约制度和《国际商事合同通则》(UNIDROIT Principles for International Commercial Contracts,以下简称"PICC")中的根本不履行的规则。关于大陆法系瑕疵担保责任和违约形态的有关理论和立法,已经有许多著作进行了详尽的阐述。本文着重厘清买方拒受权的概念和性质、探讨

---

[1] 我国《合同法》第148条:"因标的物质量不符合质量要求,致使不能实现合同目的的,买受人可以拒绝接受标的物或者解除合同。买受人拒绝接受标的物或者解除合同的,标的物毁损、灭失的风险由出卖人承担。"

其成立的条件及在各国法律中所处的地位,并对当事人行使该权利的方式及行使该权利所产生的后果等方面的问题一并进行比较研究。由于买方拒受权这一制度在各国法律中的地位不同,对该问题的研究很难采取横向比较方式。因此在论述所涉问题时,本文将采用纵向比较研究方式,对我国法律目前存在的问题及如何完善提出一些看法和建议。

二、买方凭以行使拒受权的依据——以国内法、国际法及国际惯例为视角

在国际货物买卖中,卖方违约的情况很多,如果只允许买方向卖方索赔,买方因时效、卖方免责等情况的出现会导致索赔无果。在一定条件下承认买方享有拒绝接受货物的权利,实属必要。

买方行使拒受权必须符合法律规定。目前,从法律渊源来看,应包括国内法、国际法及国际惯例。它们对此问题的规定各有差异。具体在国内法方面,英美国家及德国各自代表了其所属法系在此问题上的特征,我国台湾法律的规定与德国法相似,我国现行法律规定也有其自身特点。现分别对其进行探讨。

(一) 国内法

1. 英国

英国在总结了几个世纪以来有关货物买卖的司法判例的基础上,制定了 The Sale of Goods Act 1893,经过多次修订,现今生效的是 1979 年的版本(The Sale of Goods Act 1979,以下简称"The Act 1979")。该法为英美法系国家制定各自的买卖法提供了样板。英国议会又通过了 The Sale and Supply of Goods Act 1994,并采纳了 Law Commission 1987 年的建议,对 The Act 1979 进行了若干修改。

The Act 1979 首次出现 reject,是在第 11 条第(3)款中。该条规定在卖方违反条件的情况下,买方可以拒绝接受货物和把合同视为被毁弃(treat the contract as repudiated);在违反担保的情况下则只能要求损害赔偿(damage)。[2]

The Act 1979 在第 35A 条中规定,买方有权部分地拒绝接受货物,但只有在卖方交付的货物与合同不符,构成违反条件时,买方才有权拒绝接受货物。英国货物买卖法把合同条款区分为条件(condition)和担保(warranty),根据该法的规定,诸如所有权、货物描述及货物品质等的默示条款都可以认定为条件。

2. 美国

美国买卖法的成文化始于 Uniform Sales Act (1906),最重要的当属美国

---

[2] The S.11(3) of the Act 1979: "Whether a stipulation in a contract of sale is a condition, the breach of which may give rise to a right to treat the contract as repudiated, or a warranty, the breach of which may give rise to a claim for damages but not to a right to reject the goods and treat the contract as repudiated."

《统一商法典》(Uniform Commercial Code,以下简称"UCC")。它是在吸取了英国 The Sale of Goods Act 1893 的经验教训基础上对美国判例法的总结,也是规定得最为细致和完整的买卖法。UCC 最早正式公布于 1952 年,最近的一次修订是在 1998 年。

UCC 第 2-601 条以及一系列的条款授予了买方"基于货物(goods oriented)"的救济权利:拒绝接受和撤销接受(rejection and revocation of acceptance)货物。UCC 规定了一整套的程序来保证拒绝接受的有效性和正当性(effective and rightful),但是没有对它下定义,只是对接收和接受有定义。规定了如果货物或卖方请求受领的货物在任何方面不符合同,买方可以:(a)拒绝接受(reject)全部货物;或(b)接受(accept)全部货物;或(c)接受货物的任何商业单位的货物[3],拒收其余货物。

在美国法下,无论卖方违约的性质及程度如何,也无论卖方违反的是何种条款,只要违约,买方就可以拒受货物。

3. 德国

《德国民法典》(以下简称"原民法典")中的买卖法篇关于物的瑕疵特别担保责任的规定,随着 2002 年 1 月 1 日《德国债法现代化法》(以下简称"新债法")的生效而发生了巨大的变化。但债法改革前后的条款顺序,除变动部分外,基本上被保留了下来,也就是说,新民法典仍然尽可能地保留了 1900 年德国民法典的风貌。

德国原民法典并未明确规定买方拒受权,但确有相近似的规定。例如在原民法典第 280 条第(2)款规定:"在部分给付不能的情况下,如果部分给付对债权人无意义,债权人可以拒绝尚能履行的部分,而就全部债务的不履行要求损害赔偿。于此准用第 346 条至第 356 条关于合同解除权的规定。"在这里,债务人因过失而致给付一部分不能或者给付延迟,其履行于债权人无利益时,债权人"拒绝受领给付"实际上等于解除合同。

新债法[4]从作为债之关系的典型表现形式的履行不能、履行迟延和积极侵害债权中,提取了它们所共有的本质即"义务违反",并将此概念作为新债法的核心,再通过修改出卖人的给付义务将原来的瑕疵担保责任纳入到此核心概念,从而使德国债法更统一和协调。新债法并没有因为将瑕疵担保责任纳入到

---

[3] 根据美国《统一商法典》第 2-105 条第(6)款的解释,"商业单位"指依据交易惯例就买卖而言为一单一的整体,其分割会极大损害它的特性、市场价值或者使用价值。一商业单位可以是一件单一的物品(如一台机器)、一批物品(如一套家具或者一套不同花色、尺寸的物品)或者一定的数量(如一包、十二打或者一车),也可以是在使用中或者在相关市场上被作为一个单一整体看待的任何其他单位。

[4] 本部分关于《德国民法典》和《德国债法现代化法》法律条文,均引自《德国民法典》,陈卫佐译注,法律出版社 2004 年版。

一般违约法,而完全统一地适用一般违约法的救济方式。如其对于瑕疵担保责任的救济方式,根据新债法第 437 条第 1 项和第 439 条第 1 款的规定,当买方所受领的标的物有瑕疵时,无论是种类物买卖还是特定物买卖,也无论是物的瑕疵还是权利的瑕疵,买方都将享有事后补充履行请求权。就事后补充履行请求权,买方既可以请求排除瑕疵,也可以要求重新交付无瑕疵之物。[5]

4. 我国台湾地区

"台湾民法典"以《德国民法典》为模板,对此做了基本一致的规定。许多条文与修改前《德国民法典》条文无二样。在买卖法上继受了大陆法系的瑕疵担保责任和不完全给付(积极侵害债权)的理论。根据台湾民法典,卖方对于买方有交付标的物和转移所有权的两个主要给付义务("台湾民法典"第 348 条[6])。此外还有瑕疵担保责任,分为权利瑕疵担保(第 349 条到第 353 条)和物之瑕疵担保(第 354 条到第 366 条)。第 226 条规定:"因可归责于债务人之事由,致给付不能者,债权人得请求赔偿损害。前项情形,给付一部不能者,若其他部分之履行,于债权人无利益时,债权人得拒绝该部之给付,请求全部不履行之损害赔偿。"第 232 条规定:"迟延后之给付,于债权人无利益者,债权人得拒绝其给付,并得请求赔偿因不履行而生之损害。"第 256 条有规定:"债权人于有第二百二十六条之情形时,得解除其契约。"因此,在延迟给付和一部给付于债权人无利益时,债权人可以解除契约并拒绝受领。根据台湾法,拒绝受领的条件是标的物存在瑕疵,并且买方依相当方法证明瑕疵存在。理论上,买方拒绝受领"并非因出卖人之给付不合债务本旨,而系因买受人依物之瑕疵担保规定,得拒绝受领有瑕疵之物"[7]。

5. 我国的现行法律规定

我国以往的立法实践是肯定出卖人的瑕疵担保责任的,如在已被废止的《工业产品质量责任条例》、《工矿产品购销合同条例》中确立的质量异议制度,即显示了我国立法曾经实践过大陆法系的瑕疵担保责任。在《合同法》颁布之前,不乏有学者呼吁建立和完善我国的瑕疵担保制度。[8] 但是,在我国《合同法》颁布以后,出卖人的瑕疵担保责任是否还独立存在,理论界则有不同的说法。第一种观点认为,《合同法》仍然规定了物的瑕疵担保责任,并将该法第

---

[5] 根据原《德国民法典》第 480 条,其规定与台湾法一样,对于种类物买卖中,买方有请求交付替代物的权利;对于特定物只有解除合同和减价的权利。
[6] 如未明确说明,本段所引用条文皆为"台湾民法典"。
[7] 详见黄茂荣:《买卖法》(增订版),中国政法大学出版社 2002 年版,第 259 页。
[8] 参见梁慧星:"论出卖人的瑕疵担保责任",载梁慧星:《民法学说判例与立法研究》,法律出版社 2003 年版,第 145—176 页。

153条、第155条的规定作为物的瑕疵担保责任的法律依据[9];第二种观点也认为《合同法》规定了物的瑕疵担保责任制度,但由于《合同法》已经采用无过错责任的归责原则,因而瑕疵担保责任与违约责任构成责任竞合[10];第三种观点认为,《合同法》排斥了瑕疵担保责任制度,我国《合同法》在起草过程中,曾就是否应借鉴大陆法系的瑕疵担保责任制度展开过认真讨论,但立法者最终排斥了瑕疵担保责任,而借鉴了英美法和有关国际公约的经验,采纳了统一的不适当履行制度,因而认为瑕疵担保责任已由不适当履行责任所代替。[11]

买方拒绝接受权规定在《合同法》第148条中,该条主要是关于标的物瑕疵担保责任及风险承担的规定。在我国,拒绝接受只是在质量有问题时才适用,没有规定在其他情形下是否适用。拒绝接受的前提是货物质量有问题致使不能达到合同目的,应该说在148条下买方行使拒受权的条件非常严格。

尽管我国《合同法》第71条和第72条也有关于拒绝权的内容[12],但我认为其涉及的拒绝权与本文所讲的买方拒受权存在一定区别。原因在于:

(1)买方拒受权的行使与卖方根本违约相联系。买方拒受权的行使一般包括三种情况:第一,卖方不完全履行,即货物质量不合格导致买方丧失根据合同有权期待得到的利益;第二,卖方部分履行,即货物质量合格,但是由于分批交货导致买方不能一次性整体地得到互相依存的货物,从而使其合同目的落空;第三,卖方延期交货,即由于卖方延期交货从而使合同特定目的落空。在这些情况下,买方才可以行使拒受权这一最严厉的救济手段,进而解除合同。

《合同法》第72条规定过于笼统,似乎与上述三种情况中的第二种有关。但是我们进一步分析发现,第72条的规定没有把买方拒绝权行使的条件限定为由于卖方的部分履行导致买方合同利益落空。在第72条规定下,买方拒绝权行使的条件应该有两种情况,一种是卖方部分履行行为并不严重,并未使买方丧失对合同的期待利益,这种情况下的买方拒绝权,依照合同法原理应该是一种抗辩权,行使的结果仅仅使买方的价款给付义务发生迟延的效果,并不必然导致合同解除。"部分履行制度中的债权人拒绝权,其主要的功能在于保护

---

[9] 参见隋彭生:《合同法要义》,中国政法大学出版社2003年版,第416页;龙翼飞主编:《新编合同法》,中国人民大学出版社1999年版,第179页;孔祥俊:《合同法教程》,中国人民公安大学出版社2000年版,第566页。

[10] 参见崔建远主编:《合同法》(修订本),法律出版社2000年版,第356页。

[11] 参见王利明:《违约责任论》(修订版),中国政法大学出版社2002年版,第216页。

[12] 我国《合同法》第71条规定:"债权人可以拒绝债务人提前履行债务,但提前履行不损害债权人利益的除外。债务人提前履行债务给债权人增加的费用,由债务人负担。"第72条规定:"债权人可以拒绝债务人部分履行债务,但部分履行不损害债权人利益的除外。债务人部分履行债务给债权人增加的费用,由债务人负担。"

债权人在拒绝受领债务人提出的不完整的履行的时候,不陷于迟延。"[13]另一种情况是卖方的部分履行行为后果十分严重,以至于买方丧失对于合同的期待利益,这时买方的拒绝权才应该包含在本文所讲的买方拒受权的内容里。

(2)根据《合同法》第71条规定,卖方提前交货不会导致买方合同落空。如果卖方提供的货物是符合法定的或者约定的质量和数量要求,履行方式也没有瑕疵,只是履行期限上提前履行,不会导致买方依据合同的利益全部丧失。卖方提前履行也可能会给买方带来便利或者利益。根据第71条,如果卖方提前履行给买方带来了不便甚至损害买方的利益的,买方可以拒绝卖方的提前履行。卖方提前履行债务不损害买方利益的,买方应当接受卖方的履行。可见,《合同法》第71条规定的买方拒绝权应该是一种延期抗辩权,而并非本文所讲的导致合同解除、交易归于无效的买方拒受权。

(3)《合同法》第71条和第72条难以对"拒绝"的含义加以具体规定。《合同法》第71条和第72条涉及的主体是"债权人"和"债务人",他们既包括国际货物买卖合同的买方,也包括国际货物买卖合同的卖方。这两条表述的是买方拒绝卖方,抑或是卖方拒绝买方?是买方拒绝接收货物,抑或是拒绝接受货物?作为在《合同法》总则中起统领作用的这两个法条,很难对买方拒受权加以具体规定。

因此,《合同法》第71条和第72条所表述的拒绝权基本是一种抗辩权,并不是本文所关注的导致合同解除的买方拒受权。

(二)国际条约

《联合国国际货物销售合同公约》(CISG)作为调整国际货物买卖合同关系的统一实体法,是在调和各国国内法之间的差异基础之上达成的一致。CISG强调一般原则,具有较高的抽象性。

CISG并没有采用英美法系中的接受和拒受的模式,而采用了合同成立和宣告合同无效的模式,并且还采用了根本违约作为衡量标准。尽管在CISG中偶尔出现了接受和拒受的踪迹,但并没有发现"接受"或者"拒绝接受"的概念,而是尽可能使用综述性和概括性的语言来说明。

CISG有意避免使用现存各不同法律体系的专门术语,应该说这是一个明智的决定,避免混淆不同法系下对此权利的规定。

CISG对于卖方交货与合同不符时,允许买方使用的主要救济手段是要求实际履行和宣告合同无效以及买卖双方均可采取的要求损害赔偿等措施。CISG在买方的救济手段上吸收了大陆法系的减价、修补和交付替代物的方法,

---

[13] 薛军:"部分履行的法律问题研究——《合同法》第72条的法解释论",载《中国法学》2007年第2期。

只是在具体规定上略有不同,体现了其折中和实用的特点。

（三）国际惯例

罗马国际统一私法协会制定的《国际商事合同通则》(PICC)旨在推动国际合同法的统一。它是对国际商事合同一般规则的原则性的规定,最新的版本为2004年修订版。

PICC着眼于所有的商事合同,比CISG有着更广泛的调整范围,针对买卖合同中的质量担保没有述及。但值得注意的是,PICC在起草的过程中同样面对大陆法系和英美法系的鸿沟。由于PICC着眼于一般的合同法,而拒绝接受的权利多见于买卖法,因此,PICC没有直接规定买方的拒受权,只是在对一般合同双方的规定中,发现对于拒绝接受的行使情形,可以在PICC第6.1.3条对部分履行(Partial performance)和PICC第6.1.5条对提前履行(Earlier performance)作出的规定中,发现其踪迹。

三、买方拒受权的概念及定性分析

（一）买方拒受权的概念

买方拒受权,英文表述是rejection。对于这一概念,用一句完整的定义加以概括,并非易事。在任何一个制定法中均看不到较完整的定义。我仔细查阅了英国的一些教科书[14],也难找到确定的定义,能够看到的也只是判例法中法官们对它的理解。由于各国法律规定不同,对这一制度的表述用语也不同。在英美法中,没有形成很严格的拒绝接受的概念。英国长期区分普通法、衡平法和制定法,因此三者在调整范围上以及使用的词语上对此均有区别。

The Act 1979 首次出现reject,是在第11条第(3)款中,即如果违反条件条款(condition),合同将被视为废除。在英国法下,一般认为拒受权(rejection)是买方的一种救济方式,它的作用在于,买方通过行使此项权利表示不接受卖方货物,解除自己的义务,或者作为对价的全部丧失而要回已付的货款。拒绝接受并不等于合同终止。当买方直接终止合同时,拒绝接受则被包括进去,此时拒绝接受成了一种事实的描述,并不具有特殊的法律意义。我们也可以用更简洁的方式将英国法下买方的拒受权表述为:卖方交付与合同不符构成对条件的违反时,买方在接收单据或者接收货物后经过检验,在一段合理时间内拒绝接受货物,并停止支付价款或者要求归还已付价款的权利。

---

[14] See M. P. Furmston, G. C. Cheshire, and C. H. S. Fifoot, *Cheshire, Fifoot & Furmston's Law of Contract*, London: Butterworths, 1996; A. G. Guest and Judah Philip Benjamin, *Benjamin's Sale of Goods*, London: Sweet & Maxwell, 2002; Michael Bridge, *The International Sale of Goods: Law and Practice*, Oxford; New York: Oxford University Press, 1999; Joseph Chitty, *Chitty On Contracts: General Principles*, Volume I, London: Sweet & Maxwell, 1994.

在美国法下,这一概念要明确得多。在 UCC 中,有很多条文专门对法律术语作界定,并且在正式评论中也给予了进一步解释,但其解释比较随意。美国法下的接受制度的概念,比英国法的规定明晰很多,但也仅仅限于对接收和接受的定义。

UCC 第 2-103 条认为,"接收"货物是指取得对货物的实际占有。[15] 正式评论中还特别强调,无论合同是否要求交付所有权凭证以替代货物的实际交付,"接收"货物必须与交付货物予以区分,涉及因装运货物而产生的问题时,尤其应作此种区分,因为即使买方可能从未"收到"过货物,卖方也常常可能履行了其"交货"义务。

UCC 第 2-607 条规定了"接受"的法律后果,即(1)买方必须就已接受的货物付款;(2)丧失拒绝接受的权利;(3)开始计算追究卖方违约时效;(4)证明卖方违约的责任转移到买方。根据 UCC 第 2-606 条的正式评论,对"接受"的进一步解释是:依据本编,适用于货物的"接受",是指买方按照合同规定,将已经划拨到合同项下的具体货物作为自己的货物而收取,无论他是否有义务收取,也不论其收取是否以言辞、行为,还是(当需要用语言表明时却)以沉默来表示。如果货物符合合同,则买方的接受只相当于履行了其部分法律义务。[16]

在被引用最多的由 James J. White 和 Robert S. Summers 编写的美国法学教材中,是这样解释拒绝接受的:"很奇怪,UCC 没有对拒绝接受下定义……简单一点讲,拒绝接受是买方拒绝收下已经交付的货物并告诉卖方以后也不打算收下它。撤销接受是买方与拒绝接受相似,也是对货物拒绝收下,但是它发生在交易中更晚一点的时间。"[17]

对于拒受权在我国法律中的概念,在全国人大法工委所编的《中华人民共

---

[15] The Art. 2-103 "Definitions and Index of Definitions" of the UCC: "(c) 'Receipt' of goods means taking physical possession of them." UCC 第 2-401 条 "Passing of Title": "本编关于卖方、买方、购买人或其他第三人的权利、义务和救济的每一项规定,在适用时均不考虑货物所有权,但该项提及所有权的除外。也就是说,买方是否 'accept' 货物与所有权是否转移到买方没有关系。"("Note first that whether the buyer has" accepted "the goods is unrelated to the question whether title has passed from seller to buyer.")

[16] UCC 第 2-606 条的正式评述之第 2 点:"依据本编,对货物的接受总是对已划拨到合同项下或者由合同划拨的特定化的货物的接受。除一般的接受之外,本编没有关于'对所有权的接受'的规定,因为在本编中对所有权的接受对于当事方具体的权利义务并无实质性意义。考虑到本编某些条文的规定,过去的旧法中对那种对接受货物与接受所有权的精细划分实无维持的必要。"

[17] James J. White and Robert S. Summers, *Uniform Commercial Code*, St. Paul, Minn.: West Group, 1995, p.345.

和国合同法释义》[18]中,对第148条的解释是:"该条是参考UCC作出的规定,UCC规定了出卖人违约与买受人风险承担的关系。如果出卖人所交付的货物不符合合同约定,足以使买受人有权拒收货物时,则在出卖人消除了货物的缺陷,或者在买受人接受货物以前,货物的风险仍由出卖人承担。"这里的"接受",指的是买受人对货物的认可。可以说,中国法下的"拒绝接受",只是一种买受人对货物的不认可,至于卖方应承担怎样的责任以及合同在此情况下的效力状态如何,则均未提及。

综上分析,我们也可以得出一个具有一般意义上的买方拒受权的概念,即在国际货物买卖合同的履行过程中,如卖方所交付的货物或单据与合同不符,买方可以拒绝接受卖方交付的货物或单据,从而拒绝支付货款。买方的拒绝接受,包括拒绝接受货物,也包括拒绝接受单据。买方有效行使拒受权后,货物的风险和所有权仍属于卖方。

(二) 买方拒受权的定性

买方的拒受权究竟属何性质,关系到如何构架该项制度及如何让其在国际贸易的交易中发挥其特有功能。纵观有关国家立法及有些学者的观点,对拒受权的定性有三种:

1. 买方的拒受权是买方解除合同的一种方式

如前文所述,The Act 1979首次出现reject是在第11条第(3)款。英国早期的著作是将rejection(拒绝接受)、rescission(合同解除)和repudiation(毁弃)混为一谈。在英国判例法中,对拒受权的理解经历了一个过程。早先的著作和判例中,把买方拒受权等同于合同撤销。如在 *Kwei Tek Chao v. British Traders and Shippers Ltd.* 一案中[19],Devlin J法官将买方的拒受权作为"只是合同解除的一种特殊的形式"(merely a particular form of the right to rescind)。P. S. 阿蒂亚在其著作中认为,"在买卖合同中,人们一般用拒绝接受货物,而不是用合同解除,尽管他们两者结果一样"[20]。在其所著 *The Sale of Goods* 一书第6版中,没有区分买方将合同视为毁弃和拒绝接受货物的权利,只是笼统地说这是买方最为首要和重要的救济权利。[21] 巧合的是,我国学者沈达明教授也认为:"具

---

[18] 全国人大法工委研究室编写组:《中华人民共和国合同法释义》,人民法院出版社1999年版,第242页。作为合同法起草的具体负责单位的全国人大常委会法制工作委员会民法室在其编辑出版的《〈中华人民共和国合同法〉与国内外有关合同规定条文对照》中对于第148条却没有给出对照的条文。

[19] *Kwei Tek Chao v. British Traders and Shippers Ltd.*, 2 Q. B. 459 (1954).

[20] P. S. Atiyah, *An Introduction to The Law of Contract*, Oxford: Clarendon Press, 1981, p. 294.

[21] See P. S. Atiyah, *The Sale of Goods*, London: Pitman Pub., 1980, p. 337. ("The buyer's first and primary remedy for a breach of contract by seller is to repudiate the contract of sale and reject the goods.")

体的合同有它固定的用语,例如说,买卖合同的买方拒受(rejection)货物,实际上往往是指称它抛弃(repudiate)合同。"[22]冯大同教授也认为拒受货物事实上是等同于"终止"、"取消"合同。[23]

2. 买方的拒受权是一种独立的违约救济权

根据UCC第2-601条的规定,拒受权是买方的一种违约救济方式,与英国货物买卖法不同的是,买方拒受后并不必然导致合同的解除。UCC对拒绝接受规定了比较清晰和明确的条件及法律后果。在合同解除的用词上,UCC试图依据不同的情况对相关词语进行区分。Rescission是指通过双方协议的方式解除合同。Termination是指根据前述协议所授予的合同解除权而解除合同。Cancellation则是指由于合同对方的违约而终止合同。根据UCC第2-711条的规定,如果买方正当拒受或正当撤销接受,买方可就任何所涉及的货物解除合同。如果违约涉及整个合同(UCC第2-612条关于分批交货的规定),买方可就全部货物解除合同。该条规定不论买方是否已解除合同,买方除了可以收回已支付的价款外,还可以取得未能交付的损害赔偿。

由此看见,美国法认为买方拒绝接受货物与买方解除合同有所区分。买方解除合同相当于使合同结束,并保留对卖方违约救济的权利。即使在买方拒受或撤回接受以后,合同并不自然解除,买方仍然可能有权要求卖方交付替代物,卖方也能进行补救。

前面谈到,英国早期的著作也是将rejection(拒绝接受)、rescission(合同解除)和repudiation(毁弃)混为一谈的。但在后来的英国买卖法中,改变了这种情况。现代英国买卖法中则将rejection和种种的合同解除区别开来。阿蒂亚在 The Sale of Goods 一书第10版中,反复强调拒绝接受的权利与毁弃合同的权利是分开的(the right to reject is separate from the right to repudiate the contract),认为在产生拒绝接受的权利时,甚至在已经行使了拒绝接受权的情况下,不是必须使合同终止(put an end to the contract)。[24] 尽管拒绝接受常常会牵涉合同的毁弃(involve repudiation of the contract),但是它们绝对不会是同一种救济权利。[25] Michael Bridge 也认为,尽管合同的终止(termination)必然伴有拒绝接受,但并不必然是这样一种逻辑:买方被授予拒绝接受货物,意味着已经终止合同或者赋予买方终止合同的权利。当考虑补救的原则(the principle of cure)时,rejection 和 termination 之间重要的差别就会显现(the significance of

---

[22] 沈达明编著:《英美合同法引论》,对外贸易教育出版社1993年版,第274页。
[23] 参见冯大同主编:《国际货物买卖法》,对外贸易教育出版社1993年版,第171页。
[24] See P. S. Atiyah, *The Sale of Goods*, New York: Longman/Pearson Education, 2001, p. 501.
[25] Id., p. 502.

this gap will become apparent)。[26]

3. 买方的拒受权是一种复合的违约救济方式

拒受权的这一特性,突出体现在 CISG 中。

为了阐明这一特性,应首先澄清接收和接受两个概念的区别。首先肯定的是接收货物和接受货物是完全不同的。根据 UCC 第 2-103 第(1)款第 3 项的规定,接收货物(receipt of goods 也可以译为收取货物)是指买方实际取得对货物的占有。CISG 将接收货物作为买方收取货物义务(take delivery of goods)之一[27];接受货物(acceptance of goods),则通常是指在买方已支付货款的情况下,货物所有权已经转移买方,合同已经履行完毕的行为。两者各有其特定的含义和不同的概念。卖方交货以后并不解除自己的责任,尽管在不同的国际贸易术语下,风险转移的地点不一样,但国际贸易惯例习惯地认为,买方在收到货物后,有复验权,经过买方复验,才能表示对货物的接受和拒受,因此买卖双方交接货物,一般要经过交货(delivery)、检验(inspection)、接受(acceptance)和拒受(rejection)的过程。

CISG 没有明确采用拒受权的概念,之所以如此,是为了避免与其所持的立场相矛盾。因为 CISG 第 4 条明确规定不涉及所有权问题。但我们看到 CISG 仍使用了类似的词语,或者说包含了拒受的制度。

根据 CISG 的规定,买方可以在不同情况下拒绝接受货物:(1)当买方根据 CISG 第 25、26 和 49 条宣告合同无效时,可以拒受(reject)这些货物。根据 CISG 第 81 条第(2)款的规定,相同的结果同样也可以发生在买方已收到货物的情况下而宣告合同无效。(2)在 CISG 第 46 条第(2)款下,当货物不符合合同构成根本违约时,买方可以要求交付替代物,这种救济方式包含拒受和返还起初的交付。(3)根据 CISG 第 51 条,对于部分货物也可以适用上述拒受措施。卖方提前交货或多交货,买方拒绝接受货物并不导致合同解除。CISG 中的拒绝接受只有在卖方根本违约的情况下才能行使,而且相当于解除合同和交付替代物。买方此时行使拒受权会产生两种结果:第一,与要求实际履行相同。买方要求将不符合合同的货物返回,换回符合合同的货物。第二,解除合同。买方将不符合合同的货物退回,卖方返还买方已付的价金,双方回复到合同履行前的状态,买方可以要求损害赔偿。

那么在 CISG 下,买方能否拒绝接收货物呢?严格地说,不能。买方只有拒绝接受的权利,而不能拒绝接收。CISG 把接收货物作为买方的义务之一。买

---

[26] See Michael Bridge, *The Sale of Goods*, Oxford; New York: Oxford University Press, 2000, p.162.

[27] CISG 第 60 条规定:"买方收取货物的义务如下:(a)采取一切应采取的行动,以期卖方能交付货物;和(b)接收货物。"

方不能拒绝接收的原因是：

第一，CISG 第 86 条第(1)款[28]适用于在买方已经收到货物的情况下，买方打算行使合同项下或者公约的任何权利去拒绝接受货物时，有保全货物的义务，这就意味着买方必须先收取货物。

第二，根据 CISG 第 86 条第(2)款：如果发运给买方的货物已到达目的地，并交给买方处置，而买方行使拒绝接受的权利，则买方必须代表卖方收取货物，除非他这样做需要支付价款或者使他遭受不合理的不便或需承受不合理的费用。此条款也意味着买方必须先收下货物。

第三，虽然当买方根据 CISG 第 52 条的规定，卖方提早交货、超量交货的情况，是拒绝收取(refuse to take delivery)，但是，在卖方提前交付和过多交付货物的情形下，买方有义务按照依据 CISG 第 86 条的规定占有并保管货物，即使是货物可能被退回给卖方，买方仍然有义务临时性地保有货物。因此，公约第 52 条的拒绝收取应该是指拒绝接受。

因此，CISG 提到的"refuse to take delivery"和"reject them"包含的实际是拒绝接受，而不是拒绝接收。

我国法律对拒绝接受的性质没有明确定性。首先我国《合同法》没有分清拒绝接收和拒绝接受的概念。《合同法》第 162 条规定，卖方多交标的物的，买方可以接收或者拒绝接收多交的部分。买方接收多交部分的，按照合同的价格支付价款；买方拒绝接收多交部分的，应当及时通知出卖人。可见，拒绝接收相对应的卖方的违约形态[29]是不完全履行之中的数量上履行不完全。[30]而拒绝接受相对应的卖方的违约形态是不完全履行之中的质量上履行不完全。其实《合同法》里所涉及的拒绝接收和拒绝接受的概念所含的意义是一样的。即

---

[28] CISG 第 86 条规定："(1) 如果买方已收到货物，但打算行使合同或本公约规定的任何权利，把货物退回，他必须按情况采取合理措施，以保全货物。他有权保有这些货物，直至卖方把他所付的合理费用偿还给他为止。(2) 如果发运给买方的货物已到达目的地，并交给买方处置，而买方行使退货权利，则买方必须代表卖方收取货物，除非他这样做需要支付价款而且会使他遭受不合理的不便或需承担不合理的费用。如果卖方或受他掌管货物的人也在目的地，则此一规定不适用。如果买方根据本款规定收取货物，他的权利和义务与上一款所规定的相同。"

[29] 在我国，违约形态的划分往往比较困难，学理上通说分为不能履行、延迟履行、不完全履行、拒绝履行和债权人受领迟延。不完全履行发生后，如果卖方未在合同履行期限或者另行规定的合理期限补救，则会构成延迟履行。同样可能导致不能履行。一般认为，合同履行期限或者另行规定的合理期限届满仍未消除缺陷或另行给付，则构成不完全履行。那这样不完全履行和延迟履行就会重合，也没有区分的必要性了。而且对于瑕疵给付，本身就可以理解为一种不履行。债的履行形态划分有不确定性和模糊性。参见崔建远：《合同法》，法律出版社 2003 年版，第 222—230 页；姚志明：《债务不履行——不完全给付之研究》，台湾元照出版公司 2002 年版，第 133 页。

[30] 在我国台湾地区，"对于数量问题，一般归为债务不履行，并非物的瑕疵问题，但如果影响物的品质，则买受人可以选择行使其权利。"参见黄茂荣：《买卖法》(增订版)，中国政法大学出版社 2002 年版，第 345 页。《德国民法典》第 434 条规定出卖人交付另外的物或者交付数量过少的，与物的瑕疵相同。

使拒绝接收,也并不意味着买方没有保管义务,虽然法律没有明文规定,但是买方有减轻损失和诚实信用的义务,所以并不是说买方可以拒绝收取,任意扩大货物遭受的损失。

另外,从我国《合同法》第148条来看,其主要针对质量不符合要求,致使不能达到合同目的的情况。对此,该条设计了拒绝接受和合同解除两种"救济方式",从该条文义上看,拒绝接受货物与解除合同两者是并列的关系,买方要么拒绝接受货物,要么解除合同,拒绝接受货物是独立于解除合同的另外一种救济措施。当卖方接到买方拒绝接受的通知时,不必然发生解除合同的结果,在这种情况下买方唯一的选择是要求卖方更换货物。

四、拒受权成立的条件及限制

不论对买方拒受权的性质看法如何,在行使这一救济措施时,国内法、有关国际条约及国际惯例对其均有行使条件的限制。

(一) 英国

总体来说,英国货物买卖法根据合同条款的不同性质,将条款分成条件和担保。对于条件条款,当事人可以在合同中约定,也可以由成文法直接规定或者法院判例确立。英国通过成文法和判例明确了下述情形下可以视为卖方违反了条件,买方可以拒绝接受货物。这些条款包括所有权条款,即在有销售协议的情况下,卖方在转售货物时必须有所有权(The Act 1979 第12条);在凭描述的买卖中,卖方交货必须符合描述(The Act 1979 第13条);货物必须达到令人满意的质量(The Act 1979 第14条)[31];凭样品买卖,货物在质量上必须与样品一致[The Act 1979 第15条第(2)款的(a)项和(c)项];如果卖方交付货物的数量与合同不符[The Act 1979 第30条第(2)款];由于卖方违反合同影响

---

[31] The Act 1979 的第14条第(2)款规定货物必须"具有商销品质"(merchantable quality),该条款被视为 The Act 1979 的核心条款之一,其具体内容为:"卖方在商业经营过程中出售货物的,应有一项默示要件,即在合同下提供的货物须具有商销品质,但下列情况者除外:(a) 在合同订立之前已将货物的瑕疵特别提请买方注意者,或(b) 买方在合同订立之前已检查过货物,而该项瑕疵是在检查中应能发现者。"对于货物"具有商销品质"问题,通过司法判例,逐步确立了"可接受"标准和"可使用"标准。See Margaret Griffiths, *Law for Purchasing and Supply*, London: Pitman, 1996, p.107.

第14条(2A):"为本法的目的,如果货物能够满足这样的标准,即一个理性的人考虑到货物的任何说明、价格(如果相关的话)以及其他相关的情况后,认为货物是令人满意的,那么,该货物即被认为具有令人满意的质量。"

第14条(2B):"为本法的目的,货物的质量包括货物的状况和条件,在适当的案件中,下列各项是有关货物质量的几个方面(除了其他方面之外——(a) 适合供应该类货物所要达到的所有目的;(b) 外观和终饰(appearance and finish);(c) 没有微小瑕疵(free from minor defect);(d) 安全性(safety);以及(e) 耐久性(durability)。"

全部或部分货物,买方可以拒受单独一批货物中部分货物。[32]

除此之外,在买方事后发现有违反条件的情形以及违反交付的时间等,买方也可以行使拒受权。

在 The Act 1979 下,买方有义务接收货物。[33] 尽管条文中用词是"accept",但它与 The Act 1979 第 35 条的"接受"的含义不同。在这里应理解为买方不能进行非正当地拒受。

The Act 1979 对买方的拒受权作出了限制,如下:

限制一:如果卖方违反合同条件的条款很轻微,将不被看成是违反条件条款,而是违反担保条款。[34] 此条款主要是考虑到买方在轻微违约的情况下拒受货物有故意转移市场风险的嫌疑,而且会给卖方带来巨大的损失。

限制二:出现下列情形视为买方接受

The Act 1979 第 35 条规定了视为买方接受的情况。拒受权的丧失只受到接受的制约。所有权的转移与否,并不是货物检验和拒受的障碍。

(1) 买方已通知卖方,他已接受了该项货物;

(2) 买方作出与卖方所有权相抵触的行为,最常见的情形就是买方将货物转卖;

(3) 如果买方将货物留下,经过一段合理时间,并没有通知卖方拒受此项货物,则买方亦将被认为是接受了货物,从而丧失了拒受货物的权利。

限制三:分批交货时的限制

The Act 1979 第 31 条是关于分批交货的规定,其中第(2)款适用的情形是:"如果货物分批交付并且分批支付价金,则合同是可分的。可分合同项下提供的货物如果部分有缺陷,在分批交货合同中如果其中一批或几批存有缺陷,买方能否撤销整个合同,还是仅能要求损害赔偿,要视合同条款和案件的具体情况而定(on the terms of the contract and the circumstances of the breach)。"

---

[32] 1979 年版本在 1994 年修改之前于第 30 条第(4)款规定,如果卖方交付的货物,除了合同说明的货物以外,还混有其他的货物,买方便可以只接受符合合同说明的货物而拒收其他。但该项规定仅限于货物不符说明的情形,如果货物全部符合合同的说明,只是部分货物有缺陷因而不适商销,则第 30 条第(4)款便不得适用,买方仍然只能要么全部接受,要么全部拒绝。

[33] The S. 27 "Duties of Seller and Buyer" of the Act 1979: "It is the duty of the seller to deliver the goods, and of the buyer to accept and pay for them, in accordance with the terms of the contract of sale."

[34] The Act 1979 第 15A 条规定:"(1) 在买卖合同中(a) 除本款规定的情形之外,如果卖方违反第 13 条、14 条或 15 条规定的默示条款,买方有权拒绝接受货物。但是(b) 如果违反的情形是如此轻微,以致他拒受货物成为不合理,那么如果买方不是作为消费者进行交易,该项违反不作为违反条件而作为违反担保处理。(2) 除非合同中显示出或者隐含有相反的意图,否则,本款规定适用于买卖合同。(3) 卖方有责任证明他违反默示条款属于本条第(1)款(b)项的范围。"

限制四：不可分合同的限制

The Act 1979 第 11 条第（4）款规定，在第 35A 条适用的条件下，一个买卖合同如果是不可分割（non-severable）的，买方接受了全部或者一部分货物，卖方违反条件的违约行为只能看成是违反担保，不能拒绝接受货物，除非合同中有明示或默示条款。货物买卖合同是"不可分的合同"（not severable contract）时，当提交的货物只有部分是有缺陷的时候，不可分合同的买方只有两种选择：要么全部拒受，要么全部接受。假如他接受了部分货物，则被视为接受了货物的全部，不可以有部分接受、部分拒受的选择。

限制五：合同条款对拒受权作出限制

尽管这些限制性的条款要受到《1977 年不公平合同条款法》（Unfair Contract Terms Act 1977）的约束，但合同中仍有许多明示的条款会限制买方对瑕疵货物的拒受权，通常规定"在货物出现与合同不符或不符之处不影响货物的正常的使用价值的情况下，买方无权拒绝接受货物，只能要求卖方降价或者作出维修的保证。"此类条款通常规定在若干天后不得提出行使拒绝接受的权利。

（二）美国

美国买卖法与一般合同法在履行上有不同。传统美国货物买卖法认为，只要卖方交付有任何不符合合同之处，买方都有拒受权。为了减轻此原则潜在的不公正，美国法上又产生了实质履行合同义务（the doctrine of substantial performance）。[35] 但是成文法中并没有采纳此原则，而继承了完美交付原则（perfect tender rule），这就是 UCC 第 2-601 条规定的拒绝接受的条件："除本篇涉及违反分批交货合同时另有规定外，且除依据以合同限制救济的条款而另行订有协议外，如果货物或提示交付在任何方面不符合合同（in any respect to conform to the contract），买方可以：拒受全部货物；或者接受全部货物；或者接受货物的任何商业单位，拒受其余货物。"[36]

除了拒绝接受外，买方接受货物后可以全部或部分撤销对货物的接受。

---

[35] See A. Corbin, *Corbin on Contracts*, St. Paul, Minn.: West Publishing Company, 1960, §701.

[36] UCC § 2-601 "Buyer's Rights on Improper Delivery"："Subject to the provisions of this Article on breach in installment contracts (Section 2-612) and unless otherwise agreed under the sections on contractual limitations of remedy (Sections 2-718 and 2-719), if the goods or the tender of delivery fail in any respect to conform to the contract, the buyer may (a) reject the whole; or (b) accept the whole; or (c) accept any commercial unit or units and reject the rest."

UCC 第 2-608 条规定[37],全部或部分撤销对货物的接受的条件是货物不符合同,致使货物对买方的价值严重降低(substantially impairs the value of the goods)。而且限定只有在以下三种主观状态下,买方才有这种权利:(1)买方有合理理由假定不符合合同之处将得到补救,但实际上未得到及时补救;(2)在接受货物前难以发现此种不符,买方确实未发现此种不符;(3)由于卖方作出的保证,买方接受了货物,没有发现此种不符。在卖方交付与合同不符时,UCC 给予买方三种自我救济的权利:拒绝接受、解除合同和 UCC 第 2-609 条下买方可以书面要求卖方给予适当履行的足够保证。买方拒绝接受货物相当于揭开了卖方补救,相互调整或者买方解除合同的序幕。

根据完美交付原则,买方在签订合同之时可能会故意忽略一些关于货物特别要求的信息,而在履行合同时再用严格标准,这样对卖方则不公平。考虑到 UCC 的其他规定,买方行使 UCC 下的拒受权时要受以下的限制:

限制一:诚信的要求

UCC 第 1-203 条规定,在合同的履行中有诚信(good faith)的义务。当买方是商人时,UCC 第 2-103 条第(1)款将"good faith"定义为"事实上诚实,并且遵守行业中有关公平交易的合理的商业准则"。

限制二:一般情况下当事人另行约定优先

根据 UCC 第 2-719 条,当事人可以在协议中约定救济措施,以替代或补充 UCC 规定的救济。比如把买方的救济限制为退回货物和收回价款,或限制为由卖方修理或调换不符合合同的货物;也可以明确商定某项救济具有排他性。

限制三:交付方式不当不适用完美交付规则

UCC 第 2-504 条规定:除非另有协议,卖方未能迅速向买方作出有关发运的通知或未能根据货物的性质和其他情况将货物交付给适当的承运人,并订立适当的运输合同,只有在造成重大拖延或损失时,买方才有理由拒受货物。

限制四:分批交货下的限制

UCC 第 2-612 条是对分批交货的规定,UCC 第 2-612 条第(2)款规定了买方可以拒受任何一批货物的条件:与合同不符实质损害了该批货物的价值而且

---

[37] UCC § 2-608 "Revocation of Acceptance in Whole or in Part":

"(1) The buyer may revoke his acceptance of a lot or commercial unit whose non-conformity substantially impairs its value to him if he has accepted it

(a) on the reasonable assumption that its non-conformity would be cured and it has not been seasonably cured; or

(b) without discovery of such non-conformity if his acceptance was reasonably induced either by the difficulty of discovery before acceptance or by the seller's assurances.

(2) Revocation of acceptance must occur within a reasonable time after the buyer discovers or should have discovered the ground for it and before any substantial change in condition of the goods which is not caused by their own defects. It is not effective until the buyer notifies the seller of it."

不能补救,或者与合同不符是所要求的单据存在缺陷。如果不构成 UCC 第 2-612 条第(3)款的规定,并且卖方给予了补救货物的充分保障,买方必须接受(accept)该批货物。[38]

限制五:检验机会和拒绝接受

根据 UCC 第 2-606 条的规定,一旦买方有合理机会检验货物,而没有提出有效的拒受,就视为接受货物,即使真是有瑕疵,此时想要再拒绝接受,就必须使用撤销接受(revocation of the acceptance)的条件。

与此同时,还赋予了卖方补救的权利[39],限制了买方的拒受权行使。

限制六:在一些情况下表明买方已接受货物的情况

根据 UCC 第 2-605 条和 2-606 条,在下列情况表明买方接受货物,拒受的权利丧失:

(1)买方在有合理机会检验货物后向卖方表示货物符合合同,或表示尽管货物不符合合同,他仍将收取或保留货物。

(2)在买方有合理机会检验货物后未能作出有效拒受。

(3)接受任何商业单位中的部分货物,构成对该商业单位整体的接受。

(4)买方作出任何与卖方对货物之所有权相抵触的行为。

(三) CISG 的规定

总的来说,CISG 没有采纳美国法上的完美履行原则[40],基本上认可买方因行使宣告合同无效的权利而拒绝接受货物。宣告合同无效的权利,主要体现在《公约》第 49 条和第 52 条中。CISG 采用了比较严格的根本违约的标准,来决定是否可以宣告合同无效。关于根本违约,CISG 第 25 条规定了主客观标准,实行起来很严格。国际货物买卖中,卖方承担的义务很多,轻易地让买方行使拒受权,会增加卖方的交易成本。如果严格限制买方的拒受权,在卖方交货与合同严重不符的情况下,买方已支付货款的情况下,对买方也是不公平的。根本违约为买卖双方解除合同提供了标准。

CISG 对于买方拒绝接受或者宣告合同无效的时间、方式并没有明确的规定,而是通过比较严格的根本违约的标准进行规制。CISG 没有用接受或者拒绝接受的概念,是一个明智的决定,因为此概念在任何一个成文法中都没有完整的定义和概念,即使普通法下有一些解释,也相当不明确。

---

[38] UCC 第 2-612 条第(3)款规定,一批或多批货物,如果因不符合合同或存在其他违约而使整个合同的价值严重降低,即构成违反整个合同;但如果受损方接受了不符合合同的一批货物且未能及时通知解除合同,或只对以前各批交货提起诉讼,或他仍要求交付尚未交付的其余各批货物,合同即保持有效。

[39] UCC 第 2-508 条。

[40] See John O. Honnold, *Uniform Law for International Sales Under the 1980 United Nations Convention*, Deventer, Netherlands: Kluwer Law and Taxation Publishers, 1991, pp. 181—186,287—291.

对于买方行使公约下的拒受权,应受到如下限制:

限制一:买方需要证明卖方的违约是根本违约

CISG 第 25 条对根本违约采取的标准是结果主义,即违约的后果是否给对方造成实质性损失。构成根本违约的条件是:(1) 卖方有违约行为,即存在违反合同的事实,如延迟交货和交货与合同不符等;(2) 卖方违约行为给买方造成了损害,并且这种损害是实质性的,实际上剥夺了买方根据合同规定有权期待得到的利益;(3) 卖方在订立合同时预见到或没有理由不预见到会产生这种严重后果。买方必须充分证明卖方出现根本违约的情形,才能宣告合同无效。

限制二:买方对货物不符合同负有通知义务

CISG 第 39 条规定了买方必须在发现或理应发现不符情形后一段时间内通知卖方,说明不符合同情形的性质,否则就丧失声称货物不符合同的权利。

(四)《国际商事合同通则》

我们可以从 PICC 第 6.1.3 条对部分履行(partial performance)作出的规定中,看到拒绝接受的影子。该条规定,当履行到期时,债权人有权拒绝任何部分履行的请求,无论该请求是否附有对未履行部分的担保。按照 PICC,由于债权人有权接受合同中规定的全部履行,所以债权人可以拒绝接受部分履行的请求,无论该请求是否附有对未履行部分的担保。这种规定对买方有利,可以对质量不符合要求的货物拒绝接受,唯一的限制是债权人的合法利益的问题。关于合法的利益,在 PICC 的注释中解释到,如果提出部分履行的一方当事人能够证明接受全部履行时债权人的合法利益不明显,并且临时接受部分履行对债权人不造成显著损害,则债权人不能拒绝接受这样的部分履行。

PICC 第 6.1.5 条对提前履行(earlier performance)也作出了规定。债权人可拒绝接受提前履行,除非债权人这样做没有合法的利益。在评论中认为,原则上,提前履行构成合同的不履行,债权人有权拒绝接受。对于合法利益的理解与部分履行时一致。

与此同时,在卖方根本不履行时,买方可以终止合同,即一方当事人未履行合同义务构成对合同的根本不履行(a fundamental non-performance),或者在延迟履行的情况下,未在允许的额外期限届满前履行合同,受损失的当事人可以终止合同。[41]

对于买方行使 PICC 下的拒受权,应受到的限制如下:

限制一:PICC 第 7.1.4 条对不履行义务方的补救的权利给予了高于 CISG 的保障

买方终止合同的通知并不排除卖方补救的权利。如果卖方不履行得到补

---

[41] PICC 第 7.3.1 条。

救,买方终止合同的通知就不再有效。

限制二:在收到卖方有效的补救通知后,买方所享有的与卖方的补救行为不符的权利应该予以终止。买方不得对任何能够得到补救的卖方不履行再寻找其他救济手段。

(五)我国《合同法》的规定

我国《合同法》对拒绝接受的构成要件规定得非常模糊。根据第 148 条的规定,货物质量与合同不符,买方可以行使拒受权或解除合同。在涉及买方拒受的条件时,合同法使用的是"不能实现合同目的"的表述,颇似 CISG 第 25 条的根本违约制度。两者均强调违约的后果,可以说都是结果主义。只不过 CISG 有可预见性原则的限制,而我国《合同法》中没有这个限制。

根据我国《合同法》第 158 条的规定,买方在适用第 148 条的权利时,必须履行通知义务,通知的内容是告知卖方质量和数量与合同不符的情况。买方必须在发现或理应发现不符情形后一段合理时间内通知卖方,否则就丧失声称货物不符合合同的权利。因此,如果买方要行使拒受权,必须在通知卖方标的物与合同不符的情形之时或短时间内通知卖方。

五、拒受权行使的法律后果分析

任何一项权利的行使,均会产生一定的效果,或称法律效力。拒受权行使后无疑会产生解除合同的法律效力,这一点在上述各类法律及规则中已有明确规定。除此之外,还将产生什么效果,在各类法律规定中又有所差异。

(一)具代表性规则的规定

1. 英国

买方可以解除支付货款的义务,如果已经支付,可以要求返还。拒绝接受后,对价已全部丧失,但仍可以请求返还。卖方交货和买方付款形成对流条件,买方在接受卖方的货物之前无付款义务;当买方有权拒受货物,并且这样做了时,货物所有权重回卖方。据 The Act 1979 第 36 条规定,买方没有返还货物的义务,但是根据判例必须将货物或者代表货物的单据置于卖方的控制之下。[42]

除了这些规定外,英国法专门对错误地拒绝接受货物的后果做了规定。根据 The Act 1979 第 50 条的规定,如果买方错误拒绝接受货物和拒绝付款,卖方可以请求买方就不接受而造成的损失进行赔偿。具体来说,当货物所有权尚未转移给买方,而买方拒绝受领货物和拒付货款,卖方一般无权对买方提起支付价款之诉(action for price),而只能以买方不接受货物(non-acceptance)为由,对买方提起损害赔偿之诉(action for damage);如果货物所有权已经转移给买方,

---

[42] *Hardy Co. v. Hillerns & Fowler*, 2 K. B. 490 (1923).

买方错误拒受货物,卖方可以以买方违约请求损害赔偿,也可以提起价款之诉。

2. 美国

美国法上拒绝接受货物不等同于合同解除。拒受权与合同解除发生的前提不同。完美履行原则是买方行使拒受权的前提。与解除合同比较起来,拒受权要容易行使得多。拒受权是解除合同的条件之一,但不等于解除合同。卖方放弃 UCC 第 2-508 条给予的其可以进行纠正的机会后(即卖方在不适当交付被买方拒受后,仍可以进行第二次交付),买方才能从拒受货物转变为解除合同,可见,解除合同是比拒收货物更严厉的补救措施。

UCC 第 2-510 条第(1)款还明确规定,如果卖方提示或交付的货物不符合同,使买方有权拒受货物,则在卖方对有缺陷的货物作出补救或买方接受货物之前,货物风险仍由卖方承担。该条第(2)款规定,如果买方有正当理由撤销他对货物的接受,则他可就自己有效保险之不足部分,视货物损失风险自始由卖方承担。

与此同时,UCC 还对买方有效拒受后所享有的权利作了详细的规定,包括买方有权选择处置货物的方式,此种处置不构成对货物的接受或侵占[43];不论买方是否已解除合同,买方除了可以收回已支付的价款外,还可以"补进"货物,并就涉及的全部货物取得损害赔偿,而且不论这些货物是否已特定于合同项下。

与英国法一样,UCC 也对错误地拒绝接受货物的后果做了规定。根据 UCC 第 2-703 条的规定,如果买方错误拒受货物或错误地撤销接受,卖方可以对直接受到影响的货物,或者在违反整个合同的情况(UCC 第 2-612 条)下,对所有尚未交付的货物:(1)拒绝交付此部分货物;(2)行使中途停运权,阻止货物保管人作出交付;(3)根据 UCC 第 2-706 条规定的步骤和要求,转售货物并取得损害赔偿;(4)根据 UCC 第 2-708 条取得拒受货物的损害赔偿,或根据 UCC 第 2-709 条在适当情况下,提起价款之诉,取得价款;(5)错误地拒受货物是重大违约,由此卖方可以解除合同(cancellation)。

3. 我国台湾地区及大陆法系的规定

在我国台湾地区民法中,正当的拒绝受领,不产生交付的法律效果,而且阻止风险的转移。买方可以拒绝有瑕疵的给付而不陷于受领迟延,同时双方当事人的法律关系进入物之瑕疵担保关系。买方可以行使瑕疵担保请求权。至于到底会选择何种瑕疵担保请求权,在第 354 条第 1 项情形下,拒绝受领意味着买方想解除契约;在第 354 条第 2 项情形下,拒绝受领意味着买方将在解除合同、请求不履行之损害赔偿中选择。

---

[43] UCC 第 2-604 条。

德国法尽管没有明确买方拒受权,但对于卖方违反瑕疵担保的责任,买方仍可以行使事后补充履行请求权、解除合同和请求损害赔偿。

(二)拒受权行使后法律效力的比较分析

通过列举上述各具代表性的规则,有几个问题要澄清。

第一,在货物被拒受后,风险是否与所有权一样重新回到卖方?

在英国法下没有对此给出明确答复。也有人认为风险应该看成从来没有转移给买方。[44] 美国法则规定在卖方对有缺陷的货物作出补救或买方接受货物之前,货物风险仍由卖方承担;如果买方有正当理由撤销对货物的接受,则他可就自己有效保险之不足部分,视货物损失风险自始由卖方承担。

第二,对拒受权是鼓励还是限制?

英国法从总体趋势上是限制买方行使拒受权的,同时扩大买方要求补救的权利。比如 The Act 1979 第 15A 条,对轻微违反默示条款视为违反担保的规定,可能会迫使买方允许卖方作出补救。但对于如何认定买方的拒绝接受是不合理的,在判例法上还没有清楚阐述。UCC 也同样表达了此种态度,买方拒绝接受货物后,卖方如果出现 UCC 第 2-508 条规定的补救的权利,并作出补救后,买方不得拒绝接受和解除合同,否则,将视为买方的违约行为。在 CISG 下买方解除合同的权利受到卖方根本违约的限制,并且 CISG 第 50 条采用了减价的救济方式。CISG 的价值取向是鼓励卖方实施补救措施,保留合同的效力。PICC 是着眼于所有的商事合同,避免使用现存的各不同法律体系的术语,所以并没有界定拒绝接受的权利,只是从其取向上看,对违约方的补救的权利和守约方要求实际履行的保障程度更高。

第三,拒受权行使后除产生一般效力外,是否还产生特殊效力?

对于拒受权行使后所产生的法律后果,各国法律规定相差无几,不外乎涉及合同的解除、所有权及风险,以及由此产生的损害赔偿。除了产生这些一般性效力外,还将产生其特定的效力,这就是买方保全货物的义务。这一点在国际货物买卖中尤为重要。尽管有类似 The Act 1979 第 36 条的规定[45],买方拒绝接受货物后,并不等于万事大吉。买方必须承担对货物的保全义务。UCC规定,如果买方是商人,则更应加重其保全义务,其必须服从卖方关于处置货物的合理指示。如果货物属易腐易烂类,即使卖方没有指示,买方也必须代表卖方合理地处理货物。[46] 值得注意的是,CISG 第 86 条至 88 条也详细规定了买

---

[44] See P. S. Atiyah, *The Sale of Goods*, New York: Longman/Pearson Education, 2001, p.352. Atiyah 认为,风险转移的时间应该是从买方接受货物时开始。如果买方 "rightfully reject" 货物,风险还是由卖方承担,这一点对买方非常有利。

[45] 买方没有退还拒绝接受货物的义务,除非买方同意,否则买方向卖方作出拒绝接受货物的表示即可。

[46] 参见 UCC 第 2-602 至 2-604 条。

方的保全义务。这一点对减少损失,保护交易双方合法利益都至关重要。

六、我国拒受权制度的评析与设想

我国合同法在很多方面吸取了西方国家的立法以及 CISG 中的规定,但对买方的拒受权这一重要制度没有详细完整的规定。综合分析其他国家或地区以及国际上的相关规定,在重新设计这一制度时,下列问题应给予着重考虑。

(一)明确买方收取货物的义务

对于买方收取货物的义务,在德国法和我国台湾地区法律中称为买方的受领义务。关于"受领"的法律性质,一直都有不同的学说。[47] 买卖合同与一般合同不一样,德国法、台湾法中均明确规定了买受人有受领标的物的义务(《德国民法典》第 433 条,"台湾民法典"第 367 条)。"受领义务通常为从义务,然依契约明示的或默示的使成为主义务。"[48] 英国法下一般都有收取货物的义务。从 CISG 第 60 条的措辞上可以看出,买方除了收取货物外,还要采取一切理应采取的行动,以期卖方能交付货物。

纵观我国《合同法》买卖合同这一章,我们没有发现对买方收取货物义务的规定。因此,我国法下应明确作出规定,收取货物是买方法定的义务,并且也应包括买方的协作义务。因为买方收取货物可能是一个完整而复杂的过程,如果没有约定协助义务,卖方往往不能及时履行其交货的义务。《合同法》可以明确规定,如果买方没有收取货物,应承担相应的受领迟延的责任。但不得据此请求买方强制受领,除非受领义务为主义务。如果拒绝受领对债务人有损害,可依侵权法提起请求,主张损害赔偿。同时,应该正确使用收取(接收)、保管(保全)、受领迟延等这些法律概念,对接受、拒收、拒受等这些容易引起模糊

---

[47] (1)受领权利说,受领是债权人的权利。德国新学派倾向于权利说,除非法律特别规定(参见梁慧星:"中国对外国民法的继受",载梁慧星主编:《民商法论丛》第 25 卷,法律出版社 2002 年版,第 197 页);(2)受领义务说,受领义务为债权人的义务,不当地拒绝受领则为债务不履行。认为受领关系到合同目的的实现,拒绝受领的法律救济措施与不交付的大致相同,即可解除合同及要求赔偿损害。法国、日本民法学多认为义务说,不当之受领拒绝为债务不履行,应负损害赔偿之责(参见王利明:《违约责任论》,中国政法大学出版社 2000 年版,第 185 页);(3)附随义务说,不仅是债权人的权利也是债权人的义务。该学说认为,受领作为债权的一项权能,是债权人的权利,并非义务,但依诚实信用原则,债权人在需要时发生协助履行的义务。该协助义务不得单独请求履行(即不得强制债权人受领),该义务的违反,足以减轻债务人的责任,债权人并应负担可能的赔偿损害责任。因此该义务与附随义务性质相同,为附随义务之一种(参见张广兴:《债法总论》,中国政法大学出版社 2000 年版,第 190 页);(4)不真正义务说,认为受领是一种协助义务,这种协助义务和附随义务同源于诚实信用,但附随义务对称于债务人的基本义务,其主体是债务人,而不是债权人,所以这种协助义务不是附随义务,性质上属于不真正义务(参见崔建远:《合同法》,法律出版社 2003 年版,第 230 页),其特征在于没有真正的权利人,债务人不能请求法院强制债权人受领。类似台湾法下的对己义务。以上论述,也可参见史尚宽:《债法总论》,中国政法大学出版社 2000 年版,第 423 页。

[48] 史尚宽:《债法各论》,中国政法大学出版社 2000 年版,第 58 页。

解释的概念,予以清晰解释。《合同法》中可以明确规定,买方有收取货物的一般义务,并在卖方于交付地点无代理人时拒绝接受货物后有保管货物的义务。

(二) 明确概念,提高法律规定的可操作性

我国《合同法》在制定过程中吸收了许多西方发达国家的法律、国际公约和国际惯例的做法,但在拒受权问题上没有明确详细的规定。

概念模糊首先存在于《合同法》第 162 条。该条所用的词语是"拒绝接收"。买方行使该条下权利的条件,是卖方交货数量与合同不符,这是买方享有的一种对卖方违约后的救济措施。其实,这里的"拒绝接收"所要表达的,是对多交货物的"拒绝接受"。原因在于,首先,买方收取货物是其义务之一,对卖方多交付的货物拒绝接收,并不能违反买方先收取货物的义务。其次,"拒绝接收"并不能免除买方保管(保全)货物的义务,买方不能对卖方多交付的货物置之不理,任其风吹日晒,扩大不必要的损失。"《合同法》第 162 条借鉴了该公约(指 CISG——引者注)的规定,规定出卖人多交标的物的,买受人可以接受或者拒绝接受多交的部分。"[49]杨立新先生在解释这一条时也指出:"在出卖人多交付标的物的情况下,因其超出了合同的约定,买受人不受约束,他也可以选择拒绝接收的方式……并且,因标的物已经交付,处于买受人的实际管领、控制之下,买受人还应对多交部分进行妥善保管,防止标的物因无人看管而致不必要的毁损、灭失,以尽量减少出卖人的损失。"[50]因此,买方收取货物的义务是不能解除的。再次,如果买方收下卖方多交付的货物,将适用买方接受货物的一切规定,也丧失了拒绝接收的权利。最后,此时的"拒绝接收"和"拒绝接受"货物在法律地位上是相同的,都是买方对货物的不认可,货物的所有权和风险均不发生转移。

以国际贸易术语的 CIF 为例,INCOTERMS 2000 中的 A4 是卖方交货的义务,B4 是买方受领货物的义务。这意味着卖方在将货物交运时即完成其义务,买方有义务接收货物并从承运人处领取货物,若买方未履行该义务,就可能对与承运人订立运输合同的卖方的损失承担赔偿责任,或者向承运人支付货物滞期费以使承运人放货。在这方面,说买方必须"受领货物",并不表示买方将所涉货物作为符合买卖合同的货物而予以接受,而只是指买方必须先收取货物这一事实,即卖方按 C 组术语第 A3a 款订立运输合同,完成了将货物交付运输的义务。如果买方在目的地收到货物后,发现货物与买卖合同规定不符,买方可使用买卖合同和适用的法律给予的任何一种补救办法向卖方寻求补偿。

---

[49] 房绍坤、郭明瑞主编:《合同法要义与案例析解》(分则),中国人民大学出版社 2001 年版,第 56 页。

[50] 杨立新主编:《中华人民共和国合同法释解与适用》(中),吉林人民出版社 1999 年版,第 591 页。

因此,拒绝接收和拒绝接受这两个概念是不能混淆的。在这一点上,我们应该吸取 UCC 的规定,明确规定接收货物是指买方取得对货物的实际占有。CISG 将接收货物作为买方收取货物义务(take delivery of goods)的组成部分,具体是指将货物实际运走或将货物的实际占有从承运人手中转到买方手中。接收货物是保证合同履行、保全货物所必需的,买方如果不接收货物将构成违约。接受货物通常是指在买方支付了货款的情况下,货物的所有权已经转移给买方,合同已经履行完毕的行为。买方已经接受了货物,进而就丧失了拒绝接受和解除合同的权利,只能要求损害赔偿,除非符合撤销接受的条件。因此,拒绝接收和拒绝接受是两个不同的概念,拒绝接收意味着买方违约,而拒绝接受则是买方在卖方交货不符约定时所行使的一种权利,只有先拒绝接受,才能向卖方主张相应的权利。

(三) 完善拒绝接受的条件

1. 放宽行使拒受权的条件

我国《合同法》第 148 条仅仅规定了因标的物质量不符合要求,致使不能实现合同目的的买方可以拒绝接受货物或解除合同。除此之外,没有其他更多的规定来明确买方是否可以在其他情况下同样可以享有拒受权,比如卖方严重延迟交货,买方则不能根据第 148 条行使拒受权。而且如果买方根据第 148 条行使拒受权,但事后被认为货物虽有质量问题,但不影响达到合同目的,应如何处理呢?买方是否还要承担迟延受领的责任,以及由此引起的其他损失呢?如果是,对买方则显失公平。所以应适当放开买方行使拒受权的条件,规定当卖方给付标的物的质量、交货期限、交付单据等方面出现严重违约时,买方均能行使拒受权。

2. 明确买方行使拒受权的方式

我国《合同法》第 148 条只规定了买方有拒受权,但究竟如何行使,却很难找到明确肯定的答案。在这一点上,不妨参考 UCC 第 2-602 条第(1)款的规定。买方必须在卖方交付货物或者请求受领货物后的合理时间内拒受货物。买方未及时通知卖方的,其拒受无效。同时,买方拒绝接受,必须作出明确的意思表示,通知的措辞应该是明确和无保留地,不致引起卖方的误解。买方在作出拒受通知时,该货物应随时可置于卖方的控制之下。尽管我国《合同法》在第 158 条规定了买方的通知义务,但通知的内容仅限于告知卖方质量和数量与合同不符的情况。如果买方欲行使拒绝受领的权利,其必须在通知卖方标的物与合同不符的情形之时或短时间内通知卖方,否则丧失拒受权利。

3. 明确规定买方丧失拒受权的情形或条件

根据我国《合同法》第 71 条和 72 条,对债权人行使拒绝权规定了一定的限制,即债务人提前履行或部分履行债务损害债权人利益的,债权人可以拒绝债务人的履行。债务人提前履行或部分履行债务不损害债权人利益的,债权人应当接受债务人的履行。由于这两个条款是在《合同法》总则中规定的,其适用于所有的合同,仅此规定,不能特指在买卖合同中买方行使拒受权的条件。

为了避免买方滥用拒受权,敦促买方合理公正地行使这一权利,有必要对买方拒受权的丧失作出规定,包括(1)买方拒受通知的内容不明确,而且未在合理时间内作出;(2)买方在作出拒受通知时无法将货物处于可随时置于卖方处置下的状态;(3)买方在作出拒受通知以后,在无合理理由的情况下,又作出与卖方享有对货物的所有权相抵触的行为;(4)买方明知货物有瑕疵,但接受了该货物。

(四)明确规定拒绝接受的后果

1. 拒绝接受后,买方无须返还标的物

买方拒受后,无须将货物返还,即双方并不承担合同解除后恢复原状的义务。但拒受标的物后,在一些情况下买方有保管货物的义务。

如前文所讲英美法下,拒受货物后,买方并没有义务将货物送还给卖方。在台湾地区,拒绝受领,意味着买方保留进一步的选择权,在一些情况下负有保管和变卖的义务。德国法也一般性地规定了异地买卖的保管义务。但是大陆法系在合同解除时,一般均规定双方负恢复原状的义务。我国《合同法》第97条规定:"合同解除后,尚未履行的,终止履行;已经履行的,根据履行情况和合同性质,当事人可以要求恢复原状、采取其他补救措施,并有权要求赔偿损失。"我国法律应该明确拒受后,不需买方返还标的物,即双方并不承担合同解除后恢复原状义务。但拒受标的物后买方应合理保管货物,以使卖方有时间将其处置。如卖方未对货物的处置给出指示,买方有义务代表卖方以合理的方式将货物处理,然后有权向卖方收取报酬或要求相应的补偿。

2. 拒受货物后风险视为从未发生转移

我国《合同法》没有规定这些情况:(1)在买方已收取货物,经过检查发现质量问题,宣布拒受,风险是否应从宣布拒受时又回到卖方?(2)拒受是否有一定的溯及力,视为风险从未发生过转移?(3)买方将货物返还给卖方之前(即在保管中)出现风险的,应由谁来承担?

在此问题上,从德国法和英美法的规定来看,风险是由卖方承担。在CISG下,当合同解除后,风险会转移回到卖方。如保持合同继续有效,则应采取交付替代物、修理或减价等措施,不改变买方承担风险的状态。

3. 拒绝受领货物后买方可以停止支付价款

对于价款,我国《合同法》中没有对由于质量有瑕疵以致不能实现合同目的而引起的价款问题单独作出规定。对此,只能依总则中的抗辩权制度或者合同解除制度来规定。对于价款问题只有在《合同法》第152条中,对买方有确切证据证明第三人可能就标的物主张权利的,可以中止支付相应的价款,但是卖方提供适当担保的除外。在制度设计时,当卖方交付的标的物有瑕疵而得以拒受时,我国法律可以规定拒绝接受后买方可以停止支付货款。

(五)明确买方有撤销接受的权利以及卖方在买方拒受后予以补救的权利

买方收取货物并在符合法律规定的接受条件后,才发现卖方所交付的货物存在重大瑕疵,以致实质上损害了其因合同而期待得到的利益时,根据 UCC 的规定,买方可以撤销接受。这避免了买方在对货物不是真实了解或不慎作出与卖方享有所有权相抵触的行为时,只能要求损害赔偿弥补损失所带来的不足。当然买方行使这一权利要受到诸多条件限制,它要比行使拒受权严格很多。与此同时,买方在拒受后,根据 UCC 的规定,卖方可以有第二次补救的机会,这样不仅体现了合同在于履行原则,也可以减少双方的损失。我国《合同法》也应吸取 UCC 的规定,对买卖双方的利益都应给予足够的考虑。

除上述之外,我国《合同法》也应对拒受权与其他违约救济的关系以及买方错误拒受后所产生的后果等方面一并作出规定。

七、结语

拒受权作为买方一项重要的权利,是买方所能运用的最严厉的救济手段。对买方来说,正确且有效地利用该权利,可以避免风险、减少损失;而对于卖方来说,由于对其利益影响甚大,如何防止买方行使拒受权,以及买方行使后如何恰当处理,就成了其在国际货物买卖中应重要考虑的因素。对买卖双方来说,最重要的是在订立合同时注意合同选择适用的法律,因为所适用的法律不同,对拒受权的规定则不同。

英美法系和大陆法系在拒受权问题上存在着比较大的差异。接受还是拒受,是英美买卖法中有关救济体系中的关键点,关系到买卖双方未来不同的救济方式。拒绝接受在英美法下是买方所能采取的最及时最方便的救济措施。当然该制度的设立也有缺点,比如在 The Act 1979 第 30 条明确提到了拒绝接受的权利,但是没有说明是否终止合同。总的来讲,英国法下的买方拒受权是非常广泛的,The Act 1979 给了买方太多的机会去拒绝接受货物,而且由于不考虑是否善意,所以会存在许多技术上的拒受。在美国法中,由于完美履行原则的存在,买方较容易行使拒受权。买方如果没有约束地行使拒受权,很可能出现像 John Honnold 所说的那样,"它可以使买方随时从市场涨跌中取巧"[51]。

大陆法系的德国未明确规定拒受制度,仅有着相近似的规定。与此同时,

---

[51] John Honnold, *Cases and Materials on the Law of Sales and Sales Financing*, Mineola, N. Y.: Foundation Press, 1984, p.206.

瑕疵担保责任对平衡双方利益和促进交易起着非常重要的作用,从而使其具有独立于违约责任而存在的价值。它是基于标的物已被买方保有的事实,对买卖双方的利益都予以了考虑并加以保护,这从德国新债法确立买方的后续履行请求权可以看出。但大陆法系的瑕疵担保责任也有如下缺点:对于其适用领域、提出要求的方式和诉讼时效,均有特别的规定,复杂繁琐,增加了当事人适用的困难。

1980 年的 CISG 以实用的方式解决了货物与合同不符的问题,推动了简化、统一各国国内法的步伐,但该 CISG 也没有如人们所希望的那样,建立一套完整的买方拒受权制度。

就立法技术而言,没有任何一个法律体系归纳出完整的拒受权制度。拒绝接受作为一种救济方式,就我国目前对救济形式的比较研究来讲,还不能令人满意。在如何使救济规则体系化的问题上,国际上一般存在着从违约形态入手和从救济方式入手两种思路。我国的《合同法》回避了复杂的违约形态的划分,统一以不履行合同义务或者履行合同义务不符合规定为中心构筑违约责任体系。但是我国《合同法》第 109 条到第 111 条又体现了违约形态的思路,对于买卖法中的拒绝接受这一救济权利缺少进一步的规定。

研究这一制度的目的,是为了进一步完善我国相应的法律。从上述法律的介绍和研究中,我们发现,不论英美法还是大陆法,抑或国际公约和国际惯例,均有许多值得我们借鉴之处。可以看出,拒受权制度是国际货物买卖法中独特的制度。在构架这一制度时,至少应该涵盖的内容包括:买方有收取货物的一般义务;当卖方给付标的物与合同不符时,买方有权拒绝接受标的物,但买方不能拒绝接受因数量或质量有轻微出入的给付,或当事人另有约定除外;买方错误地拒绝接受,因而拒绝给付价款会构成受领迟延,并应承担给付迟延责任;拒绝接受后买方无须返还标的物,但在卖方于交付地点无代理人时,买方拒绝接受货物后有保管货物的义务;拒绝接受货物后,风险视为从未发生转移,买方免除支付价款义务;拒绝接受并不影响买方行使其他救济措施的权利。

(初审编辑:沈朝晖)

美国证券集团诉讼的制度反思

郭 雳[*]

Further Thoughts on the US Securities Class Action

Guo Li

内容摘要:美国集团诉讼通过"声明退出"规则和胜诉酬金制度,来克服大规模侵权中原告的集体行动困境。证券集团诉讼既具有其一般特征,也呈现出独特问题,尤其是:美国现行和解与保险机制放大了其弊端,给予集团律师过度的激励,纵容了被告公司管理者的恶行,委托代理矛盾再度凸现。于是,填补投资者损害和惩戒阻却违法者两大目标双双落空,股东承受着因叠加效应而放大的损失,而在其间的分担,既无效率,又欠公平。反思迄今成效有限的改革举措,本文从不同层面提出了整体解决思路,其核心在于使集团诉讼重新"对抗"起来,并积极谋求私人诉讼与公共执法的配合。国情差异表明,上述一些主要问题在我国现阶段并不突出或有可能得到控制,"做小做实"的集团诉讼,有理由成为竞争性多元证券纠纷解决的选项之一。这意味着:投资者利益保护须以分散风险为前提,监管须与诉讼相济。

关键词:集团诉讼 证券诉讼 公共执法 证券监管 胜诉酬金

---

[*] 北京大学法学院副教授、美国康奈尔大学法学院客座助教授,电子邮箱:guoli@post.harvard.edu。本文的写作得益于与卜元石、陈洁、李清池、David A. Hoffman、Joshua C. Teitelbaum 等人的讨论,感谢《北大法律评论》匿名审稿人所提供的建议。

关于集团诉讼(class action)的讨论在我国其实由来甚久,初步的学术主张于20世纪80年代就已提出。[1] 随着最高人民法院2003年出台"虚假陈述司法解释"[2],在证券领域引入集团诉讼的建议和争论更趋热烈。[3] 其中一些论文相当深刻地从跨学科角度检讨了集团诉讼的功能及可移植性[4],一些则在观点综述的基础上,围绕制度借鉴进行了比较细致的分析。[5] 然而潜心关注中美两国相关的理论和现实,则不难发现国内现有研究仍存在不少遗憾。其一,在从一般到特殊的推演论述过程中,容易忽略证券集团诉讼特有的根本性问题。其二,在论及其制度流弊时,往往囿于某一特定专业视角,系统性的、具纵深感的挖掘拓展不够。其三,对美国相关立法演进已有比较及时的介绍,但同样在更宽视野上的剖析尚有所欠缺,对最近两三年的动向跟踪把握不足。本文无意针对证券集团诉讼的引进提供具体的实施指南,仅希望补充部分笔者业已察觉并有所思考的信息,在一定程度上减少上述缺憾。

必须首先指出,无论是制度移植还是比较研究,美国的集团诉讼都没有理由作为唯一的参照系,诸如德国的团体诉讼[6]、中国台湾地区的特定组织诉讼[7]、日本的选定代表人诉讼等其他做法,亦应得到同样的重视和研究。[8] 同时为聚焦主题,本文暂将证券集团诉讼的讨论缩窄至目前我国实际可操作的受案范围——虚假陈述,并进一步将其集中于针对上市公司相关行为所提起的侵权之诉[9],而这恰也是集团诉讼的最大功用所在。下文首先概述集团诉讼及证券集团诉讼在美国的应用,其次扼要介绍针对集团诉讼弊端、相继采取但成效不彰的联邦立法、司法举措,第三部分着重分析证券集团诉讼在美国的制度异化和功能失效——在填补投资者损害和惩戒阻却违法者方面的双重失败,

---

[1] 例见,朱思东:"集团诉讼初探",载《法学》1986年第7期;王祺国:"论建立集团诉讼的必要性",载《法学杂志》1986年第4期。

[2] 最高人民法院《关于审理证券市场因虚假陈述引发的民事赔偿案件的若干规定》(法释〔2003〕2号,自2003年2月1日起施行)。

[3] 例见,汤维建、陈巍:"缝隙策略:我国集团诉讼制度的移植路径探析",载《政治与法律》2008年第1期;整体持否定意见的,例见蓝燕:"证券民事赔偿诉讼方式探究",载《法制与经济》2006年第4期。

[4] 范愉:"集团诉讼问题研究——一个比较法社会学的分析",载《法制与社会发展》2006年第1期。

[5] 陈明:"构建我国证券侵权的集成式诉讼制度",载《兰州学刊》2004年第5期。

[6] See for example, Curtis J. Milhaupt, "Nonprofit Organization as Investor Protection: Economic Theory and Evidence from East Asia", 29 Yale J. Int'l L. 169 (2004).

[7] 王文宇、张冀明:"非营利组织主导的证券团体诉讼——论台湾地区的投资人保护中心",载《月旦民商法杂志》第15期(2007年)。

[8] 例见,汤维建:"论团体诉讼的制度理性",载《法学家》2008年第5期。

[9] 原告证券欺诈受害人有时也可提起违约之诉(往往见于证券一级市场发行活动),其区分可参见John C. Coffee, Jr. & Joel Seligman, Securities Regulation: Case & Materials, New York: Foundation Press (9th ed.), 2003, p.21。

第四部分阐释问题根源、相应动态和美国进一步改革的方向,第五部分先以他国和地区为例说明该项制度移植中应有的考虑,接下来就我国现实提出若干见解,其后附以结论。

一、集团诉讼及证券集团诉讼在美应用

理论上,集团诉讼是指由一个或者数个代表人,为了集团全体成员共同的利益,经法院许可,代表所有成员进行的诉讼。虽然也存在由众多被告组成的被告方集团诉讼(defendant class action)或原被告均为集团形式的双方集团诉讼(bilateral class action),实践中最普遍、影响最大的,还是本文所讨论的(原告方)集团诉讼。集团诉讼制度起源于英美衡平法下英国的代表诉讼(representative proceeding),即由具有"相同利害关系"的多数人推选诉讼代表人,判决适用于全体被代表人;法院对是否构成集团诉讼享有审查权,对于符合集团诉讼条件的,则颁发集团诉讼令。[10] 由于英国总体上仍倾向于"一对一"的诉讼模式,真正令集团诉讼大放异彩的还是美国。1848年至1850年间,大卫·达德利·菲尔德(David Dudley Field)在美国推进法律成文化,编撰纽约州民事诉讼法典(Field Code)时将其纳入。1853年联邦最高法院通过判例确立了集团诉讼制度[11],1938年美国《联邦民事诉讼规则》打破集团诉讼只适用于衡平法救济的传统,将集团诉讼引入普通法救济领域[12],1966年美国国会修订该法第23条,增立了集团成员范围的"声明退出"(opt-out)规则,美国现代版的集团诉讼终告成型。[13]

当收到集团案件起诉请求后,联邦或州法院需要决定是否给予许可(class certification)。《联邦民事诉讼规则》要求法院考察先决条件和维持条件。第23(a)条规定的先决条件有四项:(1)人数众多,不可能将全体成员合并诉讼。(2)集团成员间存在共同的法律或事实问题。(3)集团代表的请求(或抗辩)在集团成员中具有代表性。(4)集团代表能够公平和充分地维护集团成员的利益。四项缺一不可,由请求提出方举证。第23(b)条规定的维持条件则属于三类中择一,可归纳为:必要型、共同型和普通型,证券集团诉讼大多属于第三类,即不是非此方式不可,因此法院实际上保有较大的裁量权。接下来,集团代表及集团律师需要向已知或潜在的集团成员发布通知(notice),又分为"许可通知"与"和解通知",两者常可稍后合并进行,一般采取邮寄加报纸公告的方

---

[10] 李娟、王阳:"美国集团诉讼研究",载《法制与社会》2008年第12期(上)。
[11] See Smith vs. Swormstedt, 57 U.S. (16 How.) 288 (1853).
[12] 陆文婷、李响:《美国集团诉讼制度与文化》,武汉大学出版社2005年版,第22—26页。
[13] 该条后又经1987年、1998年、2003年等多次修订,至今仍为规范美国集团诉讼的核心程序条款。

式。前述"声明退出"规则意味着,经有效通知后,集团诉讼所涉及成员在规定时间内明确表示不参加该诉讼的,可于诉讼时效期内向有管辖权的法院就此纠纷自行起诉,不受集团诉讼结果拘束:既不分享集团诉讼获得的赔偿,也不承担集团诉讼所涉义务;没有明确表示退出集团诉讼的当事人,则自动成为集团成员,诉讼结果对其发生效力。"声明退出"规则将美国集团诉讼与其他国家的群体性诉讼机制真正区分开来。[14]

同时,美国式诉讼操作——无论胜负,原被告双方需自行负担律师费,且广泛采用律师胜诉酬金(风险收费代理,contingent fee)方式——更助长了集团诉讼的风行。[15] 为分摊个案败诉以致一无所得的风险及负担持续全面盯市、搜索诉讼目标的成本,律师往往要求并能够从诉讼(和解)赔偿金额中实际获得约三分之一的份额,颇具吸引力。[16] 两大要素彼此强化,胜诉酬金制度为当事人提供了末端保障,激励其不妨一试地参加集团诉讼;"声明退出"规则有助于确保集团的规模,增加集团律师与被告公司博弈时的要价和筹码,提高其按比例分成的所得。因此美国存在着不少律师和律所,专长于发动集团诉讼,主动甚至是违法联络征集侵权受害人,以求担任集团律师获利。[17]

美国著名法学家理查德·爱泼斯坦曾评论道:"略带夸张地说,通过诉讼形成之责任领域的任何主要创新,都源自或反映在集团诉讼。"[18] 集团诉讼的优势不难理解:第一,提高诉讼效率,节约诉讼成本。第二,能够避免针对同一情形,不同受案法院依不同标准作出不一致的裁决。第三,在被告资产有限的情况下,使受害原告能够相对公平地受偿,部分地起到类似于破产程序的秩序功能。第四也是最重要的,在现代社会大规模侵权频发的环境下,为以"小额多数"为特征的受害者提供了诉讼激励,克服个别诉讼的风险和不经济,减少对"搭便车"的顾忌,缓和了"集体行动困境"。[19] 于是,最初主要适用于种族歧视所引发民权纠纷的集团诉讼案件,[20]迅速扩展到反垄断、产品侵害、环境

---

[14] 杜要忠:"美国证券集团诉讼程序规则及借鉴",载《证券市场导报》2007年第7期。

[15] 胜诉酬金及类似制度(No win no fee)在英美法系较为普遍,大陆法系国家允许这种做法的,主要有法国、日本和巴西等。

[16] See John C. Coffee, Jr., "The Regulation of Entrepreneurial Litigation: Balancing Fairness and Efficiency in the Large Class Action", 54 U. Chi. L. Rev. 877, 889—890 (1987).

[17] 目前存在着许多推介、组织集团诉讼活动的网站,例如 http://classactionworld.com/public/lawfirmratings.php 就罗列有积极从事集团诉讼业务的美国律师和律所(最后访问时间2009年1月20日,下文中出现的网络资源,亦同)。

[18] See Richard A. Epstein, "Class Actions: The Need for a Hard Second Look", Civil Justice Report No. 4 (March 2002).

[19] See Amchem Prods., Inc. v. Windsor, 521 U.S. 591, 617 (1997).

[20] 截至目前最大金额的单宗集团诉讼 Dukes v. Wal-Mart Stores,即基于被告被指歧视女性员工。

保护、劳动权益、证券欺诈等诸多领域。[21]

证券集团诉讼堪称集团诉讼中的重中之重。例如,2004 年的数据显示,在所有集团诉讼中,证券案件占到 48%,其数量是处于第二位的大规模损害侵权案件的四倍多。[22] 1998 年至 2007 年的十年间,每年提起的联邦证券集团诉讼约 260 件,《纽约时报》披露的不完全统计的 2008 年诉案量也达 255 件。[23] 1996 年至今,在美国三大证券交易所上市的 6000 家公司中,有 2/5 以上至少在一次证券集团诉讼中被列为被告。2007 年一年内,总数约 2% 的上市公司在新提起诉讼中被告,针对其中非美国公司的诉讼比上年增长了 73%。同时,通常以和解结案的证券集团诉讼产生的赔偿金额也非常惊人。著名的安然和世通案的和解金额分别达到 71 亿和 61 亿美元,1998 年至 2007 年十年间的和解金额总计达 518 亿美元。而且,史上最大金额的十宗证券集团诉讼和解中,有九起出现在最近三年内;2007 年的和解总额是 1998 年的约 15 倍。[24]

二、集团诉讼的弊端和美国的遏制努力

需要强调的是,集团诉讼特别是证券集团诉讼如此扩张的态势,其实甚至是在近十五年间美国国会和最高法院不断打压下出现的。集团诉讼的内生弊端也很明显:第一,在某些类型的案件如大规模损害侵权(mass torts)中,不同成员身上的事实差异较大,同等处理有时并不科学和公平。第二,即使集团诉讼实现了对某一个案的一体对待,不同法院对此模式的态度却不尽相同。整体上州法院更倾向原告,而在联邦法院诉讼则一般有利于被告;而且,不同地区法院尺度各异,一些地区法院非常容易认可巨额的和解,导致很多集团律师刻意挑选(shop)某地法院申请诉讼。[25] 第三,美国宪法中重要的正当程序原则往往受到削弱,集团内个案间有意义的细节差异容易被忽略,和解动机常被不当地强化,在州法院系统审理集团诉讼时尤为明显。第四,集团诉讼虽能激励受害者参加,但集体行动困境并未消除,小额多数的本质,使成员依然缺乏动力去

---

[21] See Senate Report (Judiciary Committee) No. 109-14, The Class Action Fairness Act of 2005: Dates of Consideration and Passage, p.8 (February 28, 2005).

[22] See Interim Report of the Committee on Capital Markets Regulation, p.74 (Nov. 2006).

[23] 据斯坦福大学法学院研究机构统计,经合并计算后的诉讼则为 210 起(截至 2008 年 12 月 15 日),其中约半数案件指向金融服务业公司,http://securities.stanford.edu/scac_press/20080106_YIR08_Press_Release.pdf。

[24] See http://securities.stanford.edu/index.html,斯坦福大学法学院研究机构 Securities Class Action Clearinghouse 及其合作单位 Cornerstone Research 在此提供了有关美国证券集团诉讼的详尽统计。

[25] 例如伊利诺伊州的麦迪逊县法院,1998 年时只受理过两宗集团诉讼案件,但在其判决被告烟草公司赔偿 101 亿美元之后,各类集团诉讼纷至沓来,2003 年时达到 106 宗。类似的地区还包括佛罗里达州棕榈滩县、得克萨斯州杰斐逊县等,它们被戏称为对集团诉讼具有磁石吸引力或神奇的法院(magnet or magic courts)。

监督和约束集团代表和集团律师,尤其是后者往往完全主导了和解谈判,令集团诉讼沦为其谋取私利的工具。

美国法律界对于这些弊端并非没有认识。事实上,从《联邦民事诉讼规则》本身开始就试图有所限制。传统上英美法系的法官审案时持中而立,多倚仗诉讼双方发挥对抗功能,但在集团诉讼下法院的角色则要积极得多。[26] 第23(b)条规定法院在集团诉讼各阶段上都可以作出裁定进行调整,如要求提供证据、审查动议、规定通知方式等。更重要的是,第23(e)条对集团诉讼的撤诉与和解专门规定:未经法院批准、或者未将拟议中的撤诉或和解方案通知法院认定的应被通知的所有成员、并为集团成员提供法庭听证的机会之前,集团诉讼不得撤诉或者达成和解。法院在批准和解方案前,要召开听证会听取所有对和解协议的质疑。在确认和解协议符合集团成员最大利益的情况下,法院方可批准集团诉讼的和解。[27]

强化法院干预的首波制度安排在运行中未产生显著成效,社会对于集团诉讼的批评日增。一个显著例子是在消费者集团诉讼领域,代金券(Coupon)和解的方式逐渐流行:被告公司以代金券而非现金支付赔偿集团成员,集团律师则仍可获得现金。对被告而言,这种纠纷解决方案降低了实际支出,更平添了广告促销的效用。众多集团成员却面临代金券价值被高估、使用受到不合理条款限制等不利局面,成为唯一的输家。[28] 另一方面,不少基于抽象反欺诈、反不公平商业做法等州法条款、实际并无多少损害的集团诉讼,却通过州法院获得天价赔偿,引发工商界的强烈反对。[29] 有鉴于此,2005 年 2 月,主要代表工商界利益的共和党所主导的美国国会通过、同属共和党的小布什总统签署生效了《集团诉讼公平法》(Class Action Fairness Act)。[30]

该法第 2 条指出,过去十年中出现的集团诉讼滥用现象,是其立法目的所在;这些滥用损害了包括消费者在内原告集团成员的利益,阻碍了州际商业发展,降低了公众对美国司法体系的信任,导致消费价格上升和企业创新减少。[31] 该法的核心条款一是针对消费者集团诉讼,要求法院进一步加强对和

---

[26] 汤鸣:"美国集团诉讼的确认与通知程序",载《学海》2006 年第 5 期。

[27] 杜要忠:"美国证券集团诉讼程序规则及借鉴",载《证券市场导报》2007 年第 7 期。

[28] 法院也有努力试图干预,例如在一个案例中,法官就未批准支付购买通用汽车公司卡车的诉讼集团成员 1000 美元代币券的和解协议,See In re Gen. Motors Corp. Pick—Up Truck Fuel Tank Prods. Liab. Litig. , 55 F. 3d. 768, 788 (3d Cir. 1995)。

[29] See generally, Michael S. Greve, Harm-Less Lawsuits, Washington: AEI Press, 2005.

[30] See Juliana Kreese & Benjamin Rosenbaum, "The New Face of Class Action Litigation", 6 U. C. Davis Bus. L. J 12 (2005).

[31] 如下所述,由于针对证券集团诉讼领域美国国会已先行立法两部,《集团诉讼公平法》规定原则上将不适于该领域。See Jeffrey T. Cook, "Recrafting the Jurisdictional Framework for Private Rights of Action under the Federal Securities Law", 55 Am. U. L. Rev. 621, 642 (2006)。

解方案公平性的审查;明确了集团律师收费的计算方式,限制了其在代金券和解下的所得,客观上抑制了这种方式;增加被告就和解进行通知的义务,保护了集团成员的利益。[32] 另一核心条款则扩大了联邦对集团诉讼的初始和移送管辖权,被告更易基于州籍不同的最低要求将大多数跨州集团诉讼案件移至联邦法院,以恢复立宪者创设异籍管辖、促进州际商业发展的目的,并缓解各州裁判尺度不一、当事人挑选法院地起诉的问题。[33]

身为排头兵,证券集团诉讼实际上遭遇到更大的关注和质疑。从 20 世纪 80 年代中期起,就有学者相继提出[34]:证券集团诉讼对投资者虽然可起到一定保护作用,但大肆滋生的扰诉(strike suit)、滥诉(frivolous or nonmeritorious suit)却在将情况推向反面[35];工商界已难堪其负,无论判决还是和解,社会效益都很可能失大于得。[36] 美国国会于 20 世纪 90 年代中后期连续通过了两部法案予以回应。1995 年《私人证券诉讼改革法》(Private Securities Litigation Reform Act)旨在限制:不问缘由对任何股价显著波动兴诉;无端地扩大被告范围;滥用证据开示程序(discovery process)逼迫和解牟利;集团律师操控敛财。此外,立法者还对高科技和成长类公司频频作为被诉对象,表达了特别的忧虑。[37] 该法在实体方面的变动包括:确认了因果关系原则,限定了"欺诈市场"原则下的最高赔偿,为预测性披露提供了安全港规则,规定了轻率放任情况下有例外的比例责任。同时,该法主要从诉讼程序方面着手,包括提高原告起诉证明义务、中止证据开示程序。限制诉权滥用的重要手段还在于改革集团代表的产生办法(由先到先占改为存在最大利益关系),规定其受偿额不得超出在集团中所占的比例,任何人(机构投资者一般除外)3 年内担任集团代表不得超过 5 次。针对集团律师,该法强调其须经法院审查同意方可出任,控制律师收费比例(一般为 30% 以下),加大对其提起滥诉的处罚,增加其通知义务以便集团成员提出异议。[38] 此外,法案还试图通过强化审计师外部监督,来弥补对私

---

[32] 任自力:"美国《2005 年集团诉讼公平法》及其启示",载《国家检察官学院学报》2007 年第 4 期。

[33] 王承志:"美国集团诉讼中的法律选择问题",载《法学评论》2007 年第 2 期。

[34] See David Rosenberg, et al, "A Model in Which Suits Are Brought for Their Nuisance Value", 5 Int'l Rev. L. & Econ. 3, 3—4 (1985).

[35] See James Bohn & Stephen Choi, "Fraud in the New-Issues Market: Empirical Evidence on Securities Class Actions", 144 U. Pa. L. Rev. 903, 979 (1996).

[36] See generally, Janet C. Alexander, "Do The Merits Matters? A Study of Settlements in Securities Class Actions", 43 Stan. L. Rev. 497 (1991).

[37] See US H. R. Rep. No.369, p.31 (1995).

[38] See Stephen J. Choi, "The Evidence on Securities Class Actions", 57 Vand. L. Rev. 1465, 1468—1476 (2004).

人集团诉讼的削弱。[39]

《私人证券诉讼改革法》实施后评价参差。有实证研究指出:其立法目标并非达到,证券集团诉讼的数量未降反升[40],起诉速率亦无降低;但对象更趋集中于大公司以及违法迹象较明显的公司,使案件整体质量有所提高。[41] 鉴于新增的诉讼限制,一些原告集团于是转向州法院起诉或者申请仲裁,通过其他系统寻求证券法救济。[42] 为抑制该倾向及由此带来的司法不一致,美国国会不得不在1998年制定《证券诉讼统一标准法》(Securities Litigation Uniform Standards Act),扩张了《私人证券诉讼改革法》规定的适用范围,明确了联邦法院在大多数情况下的管辖权(特别是对集团成员超过50人的)。[43] 有必要指出的是,美国国会的这些限诉倾向并非孤立,联邦最高法院就此给予了积极的呼应。在证券领域的最近三则重要判例中——Dura案[44]、Tellabs案[45]、Stoneridge案[46],都就《私人证券诉讼改革法》意图加以重申,一再表达对集团滥诉的持续警惕,并给出了相应的判决。

三、证券集团诉讼的制度异化和失灵

就证券集团诉讼而言,集团诉讼制度的四大弊端不同程度地全都有所显现,最突出的是证券集团律师的主导和操控。如前所提及,美国证券集团诉讼几乎都以和解结局[47],原因就在于当获得法院许可、诉讼展开后,尽快达成和解了事、避免长期争讼直至法院最终判决,符合对抗双方主导者的最大利益。长期诉讼对被告公司的不利影响在于:(1)诉讼成本高,且由于案件性质,证据

---

[39] 随后发生的安然、世通等一系列重大公司丑闻,似乎表明这一替代策略并不成功。See for example, John Coffee, Jr., "What Caused Enron?: A Capsule Social and Economic History of the 1990s", 89 Cornell L. Rev. 269 (2004). 此外,有关《私人证券诉讼改革法》实施后的效果,下文将有进一步的讨论。

[40] 该研究样本期是1996年至2001年。之后案件数量曾从2004年的213起大幅下降到2006年的110起,但如前所述,随后即又呈现反弹。因此整体观察,证券集团诉讼在近十多年间数量变化不大,限制举措在这方面的效用不显著。

[41] See Michael Perino, "Did the Private Securities Litigation Reform Act Work?", 2003 U. Ill. L. Rev. 913 (2003).

[42] See Michael Perino, "Fraud and Federalism: Preempting Private State Securities Fraud Causes of Action", 50 Stan. L. Rev. 273 (1998).

[43] See Adam Pritchard & David Levine, "The Securities Litigation Uniform Standard Act of 1998", 54 Bus. Law. 1 (1998).

[44] See Dura Pharmaceuticals, Inc. v. Broudo, 544 U.S. 336 (2005).

[45] See Tellabs, Inc. v. Makor Issues and Rights, Ltd., 127 S. Ct. 2499 (2007).

[46] See Stoneridge Investment Partners, LLC v. Scientific-Atlanta, Inc., 128 S. Ct. 761 (2008).

[47] 据统计从1996年至今,只有13起证券集团诉讼案件最终是以法院判决结束,而其中只有3起对原告有利。See Adam T. Slavett, Risk Metrics Group, Securities Class Action Trials in the Post-PSLRA Era (Feb. 2008), http://slw.riskmetrics.com/SCAS%20Trials.pdf.

开示程序对双方影响很不对等,被告往往被要求提供大量并不必要的资料,特别是原告集团律师刻意刁难的情况下;(2)一旦被判决败诉,潜在的赔偿金额不易控制,尤其是当法院依法可适用三倍惩罚性赔偿规则的情况下;(3)和解中可约定由其他被告如会计师、投行等分担赔偿,如果判决,则公司可能基于连带责任要实际付出更多[48];(4)被告须聘请己方的辩护律师(通常少见采用胜诉酬金制),虽不太惹眼但却费用惊人,有研究称可达和解金额的25%—35%[49];(5)诉讼不可避免会牵扯经营者精力,干扰正常经营,对公司声誉造成破坏。[50] 另外学者还从信息不对称的角度[51]、认知心理学风险厌恶的角度[52],解释被告公司在即便原告胜算不大情形下和解的动机。

实际上,一个更为关键的决定因素很可能是被告公司董事、高管的自利。因为他们享有的职务保险和责任补偿协议,依照法律和判例不得适用于判决赔偿,但可以用于和解。[53] 显然,自保心态足以令被告的这些实际决策者在面对即便是牵强的诉讼时积极和解。[54] 反观原告集团律师,同样基于自利,一方面会全力争取法院许可集团诉讼,另一方面在此之后,就不会再和被告拼死相搏,因为此时两者利益趋向靠拢,将对方逼向绝境,很可能会增加自己取胜的难度,何况判决记录对原告也并不特别有利;考虑成本收益,尽快达成和解、将精力转向下一个目标更为合算。虽然和解可能不符合集团成员的最大利益,但集体行动困境决定了他们难以对集团律师形成有效约束。被告公司投资者(现在或曾经的股东)于是往往在两位代理人——董事、高管和集团律师的默契中被出卖。

集团律师的自利和滥权是如此恶劣和嚣张,以致截至目前的批判和改进大多聚焦于此,证券集团诉讼制度的某些本质悖论反而被常常忽略。填补投资者损害和惩戒阻却违法者,是证券集团诉讼及其所创制责任的两大目标,遗憾的是在现行制度下它们却遭遇了双重失败。1995年美国国会的报告显示:原告投资者实际能从和解中所获赔偿,只相当于其损失的百分之几[55],有研究机构

---

[48] 这三项不利影响在上述两项法案实施后已有所缓解。

[49] See Baker Tom & Sean J. Griffith, "The Missing Monitor in Corporate Governance: The Director' & Offices' Liability Insurer", 95 Geo. L. J. 1795 (2007).

[50] 任自力:"美国证券集团诉讼变革透视",载《环球法律评论》2007年第3期。

[51] See Lucian A. Bebchuk, "Suing Solely to Extract a Settlement Offer", 17 J. Legal Stud. 437, 440 (1988).

[52] See Chris Guthrie, "Framing Frivolous Litigation: A Psychological Theory", 67 U. Chi. L. Rev. 163, 179—181 (2000). 另一方面,认知心理学也可提供了集团律师为何热衷提起诉讼的解释:哪怕概率低,但回报太具吸引力。

[53] See Joseph P. Monteleone & Nicholas Conca, "Directors and Officers Indemnification and Liability Insurance: An Overview of Legal and Practical Issues", 51 Bus. Law. 573 (1996).

[54] 就职务保险和责任补偿协议存在的问题,下文将有进一步的讨论。

[55] "Pennies on the dollar", See S. Rep. No. 104-98, at 6 (1995).

佐证:1991年至2004年间,每年的这一比例从未超过7.2%(该峰值出现在1996年),2002年至2004年甚至都低于3%。[56] 造成比例之低首要的(尽管间接)影响因素是损失巨大,而损失巨大的原因在于股价"超"跌。当欺诈曝光、纠正信息公布后,股价深调中不仅包含针对虚假陈述内容等的调整,更涵盖了对随之而来证券集团诉讼的合理预期。未来的巨额和解如下所述,最终实际上又将由公司负担,这种正反馈的叠加效应,必然使股价调整超过单纯欺诈内容的影响。[57] 股东诉讼维权机制本身在某种程度上自动扩大了其损失。

接下来,至少有四重因素直接导致了受偿比例低下。首先,受举证要求、诉讼技术的影响,并非所有的股价差异都能被认定为可归因于欺诈的损失,即事实上的损失和法律上可确认的损失存在不一致。其次,为了尽快达成和解,集团律师通常不会竭力地主张损失,最大限度地争取原告所得,因其与自己利益并不太相符。再次,诉讼争议事件发生期间,在原告受损的同时,必定存在着对手幸运地从交易中净获益,而这部分收益在现行法律下并不被追索及要求吐出(garnishment)。[58] 假定被告公司在此期间没有开展过再融资或并购而使自身获益,这一部分是否也应由其承担,实际上大可商榷。[59] 最后,在已大幅缩水的和解金额中,将近一半(47%)要被用于支付制度交易成本:除了集团律师的约三分之一,还包括专业通知机构、原告管理人和顾问等各种中介。[60]

始料未及并未到此结束。甚至在可怜的投资者内部,证券集团诉讼制度仍进一步加剧了不公。理论上,理性投资者应该分散(diversified)、组合(portfolio)投资,而通过投资于20家公司就可能将非系统风险有效降低99%,因此基本无需证券诉讼的保护。[61] 换言之,证券集团诉讼整体上是在由分散投资者补贴非分散投资者,产生鼓励非理性的效果。[62] 同时,一般认为,证券集团诉讼是保护小投资者的利器,其实未必。小投资者往往选择长期持有,因此恰在诉讼争议事件发生期间买或卖的可能性都较低,相比对冲基金等频繁交易者,

---

[56] See NERA Economic Consulting annual report, 转引自John C. Coffee, Jr., "Reforming the Securities Class Action: An Essay on Deterrence and Its Implementation", 106 Colum. L. Rev. 1534, 1545 (2006).

[57] See Jennifer Arlen & William J. Carney, "Vicarious Liability for Fraud on Securities Markets: Theory and Evidence", 1992 U. Ill. L. Rev. 691 (1992).

[58] 当然,公司董事、高管等通过内幕交易等借机取得的利益可以被追究。

[59] 即便假定由公司董事、高管来承担,如下所述,他们往往也可通过保险间接地转嫁给公司。

[60] See Eleanor Laise, "Picked Clean-Plaintiff's Attorneys and Middlemen Thrive under the Securities Class-action System: What's in it for you? Pretty Much Bupkis", Smart Money (May 1st, 2005).

[61] See Richard A. Booth, "The End of Securities Fraud Class Action?" Regulation (Summer 2006), p.48.

[62] 同样,这里假定没有利益通过再融资或并购输送给被告公司,或者通过内幕交易等溢出给公司董事、高管等或其可以被追回,即只在投资者之间转移。

成为上述幸运净获益者的可能性就低;相比共同基金,刚好买入有资格成为原告求偿的可能性也低。[63] 他们通常是"抱股"被动经历事件始终,空欢喜一阵子后又被超跌严重打击,受伤最深;不仅如此,如下所述,管理者违法的责任通过层层转嫁(通过保险公司、被告公司),最终还会落在这些最"忠诚"的股东身上。无论如何,从概率上分析,小投资者将补贴机构投资者。小投资者当然可以通过共同基金参与,但后者即使通过和解获赔,其如何分配仍存变数,而且基金持有人也在随时变化,受害人和受偿人不匹配的问题可能还会加重。[64]

在惩戒违法者方面,证券集团诉讼同样令人失望,对潜在行径的阻却自然乏善可陈。虽然个人如公司董事、高管常常也被列为被告,虽然投行、会计师等有时也会分担责任[65],但总体上和解赔偿绝大部分来源于保险公司[66],其余多由被告公司负担,个人被告负担的部分不超过 0.5%。[67] 在 2000 年的著名案例——酒店租车业巨头胜腾公司(Cendant)会计违规造假诉讼中,32 亿美元和解中的 28.5 亿出自胜腾公司,其余由审计事务所负担,个人被告没有实际支出。[68] 如今保险公司提供的保障更为周全,不仅覆盖了董事、高管需自付的部分(side a coverage)、公司依照责任补偿协议需支出的部分(side b coverage),更延伸到公司自己需承担的责任(side c coverage)。[69] 同一家保险公司往往打包提供所有上述保险。

当然,保险机构这样做并非仅仅出自好心,因为保费也会相应提高。董事、高管当然乐意使自己得到保护,同时也不会介意慷公司之慨花重金保费换取保险公司不来干预自己的行为,既包括在做决策时更加随心所欲,也包括被诉之

---

[63] See Anjan Thakor, The Unintended Consequences of Securities Litigation (US Chamber institution for Legal Reform, Oct. 2005), pp. 10—11.

[64] See James D. Cox & Randall S. Thomas, "Letting Billions Slip through Your Fingers: Empirical Evidence and Legal Implications of the Failure of Financial Institutions to Participate in Securities Class Action Settlements", 58 Stan. L. Rev. 411, 449 (2005).

[65] 这种情况多出现在被告公司破产的情况下,且投行、会计师等越来越多地受到比例责任的保护。此外,对于被告公司及其内部人之外的次级(secondary)主体,联邦最高法院目前的倾向是限制其承担责任甚至成为被告,See Stoneridge Investment Partners, LLC v. Scientific-Atlanta, Inc., 128 S. Ct. 761 (2008).

[66] 例如,一项研究表明:20 世纪 90 年代中期,保险公司、被告公司、其他被告负担和解赔偿的比例分别是 68.2%、31.4% 和 0.4%。See Frederick C. Dunbar et al., NERA Economic Consulting report (1995),转引自 John C. Coffee, Jr., "Reforming the Securities Class Action: An Essay on Deterrence and Its Implementation", 106 Colum. L. Rev. 1534, n.61 (2006).

[67] See Donald C. Langevoort, "Capping Damages For Open Market Securities Fraud", 38 Ariz. L. Rev. 639, 648 & n.43 (1996).

[68] See Donald C. Langevoort, "On Leaving Corporate Executives 'Naked, Homeless and Without Wheels': Corporate Fraud, Equitable Remedies, and the Debate over Entity Versus Individual Liability", 42 Wake Forest L. Rev. 627, 628 n.2 (2007).

[69] See Baker Tom & Sean J. Griffith, "The Missing Monitor in Corporate Governance: The Director' & Offices' Liability Insurer", 95 Geo. L. J. 1795, 1802 (2007).

后聘请最好的律师不计成本地周旋。[70] 这也部分地解释了为什么一家财富500强公司在美国支付的相关保费超过其在欧洲花费的6倍。[71] 然而,无论是被告公司支付,还是保险公司负担,违法行为通常的罪魁祸首——董事、高管及其控制人大都可全身而退,损失体现为公司成本最终转嫁给股东,差别无非是在无辜投资者之间如何分摊。难怪有学者评论"集团诉讼的问题并非是什么治疗使病情加重,疗法就是病因所在"[72]。

四、问题症结和解决思路

证券集团诉讼绝非始自蹩脚或恶毒的设计,但一项精巧的制度如何在合成谬误下难堪地距其初衷渐行渐远,的确发人深思。诉讼可以维权,在美国尤其如此;为克服集体行动困境,集团律师被引入。然而新的委托代理问题就此产生[73],而且同样基于集体行动困境,对集团律师的激励很快走向过度,而约束无几,其出于或自利或推诿,与先一拨委托代理人——公司董事、高管的谈判迅速演化为默契[74],原告投资者遭受二次背叛,利益被再度边缘化。数目有限的剩余和解金最终在投资者间被不太公平地分配,形成了不合理方向上的补贴,补偿功能变得微弱。[75] 由于主要由公司而非个人被告支付和解金,集团诉讼打击的不是实际加害者而是公司,特别是对于持续持股的投资者,实质无异于责任循环自我负担(circularity problem),财产从左口袋换到右口袋(pocket shift);保险机制则进一步加剧了道德风险[76],委托代理人与理应的监督者再次实现共谋,把以费用面目出现、膨胀后的损失无情地透过公司甩给股东们。

证券集团诉讼及其周边机制就像一支杠杆,支起的却是快速放大的交易成本。集团律师(及附属其的集团代表)、保险公司从中渔利,公司主事者获得不

---

[70] See James D. Cox, "Making Securities Fraud Class Actions Virtuous", 39 *Ariz. L. Rev.* 497, 512 (1997).

[71] See Committee on Capital Markets Regulation, Interim Report, p.78 (Nov. 2006), http://www.capmktsreg.org/pdfs/11.30Committee_Interim_ReportREV2.pdf.

[72] See Richard A. Booth, "The End of Securities Fraud Class Action?" *Regulation* (Summer 2006), p.51.

[73] See Oliver E. Williamson, "The Modern Corporation: Origins, Evolution, Attributes", 19 *J. Econ. Literature* 1537, 1544—1546 (1981).

[74] See John C. Coffee, Jr., "Understanding the Plaintiff's Attorney: The Implications of Economic Theory for Private Enforcement of Law through Class and Derivative Actions", 86 *Colum. L. Rev.* 669, 679—680 (1986).

[75] See Merritt B. Fox, "Demystifying Causation in Fraud-on-the-Market Actions", 60(2) *Bus. Law.* 507 (2005).

[76] See Tom Baker, "On the Genealogy of Moral Hazard", 75 *Tex. L. Rev.* 237 (1996).

适当的保护[77],违法者得不到追究因而不可能止步、只会变本加厉,投资者的境遇没有显著改善甚至有些人变得更糟。诉讼转化成商业风险,和解沦落为分配机制,而且都趋向负面。长此以往,美国的经商环境当然会恶化,外国公司和投资者会被吓跑,资本市场将在全球竞争中处于不利。[78] 如果不加以限制,证券集团诉讼恐彻底演变为一门生意,社会风气将向下沉沦。

阻断通向毁灭或者荒谬之路,笔者以为可以从三个层面考虑。微观上自然是在诉讼自身中求出路,特别是继续加强法院对证券集团诉讼的审查和干预,主要着眼点是限制和打击集团律师的不当行为,同时找到或培养原告投资者利益的切实代言人,既对前者形成内部制衡和监督,又更好地实现受害者补偿的功能。这其实也是《私人证券诉讼改革法》以来美国主要努力的方向,十几年间确收到一些成效。集团代表产生由先到先占改为存在最大利益关系后,机构投资者更频繁地作为集团代表提起了集团诉讼[79],对于提高和解受偿金额也有些作用。[80] 司法机关对于集团律师违法行径的追诉大大强化,尤其是2007年至2008年对于集团诉讼头号律所 Milberg Weiss、标志性律师 Bill Lerach、Melvyn Weiss 等人的刑事追诉[81],全面曝光了1979年至2005年间他们支付回扣"雇佣职业原告"充当集团代表、虚增客户损失额以争任集团律师等劣迹,这些律师和集团代表全部认罪或入狱。此外,法院还可通过一些技术性手段,如提高原告集团举证、通知标准,赋予被告更灵活的上诉权利,限制滥诉的发生。

然而正如前文数据所揭示,证券集团诉讼从数量到规模并没有减少。新近发表的学者实证研究也大多表示《私人证券诉讼改革法》等立法意图整体上尚未实现。例如,机构投资者对集团律师更强的监督作用理论上成立,但未得到统计证实,和解赔偿占损失的比例反而呈现下降[82];集团诉讼主流专业律所的构成和市场份额变化不大,只是基于新规定下扩大客户源的需要[83],出现了不

---

[77] *See* Kent D. Syverud, "On the Demand for Liability Insurance", 72 *Tex. L. Rev.* 1629, 1640—1649 (1994).

[78] *See* John C. Coffee, Jr., "Foreign Issuers Fear Global Actions", *Nat'l L. J.* (June 14, 2007).

[79] *See* Stephen J. Choi & Robert B. Thompson, "Securities Litigation and Its Lawyers: Changes During the First Decade After the PSLRA", 106 *Colum. L. Rev.* 1489, 1530 (2006).

[80] *See* James D. Cox & Randall S. Thomas, "Does the Plaintiff Matter? An Empirical Analysis of Lead Plaintiffs in Securities Class Actions", 106 *Colum. L. Rev.* 1587—1588 (2006).

[81] *See* Peter Lattman, "Closing Argument: Mr. Lerach Mulls Life Behind Bars", *The Wall Street Journal* (Feb. 12, 2008).

[82] James D. Cox & Randall S. Thomas, "Does the Plaintiff Matter? An Empirical Analysis of Lead Plaintiffs in Securities Class Actions", 106 *Colum. L. Rev.* 1587(2006).

[83] 集团诉讼中,集团律师向其他律师支付"介绍费(分成)"的做法由来已久,虽然后者并不实际参与工作。这种操作可能进一步蚕食了原告本可获得的和解份额。

同性质、等级律所合作共同出任集团律师的趋势。[84] 机构投资者与集团诉讼专业律所的持续紧密互动,其实令人亦喜亦忧,最大利益关系的要求,已使后者"收买"集团代表(Pay to play)的目标更多地锁定在机构投资者。[85] 接近利诱共同基金、向对公共养老基金有着决定权的官员提供竞选献金(主要通过其顾问机构)等均有证可查[86],知名者如在胜腾公司案中纽约州基金主管官员收取的约10万美元献金。[87] 已有国会议员提交法律草案,要求立法规定对类似支付、捐献进行披露,并对集团律师选任进行竞标。[88] 除了在这一端受到影响,机构投资者基于资本市场反复博弈者的定位,需要考虑与上市公司群体的长期关系,顾忌"不合作"、"难相处"的圈内名声,在面对被告公司时,未必只针对个案盘算,消极甚至背叛(集团)都可能是"理性选择"[89];此外,前文已论及机构投资者受损机会其实可能相对更小、更易被分散,代表性也许不像乍看上去那样充分。总之,机构投资者作为集团代表时面临的利益冲突更为复杂,倒是非常值得警惕。这也解释并预示了美国只依靠现有思路,局部地医头医脚都难以解决问题。

中观上的改进需要跨出诉讼一隅,结合公司证券法乃至商业机制的整体变革来做文章。目前突出的一个问题是惩戒阻却违法者功能的失灵,证券违法行为的主谋和最大受益者——公司董事、高管、控股股东及其控制人在很大程度上被隔绝了责任,公司成为"替罪羊",风险间接地被转回股东身上,并且此时损失还经过了集团诉讼的放大。公司承担这种雇主责任既不公平,同时由于无法通过合同有效限制内部人和控制人而没有效率。[90] 公司其实也是受害者,当初主要基于补偿投资者的便利被拖入被告席,既然这个目标远未实现,没有理由继续让方便的、更深的口袋成为实际上唯一的口袋,进一步"惩罚受害者"——作为群体的股东。对于欺诈市场下的证券集团诉讼,追究个人被告及

---

[84] Stephen J. Choi & Robert B. Thompson, "Securities Litigation and Its Lawyers: Changes During the First Decade After the PSLRA", 106 *Colum. L. Rev.* 1530(2006).

[85] See John C. Coffee, Jr., "Nobody Asked Me, But...", *Nat'l L. J.* (January 18, 2007).

[86] See Kevin McCoy, "Campaign Contributions or Conflicts of Interest", *USA Today* (Sept. 11, 2001).

[87] See Shaila K. Dewan, "Donors to McCall Profit in Cases State Pursues Against Corporate Wrongdoers", *New York Times* (Aug. 14, 2002).

[88] See John Cornyn (Senator) & Jeb Hensarling (Congressman), The Securities Litigation Attorney Accountability and Transparency Act, S. 3033, H. R. 5463.

[89] See James D. Cox & Randall S. Thomas, "Leaving Money on the Table: Do Institutional Investors Fail to File Claims in Securities Class Actions?", 80 *Wash. U. L. Q.* 855, 879 (2002).

[90] See Alan O. Sykes, "The Boundaries of Vicarious Liability: An Economic Analysis of the Scope of Employment Rule and Related Legal Doctrines", 101 *Harv. L. Rev.* 563, 571—581 (1988).

控制人的责任更加合理,尤其是就惩戒阻却实际违法者的目标而言。[91] 因此,一方面可以限定诉讼(和解)金额规模,驱动集团律师更积极地去对抗被告[92],另一方面,可以通过比例责任限制公司本身的负担并将其适用于和解[93],甚至可考虑将在诉争涉及期间没有参与交易(通过再融资或股份并购)的公司排除出证券集团诉讼,至少是最常见的规则 10b-5 诉讼。[94]

与此相关联的还有保险机制。理论上,保险公司应当起到对投保公司的监督功能[95],但如前所述,两者之间却往往形成皆大欢喜的共谋。这种格局必须改变。有学者建议首先要求详细披露保险费用和合同[96],这很有必要但仍不够。一家保险公司同时为被告公司与其董事、高管提供保险,即便可以提出效率方面的理由,但鉴于利益冲突过于明显,有必要予以禁止或严格限制。对于公司董事、高管职务保险,应当施加更严厉的审查,扩大免赔范围,压缩承保额度,真正落实其个人责任。同样的审查,也应适用于公司与他们签订的责任补偿协议。当然,实现这些变化的过程将非常复杂,需要美国国会新立法和最高法院对已有案例进行重新审视。的确,这样做不利于董事、高管放手工作,但在"商业判断规则(Business Judgment Rule)"的总体呵护下,对非违法者的保护并不会削弱太多。也唯其如此,保险在公司治理中的监督作用才有望发挥,现行集团诉讼下的扭曲才可能被矫正。[97] 包括保险问题在内,股东都应该被赋予更大的决定权,这实质上也涉及美国公司治理范式的整体性调整。[98]

宏观上,私人诉讼与公共执法在法律实施中的关系,有必要借此作进一步深思。美国证券领域素来是两条腿走路,公私并举,私人民事诉讼的案件金额

---

[91] See Jennifer H. Arlen & William J. Carney, "Vicarious Liability for Fraud on Securities Markets: Theory and Evidence", 1992 *U. Ill. L. Rev.* 691, 694—700 (1992).

[92] See Donald C. Langevoort, "Capping Damages For Open Market Securities Fraud", 38 *Ariz. L. Rev.* 639, 658 (1996).

[93] See John C. Coffee, Jr., "Reforming the Securities Class Action: An Essay on Deterrence and Its Implementation", 106 *Colum. L. Rev.* 1534, 1573—1579 (2006).

[94] Id, pp.1582—1584. 关于规则 10b-5 诉讼的情况,可参见郭雳:"虚假陈述证券欺诈法律责任的边界"(未刊稿)。

[95] See Clifford Holderness, "Liability Insurers as Corporate Monitors", 10 *Int'l. Rev. Law & Econ.* 115, 116 (1990).

[96] See Sean J. Griffith, "Uncovering a Gatekeeper: Why the SEC Should Mandate Disclosure of Details Concerning Directors' and Officers' Liability Insurance Policies", 154 *U. Pa. L. Rev.* 1147 (2006).

[97] See Tom Baker & Sean J. Griffith, "Predicting Corporate Governance Risk: Evidence From the Directors' & Officers' Liability Insurance Market", 74 *Chi. L. Rev* 487, 543—544 (2007).

[98] See Lucian A. Bebchuk, "The Myth of the Shareholder Franchise", 93 *Va. L. Rev.* 675, 732 (2007).

往往超过联邦证交会(SEC)、州证券监管机构的执法金额。[99] 集团律师也往往自诩为代表私人利益的"检察官"、证券市场上的"警察",嘲笑 SEC 等作风官僚、非议其资源有限、指摘其激励不足、质疑其监管俘获,这些情况的确存在,但事实也已充分展示了证券集团诉讼的制度扭曲,促使人们认识到:其一,私人诉讼同样存在着根本性局限。既然集团律师打着"检察官、警察"的招牌,是否也应遵守类似公务员的伦理操守、接受类似的监督特别是报酬呢?[100] 而且,诉讼占用司法资源,同样会增加社会成本,却往往不为人所在意。诉讼滥用还可能扰乱政府的监管策略,造成执法过度或浪费。[101] 其二,公共执法不仅因其性质具有公正、专业、受监督等优势,更有利于克服私人诉讼下的一些弊端。例如,SEC 实施处罚或和解中的罚款,不得由保险支付[102];又如,监管措施可以非财产性的方式作出(如责令对象完善其公司治理)。[103] 其三,两者之间应形成补充而非替代的关系。一些美国学者提出了公私协作的建议,例如由 SEC 对拟提起的私人诉讼进行事先过滤[104],又如在通过两种方式获得的民事赔偿间建立某种分享机制[105],在 SOX 法案授权 SEC 建立用于补偿投资者的公平基金(fair fund)后,相关协调变得尤为重要。虽然安然事件后,SEC 的规模扩张了约 2/3,但最近饱受监管松弛的批评,所提指控也创 1991 年来新低[106],自身不乏有所作为的变革动力,而民主党主导的新政府和美国国会也为加强监管提供了有利契机。公共执法的改善以及与私人集团诉讼间的更多互动,应当是可以预见的。

五、移植借鉴与本土化认识

尽管问题重重,美国不会放弃(证券)集团诉讼。事实上,改变往往都相当

---

[99] See Howell E. Jackson, "Variation in the Intensity of Financial Regulation: Preliminary Evidence and Potential Implications", 24 *Yale J. on Reg.* 253 (2007).

[100] See John H. Beisner, et. al., "Class Action 'Cops': Public Servants or Private Entrepreneurs", 57 *Stan. L. Rev.* 1441 (2005).

[101] See Matthew Stephenson, "Public Regulation of Private Enforcement: The Case for Expanding the Role of Administrative Agencies", 91 *Vir. L. Rev.* 93 (2005).

[102] See Baker Tom & Sean J. Griffith, "The Missing Monitor in Corporate Governance: The Director' & Offices' Liability Insurer", 95 *Geo. L. J.* 1795, n.16 (2007).

[103] See Jayne Barnard, "Corporate Therapeutics at the Securities and Exchange Commission", 3 *Colum. Bus. L. Rev.* 793 (2008).

[104] See Amanda M. Rose, "Reforming Securities Litigation Reform: Restructuring the Relationship between Public and Private Enforcement of Rule 10b-5", 108 *Colum. L. Rev.* 1301 (2008).

[105] See Janet C. Alexander, "Rethinking Damages in Securities Class Action", 48 *Stan. L. Rev.* 1487, 1489 (1996).

[106] See Eric Lichtblau, "Federal Cases of Stock Fraud Drop Sharply", *New York Times* (Dec. 25, 2008).

艰难。克林顿总统就曾基于投资者保护否决(veto)过《私人证券诉讼改革法》(后经美国国会特别多数表决才最终通过);《集团诉讼公平法》的序言开篇也不忘强调:"集团诉讼是法律体系中重要和有价值的组成部分,是将众多分散原告诉求合而为一、得以公平有效解决争议的手段。"[107] 集团诉讼制度在美国有着深刻的繁荣基础,包括:(1) 浓重的对抗传统;(2) 充满进取心、高度激励的律师行业;(3) 强大的司法创制文化;(4) 联邦制下的双重法院体制。[108] 很自然地,这项制度也在向全世界辐射,并引发热烈反响。英国、加拿大、澳大利亚等普通法系的部分地区已建立该制度,南非、苏格兰、斯堪的纳维亚半岛国家等也在探讨尝试。大部分国家则由于理论、文化、经济、制度等各种原因多停留在讨论阶段。[109] 特别是在大陆法系国家,该制度遇到更多阻力,值得关注。有日本学者认为引进难以成功,因为这项"着眼于解决原发性纠纷的事实出发型制度,并不能与规范出发型的日本制度相融合"。[110] 德国移植的困难也类似地源于:(1) 既判力向第三人扩张与其民诉原理不符;(2) 诉讼费用及律师报酬制度与美国不同;(3) 损害计算及赔偿分配困难。[111]

近年来,集团诉讼的移植借鉴出现了新进展。为促进统一市场和电子商务,欧盟正在考虑参考集团诉讼,建立保护消费者的"集体救济"(Collective Redress)机制。[112] 在证券领域,德国于 2005 年 11 月 1 日实施了《资本市场示范案例法》(Capital Markets Model Case Act)开展试点,适用于证券虚假陈述和违约案件,并规定了 5 年的有效期间,届满后检讨效果以决定是否继续乃至推广。该法提供了与德国现行民事诉讼并行的一种机制:原告可以通过新设立的电子系统查询、登记,便捷地参与案件,分摊诉讼费用;先由一级特定法院(Higher Regional Court)审理后给出示范性案例判决,受理法院据此再针对每一个案裁决。不同于美国集团诉讼,原告不能代表未实际授权其的未知受害者,律师不得采取胜诉酬金;德国的实体法规定也没有改变,例如判决不能包括补偿之外

---

[107] See The Class Action Fairness Act, §2(a)(1).

[108] 史蒂文·苏本、玛格瑞特·伍:《美国民事诉讼的真谛》,蔡彦敏、徐卉译,法律出版社 2002 年版,第 194 页。

[109] See Thomas D. Rowe, Jr., "Debates over Group Litigation in Comparative Perspective: What Can We Learn from each other?, Forward", 11 *Duke J. of Comp. & Int'l L.* 157 (2001); See also, Stefano Grace, Strengthening Investor Confidence in Europe: U. S.-Style Securities Class Actions and the Acquis Communautaire, 15 *Journal of Transnational Law & Policy*, 281—304 (2006).

[110] 中村英郎:《新民事诉讼法讲义》,陈刚、林剑锋、郭美松译,法律出版社 2001 年版,第 85 页。

[111] 上原敏夫:《団体訴訟・クラスアクションの研究》,日本商事法务研究会平成十三年(2001 年)版,第 244—245 页。

[112] See George Parker, "EU Considers Consumer Class Action", *Financial Times* (Mar. 4, 2007).

的惩罚性赔偿。[113] 整体来看,德国的尝试举措非常谨慎,尽力减少对既有诉讼体制和理论框架的冲击,小心约束律师活动的空间;而充分利用技术进步、注意发挥专业法庭的作用,则是其亮点所在。

较为积极、完整地引进美国集团诉讼的例子是韩国。在美国学者的建议下[114],2003年底韩国国会通过《证券集团诉讼法》,自2005年1月1日起分阶段实施[首先适用于总资产两万亿韩元(约17亿美元)以上的公司,2007年起适用于所有上市公司;对某些案件类型有例外]。该法呈现出下列特点:受案范围采列举方式;原告50人以上、合计持有公司股份万分之一的方可提起集团诉讼;对集团实行"声明退出"规则,但要求法院给予成员逐一通知;诉讼费用按普通诉讼打五折并规定上限,只在法院认为必要时要求原告提供担保,但其败诉需负担被告诉讼费用;律师持有被告公司股份的则不能担任集团律师;在防止滥诉上,3年内3次的限制较美国更严厉,且不仅适用于集团代表,还包括集团律师。由于门槛设定较高,限诉方面又几乎照搬了美国《私人证券诉讼改革法》,该诉讼目前在韩国的实际应用情况很少,制度功效尚未充分显现。[115]韩、美两国学者就此也进行了比较研究。[116] 纽约大学韩裔美籍教授斯蒂芬·崔提出制度移植需要考虑的因素包括:资本市场与公司规模、政府类型与公共执法能力、法律界(律师、法官等)水准、实体法规定。通过分析韩国现状,他认为该项借鉴努力是有益的,此外:韩国的市场规模和法律服务群体制约着集团诉讼[117];同时诉讼风气不盛、律师职业操守和团体凝聚力强,滥用风险较美国远远要小,可考虑稍放宽限制;韩国公务员素质高,公共监督可以倚仗;现行规定将集团诉讼引向财阀大公司,而这恰是政府执法的软肋,或可有助于促进公司治理。[118]

中国的取舍决断亦应如此。如前所述,对于集团诉讼整体及其与现行民诉制度的龃龉和衔接,国内已有不少讨论,下文评述仍拟主要集中于证券法实体领域;同时,针对诉因要件、集团组成、诉讼各阶段举证配置、损害赔偿额确定、责任分配等技术性细节值得专文详论,笔者在此仅从宏观政策性层面简述观点。基本立场是:发展阶段和国情实际不同,对美国(或任何国家)的做法不易

---

[113] http://www.bmj.bund.de/kapmug.

[114] See Bernard Black, et. al. , "Final Report and Legal Reform Recommendations to the Ministry of Justice of the Republic of Korea: Introduction to the Report", 26 *J. Corp. L.* 546, 569 (2001).

[115] 汤欣:"私人诉讼与证券执法",载《清华法学》2007年第3期。

[116] 例见,权赫在:"证券集团诉讼的研究:韩国的经验",载《河北法学》2007年第2期。

[117] 韩国同时也存在传统的选定当事人诉讼,以及由民间公益性组织发动的团体诉讼,例如著名的"参与民主人民联盟"(PSPD)。

[118] See Stephen J. Choi, "The Evidence on Securities Class Actions", 57 *Vand. L. Rev.* 1465, 1507—1525 (2004). 对于最后一点,本文作者以为是更多地体现了理想色彩。

轻率进行判断,既不可盲从套用集团诉讼模式,也不宜对《私人证券诉讼改革法》等所有倾向都亦步亦趋,尤其是后者。美国体制存在着独特的因素(如联邦制、商业性诉讼文化),证券领域也有着自身特点:例如不同于消费者案件,代金券赔偿较少出现;又如不同于环境、产品侵害案件,一般不存在大量的潜在未知受害者,因此其实比较适合作为集团诉讼在我国的试点类型。更重要的是,虽然值得持续警惕,造成美国制度异化的主要因素——激进的律师群体、胜诉酬金、和解和保险机制,在我国目前都并不突出;滥诉也远非制约中小、高科技企业的主要问题。这些总体上应属远虑而非近忧。

证券法制实现方式的选择,既要考虑资源分配(如选择侧重保护国有资产还是一般投资人)[119],也受路径依赖的制约(新的制度供给难以一蹴而就)。如果说美国是私人诉讼过度膨胀,需要抑制,我国的现状则是过分倚重证监公共执法,两者都需寻求平衡。资本市场由政府推动的发展路径、大量上市公司的国有属性、行政干预的思维和行为定势,客观上形成了对我国私人证券诉讼的天然制约。然而以发展的眼光来看,集团诉讼、团体诉讼[120]、证券仲裁、(证监会)行政审裁都有必要尝试,与传统方法一道构建多元化的纠纷解决体系;只有竞争才能激发各自优势的充分发挥,彼此间呈现补充而非完全替代的关系,并在某一特定阶段发现针对某类特定问题的最优解。德国的思路也非常有益:借助技术创新,寻求集团诉讼有益因素与主流路径嫁接,同时划定范围、期限观察实施效果。具体而言,当下我们期待的应是一个"做小做实"的证券集团诉讼机制,需要思考的环节和问题主要包括:

• 原告端。投资者保护在我国整体上无疑需要加强,但不宜照搬或冒进[121],私人集团诉讼不应作为唯一甚至首要方式。其补偿功能并非直观上那样可靠,需要与分散投资(投资者教育)、公共执法互相配合。机构投资者的作用会越来越突出,但其身负的多重利益冲突有必要引起全面重视。

• 被告端。特别是从惩戒阻却违法者着眼,责任的主要承担者应该是证券违法行为的主谋和受益者——董事、高管(在我国,大股东、控制人问题也很突出),被告范围不宜过分扩张而助长虚幻安全感,应考虑比例责任和连带责任的协调使用。[122] 保险方面,美国的教训深刻,当引以为戒。

• 法院端。即便在美国,证券集团诉讼中的法官介入程度也高乎寻常。

---

[119] 钟志勇:"美国证券集团诉讼与我国证券民事诉讼形式之完善",载《现代财经》2005年第11期。

[120] 关于团体诉讼的利弊,可参见汤维建:"论团体诉讼的制度理性",载《法学家》2008年第5期;另见,汤欣:"私人诉讼与证券执法",载《清华法学》2007年第3期。

[121] See Bernard S. Black, "The Legal and Institutional Preconditions for Strong Securities Markets", 48 UCLA. L. Rev. 781, 822 (2001).

[122] 可参见郭雳:"虚假陈述证券欺诈法律责任的边界"(未刊稿)。

集团诉讼开展后,我国法院亦应积极发挥审查职能(尤其是对撤诉与和解)。同时,法官应注意识别其他因素导致的损失;根据主要侵害对象,投资者集团诉讼和股东代表诉讼需要区分。建立特别法院或专业法庭来处理证券案件值得进一步考虑。

• 律师端。证券专业能力和专门律师人才都有待扶植。鉴于其道义色彩和实际影响较小,在证券领域或可试行有限制的胜诉酬金。对律师利益冲突的审查应较韩国规定更周详,但次数限定不宜那般僵化。和解无需全盘否定,但美国式的为和解而和解、甚至为和解而开展诉讼的殷鉴[123],必须警惕。

• 政府端。如同美国也正在尝试公私携手,我国政府特别是证监机构应消除对集团诉讼不必要的恐惧,探索与法院、律师界的协作。长期来看,虚假陈述司法解释中的前置程序应从强制性改为选择性,但也不宜轻率地一废了之。[124] 现阶段,可考虑将律师向证监稽查提供的举报,与嗣后诉讼集团律师资格的取得相挂钩,以激励律师投入进行监督。同时,对于违法行为的财产性处罚必须能落到实处,维护其应有的权威性,而其与民事赔偿间当有更合理的衔接,其配置模式应根据执行实效来确定。

以上初步的思路和建议,显然需要继续的论证或质疑。更多全面的、高质量的实证、比较、个案或访谈式的工作,也是目前美中两国学术研究中的重要差异所在。本文的另一方法论用意在于抛砖引玉,提示:在就集团诉讼整体较充分把握的基础上,针对各个具体类型的深入讨论日见必要。

六、结论

美国集团诉讼通过"声明退出"规则和胜诉酬金制度,克服大规模侵权案件中小额多数分散原告的集体行动困境。其中,证券集团诉讼既具有一般特征,也呈现出独特问题。相比其他类型,其被害者更易在数重合成谬误下反复受损;同时,类似过度金融创新之于目前的全球危机,这项制度实施常恐过犹不及,甚至沦为操控工具。美国现行和解与保险机制集中并放大了其弊端,给予集团律师过度激励,纵容了被告公司管理者的恶行,令代理人与其雇主利益背离,委托代理问题再度凸现。其结果,形象地说,如同众多搭便车者遭遇不请自来、要价昂贵的路边擦车人,于是诉讼变成商业风险,和解沦为转移渠道,社会成本激增;同时,填补投资者损害和惩戒阻却违法者两大目标——落空,股东循环地承受着经叠加效应放大了的损失,而在其间的分担既无效率又欠公平。

美国时至今日的应对主要是加强法院的审查干预、约束和惩治集团律师和

---

[123] 杨严炎:"论美国的和解集团诉讼",载《环球法律评论》2006年第4期。
[124] 王光平:"取消证券民事诉讼前置程序建议已报最高法院",载《中国证券报》2008年12月9日。

代表,但限制滥诉的成效不彰。未来出路在于全面地改革相关和解、保险、酬劳、责任制度,体察和遏制利益冲突,使违法者真正受到惩罚。其核心是让集团诉讼重新"对抗"起来,而不再是各方代理人合谋肆意分食股东——事实上缺席的原告——利益的二次伤害。证券法制的建立需要私人诉讼与公共执法的配合,美国的困境也展现出以定分止争为根基的法院在建章立制、资源分配方面的局限,司法能动主义也不可能总单骑突进。

启示并不意味着简单地套用或排斥。得益于后发优势和旁观者清,我国可对美国出现的问题深入剖析并保持警惕,但没有必要盲目恐惧而踯躅不前,国情差异决定了美国所暴露的一些主要矛盾在我国现阶段并不突出。做小做实的集团诉讼有理由成为证券领域竞争性多元化纠纷解决机制的并行选项之一。投资者利益保护须以分散风险为前提,并且监管与诉讼相济。积极探索体现当前资本市场结构和制度供给特征的兼容和改良方案意义重大,德国、韩国等在进行的借鉴试点实验当为参考。

(初审编辑:郭剑寒)

仲裁机构的独立、胜任和公正如何可能

——对 S 仲裁委的个案考察

陈福勇[*]

How Could Arbitration Institution Become Independent, Competent, and Fair?
A Case Study of S Arbitration Commission

Chen Fuyong

内容摘要：我国地方仲裁机构自 1995 年以来取得较大的发展，但国内外对其是否独立、胜任和公正，一直存在不同程度的怀疑。本文通过对 S 仲裁委的个案研究，具体剖析地方仲裁机构在我国特定的社会背景下追求独立、胜任和公正所面临的条件约束，以及这些条件约束在多大程度上可以通过仲裁机构自

---

[*] 清华大学法学院 2005 级博士研究生，电子邮箱：cfylawyer@ hotmail.com。本文系教育部重大攻关课题"多元化纠纷解决机制与和谐社会的建构"（项目批准号：05JZD0004）的部分研究成果，原文以英文写成，并发表于 *The American Review of International Arbitration*, Vol. 18, No 3: 313—352（2009）。中文版因考虑到读者对象的不同及其他因素，在内容和形式上都有较大的调整。作者在实地调查过程中，得到 S 仲裁委员会办公室全体工作人员及相关仲裁员的大力支持，在写作和修改过程中，得到过 Malcolm Feeley、Jerome Cohen（柯恩）、Stanley Lubman（陆思礼）、Gerald Clark、Benjamin Liebman（李本）、Robert Baum、David Anderson 以及王亚新、范愉等师友的批评和建议，特此一并致谢。

身的努力来克服。个案详细描述了 S 仲裁委采取各种措施追求独立、胜任和公正的过程和效果,并解释了支撑 S 仲裁委不断努力的关键因素,从而初步揭示了一个可以用来观察和研究其他仲裁机构的要素分析框架。

关键词:仲裁　仲裁机构　独立　胜任　公正

自 1995 年《中华人民共和国仲裁法》(下称《仲裁法》)生效实施至 2005 年底,除了成立于 1954 的中国国际经济贸易仲裁委员会(下称"贸仲")和成立于 1959 年的中国海事仲裁委员会(下称"海仲")以外,有 183 家新的仲裁委员会先后成立。[1] 这些新成立的仲裁委员会通常被称为地方仲裁委员会(local arbitration commissions)或地方仲裁机构,但它们的案件管辖权并不限于所处的行政区域,而是既可以受理国内案件,也可以受理国际案件。[2] 如表 1 所示,地方仲裁委员会近年来取得长足的发展,总体受案量急剧增加,到 2005 年达到 47314 件。

表 1　1999—2005 地方仲裁委员会的机构数量与总受案量

年度	1999	2000	2001	2002	2003	2004	2005
机构数量	150	158	163	166	170	183	183
总受案量	6703	8928	11380	17261	28098	36418	47314

数据来源:国务院法制办政府法制协调司编:《仲裁工作情况》(总第 13 期、第 23 期和第 56 期);国务院法制办公室秘书行政司编:《政府法制工作简报》(总第 146 期,第 171 期,第 195 期和第 210 期)。

一些发展得比较好的地方仲裁委员会,逐渐把目光投向国际商事仲裁市场,力求吸引更多的涉外案件。[3] 然而,国外对中国地方仲裁委员会的介绍和研究极为罕见。有的似乎根本不知道有地方仲裁委员会的存在,比如 2004 年的一篇关于在中国解决国际商事争议应如何选择场所的文章宣称,如果外商投资企业打算选择仲裁以避免上法院,那贸仲是其唯一的选择。[4] 有的虽然知

---

[1] 数据来自国务院法制办公室秘书行政司所编:《政府法制工作简报》(总第 210 期)。

[2] 国务院办公厅:《关于贯彻实施〈中华人民共和国仲裁法〉需要明确的几个问题的通知》,国办发[1996]22 号。

[3] 比如,北京仲裁委员会的主任江平教授在 2001 年就提出"北京仲裁委员会通过自身的努力,在今后十年内应在国际仲裁界占有一席之地",详见"江平主任在北京仲裁委员会新春茶话会上的讲话",载《北京仲裁通讯》2001 年第 1 期;武汉仲裁委员会于 2005 年 12 月 18 日成立国际仲裁院,专门受理和审理国际商事仲裁案件,开展国际商事仲裁方面的合作与交流,具体详见 http://www.wiac.org.cn/gywm.asp,最后访问日期 2009 年 4 月 17 日;广州仲裁委员会也从 2005 年开始筹建国际仲裁院,详见"广州仲裁委员会 2005 年工作总结及 2006 年工作要点",载《广州仲裁》2006 年第 1 期。

[4] William Heye, "Forum Selection for International Dispute Resolution in China: Chinese Courts vs. CIETAC", 27 *Hastings International and Comparative Law Review* 535 (2004).

道地方仲裁委员会的存在,但往往对其充满不信任。比如美国的中国法专家郭丹青(Donald C. Clark)教授称地方仲裁机构与政府关系密切,特别是在资金和人事上依赖地方政府[5];在亚洲仲裁实务界很有影响力的仲裁专家莫石(Michael Moser)先生表示,地方仲裁机构是否有足够的经验和能力处理涉外案件,仍然有待证明[6];中国法专家柯恩(Jerome A. Cohen)教授则认为,虽然地理上的便利通常被用作说服外商企业到地方仲裁委员会仲裁的重要理由,但是如果地方仲裁委员会没有设计出有效的措施消除地方政府、党委、商业和个人关系对仲裁庭裁决案件的影响,并严格执行这些措施,外商企业不大可能选择到地方仲裁委员会去仲裁[7]。其实,在中国国内,虽然各地方仲裁委员会由于发展状况的不同而信誉度有别,但实践中都面临着程度不一的不信任及或多或少的批评。因此,地方仲裁委员会到底是否可能独立、胜任和公正,成了一个值得深入研究的现实问题[8],对当事人如何选择争议解决场所以及仲裁机构如何开展仲裁活动具有直接的影响。本文拟通过对 S 仲裁委的个案研究[9],来具体剖析地方仲裁机构在中国特定的社会背景下追求独立、胜任、公正所面临的条件约束,以及这些条件约束在多大程度上可以通过仲裁委员会自身的努力来克服。

S 仲裁委成立于1995年,属于较早根据《仲裁法》重新组建的仲裁机构之一。如表2所示,S 仲裁委的年受案量持续高速增长,受案标的总额总体上也呈上升趋势。国际商事案件虽然在总受案量中所占比例还不算高,但是数量在不断增长。更重要的是,S 仲裁委一直显示出强烈的愿望去不断创新,积极探索提高仲裁机构的业务能力和公正水平的各种措施[10],在业内广受好评。有

---

[5] Donald C. Clark, "Empirical Research into the Chinese Judicial System", in Erik Jensen & Thomas Heller (eds.), *Beyond Common Knowledge: Empirical Approaches to the Rule of Law*, Palo Alto: Stanford University Press, 2003, p.171.

[6] Nadia Darwazeh & Michael Moser, "Arbitration inside China", in Michael Moser (ed.), *Managing Business Disputes in Today's China: Duelling with Dragons*, Hague: Kluwer Law International, 2007, p.58.

[7] Jerome A. Cohen, "The Delicate Art of Arbitration", *Financial Times*, November 30, 2005.

[8] 由于"独立"、"胜任"和"公正"都比较抽象,不同的人对这三个词的理解和感受往往会有出入。在本文中,"独立"是指仲裁机构不受外部力量的控制和支配的状态;"胜任"是指在仲裁机构处理案件的相关主体客观上是否具有必需的知识、能力和经验;"公正"虽然有时候在一般的宽泛意义上使用,但在大部分情形下侧重强调处理案件的相关主体是否主观上无偏私、不因腐败等原因有意偏袒任何一方当事人。对于案件处理主体来说,外部力量的控制、客观能力的不足以及主观上有意偏袒,都会导致宽泛意义上的不公正。

[9] 依据实证研究的惯例,本文对所涉及的机构、个人、文件的名称等信息都作了必要的技术处理。

[10] 比如在业内率先开展较为规范的仲裁员培训,同时采取"工作人员不能兼任仲裁员"、"要求对裁决持不同意见的仲裁员书面说明理由并将该理由随裁决送达当事人"等有针对性的措施,等等。

国际仲裁界知名专家在2007年出版的著作中称"S仲裁委已经成为中国最出色的仲裁机构之一"。负责全国仲裁协调工作的国务院法制办的某位领导在2005年接受采访时,认为"S仲裁委的发展是整个仲裁行业发展的一个缩影"。可以说,S仲裁委的出色业绩和丰富实践,使其成为研究中国仲裁机构如何追求独立、胜任和公正的一个典型样本[11],也为我们观察地方仲裁机构所共同面临的社会背景以及探究地方仲裁机构过去十几年来所经历的复杂发展过程提供一个窗口。对S仲裁委进行个案研究得出的经验,对其他仲裁机构乃至中国法院探索如何实现独立、胜任和公正都不无启发或借鉴意义。

表2　S仲裁委1995—2005年受案总量、总标的额及涉外案件的数量

年度	1995	1996	1997	1998	1999	2000	2001	2002	2003	2004	2005
总受案量	7	149	168	233	326	449	666	891	1029	1796	1979
总标的额(亿元)	0.45	5.17	2.43	10.50	17.24	21.50	23.14	42.40	49.04	61.00	56.00
涉外案件量	0	2	1	4	8	11	20	19	33	30	53

数据来源:S仲裁委的案件管理系统。

本文将分成五个部分。第一部分将介绍数据来源。文中所用的实证资料和数据,主要来自参与观察、访谈和档案文献。第二部分探讨S仲裁委是如何追求独立的。这部分将详细分析地方仲裁机构在人事和财务上如何依赖地方政府,以及这种依赖在多大程度上影响其独立性,同时还将揭示S仲裁委通过充分利用现有制度空间,灵活借助政治话语实现独立自主的策略。第三部分分析S仲裁委是否胜任。这一问题将被转换为S仲裁委的仲裁员和秘书是否胜任并分别讨论。S仲裁委提高胜任度的过程,就是不断提高标准和淘汰不胜任者的过程。第四部分将讨论S仲裁委是否公正。是否努力建立一套有效的机制预防不公正的发生,以及当不当行为发生时所制定的惩戒措施能否严格执行,成为讨论公正问题的两大基准。鉴于存在司法腐败向仲裁领域蔓延的担忧,有些讨论将与司法腐败作必要的参照和比较。第五部分将总结对S仲裁委进行个案研究的主要发现,并解释支撑S仲裁委不断采取措施追求独立、胜任和公正的关键因素,从而初步揭示出一个可以用来观察和研究其他的仲裁机构要素分析框架。

一、实证材料和数据是如何搜集的

正如郭丹青教授所言,研究中国司法制度的主要障碍之一是信息很难获

---

[11] 关于个案研究中如何确定典型个案的相关分析,参见王宁:"代表性还是典型性?——个案的属性与个案研究方法的逻辑基础",载《社会学研究》2002年第5期。

得。[12] 仲裁不公开审理的法定性质,使其相关的数据更难获取。实际上,仲裁在每一个国家都是一个相当神秘的领域,通常只有少数圈内人知道仲裁到底是什么样的。不少到过 S 仲裁委参观、了解 S 仲裁委在十来年间所发生重大变化的人认为 S 仲裁委拥有成功的秘方,但由于缺乏获取第一手数据的有效渠道,未能进一步探讨和揭示这一秘方。为了观察 S 仲裁委的内部运作,理解纠纷解决的复杂和微妙之道,笔者从 2005 年 4 月至 2007 年 4 月到 S 仲裁委担任兼职办案秘书,协助不同的仲裁庭先后办理了 127 个案件,参与机构的部分宣传推广活动,并摸索如何在仲裁机构的特定环境下搜集研究所需的实证数据。本文用于讨论 S 仲裁委如何追求独立、胜任和公正的资料和数据,来自以下几个途径:

第一,参与观察。笔者于 2005 年 4 月加入 S 仲裁委的办公室。在开始的 6 个月内,笔者作为一名资深办案秘书的助手,在其指导下学习如何办理案件,同时还接受专门为新办案秘书设计安排的培训。[13] 6 个月后,经负责指导笔者的资深办案秘书和新办案秘书培训项目的负责人共同考核,认为笔者已具备独立办案能力,得以开始独立从立案室接案办理。办案秘书的基本职责包括但不限于:受理请求或反请求,送达各类仲裁文书,草拟关于管辖权异议的决定,促进仲裁庭的组成,做开庭笔录及合议笔录,审核裁决书草稿及管理其他程序问题。实践中,仲裁员和相关当事人在开庭之外的所有文书和信息传递,都要通过办案秘书进行。因此,办案秘书有时候甚至比仲裁员了解的信息还多。当办案秘书的这一经历,让笔者可以观察和了解仲裁活动的各个环节,恰当地评估各种因素在影响仲裁庭的独立、胜任和公正中所具有的分量。

第二,访谈。在 S 仲裁委工作的时候,笔者通过对仲裁员、办案秘书和秘书长进行访谈,了解 S 仲裁委发展过程中重要事件的背景(比如 S 仲裁委是如何筹建的,财政独立地位又是如何获得的),同时更好地理解 S 仲裁委机构内部是如何运转的。访谈在各种不同的工作环境中进行。尽管大部分的受访者知道笔者是带着实证研究的目的到 S 仲裁委工作的,但当笔者在问一个具体问题的时候,他们通常并不觉得笔者是在做具有特定目的的访谈。很多时候,他们可能认为笔者只是询问一些与工作相关的问题。实际上在那个时候,笔者也不

---

[12] Donald C. Clark, "Empirical Research into the Chinese Judicial System", in Erik Jensen & Thomas Heller (eds.), *Beyond Common Knowledge: Empirical Approaches to the Rule of Law*, Palo Alto: Stanford University Press, 2003, p.180.

[13] 整个培训项目采用专题讲座和讨论相结合的形式,分为十四讲,具体包括《S 仲裁委文化及价值取向》、《S 仲裁委行政管理规定和福利待遇》、《S 仲裁委工会制度》、《关于〈××仲裁〉的编辑情况》、《新秘书应注意的事项》、《办案过程中的相关管理规定》、《计算机和网络管理规定及相关办公软件的功能与使用》、《立案工作制度与实务操作》、《仲裁协议效力与管辖权决定》、《如何处理秘书与仲裁员之间关系》、《办案秘书在办案中的注意事项》、《文书制作标准及审核标准》、《调解案件过程中秘书的角色与作用》、《鉴定工作的相关规定及注意事项》。

大确信,哪一个访谈会对后来的研究有用。有时候,只是对所发生的事情感到好奇,想努力去理解面前所发生的每一件事。因此,大部分的访谈并没有严格按照社会学研究方法的教科书所描述的程序进行,但是所获得信息可能反而比较真实地反映了被采访者的想法。

第三,档案文献。笔者努力收集所有可能收集得到的统计数据、工作总结、会议纪要、内部档案等,不管这些资料是否已经公开发表。值得庆幸的是,S 仲裁委从成立初期就为每一个工作人员配备了电脑,同时设置了局域网,开发了专门的案件管理软件。随着业务的发展,S 仲裁委的管理软件不断升级,实现案件统计、仲裁费用计算以及程序管理的自动化,从受理案件、组庭、庭审到结案的全部仲裁程序,都能通过计算机管理。因此许多原始数据可以通过计算机管理系统(又称案件管理系统)获得。此外,S 仲裁委的秘书长参与了 S 仲裁委的组建工作,并在机构成立后至今一直担任秘书长职务,因此对 S 仲裁委发展过程中的重要事件了如指掌,并保留不少涉及各个时期的历史文档,这使其成为各类线索甚至信息本身的一个重要来源。

二、充分利用现有制度空间,灵活借助政治话语:S 仲裁委是如何争取独立的

(一)《仲裁法》的相关规定及其背景

《仲裁法》第 8 条规定,仲裁依法独立进行,不受行政机关、社会团体和个人的干涉。第 14 条进一步规定,仲裁委员会独立于行政机关,与行政机关没有隶属关系。仲裁委员会之间也没有隶属关系。

为什么《仲裁法》要专门使用两个条款来强调独立的问题呢?主要原因在于,独立对一个中立的纠纷解决机构极为重要,而制定《仲裁法》之前,中国仲裁特殊的历史背景使仲裁机构的独立问题比较突出。在制定《仲裁法》之前,中国仲裁依据是否涉及涉外因素,分为国内仲裁和涉外仲裁。国内仲裁种类繁多,其中经济合同仲裁、科技合同仲裁和房地产争议仲裁最为广泛。根据 1981 年的《经济合同法》和 1983 年的《经济合同仲裁条例》,经济合同仲裁委员会附属于国家工商行政管理局及其下属的各级机构。这些仲裁机构依据所属工商行政部门的地区和级别管辖权行使仲裁管辖权。科技合同仲裁委员会和房地产仲裁委员会虽然隶属不同的行政部门,但其设置方式均大致与经济合同仲裁委员会类似。与产生 20 世纪 50 年代的纯粹行政性质的纠纷解决机制相比,这个时期出现新的经济合同仲裁程序被认为具有重大的进步[14],不过还是具有

---

[14] John A. Spanogle Jr. & Tibor M., Baranski Jr., "Chinese Commercial Dispute Resolution Methods: The State Commercial and Industrial Administration Bureau", 35(4) *The American Journal of Comparative Law* 761 (1987).

缺乏独立性、缺乏当事人意思自治和非一裁终局的特征。[15]《仲裁法》的制定，统一了各式各样的仲裁，使仲裁协议成为仲裁管辖权的唯一根据，同时确立了一裁终局原则。这些变化使仲裁机构能否完全独立变得至关重要起来，表现有二：首先，仲裁机构是否独立，可能影响当事人选择仲裁的意愿，进而关系到仲裁机构能否生存下去。而在制定《仲裁法》之前，仲裁机构可以依据行政管辖权强行受理案件，完全不必顾及当事人的意愿。其次，如果一个仲裁机构不独立，作出了一个不公正的判决，受损害一方当事人因为撤销仲裁裁决的法定事由有限，可能很难得到有效救济。而在《仲裁法》之前，仲裁裁决一般不具有终局性，如果一方当事人对仲裁裁决不满，可以很容易地到法院提起民事诉讼，因此即使仲裁机构不独立也危害不大。

（二）相关文件确立的重新组建仲裁机构的方案

应该说就《仲裁法》的规定本身而言，仲裁机构的独立是不成问题的，但是人们并不满足于法律条文的规定，相反关注的是实践中的运行状况如何。如前提及，郭丹青教授称，地方仲裁机构与政府关系密切，特别是在资金和人事上依赖地方政府。这一看法与现实是否相符呢？如果相符，地方仲裁机构具体是如何在资金和人事上面依赖地方政府的，这种依赖又在多大程度上影响其独立性？要回答这一问题，必须详细剖析S仲裁委的资金和人事状况。而要想全面理解S仲裁委的资金和人事状况，则必须考察其与制定《仲裁法》的特定历史背景密切相关的机构组建过程。

根据《仲裁法》，仲裁委员会可以在直辖市和省、自治区人民政府所在地的市设立，也可以根据需要在其他设区的市设立，不按行政区划层层设立。仲裁委员会由前述规定的市的人民政府组织有关部门和商会统一组建（第10条）。《仲裁法》施行前在直辖市、省、自治区人民政府所在地的市和其他设区的市设立的仲裁机构，应当依照《仲裁法》的有关规定重新组建；未重新组建的，自《仲裁法》施行之日起届满一年时终止。《仲裁法》施行前设立的不符合《仲裁法》规定的其他仲裁机构，自《仲裁法》施行之日起终止（第79条）。

统计数据表明，制定《仲裁法》以前，全国有经济合同仲裁委员会3500个（其中省级30个、地方级443个、县级3027个并且有5000个乡镇派出仲裁庭），从事经济合同仲裁的工作人员2万余人（其中专职仲裁员8800余人）；技术合同仲裁机构30个，技术合同仲裁员1000余人；房地产仲裁机构110个，从事房地产仲裁的专职仲裁员2000余人。[16] 鉴于如此多的机构和人员将因《仲

---

[15] Tao Jinzhou, *Arbitration Law and Practice in China*, Hague: Kluwer Law International, 2004, pp.3—4.

[16] 王胜明、徐秀春："关于仲裁法的若干问题"，载国务院法制局研究室编：《重新组建仲裁机构手册》，中国法制出版社1995年版，第18页。

裁法》的生效实施受到影响，重新组建仲裁机构被认为是一项极其重要的工作，没有政府的积极介入是不可能完成的。同时《仲裁法》的立法目的之一是"发展社会主义市场经济和开展国际经济贸易往来"[17]，《仲裁法》的实施成了经济改革的一部分，政府对其积极推动几乎被认为理所当然。因此，1994 年 8 月 31 日第八届全国人民代表大会常务员会第九次会议通过《仲裁法》后大约两个月，当时全国人大常委会副委员长王汉斌就依照《仲裁法》规定重新组建仲裁机构的问题，召集国家经贸委、国家体改委、司法部、国家工商局、国务院法制局和贸促会的负责同志开会，经过共同研究，对重新组建仲裁机构问题达成一致意见。[18] 之后，1994 年 11 月 13 日国务院办公厅发布了《关于做好重新组建仲裁机构和筹建中国仲裁协会筹备工作的通知》。根据这一通知，重新组建仲裁机构的工作，先在北京市、上海市、广州市、西安市、呼和浩特市和深圳市试点。这 7 个城市要抓紧研究当时已有的仲裁制度转为《仲裁法》规定的新仲裁制度所涉及的问题，如仲裁机构的设置、仲裁员的聘任以及仲裁委员会的组成、章程、登记、财产和经费等问题，提出解决方案。通知还强调，要加强对重新组建工作的领导，确定一名市政府负责同志亲自抓这项工作，具体工作由市政府法制局（办）牵头，司法、工商等部门和贸促会、工商联参加。根据前述规定，S 仲裁委的组建由 S 市政府法制办牵头。现任的 S 仲裁委秘书长，因当时在 S 市政府法制办工作，而被指定负责 S 仲裁委的筹建工作。

为了给重新组建仲裁机构的工作提供指引，1995 年 8 月 1 日国务院法制办发布了几个相关文件，具体包括《重新组建仲裁机构方案》、《仲裁委员会登记暂行办法》、《仲裁委员会仲裁收费办法》、《仲裁委员会章程示范文本》和《仲裁委员会仲裁暂行规则示范文本》。这些文件的起草和发布以《仲裁法》为依据，但努力使《仲裁法》的规定具体化，加强可操作性，其中两个方面涉及人事问题。

第一，明确规定委员会的人员产生及办事机构设置问题。《仲裁法》第 12 条规定，仲裁委员会由主任一人、副主任二至四人和委员七至十一人组成。仲裁委员会的主任、副主任和委员由法律、经济贸易专家和有实际工作经验的人员担任。仲裁委员会的组成人员中，法律、经济贸易专家不得少于三分之二。这一规定没有说明主任、副主任、委员应该专职还是兼职，具体如何产生。因此，《重新组建仲裁机构方案》确定，委员会成员中驻会专职组成人员 1 至 2 人，其他组成人员均为兼职。第一届仲裁委员会的组成人员，由政府法制、经

---

[17] 顾昂然："关于《中华人民共和国仲裁法（草案）》的说明"，http://www.haolawyer.com/law/view.asp? id=98851，最后访问日期 2009 年 4 月 17 日。

[18] 杨景宇："关于依法重新组建仲裁机构的几点意见"，载国务院法制局研究室编：《重新组建仲裁机构手册》，中国法制出版社 1995 年版，第 3 页。

贸、体改、司法、工商、科技、建设等部门和贸促会、工商联等组织协商推荐,由市人民政府聘任。该方案同时规定,仲裁委员会设秘书长1人,秘书长可以由驻会专职组成人员兼任。仲裁委员会下设办事机构,负责办理仲裁案件受理、仲裁文书送达、档案管理、仲裁费用的收取和管理等事务。办事机构的日常工作由仲裁委员会秘书长负责。办事机构的设置和人员配备,应该遵循精简、高效的原则。仲裁委员会设立初期,办事机构不宜配备过多的工作人员。以后随着仲裁工作量的增加,人员可以适当增加。《仲裁委员会章程示范文本》进一步规定,办事机构工作人员,由仲裁委员会主任会议决定聘用。主任会议由仲裁委员会主任、副主任和秘书长组成,在仲裁委员会会议闭会期间,负责仲裁委员会的重要日常工作。

第二,委员会会议的主要职责被具体化。根据《仲裁委员会章程示范文本》,仲裁委员会会议的主要职责是:(1)审议仲裁委员会的工作方针、工作计划等重要事项,并作出相应的决议;(2)审议、通过仲裁委员会秘书长提出的年度工作报告和财务报告;(3)决定仲裁委员会秘书长、专家咨询机构负责人人选;(4)审议、通过仲裁委员会办事机构设置方案;(5)决定仲裁员的聘任、解聘和除名;(6)仲裁委员会主任担任仲裁员的,决定主任的回避;(7)修改仲裁委员会章程;(8)决议解散仲裁委员会;(9)仲裁法、仲裁规则和章程规定的其他职责。

(三)影响S仲裁委独立的机制和因素

S仲裁委的组建工作,是在《仲裁法》和上述相关文件确定的框架下进行的。根据这一框架,S仲裁委委员会的组成人员的确必须由S市政府聘任。那么,这种聘任在多大程度上影响到S仲裁委的独立呢?鉴于委员会组成人员的实质资格条件已经被《仲裁法》第12条明确规定(即必须来自法律、经济贸易专家和有实际工作经验的人员,并且法律、经济贸易专家不得少于三分之二),并且组成人员的候选人应该由政府法制、经贸、体改、司法、工商、科技、建设等部门和贸促会、工商联等组织协商推荐,市政府"聘任"的权力可以理解为是程序性,实践中也从来没有发生过候选人名单被否定的情况。因而,真正关键的地方在于候选人的确定。在这个意义上,负责组建仲裁机构的人或部门就相当重要,其价值取向将直接影响到如何与各部门协商,并最终如何确定候选人。由于仲裁委员会的管辖是以当事人的仲裁协议为基础的。如果组建仲裁机构的人或部门想让仲裁机构建立后能够走向市场,吸引当事人来仲裁,就会选择那些在专业和道德方面具有良好声望的人,以便帮助仲裁委员会赢得当事人的信心。反之,如果筹建的人并没有打算把仲裁机构推向市场,那在选择委员的候选人时,就会更多地考虑是否有利于利用行政资源。据了解,负责S仲裁委的组建工作的S市法制办及相关直接负责筹建的人,当时考虑更多的是委员的专业和道德声望，特别是选了一些法学界比较有声望的教授担任主任、副主任或委员，这让 S 仲裁委一开始就在委员配置方面打下了较好基础，也对外树立了较好的形象。

当然，在协商候选人的时候，候选人本身的意愿也是很重要的。由于仲裁委的委员大部分属于兼职的，他们不拿报酬，属于社会公益性质的服务。这一机制减少一些人为了利益来当委员或成为委员后为了能够连任而去迎合具体政府部门的可能性，有利于在仲裁委决策中更坚守独立和公正的价值。另外一个抵御外部影响的机制是把决定权赋予委员会。根据 S 仲裁委的章程，仲裁委员会会议由主任或主任委托的副主任主持。每次会议须有三分之二以上的组成人员出席，方能举行。修改章程或对仲裁委员会作出解散决议，须经全体组成人员的三分之二以上通过，其他重要决议须经出席会议人员的三分之二以上通过。这一决策机制使影响委员会的独立决定比较困难，同时也让每个委员有很好的理由拒绝别人的不当请求而且不会得罪请求者，因为他/她可以解释说个人很难影响委员会的集体决定。因此，在组建机构时，政府聘用委员会成员本身并不必然会损害其独立性。

资金问题是否影响 S 仲裁委的独立呢？根据重新组建仲裁机构方案，仲裁委员会设立初期，其所在地的市人民政府应当参照有关事业单位的规定，解决仲裁委员会的人员编制、经费、用房等。仲裁委员会应当逐步做到自收自支。访谈中，S 仲裁委秘书长坦率地承认，在 S 仲裁委的设立初期，大部分的资金都是来自政府。不过，S 仲裁委成立三年后就实现了自收自支的目标。2002 年，S 仲裁委的管理体制进一步转换为实行"事业单位企业化管理"。那么，S 仲裁委如何实现自收自支的呢？除了因初期人员不多使得机构运转成本保持比较低等因素外，主要应归功于通过采取有效的措施拓展案源，前三年受案量就急剧增加，因而能够通过收取仲裁费获得稳定的经费来源。那为什么 S 仲裁委要实行"事业单位企业化管理"呢？原因在于，实行企业化管理后，仲裁机构使用税务发票，进行纳税后，可以不再实行事业单位"收支两条线"的财务管理制度，从而获取更大的自主权。受国务院关于仲裁机构组建文件的相关规定的影响，S 仲裁委的常设办事机构，也就是 S 仲裁委办公室，在实践中被定为全民所有制事业单位。而根据相关的财政规定，只要是"事业单位"，不论是"全额拨款"、"差额拨款"，还是"自收自支"，都要实行财务上的"收支两条线"管理制度。所谓"收支两条线"管理，就是事业单位受取费用时，开具由财政部门统一印制的行政事业性收费票据，收费存入经财政部门批准的银行账户，由银行上缴财政。事业单位的支出，应根据财政支出标准编制预算报告，经财政部门批准后，由后者根据预算报告拨付。这意味着事业单位的支出全部纳入财政部门的预算管理。这套制度对那些行使行政权力的"事业单位"非常有必要，但适用到仲裁机构身上弊端尽显,比如,财政部门认可的仲裁员报酬往往很低,导致无法对仲裁员提供有效的激励。[19] 因此,S仲裁委在2002年随着事业单位体制改革,主动选择了实行"事业单位企业化管理"。这一体制转化的结果是,S仲裁委纳税之后可以根据业务发展的需要自主决定费用支出,比如提供更有竞争力的报酬,以吸引高素质的仲裁员和办事机构工作人员。

对于政府资助一个仲裁机构是否会损害该机构的独立性,在仲裁界一直有很大的争议。笔者认为,关键要看两点:第一,政府资助或财政拨款的决定程序是否公开透明。如果是公开透明的,仲裁机构可能不受影响;如果不是透明的,确定具体拨款数额过程中就可能发生不当的交易,进而威胁机构的独立性。第二,资助是否以对机构财权控制为条件。在实行"收支两条线"的情况下,机构支出多少,支出的款项能否及时拨付,完全由财政部门决定,机构的独立性很容易受到影响。如果外部资助不以对仲裁机构财权控制为条件,机构的独立性就比较有保障。事实上,在亚洲其他国家和地区,新成立的机构从政府获取资助并不少见,[20]但它们并未因此在独立性上受到置疑。当然,政府不控制仲裁机构的财权,不等于机构本身可以随意支配。仲裁机构应完善治理结构,在内部建立起有效的约束机制,同时要将财务报告向委员会委员及其他利益相关人公开。

在机构追求独立过程中,政府的态度以及仲裁机构如何回应极为微妙。S仲裁委一直强调,S市政府的开明是其得以实现并保持独立的重要条件。S仲裁委的第一届委员会工作报告称:

> 仲裁委员会的发展得益于市政府的大力支持。仲裁委员会组建之初,市政府坚持按照仲裁法的规定,由法律、贸易领域中的专家、学者担任仲裁委员会主任和委员,保持了委员会的专家特色和民间特色;仲裁委员会成立后,市政府还对仲裁委员会在财政上给予必要的资助,为仲裁委员会的发展奠定了良好的基础。[21]

在各种不同的场合,S仲裁委反复表示其独立性从一开始就得到政府的大力支持,尤其是在S仲裁委成立初期,市政府法制办领导明确提出并为后来的

---

[19] 关于仲裁机构适用收支两条线产生的弊端问题,参见王红松:"中国仲裁面临的机遇与挑战",http://www.civillaw.com.cn/article/default.asp?id=36206,最后访问日期2009年4月17日。

[20] 例如,新加坡国际仲裁中心在成立初期得到政府的资助,不过很快实现经济上的自立,见 http://www.siac.org.sg/aboutus.htm,最后访问日期2009年4月17日;香港国际仲裁中心成立初期所需的资金也是一部分来自商界,一部分来自香港政府,但后来实现了经济上的自立。见 http://www.hkiac.org/HKIAC/HKIAC_English/main.html,最后访问日期2009年4月17日。

[21] 《第一届S仲裁委员会工作总结》(未刊稿,1998年9月5日)。

领导所坚持的"政府对仲裁最大的支持是不干预"政策,为 S 仲裁委的发展创造了良好的氛围。实际上,"政府对仲裁最大的支持是不干预",几乎是被 S 仲裁委最频繁提及的一句话。它在被 S 仲裁委有意识地用来表明其独立性的同时,无形中起到了促使各政府部门认可其自主性的作用。这种政治话语的灵活运用,让政府因开明得到赞赏的同时,也不得不保持应有的克制,从而减少仲裁机构获取并保持独立性的阻力。

值得强调的是,追求机构独立的最终目的是为了保障裁判案件的公正。然而委员会会议的职能并不涉及具体案件的审理和决定,裁判案件的权力在于仲裁庭,这为具体案件中的裁判者的独立性多提供了一层保障。同时,委员会委员和办公室的工作人员,可以以他们对案件不具有决定权作为理由,来拒绝可能的不当请求。不过,假如委员会成员或办公室的工作人员想不当影响仲裁庭,他们能得逞么?要回答这一问题,必须考察仲裁庭与仲裁机构之间的关系。根据《仲裁法》第 53 条,裁决应当按照多数仲裁员的意见作出,少数仲裁员的不同意见可以记入笔录。仲裁庭不能形成多数意见时,裁决应当按照首席仲裁员的意见作出。因此,仲裁庭无疑有权决定案件而不受委员会成员或办公室工作人员的干扰。虽然实践中,仲裁机构根据《仲裁法》关于裁决书由仲裁员签名、加盖仲裁委员会印章的规定,由秘书处在盖章前对裁决书草稿的技术性错误进行审查,但这一做法并不影响也不能干涉仲裁庭的决定案件实体问题的权力。

柯恩教授在评论贸仲的实践时曾提到,裁决书草稿的审核,有时候超出了技术性错误的范畴,从而影响到了实体问题的决定。[22] 对此,可以从两方面来考虑。第一,审核在多大范围内是合理的?对于打印和计算错误属于审核的范围应无异议。实践中,办案秘书也会关注裁决是否遗漏了应该处理的请求事项,或者裁决中所使用的证据是否与开庭笔录的记载相一致。如果案件属于串案[23],办案秘书还会注意是否同一类纠纷采取了相同的裁决方式。如果办案秘书发现有漏裁、证据的使用与开庭笔录的记载有出入或者可能发生的同案不同判的情形,会将相关情况反馈给仲裁庭,但如何处理的权力在于仲裁庭而不是办案秘书,因此,这些事项的审核并不影响仲裁庭自主决定。第二,即使审查超出适当的范围,仲裁员至少可以以拒绝在裁决上签字作为武器,阻止任何与仲裁庭本意相违背的裁决出台。因此,审核本身并不会影响仲裁员的独立决定,除非仲裁员自己愿意放弃自主决定权。实践中,仲裁员在签字前一般都极为慎重,毕竟一次裁决出问题就可能毁了自己多年积累起来的声誉。

---

[22] Jerome A. Cohen, "CIETAC's Integrity", *Far Eastern Economic Review*, July, 2005.

[23] 实践中在商品房买卖合同纠纷或者银行按揭贷款纠纷中经常会有串案,也就是许多案件的案件事实和争议问题相同或相似。

三、提高用人标准,淘汰不胜任者:S仲裁委是如何提高胜任程度的

当一个案件被仲裁机构受理后,秘书处会指定一名秘书负责案件管理,为仲裁庭和双方当事人提供办案服务。因此,关于仲裁机构是否胜任的问题,可以转化为仲裁员和秘书是否胜任两个问题分别进行讨论。

(一) 如何测量和提高仲裁员的胜任程度

根据我国《仲裁法》,具体从事仲裁的仲裁员必须从仲裁委员会维护的仲裁员名册中选定或指定,也就是说,被列入仲裁员名册是一个人被指定或选定作为仲裁员的前提条件。而仲裁名册的设立或者说把合适的人列入仲裁员名册的过程,实际上是仲裁委员会根据《仲裁法》第13条规定的统一但是宽泛的资格条件行使裁量权的过程。[24] 因此,仲裁员是否胜任,首先取决于仲裁机构是否成功选拔并保持一支高素质的仲裁员队伍。

S仲裁委称,"由于我国实行机构仲裁","建立健全仲裁员制度,选拔培养仲裁人才既是仲裁机构不可推卸的责任,也是仲裁机构保持自己的竞争力、信誉的客观要求"[25]。那么,现实中S仲裁委的仲裁员是什么样的呢?他们的胜任程度如何?下面从受教育程度、聘用标准、培训情况及实际办案表现四个方面,来剖析S仲裁委仲裁员的胜任程度。

人们大都会同意,受教育程度通常可以看成仲裁员胜任程度的重要指标。如表3所示,关于四届仲裁员的学历统计,说明具有博士和硕士学位的仲裁员比例在不断上升,同时没有本科学历的仲裁员比例则从第一届的65.45%下降到第四届的8.64%。因此就教育背景而言,S仲裁委仲裁员的胜任度在不断提高。

表3 S仲裁委各届的仲裁员学历统计

最高学历	第一届 (1995—1998)	第二届 (1998—2001)	第三届 (2001—2004)	第四届 (2004—2005)
博士	8.73%	17.72%	27.02%	28.57%
硕士	14.18%	27.56%	32.28%	36.88%
本科	11.64%	19.69%	19.30%	25.91%
其他	65.45%	35.04%	21.40%	8.64%

数据来源:S仲裁委的案件管理系统。

---

[24] 我国《仲裁法》第13条规定,仲裁委员会应当从公道正派的人员中聘任仲裁员。仲裁员应当符合下列条件之一:(一)从事仲裁工作满八年的;(二)从事律师工作满八年的;(三)曾任审判员满八年的;(四)从事法律研究、教学工作并具有高级职称的;(五)具有法律知识、从事经济贸易等专业工作并具有高级职称或者具有同等专业水平的。

[25] S仲裁委秘书长:《S仲裁委十年回顾》(2005年12月20日)。据了解,该文曾在某报纸上发表过,本文所引是笔者直接从S仲裁委秘书长处获得的完整版。

当然,教育对仲裁员胜任程度的测量作用有其局限性。在关于中国司法人员的胜任度的研究中,傅华伶教授指出,由于法律改革和法学教育在中国还是新事物,需要相当长的时间去演进和成熟,法律教育程度在中国也许无法作为测量胜任度的标志。同时,考虑到法院为了在政治和经济上生存所必须保持的复杂关系,法院院长的胜任度主要有他们的政治技巧和关系,而不是他们的法律知识。[26] 傅华伶的洞见,在某种程度上被 S 仲裁委第一届仲裁员的学历分布所证实。在 1995 年左右,即使是那些被认为在他们所处领域是专业人士或专家的人,都还很少有本科或以上学历,以致有高达 65.45% 的在册仲裁员没有接受过法律本科教育。当然,这也不意味着这些没有受过本科教育的仲裁员实际上胜任程度相当高。访谈中,S 仲裁委秘书长表示在工作中发现,第一届仲裁员与后来的仲裁员相比而言还是不那么令人满意的,主要体现在两方面:第一,有些仲裁员的专业能力与实际需要差距较明显。当时许多仲裁员候选人是由所在单位推荐的,而有些单位是根据资历而不是根据潜在的处理案件的能力来推荐仲裁员。他们把仲裁员职位当成一种荣誉来给予,而不是当专业岗位对待。因此,尽管首批聘任的 273 名仲裁员是从 1000 余名候选人中挑选的[27],但有些人在真正办案之后被证明并不是很适合担任仲裁员。第二,有些领域的仲裁员数远远超出实际业务需求。为了解决新组建的仲裁机构与当时现存的仲裁机构的衔接问题,《重新组建仲裁机构方案》要求,在聘任仲裁员、聘用办事机构工作人员时,应当优先从现有仲裁机构符合条件的仲裁员、工作人员中考虑。因此,第一届的仲裁员有相当一部分来自原有的仲裁委员会。有些领域的仲裁员很多,但是实际纠纷很少,因此有些仲裁员几乎没有起到什么实际作用。

第一届仲裁员的状况,让 S 仲裁委感受到建立一支业务能力强、作风过硬的仲裁员队伍的迫切性,也促使 S 仲裁委不断思考和探索"什么样的人适合做仲裁员"以及"如何选聘培养仲裁人才"的问题。[28] 那么,实践中 S 仲裁委是如何回答这两个问题的呢?

什么样的人适合做仲裁员?S 仲裁委秘书长认为,"仲裁的目的是公平合理、及时地解决争议,高学历是仲裁员专业素质的充分条件,而不是必要条件;职称和头衔只是一种外在的专业资格,不代表也不能真正反映出仲裁员的实际

---

[26] Hualing Fu, "Putting China's Judiciary into Perspective: Is It Independent, Competent, and Fair?", in Erik Jensen & Thomas Heller (eds.), *Beyond Common Knowledge: Empirical Approaches to the Rule of Law*, Palo Alto: Stanford University Press, 2003, p.208.

[27] 数据来自 S 仲裁委秘书长:《在全国仲裁工作会议上的讲话》(未刊稿,1997 年 12 月 13 日)。

[28] S 仲裁委秘书长:《S 仲裁委十年回顾》(2005 年 12 月 20 日)。据了解,该文曾在某报纸上发表过,本文所引是笔者直接从 S 仲裁委秘书长处获得的完整版。

办案水平和能力。"[29] 也就是说,法律教育只是为专业人士成为称职的仲裁员提供一种可能性,它无法反映仲裁员的全部要求。那什么是合格仲裁员的全部要求呢？访谈得知,S 仲裁委秘书长曾经很想找一个对理想的仲裁员应该是什么样的经典描述,但是没有找到。尽管找一个对理想的法官应该是什么样的描述不难,但是找一个对仲裁员的类似描述却很不容易。经过十年的探索,S 仲裁委秘书长提出了自己理解的理想的仲裁员形象:

> 仲裁员应该是社会的精英,具有较高的道德修养和职业操守,信望素孚,是业内出类拔萃之士,良好的信誉是仲裁员不断保持职业操守和自律精神的力量。仲裁员应该是专家,是能力全面的特殊人才,不仅精通专业,而且熟悉仲裁理论、仲裁规则、仲裁程序和实务;不仅有理论、有知识,更要有智慧、有经验、有能力。仲裁员应该是有志于仲裁之人士,不仅对仲裁的价值、意义有着深刻理解和高度认同,而且,对仲裁工作充满兴趣和热情(而不是仅对仲裁员的身份、荣誉感兴趣),对自己仲裁方面的职业发展有着长远打算和考虑。[30]

S 仲裁委秘书长承认,这些认识不无理想成分,但这是推动 S 仲裁委不遗余力建立现代仲裁员制度的思想基础。[31] 为了选择理想的仲裁员,吸引优秀人才,S 仲裁委通过制定仲裁员聘用标准和办法,使《仲裁法》规定的仲裁员的资格条件具体化,同时提高仲裁员选聘透明度。1998 年 9 月第二届 S 仲裁委员会第一次会议讨论通过了《关于仲裁员选聘标准》(以下简称《选聘标准》),明确提出"选聘仲裁员标准,应根据仲裁法和 S 仲裁委员会发展需要,结合 S 地区的人才状况综合考虑",将选聘标准与仲裁委员会发展目标和地区人才状况相联系,并且按照"律师"、"经济、贸易领域里专业人员"、"从事法学教学、法律研究人员"、"行政机关或行业管理部门的人员"、"原从事仲裁工作人员"、"离退休法官"分类,规定不同职业的专业人员担任仲裁员的具体标准(如仲裁员教育背景、专业经历、经验、行业评价等)(第 1—6 条)。根据这一规定,1998 年第一届仲裁员中高达 44.7% 的仲裁员被不予续聘。因此,通过制定仲裁员选聘标准,提高门槛,不仅有效阻止了不胜任的人进入到仲裁员队伍中来,还为降低现有的不让人满意的仲裁员数量创造了条件。

1999 年 12 月第二届 S 仲裁委员会第四次会议通过《选聘标准》修订,将其更名为《仲裁员选(续)聘标准》,规定仲裁员在道德方面应该"品行端正、公道

---

[29] S 仲裁委秘书长:《S 仲裁委十年回顾》(2005 年 12 月 20 日)。据了解,该文曾在某报纸上发表过,本文所引是笔者直接从 S 仲裁委秘书长处获得的完整版。
[30] 同上。
[31] 同上。

正派、认真勤勉、谦虚谨慎"(第2条),在办案能力要求方面应该"头脑清晰,思维敏捷,明查善断,具有较强的语言和文字表达能力,能审、能调、能裁,办案效果好"(第5条),同时完善了仲裁员不予续聘方面的规定。之后,S 仲裁委又于 2001 年 4 月、2003 年 9 月两次修订该标准,将其更名为《S 仲裁委员会仲裁员聘用管理办法》(以下简称《仲裁员聘用管理办法》),提出要"以当事人对仲裁员的期望为标准,以建立高素质仲裁员队伍为目标",进一步强调仲裁员专业性背景、办案能力和经验。[32] 选聘标准、办法的制定和修改过程,反映出 S 仲裁委不断回应现实的需求、提高仲裁员队伍的胜任度的努力。

上述关于仲裁员选聘的标准和措施发布之后,S 仲裁委在实践中严格执行。一方面,大力吸收优秀的人才并提供机会,以促使他们尽快成长为出色的仲裁员,另一方面将不能符合仲裁员道德规范及专业素质要求的调整出仲裁员队伍,以保持队伍的纯洁性和专业性。截止到 2005 年,S 仲裁委历经三次换届,共有 286 名仲裁员未被继续聘任。[33]

在严格选聘高素质仲裁员的同时,S 仲裁委极其重视仲裁员的培训和考核。实际上,自成立以来,S 仲裁委每年都在组织仲裁培训课程,并强调仲裁员应该多参加此类课程。[34] 2002 年 2 月,第三届 S 仲裁委员会第二次会议决定"实行新仲裁员培训制度,新聘任或往届聘任而没有经过培训的仲裁员,应参加仲裁委员会组织的《仲裁员守则》、《仲裁员聘用管理办法》、办案规范和裁决书制作标准等方面的培训",从而将参加培训作为对仲裁员的一项要求明确下来。[35] 2003 年修订《仲裁员聘用管理办法》时,增加了"仲裁员应参加有关《仲裁规则》、《仲裁员守则》、仲裁实务方面的培训及必要考核;未参加培训的,本会主任将不指定其审理仲裁案件","不参加本会仲裁员业务学习,缺乏仲裁工

---

[32] 如 2003 年修订的《仲裁员选聘管理办法》规定:法律教学、研究领域的仲裁员,不仅以"教授、研究员"为基本标准,而且要"直接从事民商法律方面的教学研究工作",并"具有相应办案经验";从事经济贸易工作的仲裁员,不仅以"本专业正高职称"为基本条件,而且要"从事经济贸易或专业技术工作满八年,具有相关法律知识、经验丰富";离退职法官作仲裁员,不仅要"具有法律专业本科或本科以上学历",而且是"曾长期从事民事、经济审判或研究工作","信誉良好,业务水平高,办案能力强,曾任审判长、副庭长或以上职务的资深法官";从事律师工作的仲裁员,不仅"在律师行业中具有较高的专业水准和良好信誉,无任何违纪行为或不良反映",而且"能够胜任首席或独任仲裁员工作";港、澳、台及外籍人士作仲裁员,除符合上述标准外,还"应具有丰富的仲裁实践经验"等(第 3 条)。

[33] S 仲裁委秘书长:《S 仲裁委十年回顾》(2005 年 12 月 20 日)。据了解,该文曾在某报纸上发表过,本文所引是笔者直接从 S 仲裁委秘书长处获得的完整版。

[34] 比如 1995 年 10 月、11 月中旬,S 仲裁委分两批对仲裁员进行了仲裁法、仲裁规则、仲裁员守则等方面的培训,具体参见 S 仲裁委秘书长:《S 仲裁委员会工作总结》(未刊稿,1995 年 12 月 29 日)。

[35] 具体内容参见《S 仲裁委员会 2001 年工作总结 2002 年工作设想》(未刊稿,2002 年 2 月 8 日)。

作经验,且长期未承办仲裁案件的"、"本会将不予续聘"等规定(第8条,第12条),将仲裁员参加培训同委员会主任对其的指定以及仲裁委员会对其聘任相联系。2004年8月,第四届S仲裁委员会第一次会议讨论通过了《关于加强仲裁员培训、考核工作的决定》,除了重申"本会主任将优先指定通过培训机构培训、考核的仲裁员审理案件"(第3条)原则外,还规定将"优先聘用符合《仲裁员聘用管理办法》且经过培训机构培训、考核的人士担任本会仲裁员"(第2条),"仲裁员仲裁业务方面的培训、考核工作",由仲裁委员会委托"培训机构"组织进行(第1条)[36],"仲裁员培训情况,将作为仲裁员专业背景的一项内容,列入本会仲裁员电脑查询系统"(第4条)。

  S仲裁委通过不断提高聘任标准、加强仲裁员培训建立起来的仲裁员队伍,在具体的个案中是否胜任呢?对这个问题,可以从两方面来考虑:第一是仲裁员作出的裁决是否经受住了司法监督的考验。截至2005年底,仲裁委员会共受理案件7699件,审结6840件,结案率89%。据S仲裁委所能搜集得到的数据,在审结的案件中,被人民法院裁定撤销(含部分撤销)裁决的案件26件,裁定重新仲裁的8件,裁定不予执行的18件[37],被裁定撤销、裁定重新仲裁和裁定不予执行的,总共不到结案总数的1%。就此而言,案件处理的质量是有相当程度的保障。值得一提的是,被裁定撤销、重新仲裁或不予执行的案件无一是国际案件。同时,有些案件之所以被裁定撤销、重新仲裁或不予执行,也不简单是因为仲裁员不胜任造成的,而是与法院对国内案件的司法审查范围过宽以及法官对有些法条的解读与整个仲裁界都不一致有关。[38] 第二,对在S仲裁委办公室工作的秘书进行访谈,可以成为考察仲裁员在个案中是否胜任的另一途径。如下面将会谈到,这些秘书都受过系统的法学教育,他们有机会跟不同的仲裁庭一起工作,观察他们处理案件的表现,所以他们是评估仲裁员是否胜任的适当人选。根据我自己的经验以及和其他秘书的交流,仲裁员的胜任度的确因案而异。通常每个仲裁员都有自己的专长,如果需要处理的案件属于仲

---

  [36] S仲裁委据此规定委托××大学法学院组织一个四天的仲裁员培训项目,每年两期,培训内容包括《仲裁的理念与仲裁法》、《仲裁员的道德规范》、《仲裁程序中证据规则的适用》、《仲裁程序的推进及相关问题的处理》、《裁决书的写作》及分组讨论与观摩。

  [37] 数据来自S仲裁委秘书长:《在2006年春节茶话会上的讲话》(未刊稿,2007年2月13日)。

  [38] 比如,我国《仲裁法》第45条规定:"证据应当在开庭时出示,当事人可以质证。"大部分仲裁员认为,这不是一个强制性法律规范,理由是我国《仲裁法》第39条规定了仲裁庭可以根据当事人协议进行书面审理,在这种情况下,根本谈不到在开庭时出示证据的问题;同时,证据出示的目的是保障当事人可以就其发表意见、陈述看法,如果当事人已经就证据进行了充分的质证,要求证据必须在开庭时出示就没有实际意义。因此,当一方当事人在第一次开庭后补充提交证据时,仲裁员可能要求另一方当事人在一定时间内对该证据提交书面质证意见而不再开庭。但是法院认为这种做法违反了我国《仲裁法》第45条的规定,并以此为由撤销案件。

裁员擅长的领域,该仲裁员会显得很胜任。如果不是,就会觉得面临很大的挑战。当然,就同一个领域里面的专家而言,水平也有高下之分,有时候甚至跟个性有关。在不同的纠纷类型中,难度最大的一般是涉及建设工程合同的案件。据实践中观察,只有很小一部分人有能力担任关于建设工程合同纠纷的大案件的首席仲裁员。

有些人认为地方仲裁机构是否有足够的经验和能力处理涉外仲裁案件仍然是个问题,因为实践中大部分地方仲裁机构处理的是国内纠纷,并不涉及外国当事人。[39] 这一看法其实是经不住推敲的。实际上,S仲裁委的许多在册仲裁员同时是贸仲和香港国际仲裁中心的仲裁员,而没有人怀疑这两个机构仲裁员处理涉外案件的能力。因此,关键的问题是当一个国际商事仲裁案件被S仲裁委受理时,当事人是否选择了合适的仲裁员。此外,S仲裁委新修订的仲裁规则允许国际商事仲裁案件的当事人选择仲裁员名册之外的人担任仲裁员。如果当事人在仲裁员名册外选定仲裁员的,应当向S仲裁委提供候选人的简历和具体联系方式。经S仲裁委确认后,可以担任仲裁员。但除非S仲裁委决定将其列入仲裁员名册,否则其任期至案件审理终结时止(第55条)。如此一来,国外当事人对S仲裁委的仲裁员的胜任能力的忧虑成为多余的了,因为他们几乎可以在全球范围内去选择自己信得过的仲裁员。

(二)S仲裁委的秘书是否胜任

根据S仲裁委的仲裁规则,S仲裁委员会办公室负责该会的日常事务。办公室指派工作人员担任仲裁庭的秘书,负责案件的程序管理和服务工作(第1条)。有时候,S仲裁委办公室亦被称为秘书处。为了考察秘书是否胜任,有三个问题值得探究:秘书的职责是什么?要履行这些职责,哪些素质是秘书所必需的?S仲裁委的秘书是否符合这些素质要求?

关于秘书的职责,在第一部分已有所提及。在具体的个案中,秘书比仲裁庭还先接触到当事人。申请人提交仲裁申请后,如果案件符合受理的条件被受理后,将被分到一个办案秘书的手里,由其负责程序管理。办案秘书从立案室收到案件材料后,应该向被申请人发出答辩通知、仲裁申请书及所附证据、仲裁规则、仲裁员名册。被申请人在收到前述材料后,可能提出管辖权异议或对仲裁条款的异议。如果有此类异议,秘书应该代表仲裁委对异议进行决定并草拟相应的文书。如果被申请人提出反请求,秘书要给予审查,并对符合受理条件的予以受理。秘书应该负责进行组庭,并在组庭后联系仲裁员,安排适当的开庭时间。秘书还要在开庭和评议时作笔录,以供仲裁庭参考。如果一方当事人

---

[39] Nadia Darwazeh & Michael Moser, "Arbitration inside China", in Michael Moser (ed.), *Managing Business Disputes in Today's China: Duelling with Dragons*, Hague: Kluwer Law International, 2007, p.58.

要求就一些特定事项进行鉴定,秘书还要负责安排相应的程序。仲裁庭草拟完裁决书后,秘书应该对裁决书草稿进行审核,确保没有打印和印刷错误。仲裁裁决送达当事人后,秘书应该将与该案相关的材料进行归档,并交到档案室。从对秘书职责的描述看,秘书是仲裁庭和案件当事人及其代理人之间的纽带。秘书是否善于沟通并准确传递相关信息,对仲裁庭和当事人之间的信任和合作有直接的影响。秘书同时对仲裁的效率和质量起重要的作用。虽然仲裁员是程序的主人,从实践来看,仲裁员毕竟是兼职的,在程序事项上极其依赖办案秘书。

为了胜任其职责,秘书应该具有什么样的素质要求呢?有论者认为,秘书的素质大致可以分为两方面:职业道德和业务素质,前者要求廉洁自律、勤勉敬业,后者要求一专多能。"一专"指熟悉法律专业知识,尤其是对仲裁法制度和理念的认识;"多能"指的是具备文书写作、办公自动化,外语交流等多种工作技能。[40] 在S仲裁委秘书长看来,秘书的基本素质包括六方面:第一,作风正派、廉洁自律、公私分明;第二,诚实信用、严守秘密;第三,严谨、细致、扎实、对工作极端负责;第四,良好的服务意识、热忱、主动、文明礼貌;第五,好的职业素养,工作讲效率;第六,勤奋好学,刻苦钻研。[41] 当然,这些要求有理想成分,但成为S仲裁委选择和培训秘书团队的基础。

访谈得知,S仲裁委秘书长在负责组建S仲裁委过程中,一些在行政机关工作的人员曾想到S仲裁委办公室来工作。S仲裁委秘书长提出S仲裁委要实行的是聘用制,不搞"铁饭碗",会有优胜劣汰,从而使那些人放弃了到S仲裁委工作的念头。"聘用制"使S仲裁委避免了许多事业单位用人方面存在的"后门"、"关系"及"干部分流"问题,将各种阻力降低到最小程度,从而为S仲裁委赢得招聘更符合需要的员工的机会。早期招聘的秘书有五个人:一位是北京大学的本科毕业生,两位中国政法大学的研究生,两位中国政法大学的本科生。在20世纪90年代中期,中国法律系的毕业生十分走俏,他们可以相当容易在省市级政府部门甚至是中央部委找到工作。因此,很难想象S仲裁委能够招到这么好的员工,因为作为一个新成立的实行聘用制的机构,很难被认为是一个好单位。当时的五个秘书之一,如今仍然在S仲裁委工作的A解释当初选择S仲裁委的主要原因是担心到政府部门工作会浪费青春和专业知识,因为当时人们常说在机关工作就是喝喝茶、看看报纸。另外一个秘书则表示,他选择到S仲裁委,很大程度上是因为在招聘会上被S仲裁委秘书长所描述的价值取向和职业前景所吸引。

---

[40] 姜丽丽:"仲裁秘书刍议",载《法制日报》2006年12月26日。
[41] S仲裁委秘书长:《秘书的素质》(未刊稿,2005年4月29日)。

S仲裁委认为,秘书素质高低是单位服务档次的体现。当事人、代理人、仲裁员主要是通过秘书工作来了解单位的风气、服务水平、诚信意识和发展能力的,因为他们与秘书打交道最直接、最频繁。[42] 随着事业的发展,S仲裁委不断提高秘书的招聘标准,应聘S仲裁委竞争的激烈程度也不断上升。比如,2005年有1600多名具有法学硕士学位的毕业生竞争四个用人名额。由于秘书是通过公开招聘,公平竞争,并以应聘人在应聘过程中所表现的素质为唯一依据选拔出来的,所以S仲裁委秘书团队的职业素质一直为仲裁员、当事人及其代理人广为赞赏。2006年,每个秘书年平均结案数达124.78件。[43]

　　就专业技能而言,S仲裁委的秘书到目前为止是很胜任的。有人也许会质疑,S仲裁委的秘书是否胜任管理国际商事仲裁案件,因为目前其处理的大部分案件是国内案件。一般认为,管理国际仲裁案件与管理国内案件的主要区别有二:第一,秘书必须能熟练使用外语。这对S仲裁委的秘书而言并不是问题,因为能娴熟使用英语或其他外语一直是S仲裁委招聘新秘书的要求之一,在实践中有些秘书甚至能为会议提供同传服务。同时,S仲裁委频繁的国际交流活动,也为秘书保持和提高外语水平创造了条件。第二,国际仲裁与国内仲裁所适用的程序规则往往有一定的区别,因此要求秘书对国际商事仲裁程序有比较好的把握。这对于受过系统法学教育并且已经能胜任管理国内仲裁案件的人来说,并不会成为问题。其实,不少业内人士认为,由于司法审查对国内案件的监督范围更广更严,管理国内仲裁案件在某种程度上比管理国际案件难度更大。

四、建立有效的预防机制,严格执行惩戒措施:S仲裁委是如何追求公正的

　　几乎没有一个仲裁机构不声称它是公正的。我们如何判断这样的表态是否属实呢?笔者认为,至少可以从两个标准加以考虑:第一,仲裁机构是否努力建立一套有效的机制来预防不公正的发生;第二,当不当行为发生时,所制定的惩戒措施能否得到严格执行。在中国,对仲裁机构的期望和担心,都与人们对司法的印象密切相关。中国司法系统长期以来被批评缺乏独立,法官素质低,并且腐败现象严重。因此,许多人一方面希望仲裁能够提供一个有效的替代纠纷解决场所,另一方面又担心司法腐败会蔓延到仲裁机构。这使对中国仲裁是否公正的讨论无法回避司法腐败的背景。

(一)司法腐败的特征

　　最高人民法院长期以来针对现实中存在的司法腐败现象,反复重申严禁人

---

[42] S仲裁委秘书长:《秘书的素质》(未刊稿,2005年4月29日)。
[43] 数据来自S仲裁委秘书长:《2006年工作总结》(未刊稿,2007年2月13日)。

情案、关系案和金钱案。傅华伶通过研究指出,中国司法腐败的新发展出现了几个特征:第一,腐败形式更加复杂多样,不仅限于简单的金钱交易。第二,法官索贿或受贿变得更有选择性。第三,腐败往往涉及第三方,特别是有些律师成为促进法官和当事人交易的掮客。[44] 对于腐败产生的原因,傅华伶归结为当事人及其律师接触影响法官的机会的大量存在,具体表现在:第一,中国法律要求法官在诉讼过程中与当事人及其代理人维持联系。第二,调解过程更为当事人及其律师提供影响法官的机会,因为法官经常要联系当事人或律师协商可能的和解方案。[45] 总之,法官与当事人及其律师在诉讼过程中的大量直接接触,为当事人及其律师影响法官创造了机会。傅同时总结了在经济和民事案件中腐败可能对案件产生影响的方式,归纳起来,主要包括:允许行贿一方当事人迟延,法官本身不当拖延,反复调解以迫使达成和解,透露法官的想法和可能判决结果,做有利于一方当事人的事实认定,以及平摊责任。[46]

尽管人们对仲裁的公正存在不同程度的怀疑,但迄今为止,并没有有效的实证数据证实司法腐败已经蔓延到仲裁中来。实际上,同样没有实证数据有效地证明司法腐败在多大程度上存在。傅本人承认,因为腐败的存在而谴责所有的法官和整个法律制度是不明智的,不是所有的法官都腐败,也没有法官在所有的案件中都腐败。[47]

(二) S 仲裁委预防腐败的各种举措

当然,司法腐败对司法公信力产生的巨大伤害,无疑值得仲裁机构警醒。S 仲裁委似乎很清楚这一点。在成立初期,S 仲裁委就提出,仲裁是否公正决定仲裁制度的生死存亡[48],同时采取如下措施以建立仲裁的公正形象:第一,将公正廉洁作为《S 仲裁委员会仲裁员守则》(以下简称《守则》)和仲裁员培训、考核的重要内容。《守则》明确规定,仲裁员任职期内,隐瞒应当回避的事项;私自会见当事人,接受当事人请客、馈赠或提供的其他利益;或者在案件审理中有违仲裁员的公正立场,多次出现偏袒倾向等违反《守则》的情况,仲裁委员会有权解聘或除名。第二,建立仲裁员回避制度和对当事人回访制度。仲裁委员会受理当事人申请仲裁后,即向当事人发出"当事人注意事项",提醒当事人不要与仲裁员私下接触,交谈案件情况;不要请客送礼或给予仲裁员其他好处。同时,让仲裁员本人签署"仲裁员声明书",由仲裁员保证接受选定(指)定时,

---

[44] Hualing Fu, "Putting China's Judiciary into Perspective: Is It Independent, Competent, and Fair?", in Erik Jensen & Thomas Heller (eds.), *Beyond Common Knowledge: Empirical Approaches to the Rule of Law*, Palo Alto: Stanford University Press, 2003, p.211.

[45] Id., pp.211—212.

[46] Id., pp.212—213.

[47] Id., p.214.

[48] S 仲裁委秘书长:《S 仲裁委员会工作总结》(未刊稿,1995 年 12 月 29 日)。

没有也不会出现仲裁规则规定的回避情形。案件审结后,仲裁委员会通过发函或座谈等方式,了解当事人对仲裁员执行《守则》情况的意见。第三,在仲裁委员会下面设立专门的纪律委员会,负责调查处理仲裁员违纪问题。[49] 这些措施使当事人及代理人能比较轻易地发现并反映仲裁员可能存在的问题,有效地对仲裁员形成了约束,防止腐败现象的发生。2000 年的一份报告披露,截至当时,S 仲裁委参与办案的仲裁员有 260 多人,共 1800 多人次,没有一起当事人或代理人反映仲裁员和工作人员有吃请受礼之事。[50]

上述措施颇有成效,S 仲裁委的仲裁员也因此在相当程度上赢得当事人及其代理人的尊敬和信任,树立一个比较好的群体形象,但是 S 仲裁委并没有就此停止对公正的追求。S 仲裁委的仲裁员来自不同的领域,其中律师仲裁员与仲裁机构的关系最为微妙,特别是当这些人以律师身份作为 S 仲裁委仲裁案件的代理人时。有人担心仲裁员代理案件,会利用其当仲裁员的优势地位,对仲裁庭施加影响,不利于公正审理。因此,在 2001 年修改《守则》时,有人提出,应该禁止仲裁员代理案件的行为。反对者认为,仲裁庭能否公正审理,取决于仲裁庭成员的自身素质,而不是代理人,国际上也没有禁止仲裁员做仲裁案件代理人的惯例。[51] 于是,2001 年版本的《守则》没有禁止仲裁员在 S 仲裁委作代理人,但是对其代理行为进行了规范,要求仲裁员在 S 仲裁委代理仲裁案件的,应当遵守下列规定:(1) 不得违反出庭时间和提交法律文书的期限;(2) 在当事人或对方代理人在场的情况下,不得与本案仲裁员或秘书谈论其作为仲裁员承办的其他案件;(3) 不得与本案仲裁员或秘书私下讨论案件情况;(4) 不得向当事人、代理人表示自己与本案仲裁员、秘书间的亲密关系;(5) 知悉自己担任代理人有可能出现仲裁员回避的情形时,应主动向当事人讲明,并拒绝担任其代理人;(6) 不得向仲裁庭和秘书提出与代理人身份不符的要求(第 21 条)。

这些规定表明,S 仲裁委意识到潜在的问题,并试图控制它。然而,这一规定的执行,严重依赖于仲裁员的自律。因此,当一个在册仲裁员在 S 仲裁委代理案件时,并没有完全消除当事人的担忧。3 年后,2004 年版的《守则》完全解决了这一问题。该《守则》第 9 条明确规定,仲裁员不得在本会的仲裁案件(包括申请撤销或不予执行本会仲裁裁决的案件)中担任代理人,亦不得代人打听案件情况或代人向仲裁庭成员、秘书实施请客送礼或其他提供好处和利益。显

---

[49] 具体参见:S 仲裁委秘书长:《S 仲裁委员会工作总结》(未刊稿,1995 年 12 月 29 日);《第一届 S 仲裁委员会工作总结》(未刊稿,1998 年 11 月 4 日)。

[50] S 仲裁委秘书长:《个人述职报告》(未刊稿,2001 年 1 月 1 日)。

[51] S 仲裁委秘书长:《关于〈S 仲裁委员会仲裁员守则〉和〈S 仲裁委员会仲裁员选(续)聘标准〉的修订说明》(未刊稿,2001 年 4 月 25 日)。

然,这一规定阻挡了来自律师界的仲裁员在 S 仲裁委代理仲裁案件的机会,将使他们的实际利益受到影响。由于律师几乎每天都为客户提供意见,他们对客户选择争议解决的场所有直接的影响。这就提出一个问题,为什么 S 仲裁委能够采取这样的规定而不担心冒犯来自律师界的仲裁员呢?有两个原因可以解释 S 仲裁委的这一行为:第一,S 仲裁委正人先正己,要求工作人员及委员会成员不担任或有条件地担任仲裁员,以降低或避免可能的抱怨。2003 年 1 月,S 仲裁委通过修改章程规定,"本会主任及办公室工作人员不兼任仲裁员;本会副主任及委员不接受一方当事人选定担任仲裁员,本会主任不指定其担任仲裁员,双方当事人共同指定其担任仲裁员的除外。"这一规定表明,S 仲裁委即使在与本身成员的个人利益发生冲突时,仍然将公正放在第一位。第二,S 仲裁委相信当事人的利益应该被放到首位。实际上,考虑到律师的社会关系比较复杂,有时候要保持独立,受到的挑战会比较大,S 仲裁委在聘任第四届仲裁员时,已有意识地减少律师仲裁员在总体仲裁员中的比例,尽管这使 S 仲裁委有可能损失部分案源。

S 仲裁委成功防止了腐败的发生,不仅由于其采取有效的措施,还得益于秘书的存在及机构仲裁的程序。当事人及其律师能够对法官施加不法影响的主要原因,是存在许多的机会让法官与当事人及律师接触。当我们考察 S 仲裁委的实践时,发现由于秘书的存在,一般而言,仲裁员没有机会与当事人及其律师直接接触。根据《仲裁员守则》第 8 条,仲裁员在仲裁期间不得私自会见一方当事人、代理人,接受其提供的证据材料;不得以任何直接或间接方式(包括但不限于谈话、电话、信件、传真、电传、电子邮件等方式)单独同一方当事人、代理人谈论有关仲裁案件的情况。实践中,所有的文件都应该交给秘书,再由秘书转给仲裁员。即便在调解过程中,仲裁庭也应慎重决定由一名仲裁员单独会见一方当事人或代理人;如果仲裁庭决定委派一名仲裁员单独会见一方当事人或其代理人,应当有秘书在场,并告知对方当事人。没有合法的渠道让仲裁员与当事人及其律师接触,极大地减少甚至避免了仲裁员被不当影响的机会。

(三) 因腐败而导致不公正的可能性分析

有人可能会进一步质疑,即使没有合法的渠道让仲裁员与当事人及其律师联系,我们如何知道他们会不会私下进行联系呢?这的确是个问题。这里暂不讨论,而是先看看如果真的有私下接触或贿赂发生,是否可能影响案件的处理而不被发现。下面对前述提及的腐败产生效果的形式分别进行讨论。

第一,是否可能允许提供贿赂一方当事人迟延?根据 S 仲裁委仲裁规则第 29 条,仲裁庭有权要求当事人在一定期限内提交证据材料。当事人应当在要求的期限内提交。逾期提交的,仲裁庭有权拒绝接受。实践中,如果仲裁员没有要求当事人在特定时间内提交证据,双方当事人都有同样的机会随时提交补充证据。如果仲裁庭确定特定的提交证据的时间,双方都应该遵守。如果仲裁庭接受一方当事人在指定期间后提交的证据,另一方可以质疑证据的可采性,甚至直接就不予质证。仲裁庭就没法把这些证据作为裁判的基础,因为依据未经质证的证据作出裁决会成为法院撤销裁决的一个理由。

第二,是否可能通过拖延行为偏袒一方当事人?高效被认为是仲裁优于诉讼的主要特点之一。任何不当拖延,不管是否因为腐败的原因,在某种程度上都可以被视为一种不公正。因此,S仲裁委一直极为重视效率。一方面,把秘书和仲裁员的报酬都与效率挂钩。仲裁员在越短时间内处理完一个案件,能获得的补助越高;反之,超过审限的,就要扣一定的补助。对秘书的规定也一样。因此,仲裁员和秘书通常都有动力加快案件的处理进度。另一方面,通过相关的规定,加强案件管理,避免案件处理过程中的低效和迟延。2002年2月,第三届S仲裁委员会第二次会议讨论通过《S仲裁委员会关于加强仲裁审限管理若干规定》(以下简称《若干规定》)。该规定明确将"因仲裁员自身及可控制原因(包括办案期间外出、开会等)使仲裁审理超出《仲裁员守则》规定的各次开庭、评议及制作、审核裁决书期限"的情形界定为"迟延"(第2条)。"审理迟延满20天的,仲裁委员会向有迟延情形仲裁员发《案件催办通知》。因仲裁庭共同迟延导致超审限满一个月的,仲裁委员会向仲裁庭发《案件催办通知》"(第6条)。仲裁员未遵守《守则》和《若干规定》,"致使秘书或仲裁庭其他成员无法与之联络,造成案件在规定期限内无法正常审理的,该仲裁员将视为无故缺席,其他仲裁员可在其缺席的情况下,对除开庭以外的程序性问题作出决定"(第5条)。此外,《若干规定》还明确S仲裁委对迟延行为所采取的处理措施包括:因迟延导致案件超审限的案件数量"将纪录在电脑查询系统中,供当事人查阅","迟延达到《仲裁员守则》和《S仲裁委员会聘用管理办法》规定的不予续聘和解聘情形的,按其规定办理"(第7条)。2003年9月,第三届S仲裁委员会第五次会议讨论通过了修订的《若干规定》,将其更名为《S仲裁委员会关于提高仲裁效率的若干规定》,将原《仲裁员守则》有关办案期限规定充实其中,对开庭审理与裁决制作时间予以明确规定,要求每一个环节均按时间要求进行,以保证整个程序高效、顺畅地展开。[52] 为了落实《若干规定》,S仲裁委在仲裁管理软件系统中设置了"仲裁时间统计"、"仲裁员迟延统计"以及提醒仲裁员及时制作裁决的即时消息系统。总之,任何不当迟延,不管是否出于偏袒一方,在S仲裁委设置的机制中都将得到及时的控制和纠正。

第三,是否可能通过反复调解来迫使一方当事人达成和解?我国《仲裁

---

[52] 比如要求"仲裁庭未经合议或经合议对裁决未达成基本共识的,仲裁员应自审理终结之日或合议之日起5日内,就案件事实、证据、定性、责任、适用法律、裁决意见和理由等提出制作裁决的书面意见,由首席仲裁员或其指定的仲裁员进行汇总,拟定裁决书草稿"(第9条)。

法》和仲裁规则都规定,调解应该征得双方当事人的同意。实践中,如果一方当事人不同意调解,调解程序几乎都不可能启动。在三名仲裁员组成的仲裁庭中,每一方当事人至少能自己选定一个仲裁员,如果首席仲裁员试图通过反复调解来迫使当事人达成和解,很可能会招致一方当事人选定的仲裁员的反对。同时,在调解过程中,秘书必须在场,如果秘书发现有不当的反复调解发生,他/她应将仲裁员的行为记录下来。如果不当行为多次发生,仲裁员被指定为仲裁员的机会将减少,甚至可能被不予续聘。

第四,是否可能让一名仲裁员操纵事实,照顾一方当事人,或者不公平地平摊责任?事实的确定和责任的分配是实体问题,其决定权在于仲裁庭。根据目前S仲裁委的仲裁规则,除非当事人另有约定,凡案件争议金额不超过100万元(指人民币,下同)的,适用简易程序。这意味着,任何争议金额超过100万元的案件将使用普通程序,由三名仲裁员组成仲裁庭进行审理。每一方当事人将选定一名仲裁员,然后共同选定或共同委托主任指定第三名仲裁员作为首席仲裁员。尽管依据仲裁员守则,当事人选定的仲裁员在仲裁过程中应平等、公允地对待双方当事人,不能偏向选他的当事人,但要当事人选定的仲裁员去同意一个对选他的当事人明显不公平的决定是不大可能的。依据仲裁规则,由三名仲裁员组成仲裁庭的,任何决定均都应当按照多数意见作出。如未能形成多数意见,则应当按照首席仲裁员的意见作出(第39条)。因此,首席仲裁员人选的确定极为重要。实践中,双方当事人往往很难就首席仲裁员的选定达成一致意见,在这种情况下,依据仲裁规则,首席仲裁员只能由仲裁委员会主任指定(第18条)。而仲裁委员会主任往往把这一权力委托给秘书长行使。正是在这一意义上,有位日本律师根据在贸仲代理案件的经验指出,秘书处实际上对案件的处理发挥着重要的影响,并对秘书处通过指定首席仲裁员来影响或控制仲裁结果或者另一方当事人会影响秘书处指定仲裁员表示担心,因为没有明确的规则对秘书处的责任和职权范围作出规定,特别是没有书面的规定规制秘书处指定首席仲裁员的权力。[53] 实际上,无论是贸仲还是S仲裁委,秘书处的责任和权限在其仲裁规则和章程中都是有明确规定的。实践中,要在指定首席仲裁员时作出明智的决定,必须综合考虑纠纷的性质和仲裁员的专长,甚至当事人选定的仲裁员的特点等,因此不可能通过书面的规定对指定行为进行调整,这也是为什么没有任何一个仲裁机构有这方面规定的原因。既然首席仲裁员的指定只能是一个裁量行为,仲裁机构在指定仲裁员时保持中立的重要性,就怎么强调都不为过。鉴于首席仲裁员的重要作用,S仲裁委为了尽可能让首席

---

[53] Yoshio Iteya, "Case Study of Arbitration in China", in Albert Jan van den Berg (ed.), *New Horizons in International Commercial Arbitration and Beyond*, Hague: Kluwer Law International, 2005, pp. 119—122.

仲裁员的产生体现当事人自己的意愿,从 2004 年开始增加了通过名单选定首席仲裁员的方式。[54] 此外,S 仲裁委的仲裁规则规定,对裁决持不同意见的仲裁员,可以不签名,但应当出具个人意见,S 仲裁委应将其个人意见随裁决书送达当事人(第 41 条)。这在一定程度上对仲裁庭的多数意见形成制约,减少不公平的认定事实和分摊责任的可能。

第五,仲裁员是否可能透露仲裁庭的想法甚至是可能的裁决结果?如果有仲裁员这么做,通常一方当事人会在程序中采取措施作为反应。比如,如果申请人知道他的请求可能无法得到支持,很可能会撤回仲裁申请。在这种情形下,秘书会意识到当事人不正常行为的背后可能存在的问题,因此将对仲裁员可能存在的不当行为情况记录在电脑系统。如果经过调查,发现仲裁员确实存在不当行为,将依据相应的规定进行惩戒。如果没有确切的证据证明存在不当行为,但多次被怀疑可能存在透露仲裁庭想法或可能裁决结果,该仲裁员仍可能会被不予续聘。

很显然,秘书的存在,不仅防止了仲裁员与当事人的直接联系,还使任何形式的不当行为都可能被发觉。这就提出一个问题,如果秘书本身卷入腐败怎么办?为了防止秘书发生道德风险,S 仲裁委采取了一些措施:第一,在招聘秘书的过程中,把职业道德作为重要的考虑因素之一。第二,通过案件管理系统,定期对每个秘书手头的案件进行追踪。如果发现有案件没有进展,要求秘书对此作出说明。第三,设置当事人的反馈机制制约秘书。每个案件结束后,意见反馈表会随仲裁文书送达双方当事人,让他们对秘书的表现进行评价。第四,与秘书聘用合同一年一签。如果秘书被发现有腐败行为,根据合同马上会被解雇。如果没有发生违反职业道德的事,只是在管理案件的表现不佳,也很可能会在满一年后被不予续聘。此外,S 仲裁委采取了秘书工作满 8 年后如果没有升任管理人员将不再予以聘用的特殊政策。这一方面是因为办案秘书的工作性质决定了年纪大的人对从事办案秘书工作并没有什么优势,相反可能具有劣势,另一方面是由于 S 仲裁委规定现行的工作人员不能担任仲裁员,如果一个人不能被提拔为管理人员,对秘书工作会感到厌烦,没有什么热情。但是当一个办案秘书不再担任 S 仲裁委的秘书后,如果符合仲裁员的资格,S 仲裁委可能会把其聘为仲裁员。这一安排对秘书提供一个有效的激励,促使他们坚守职业道德,打磨专业技能,以提高工作满 8 年后被聘为仲裁员的可能性。

---

[54] 所谓"通过名单选定首席仲裁员的产生方式",即允许双方当事人规定期限内各自推荐一至三名仲裁员作为首席仲裁员人选,或由 S 仲裁委提供五至七名首席仲裁员候选名单,由双方当事人从中选择一至三名仲裁员作为首席仲裁员人选。推荐名单或者选择名单中有一名相同的,为双方当事人共同选定的首席仲裁员;有一名以上相同的,由主任根据案件具体情况在相同人选中确定,确定的仲裁员仍为双方当事人共同选定的首席仲裁员;推荐名单或者选择名单中没有相同的人选,由主任在推荐名单或者选择名单之外指定首席仲裁员(第 18 条)。

(四) S 仲裁委应对腐败的新举措

前述的分析表明,S 仲裁委建立起了有效的机制防止腐败的发生。2006 年 8 月,S 仲裁委通过修订《章程》、《仲裁员守则》、《仲裁员聘用管理办法》确立仲裁员"暂不列入仲裁员名册"制度,进一步强化防范机制。《聘用管理办法》规定,仲裁员"在聘任期内,如有证据使本会有理由怀疑其存在违反《仲裁员守则》及本办法有关公正、独立规定,应予解聘但需要查证核实之情形的,由纪律委员会进行调查。纪律委员会调查期间,该仲裁员暂时不列入仲裁员名册","在不列入名册期间,该仲裁员不得接受当事人的选定办理新的案件,本会主任亦不再指定其担任仲裁员,其正在审理的案件按照《S 仲裁委员会章程》第十八条第三款规定办理。"《章程》第 18 条第 3 款规定:"仲裁员在聘任期内被解聘,或因《仲裁员聘用管理办法》第九条规定情形而未列入仲裁员名册的,本会将书面通知本人。本人应自收到通知之日起七日内决定是否退出正在审理的案件并书面告知相关案件承办秘书。如不予回复或者决定不主动退出的,本会将如实告知正在审案件当事人关于本会的有关决定。本人自调整后新仲裁员名册正式发放之日起不得再参与仲裁案件的审理,但双方当事人均同意其继续审理案件的,其职责可履行至案件审理完毕。"《仲裁员守则》第 9 条在"仲裁庭成员"后增加规定了"秘书"字样,即"仲裁员不得在本会的仲裁案件(包括申请撤销或不予执行本会仲裁裁决的案件)中担任代理人,亦不得代人打听案件情况或代人向仲裁庭成员、秘书实施请客送礼或其他提供好处和利益"。

(五) 惩戒措施的实施情况

S 仲裁委不仅通过努力建立防止不公正发生的机制以追求公正,同时当不当行为发生时,严格执行规定的惩戒措施。2006 年委员会对两名仲裁员采取暂不列入名册的措施,对一名仲裁员予以解聘。[55] 被解聘的仲裁员被认为存在比较大的单方接触的嫌疑。两名被采取暂不列入名册措施的仲裁员,则是因为被怀疑有违反仲裁员守则的相关规定。尽管 S 仲裁委并不完全是净土,但是实证调研所获得的数据表明,腐败的存在程度的确远远少于人们的想象,以致有些人很难相信这是真的。其实 S 仲裁委能保持这样的廉洁度并不奇怪,笔者从自己作为办案秘书的亲身经历中发现,一个受过正规法律训练的秘书,很容易发觉仲裁员在个案中是否有立场问题,而且仲裁员也知道不大可能作出不公正的行为而不被发现。如果大部分的裁决都是公正的,那么人们对腐败蔓延的印象从哪里来的?这一个复杂的问题,需要另行专门探讨。在此,笔者就实践中的经验发现作一简单解释:第一,腐败有时被律师作为推卸责任的借口。随着庭审程序越来越偏向对抗制,律师在举证和开庭陈述方面的表现,有时对裁

---

[55] 《S 仲裁委员会第四届工作报告》(未刊稿,2007 年 9 月 20 日)。

决的结果有重要的影响。当一个律师因为自己的糟糕表现而输掉本该赢的案件时,律师很难承认自己的过错,也有可能根本没有意识到自己的过错,相反只会责怪仲裁庭不公平,当事人往往因此以为仲裁庭背后有交易。第二,腐败有时被律师用作向当事人邀功的理由。有个别律师利用当事人对程序的不了解,把正常的程序快速推进解释为自己跟秘书熟,甚至把通过正常程序获胜的官司说成是自己托人找了仲裁员才赢的,于是赢了官司的当事人以为自己不是靠法律而是靠律师的私人关系赢了官司的。第三,因正常认知错觉(cognitive illusions)造成的裁判与当事人的预期不符,往往也被怀疑是腐败发生了作用。对法律裁判行为的实证研究表明,即便是没有任何立场问题的裁判者,作出裁判时或多或少都会受到认知错觉的影响。[56] 也就是说,法律问题并没有一个十分确切的答案,因此有时候裁决结果与当事人的预期有一定幅度的偏离是正常的,但在中国当前这种信任度很低的社会环境中,当事人更愿意相信偏离是因为腐败起了作用。

五、结论

S仲裁委的发展历程,既向我们展示了地方仲裁机构在当代中国社会转型的背景下面临的各种条件约束,也体现了地方仲裁机构在多大程度上可以通过自身的努力来克服这些条件约束。《仲裁法》的制定是中国自上而下的法律改革的一部分,不是自下而上地需要推动的。重新组建仲裁机构的方案,受当时特定社会条件的约束,不能完全阻断对仲裁机构独立性的威胁,特别是在人事和财务方面。然而,这一框架依然为仲裁机构有意识地争取独立留下了可能空间。S仲裁委通过充分利用现有制度空间、灵活借助政治话语,在较大程度上实现机构的独立自主。

中国从1978年才开始恢复法律教育和进行法律改革。在这样的国度建立一支高度胜任的仲裁员队伍,无疑比在具有成熟法律制度和充足法律人才的国家要碰到更多的挑战。S仲裁委通过不断提高标准,淘汰不胜任者,逐步提高机构的胜任度。除了建立专业化的仲裁员队伍,S仲裁委还不遗余力地选择和培训高素质的办案秘书,使他们能够胜任各种案件的管理。

尽管没有实证研究的数据表明,中国司法领域的腐败在多大程度上存在,但是司法腐败的确让人们对仲裁充分期待的同时心也怀担忧。S仲裁委从成立伊始,就积极采取措施防止不公正行为的发生,并逐步建立起了一整套的激励和约束机制。当发生不法行为时,S仲裁委还通过严格执行惩戒措施,表明

---

[56] 关于认知错觉对裁判所造成影响的一个详细研究,参见 Christopher R. Drahozal, "A Behavioral Analysis of Private Judging", 67 *Law & Contemporary Problems* 105 (2004)。

自己对公正的执著追求和坚决同腐败作斗争的决心。

《仲裁规则》《章程》《仲裁员守则》《仲裁员聘任管理办法》等文件的频繁修订,反映了S仲裁委通过建立有效的机制加强胜任和公正的努力。S仲裁委的努力,也确实取得巨大的成功。纵观S仲裁委的发展轨迹及其相关制度的变迁过程,可以说,影响S仲裁委的独立、胜任和公正的因素中,归根到底,关键在于优胜劣汰的用人制度和完全独立的财政制度,前者包括对仲裁员的选聘、培训和淘汰制度,以及对机构工作人员采取近乎苛刻的聘用制(一年一聘),后者则指包括自收自支和不受收支两条线管理的完全的财政独立制度。通过不断提高仲裁员的聘用标准,加强培训和淘汰不胜任者,S仲裁委最终使仲裁员队伍达到较高的专业水准和廉洁程度。对工作人员实行聘用制,则使S仲裁委能够从一开始就能够通过公开招聘选拔优秀的工作人员,并且在聘任之后依然实行优胜劣汰机制,防止产生惰性或沾染腐败习气。而完全的财政独立,不仅让S仲裁委避免受制于相关政府部门,还便于提供相对较高的报酬以吸引和留住高素质的仲裁员和秘书,让其即使在办理案件过程被施加近乎苛刻的要求,也因自己的付出能得到应有的回报而欣然接受。相比较而言,完全的财政独立更具根本性的作用,因为其不仅为S仲裁委提供激励,让其努力回应纠纷解决市场的需要,提升自己在市场中的份额,同时也成为一种天然的约束,让其自觉防止可能损害其声誉的不当行为。如果一个仲裁机构在财政上依赖政府拨款,并且受收支两条线管理,就不大可能像S仲裁委那样采取实质性的措施对仲裁员和秘书提出高要求。更糟的是,长期对财政的依赖,还可能使他们逐渐失去这样做的动力,因为仲裁机构的总体表现对工作人员的收入等直接利益影响甚微。

实证的考察让我们发现用人制度和财政制度这两项在规范研究的视野里很难被关注到的关键因素。那为什么S仲裁委能在这两项制度方面采取比较突出的措施呢?要回答这个问题,机构领导的个人作用就显现出来。比如,工作人员的聘用制,最早其实是S仲裁委的领导用来抵制"后门"或"关系"的一个武器。实行人员聘用制,在20世纪90年代中期还是显得有点超前,因为那时铁饭碗的观念还很盛行,工作人员最终能不能接受聘用制不无疑问。直到2000年,中国事业单位改革才明确要建立以聘用制为基础的用人制度。[57] 实行完全的财政独立,通过纳税不再实行"收支两条线管理",意味着仲裁机构会失去财政的资助,只能完全依赖于仲裁费的收入。这对仲裁机构来说,是一个巨大的挑战,必须对机构长期良性发展有足够的信心,才敢冒这样的风险。实

---

〔57〕 中共中央组织部、国家人事部:《关于加快推进事业单位人事制度改革的意见》,2000年8月13日。

践中,即便一些业绩表现不错的机构,也难下这样的决心。S 仲裁委在这方面成为先行者,得益于 S 仲裁委领导层发展仲裁事业的信心和魄力。实际上,"在将理念、决策转化为现实的过程中,勇气比智慧更重要"[58]。当然,S 仲裁委地处 S 市这样的大都市,纠纷解决市场本身比较大,客观上为其通过自身努力获取稳定的案源进而实现财政上的独立提供有利条件。不过,S 仲裁委具体如何获得案源以及应该如何看待地理或区位优势在获取案源中的作用,是一个十分复杂的问题,非本文所能容纳,笔者将另文专门探讨。[59]

尽管 S 仲裁委的成功有得益于客观条件的因素,领导层中主要领导的个人作用仍然不容低估。其实,仲裁机构的主要领导人对仲裁机构发展的意义,相当于企业家对于经济发展的意义。企业家之所以重要,是因为其具有组织建立和经营管理企业的特殊技能,能使经济资源的使用效率由低转高。在经济学上,企业家的特殊技能(包括精神和技巧)的集合通常被称为"企业家精神",它是一种重要而特殊的无形生产要素。美籍奥地利经济学家熊彼特在研究资本主义经济的发展过程之后认为,影响经济发展的各项因素中最关键的因素是"生产手段的新组合"[60],而实现"新组合"的主体不是普通人,正是企业家。企业家不同于日常的管理者,他具有独立行动、自主支配资源的动机,不墨守成规,而是常常创造性地变更其行为轨道以实现生产要素的第一次组合。企业家也不同于技术专家,因为技术专家是从事发明创造的人,而企业家则是将技术上的发明用于经济生活,并敢于尝试他人没有运用过的新方法的人。企业家具有专家的知识,能够对"新组合"进行价值评定,同时具有善于抓住机遇的特长,能够在不确定性中及时发现和抓住现实新组合的机会。此外,由于企业家在实施"新组合"时常常遭遇新的环境的挑战,以及心理的、个人的障碍和社会的障碍,企业家还要具有克服"新组合"困难的能力。[61] 也就是说,企业家必须是一个智慧和意志的巨人,并且有勇气去克服各种障碍,以最终实现新组合。尽管仲裁机构有不同于一般企业的特殊性,但其运作和经营在本质上也是一种各种要素或资源的组合。在某种意义上,S 仲裁委的成功,可以归结为其主要领导人充分发挥企业家精神,在人力资源和物质资源的获取和使用等方面不断

---

[58] S 仲裁委秘书长:《2003 年工作总结与 2004 年工作设想》(未刊稿,2004 年 2 月 12 日)。

[59] 具体参见陈福勇:"仲裁案源从哪里来?——对 S 仲裁委的个案考察"(《中外法学》将刊)。

[60] 熊彼特认为,经济发展"可以定义为能执行新的组合",这种新组合包括以下 5 种情况:(1)采用一种新的产品;(2)采用一种新的生产方法;(3)开辟一个新的市场;(4)掠取或控制原材料或半成品的一种新的供应来源;(5)实现任何一种工业的新的组织。具体参见约瑟夫·熊彼特:《经济发展理论——对于利润、资本、信贷、利息和经济周期的考察》,何畏、易家详等译,商务印书馆 1991 年版,第 73—74 页。

[61] 林则荣:《创新理论大师熊彼特经济思想研究》,首都经济贸易大学出版社 2006 年版,第 63—64 页。

实行更有效率的"新组合"所带来的结果。正是在这一点上,显示了 S 仲裁委发展模式的潜在局限性,那就是现在的领导人员退休之后,未来领导人是否还能保持追求独立、胜任和公正的动力。因此,从机构发展的角度来看,一个值得进一步研究的课题是像 S 仲裁委的领导人这样的仲裁精英是怎么产生的,有没有可能让类似的具有企业家精神的仲裁精英不断地冒出来。[62] 另一个同样重要的课题是,当一个仲裁机构进入正轨之后,如何建立一个不完全依赖于领导个人素质的法人治理结构和机制,以保障机构可持续发展。[63]

就仲裁机构的独立、胜任和公正如何可能这一问题而言,本个案研究在详细描述了 S 仲裁委不断采取各种措施追求独立、胜任和公正的过程和效果的同时,实际上已经初步揭示一个包括用人制度、财政制度和领导人状况的要素分析框架。简单地说,本文的研究表明,面临当代中国社会转型背景下的各种条件约束,仲裁机构要想实现独立、胜任和公正,需要机构领导人具有较强的企业家精神,勇于适时地引进优胜劣汰的用人制度,并在财政上逐步实现完全自主。当然,这一结论或分析框架是基于 S 仲裁委的事实而提出,能在多大程度上外推到其他仲裁机构,是个需要通过实证方法加以检验的问题。对此感兴趣的人们可以把本文的结论作为一种假说,通过收集其他仲裁机构如何追求独立、胜任和公正的资料,来进一步证实或证伪本文的结论,从而推动相关研究的不断深入和发展。根据一般的观察,有些仲裁机构所面临的资源禀赋和机构成立时的初始条件可能没有 S 仲裁委好,因此,这些仲裁委要想实现独立、胜任和公正,可能需要比 S 仲裁委克服更多的条件约束。但是在用人制度、财政制度和领导人状况这三点上,都是不可缺少的,因为很难想象一个领导人的企业家精神极其微弱、没有实行优胜劣汰的用人制度和财政上没有完全独立的仲裁机构能够成为一个独立、胜任和公正的仲裁机构。在这个意义上,本文的结论虽然来自个案的分析,但是可能对每一家根据《仲裁法》重建组建的仲裁机构都有启发意义。

(初审编辑:丁晓东)

---

[62] S 仲裁委的秘书长在访谈中提到,其与 S 市政府法制办负责人及其他市政府的领导大多经历过"文革"和"上山下乡",然后在恢复高考后考进大学,"正"、"反"两个方面的教育,使他们对中国下层情况认识较深,有着强烈的事业心和使命感,希望为国家和社会做一些有意义的事情。同时,类似的经历使大家具有相同的价值观,在关于仲裁的一些基本问题上很容易达成一致认识,对从什么地方下手解决问题最有效,也都看得比较清楚。这种特殊的因素,使一些在其他城市很难做到的事,在 S 市很容易就做到了。

[63] S 仲裁委显然已经意识到这一点。据 S 仲裁委的秘书长介绍,最近修订章程时就特别强调要明确委员会职能和各项管理制度,保障委员会可持续的良性发展。

网站治理:制度与模式

胡 凌[*]

The Regulation of Websites in China: Institutions and Models

Hu Ling

内容摘要:网站是网络时代言论、表达、网络行为的重要渠道和端点,也是连结信息服务消费者与生产提供者的"中间人",是中国互联网治理的主要对象。本文主要集中梳理了国家管理一般网站平台的正式制度、基础架构、各部门之间的分工流程,并对网站治理形成基本的认识。通过介绍域名和 IP 地址备案制度,分析依网站性质划分的许可和备案制度,以及从正面讨论网站管理部门、属地化管理的原则和从反面分析国家打击不良网站信息的专项治理行动模式,本文最后得出一些关于我国网站治理模式的初步结论。

关键词:网站 治理 属地化管理 社会治安综合治理 专项整治

---

[*] 香港大学法学院博士候选人,电子邮箱:hulingpku@gmail.com。欧树军阅读了本文初稿,初审编辑成协中、匿名审稿人提出了宝贵的修改意见,使本文结构更加完整,在此一并感谢。当然,文责自负。另外,本文提到的所有公开的法规文件,均可以在"文化政策图书馆"网站找到,见 http://www.cpll.cn/more_1.aspx?id=30,最后访问日期 2009 年 5 月 12 日。为方便考虑,后文不再一一标注。

一、导论

从技术角度看,网站是可以通过用户端浏览器访问的网络服务界面,其基本的技术要素包括一个固定的域名、IP 地址和后台服务器。网站拥有者可以利用包括 HTML 在内的网络语言和协议创制网页,提供诸如认证、浏览、视听、交流等网络服务,丰富网民的网上生活或扩展自我表达。可以说,网站在当今互联网的发展中起到相当大的作用,人们通常说的"上网"、"冲浪",也主要指的是浏览网页或接受网络服务商的信息服务。

随着互联网的进一步发展,以网站为平台开展的各种活动也日益增多。[1]一方面,国家需要互联网作为新的媒介进行宣传和发展网络经济和文化产业,另一方面,对日益增多的成本低廉的网上言论、表达以及非法行为,国家也需要采取措施加以管理和控制,以免危害社会秩序和国家安全。这一切的网络空间中的基础架构就是网站,可以说对网站的治理[2]构成了中国互联网治理的核心内容。[3]

网站是网络时代言论、表达、网络行为的重要渠道和端点,也是连结信息服务消费者与生产提供者的"中间人"。管理好网站,也就控制了网络空间中的信息流通,既可以发布积极信息或推进健康合法的服务,也可以对不良信息与非法服务活动进行打击。

在中国,互联网产生之前的言论与表达的渠道,主要是通过国家控制的各个"口"来实现的,每一个口都对应着一个主管部门。[4]新闻、图书出版、报纸、杂志、音像、印刷行业由新闻出版总署主管,广播影视行业由国家广电总局主管,文化部负责指导文学、艺术创作和文化市场的建设,公安部负责打击淫秽色情和不良信息,国家版权局则负责对著作权进行管理和保护。另外,金融、工商、医药、卫生、教育、测绘等部门均对自己主管领域的活动与信息进行管理和控制。由于现实中上述物理发行渠道和设施比较少,又各自相对独立,各主管机关皆有能力对自己辖下的信息内容和活动进行控制。

但是在互联网产生之后,网站作为综合性的信息传播平台,打破了原来信

---

[1] 根据中国互联网络信息中心统计,截至 2007 年底,中国互联网站数量已达 150.4 万,而在 1997 年底只有 1500 个,十年间增长了约 1000 倍。参见其发布的历次统计报告,载 http://www.cnnic.net.cn/index/0E/00/11/index.htm,最后访问日期 2009 年 2 月 28 日。

[2] 本文多次使用"规制"、"规管"、"管制"、"管理"、"治理"等词汇,除非特别说明,本文将不严格区分其含义,都指的是 regulation。

[3] 专门研究网站的著作不多,例如钟瑛、刘瑛:《中国互联网管理与体制创新》,南方日报出版社 2007 年版。

[4] 有关中国政治中广义的归口管理,参见 Kenneth Lieberthal, *Governing China: from Revolution through Reform*, New York: W. W. Norton, 2004, Chapter 7。

息渠道的限制,每个人都可以成为潜在的出版商、报社、电台、企业,等等。另外,还出现了新的信息聚合方式(如博客、BBS、维客)和传递方式(如即时通讯软件、P2P);数量也大大增加,一时间出现信息爆炸的趋势。国家不得不采取新的措施对网站进行管理和控制。一方面,国家按照线下活动方式对线上信息进行拟制归类(如新闻、出版、音像制品等),继续由相应主管机关负责管理,通过电子政务工程和行政许可推进本行业在网络空间中的发展,实行属地化管理;另一方面,则不断发现(通过搜索或举报)和打击非法活动和不良信息,努力扩大合法信息渠道的范围。[5] 此外,在涉及多方面影响和某些非法产业利益链(如淫秽色情)的情况,尤其需要多个机关加强协调合作。

网络空间同现实空间的不同之处在于,其可以受到技术力量的控制和影响。[6] 作为新的表达渠道的网站也是如此。从互联网的沙漏式架构来看[7],网站部分属于沙漏顶端的内容层(界面和信息),部分属于底端的物理层(主机和服务器),而且还受到域名、IP地址管理以及接入服务商的影响。这方面主要由信息产业管理部门进行监管。[8] 我国的网站治理就是分别从这三方面展开的。第一,在内容层,国家要求网站按照不同的服务种类分别进行许可或备案;由不同的主管机关对不同的线上内容进行管理;对用户和版主实行某种身份认证,从而保证线上内容合法与健康。第二,在物理层,国家要对虚拟主机和主机托管服务进行管理。第三,在代码层,国家要求所有网站登记其域名和IP地址,建立起庞大的域名与IP地址数据库,成为网站管理其他工作的基础。域名服务和接入服务,则通过过滤与封堵技术成为控制不良网站的最直接的手段。[9]

政府除了对网站和服务的直接管制之外,还广泛采用了资本控制(通过行

---

[5] 国家各部门之间的具体分工规定在《中共中央办公厅、国务院办公厅关于进一步加强互联网管理工作的意见》(中办发〔2004〕32号)中。这个文件虽然没有公开,我们从各部委的管理活动中仍然可以知道它们各自的职权范围。详见后面第四部分的讨论。

[6] Lawrence Lessig, *Code*: *Version 2.0*, New York: Basic Books, 2006.

[7] Lawrence B. Solum and Minn Chung, "The Layers Principle: Internet Architecture and the Law," 79 *Notre Dame L. Rev.* 815(2004).

[8] 信息产业部挂牌成立于1998年3月31日,在2008年的大部制改革中并入新成立的工业与信息化部。工信部于2008年6月29日挂牌,原信息产业部的职能仍将由其新的内设局履行,参见《工业和信息化部主要职责内设机构和人员编制规定》(2008年7月11日)。为方便起见,本文仍将使用信息产业部的名称。

[9] 由于语词的意义在于语境和使用者的理解,纯粹的依技术过滤非法语词一定会造成错误屏蔽,给正常的信息交流带来麻烦,很容易造成扩大化,但是面对海量信息,政府又无法一一核实查对,这是很难解决的困境。例如2008年5月全国最大的乙肝携带者公益网站"肝胆相照论坛"的IP地址因"乙肝"而被屏蔽,这无疑损害了广大乙肝患者的交流权利。目前国家和技术企业已经开发出一些根据语义进行过滤的系统。

政许可设定门槛)和行业自律与宣传(如"文明办网"、"八荣八耻"[10])等间接管理手段。另外,实际上由所谓"人肉搜索引擎"带来的"网络暴力",一定程度上也是网民惩罚违反社会规范行为的新方式。这些都不同程度地影响着政府对网站监管的手段和效果。

至此,我们可以看到网站在整个互联网治理中的重要地位,虚拟空间中大部分网民行为是通过网站进行的,而国家的大部分管理行为也是围绕网站展开的。本文在此对上述内容无法面面俱到,而将主要集中在梳理国家管理一般网站平台的正式制度、基础架构、各部门之间的分工流程上面,从而对网站治理形成基本的认识。网站对互联网内容的责任是一个大问题,不仅需要对不同种类的内容和网站分别讨论,也涉及互联网作为新媒体带来的全新挑战,考虑到和本文主题的兼容性,在此也不详细讨论。[11] 我将从关键的代码层出发,在第二部分介绍域名和 IP 地址备案制度;第三部分分析依网站性质划分的许可和备案制度;由于治理组织和方式对治理效果有很大影响,因此我在第四部分从正面讨论政府部门的管理流程与协调,第五部分从反面分析清理不良网站问题,两者相互补充;最后是一些关于我国网站治理模式的初步结论。

二、域名与 IP 地址备案

备案是国家控制个人和组织行为的一种常规手段,其目的是掌握、统计对象的基本活动和相关信息,及早作出政策调整和决定;对对象而言,由于其信息为国家掌握,开展活动时自然也要保持谨慎。这是介于事后监管和事前许可审批之间的宽松方法,既允许对象自主行动,又能够掌握它们的信息,从而为下一步决策提供依据。[12] 早在 1996 年 1 月 29 日公安部就下发了《关于对与国际联网的计算机信息系统进行备案工作的通知》,其中规定,凡是在中华人民共和国境内,通过物理通信信道直接或者间接与境外(含港、澳、台地区)的计算机信息系统进行联网的计算机信息系统的使用单位和个人,均应当在公安机关登记备案。考虑到当时的联网计算机和网站数量很少,且多为单位拥有,要完成这项工作并不困难。联系之前颁布的《计算机信息系统安全保护条例》和《计算机信息网络国际联网安全保护管理办法》,此举加强了公安机关对联网

---

[10] 见中央精神文明建设指导委员会《关于深入学习实践社会主义荣辱观大力加强思想道德建设的意见》(2006 年 5 月 19 日)。

[11] 一个初步分析,参见胡凌:"网络言论表达的规制",《互联网法律通讯》2009 年待出。

[12] 关于"备案"和"批准"的区别,还可见上级政府对下级政府立法的不同态度。例如,省、自治区、直辖市人大及其常委会可以直接制定地方性法规,但须报全国人大常委会和国务院备案;较大市的人大及其常委会可以制定地方性法规,但须报省、自治区人大及其常委会批准后施行,并由后者报全国人大常委会和国务院备案。

计算机的管理,但总的来说,尚不构成具有公共影响的措施。[13]

2000年以后,随着电信业重组、互联网逐渐由web1.0向2.0发展、网络接入费用的降低以及网民数量的飞速增长,网站数量和服务种类也迅速增多。面对这样的情况,在继续实行网络安全备案的同时,国家把网站登记的任务交给新成立的信息产业部,力图用技术手段掌握大量出现的网站信息。相比较而言,信息产业管理部门更有能力要求广大网站进行备案;而公安部门的备案范围则扩大到了一般单位和个人,即使他们没有开办网站。[14]

IP地址是一种网络时代的新资源,现行大部分IP地址采用的是IPv4技术。全球的IP地址由国际互联网名称和数字地址分配机构(ICANN)进行统一管理,在亚太地区由亚太互联网络信息中心(APNIC)负责分配。中国互联网络信息中心(CNNIC)是经APNIC认定并由信息产业部认可的中国国家互联网注册机构,负责召集国内有一定规模和影响力的ISP,组成IP地址分配联盟,为我国ISP和网络用户提供IP地址和AS号码的分配管理服务。国家现在也在积极发展IPv6技术,建设下一代互联网,并防止现有IP地址资源耗尽。

国家对IP地址并没有采取限制许可的方式进行管理,而采用了备案管理。2004年底,我国互联网站已近67万,IP地址总数近6千万[15],国家开始了一场声势浩大的网站清理整顿活动,要求所有国内网站到信息产业部的ICP/IP备案管理系统进行备案。[16] 2005年2月8日,信息产业部发布了《互联网IP地址备案管理办法》,为此提供了法律依据:信息产业部统一建设并管理全国的互联网IP地址数据库,制定和调整IP地址分配机构需报备的IP地址信息;各省通信管理局通过使用全国互联网IP地址数据库,管理本行政区域内各级IP地址分配机构报备的IP地址信息。各级IP地址分配机构要通过信息产业部

---

[13] 关于这三部法规的评介,可参见胡凌:"1998年之前的中国互联网立法",载《互联网法律通讯》第4卷第1期(2008年)。

[14] 当网民不断增多的时候,这就造成了某种冲突:2006年7月5日,重庆市公安局发布了《关于加强国际联网备案管理的通告》,按照《计算机信息网络国际联网安全保护管理办法》,规定"个人用户的备案由其互联网接入服务提供单位代为办理,个人用户应当如实填写《个人用户备案表》",同时网络信息安全保护管理责任也由个人用户转嫁给了接入服务商。但是在之后通过的《重庆市计算机信息系统安全保护条例》(2006年9月29日)却规定,只有互联单位、接入单位和网络信息服务单位须向市公安局备案(第十四条)。个人用户备案的规定在二审时被删除。但是这并不影响公安机关执行效力更高的《计算机信息网络国际联网安全保护管理办法》,问题仍然没有解决。

[15] 《CNNIC第15次互联网络发展状况统计报告》(2005年1月),载http://www.cnnic.net.cn/index/0E/00/11/index.htm,最后访问日期2009年2月28日。

[16] 这场运动首先是2005年1月1日14部委发布的《关于印发〈集中开展互联网站清理整顿工作方案〉的通知》中详细规定的,共分五个阶段;同年信息产业部在《关于切实开展互联网站清理整顿工作的通知》(信部电〔2005〕92号,未公开)中对在全国范围内进行网站清理整顿工作进行了进一步部署。在这个过程中,清理不良信息和紧抓网站备案是同时进行的。

指定的网站,按照 IP 地址备案的要求以电子形式报备 IP 地址信息,并下了死命令。[17] 随后同年 10 月 25 日,信产部再次发布《互联网站管理工作细则》,对网站的备案管理进行了详尽的规定,主要是中央和地方通信管理部门、网络接入提供者、网站主办者、IP 地址备案单位、域名注册管理机构、域名注册服务机构等的权利义务。从而把域名也纳入备案管理的体系。[18]

关于备案系统的功能,有媒体是这样介绍的[19]:

> 系统完成了 ICP/IP 地址信息查询功能,实现了对登载有害信息网站的快速定位。系统具备了黑名单功能和相关管理信息发布功能,在一定程度上杜绝了同一经营者在不同地点发生相同的违规行为,将信用管理机制引入至电信监管工作中。系统具备了对未备案网站的自动搜索功能,为监管部门查找违规者提供了技术保障。系统实现了对网站的全国性网络化管理,使得部、省可以及时了解互联网行业发展动态,为调整互联网行业管理工作方向、制订有关管理政策提供了支撑。

通过一系列复杂而全面的服务和备案流程,国家意图通过网站上游的接入提供商和域名注册机构来达到管理网站的目的,主要是命令网站提供正确的注册信息以对它们加以约束。根据《互联网站管理工作细则》第 7 条的有关规定,接入提供商应:(1) 按照"先备案后接入"的要求制定完善接入服务流程,建立健全为用户代为备案信息的事前核验制度、对用户行为的事中监督制度、配合对违法违规网站的事后查处制度、网络与信息安全责任制等工作制度。(2) 应记录网站主办者的备案信息,对所接入网站主办者的备案信息进行动态核实,保证备案信息的真实、准确。这实际上已经完全能够取代上述公安机关的网络安全备案纪录。因为作为主管机关,通信管理部门更有能力直接要求 ISP 们提供他们掌握的全部用户信息,而出于提供服务的需要,用户往往也有动力向他们提供真实信息。这样,在出现重大应急事件或专项整治的时候,公安机关就可以凭协调合作之名直接利用这些用户资料查找相关对象,对不良行为予以打击。

通过 2005 年这次对网站的集中清理和备案,国家基本上掌握了全国大部

---

[17] 在 2005 年 6 月 30 日尚未备案的网站已经被列入"黑名单",7 月 10 日为补办的最后期限,逾期未备案的网站,通管局将责令其关闭,并通知相关接入服务提供者停止其接入服务。

[18] 2004 年 12 月 5 日《中国互联网络域名管理办法》规定了域名注册服务的准入制度,并规定域名注册申请者应当提交真实、准确、完整的域名注册信息,并与域名注册服务机构签订用户注册协议。注册服务商和 ISP 一样,拥有众多网站拥有者的个人信息,这些信息都将纳入国家统一的数据库。

[19] 田林:"信息产业部正在加紧建立全国网站信息数据库",载《人民邮电报》2004 年 12 月 15 日。

分已有网站的信息[20],尽管其中含有不少虚假或不完整的信息。[21] 今后注册的新网站可按照"先备案后接入"的原则保证备案。国家已经建立了网站备案信息数据库、IP 地址使用信息数据库和全国域名信息数据库三个基础数据库,为进一步开展管理工作打下了基础。存在的问题是,和黑网吧的情形类似,不少接入服务提供商成为非法网站利益链条上的一环,它们最有能力提供用户和网站的信息,但同时也有能力隐藏这些信息,为非法网站提供保护;另外,由 ISP 对已有的几十万网站代为登记,无论如何也不符合它们的利益,因此它们直接给网站负责人发通知,要求自行备案,否则后果自负;他们也没有动力去主动清查未备案网站,只是靠政府部门发现后执行断开接入的命令,又把球踢回给政府。[22] 这种代理人问题的困境无法一下子得到消除,所以国家一方面继续要求对网站进行常规备案和补充更新[23],另一方面不断采取打击措施,整顿接入市场和虚拟主机市场。[24]

三、许可与备案

国家在对待网站管理的态度上,采取了实用的进路。首先,按照上节的介绍,所有网站的域名和 IP 地址都要在信息产业管理部门登记备案;其次,将互联网服务分为经营性和非经营性网站,前者实行许可制度,后者实行备案制度;最后,在此基础上,一些特殊的网络服务还需要由相关部门前置审批,取得特别行政许可或专项备案,例如互联网新闻信息服务许可、网络视听许可、文化经营

---

[20] "2005 年,我国境内 66.93 万个网站独立域名中的 64.1 万个已经备案,网站 ICP 备案率超过 95%,IP 地址备案率达到 89%,域名备案基本完成,备案工作初步实现预期目标。"见胡永龙、洪黎明:"全国网站集中备案工作达预期目标,域名备案完成",载《人民邮电报》2005 年 8 月 16 日。对大量个人使用的非经营性网站来说,一万元罚款和关闭网站的严厉处罚是它们备案的最大动力;对经营性网站来说,为了今后更好地开展业务,也没有必要逃避申请许可。

[21] 这从信息产业部《关于做好互联网网站实名管理工作的通告》(2007 年 7 月 19 日)和 2008 年下发的《备案信息填报真实性和规范性的有关要求》(2008 年 4 月 10 日)中可见一斑。

[22] 根据业内人士介绍,信息产业部的检测系统会自动检测页码上的某一段语言,如果系统自动监测没有发现备案号,就说明这个网站没有备案;系统会通过该网站的地址段查找到运营服务商,顺藤摸瓜找到个人网站的注册资料,然后发出通知邮件。见 http://www.weamax.com/articles/2/2007-08/20070803083527.html,最后访问日期 2009 年 2 月 28 日。

[23] 随着信产部备案管理系统二期开发的完成,发出《关于开展 IP 地址备案信息集中更新工作的通知》要求各大运营商在 2008 年 2 月 3 日间完成 IP 地址集中更新工作。实际上,出于经济利益,各大 ISP 都有数量众多的未备案网站,它们成为传播不良信息的主要源头之一。据报道,在 2009 年初进行的反网络低俗之风专项整治行动中发现,关闭的违法违规网站中有 66.8% 未依法履行登记备案手续。见 http://news.xinhuanet.com/newmedia/2009-02/14/content_10817581.htm,最后访问日期 2009 年 2 月 28 日。

[24] 除此以外,还有行业自律的行动。2007 年 7 月 24 日,由中企动力、万网、新网、广东互易、厦门中资源和铭万公司六大机构发起,40 余家域名注册服务机构在京联合签署了《互联网地址注册服务行业自律公约》。随后又有第二批 54 家、第三批 139 家互联网地址注册服务机构签署了自律公约。

许可、互联网出版许可、电子公告服务许可,等等。这样就逐级确立了网站管理的秩序和行政责任。[25]

就信息产业部的职责而言,其本身并不是内容主管部门,只能为其他主管部门提供必要的协助和服务,一方面可以提供网站信息,便利其他机关工作,另一方面其他机关提出需要过滤的有害关键字名单和封堵的网站,由电信主管部门进行操作。

2000年9月25日国务院发布的《互联网信息服务管理办法》规定,从事经营性互联网信息服务,应当向省、自治区、直辖市电信管理机构或者国务院信息产业主管部门申请办理互联网信息服务增值电信业务经营许可证。2005年2月8日发布的《非经营性互联网信息服务备案管理办法》,又授予通信管理部门对非经营性互联网信息服务的网站进行备案的权力。这样,在中国任何网站的信息,都会被逐渐纳入到通信管理部门的数据库中。一类特殊的网络服务——电子公告服务——也被纳入到上述两类管理中,尤其需要审批或备案。[26]

在这个基础上,不同种类的信息服务还要经过与有关主管部门审核同意,形成了两道许可。在综合性门户网站,其提供的服务往往是多方面的,这样就需要得到几乎全部种类的信息服务许可证。以门户网站新浪网为例,其得到的许可就有11项之多。[27] 通过这样的双重许可备案,各个专项内容管理部门都掌握着数量庞大的网站信息数据库。这种态度和要求掌握现实世界中的经营

---

[25] 这是从事后逻辑和现状而言的,从历史发展的过程看,第二、三步要先于第一步,因为要做到对全国网站进行全面备案需要时间准备和系统数据库建设。还有一类政府的官方网站,是伴随着电子政务工程不断推进建设的,参见《国务院办公厅关于加强政府网站建设和管理工作的意见》(国办发〔2006〕104号)。

[26] 信息产业部《互联网电子公告服务管理规定》(2000年10月8日)第5条:从事互联网信息服务,拟开展电子公告服务的,应当在向省、自治区、直辖市电信管理机构或者信息产业部申请经营性互联网信息服务许可或者办理非经营性互联网信息服务备案时,提出专项申请或者专项备案。另可参见,信产部《关于进一步做好互联网信息服务电子公告服务审批管理工作的通知》(2001年3月7日)。现有的电子公告服务审批条件进一步成熟细化,要求包括"四项制度"(版主负责制度、软件过滤及24小时人工监看制度、规则张贴制度、栏目明确制度)和版主实名制,见工信部网站提供的信息,http://www.miit.gov.cn/col/col5146/index.html,最后访问日期2009年2月28日。

[27] 根据国务院《对确需保留的行政审批项目设定行政许可的决定》(2004年6月29日),目前互联网信息服务需要得到的行政许可主要有:电信与信息服务业务经营许可证、增值电信业务经营许可证、电子公告服务许可(信息产业部)、登载互联网新闻业务许可(国务院新闻办公室)、互联网教育信息服务(教育部)、互联网医疗卫生信息服务许可(卫生部)、互联网药品信息服务(国家医药监督管理局)、广告经营许可证(国家工商行政管理局)、互联网出版许可证(新闻出版总署)、网络文化经营许可证(文化部)和互联网视听节目服务许可(广电总局)。目前部分地方政府还新出台了网店经营许可证。这些许可在互联网出现之前就已存在,国家不过把它们看成是利用新兴媒介的传统活动罢了,但这种极力控制降低了的市场准入门槛的努力,会极大限制互联网的发展,参见 Niva Elkin-Koren and Eli M. Salzberger, *Law, Economics and Cyberspace: the Effects of Cyberspace on the Economic Analysis of Law*, Cheltenham: Edward Elgar, 2003。

单位[28]和民间组织团体的信息是一致的。[29] 不同之处在于,通信管理部门可以随时叫停违规网站,通过 ISP 行使着比现实社会中更加强大的权力。这种权力如果不加制约,对网站的发展和网民的权利有很大的不利影响。[30]

四、政府部门的管理流程与协调

中国互联网管理的机构和运作过程虽然很复杂,却并不神秘。按照 2004 年中共中央办公厅、国务院办公厅《关于进一步加强互联网管理工作的意见》(以下简称《意见》)的要求,中央国家机关和部委形成了一套比较完善的互联网管理和协调制度,一改以往的立法混乱、多头的局面。[31] 主要是以国家信息化领导小组[32]为中心、以信息产业部提供技术支持、以相关部门为专项内容治理的主管机关、其他部门积极协调合作,分口管理,形成了一个庞大的管理体系。[33] (详见图 1)[34]

---

[28] 这主要是通过各个口的主管部门进行核查,并由工商行政管理部门查处无证照经营的黑户。

[29] 见 1998 年 12 月 25 日《社会团体登记管理条例》。尽管后来民政部通知部分社团可以免予登记,但这些社团已经是全国知名了,不用登记国家也知道它们的存在和活动。

[30] 尽管 2002 年信息产业部就颁布了信息产业部《行政复议实施办法》,近些年来中央也在不断强调推进依法行政和加强行政责任,但涉及不良内容而被强行关闭的网站不胜枚举。因为关闭或封堵决定往往是中央其他专项内容管理机关作出的,复议就必须找到两者的共同上级——国务院。这几乎是不可完成的任务。而且一般而言,涉及意识形态和色情物品往往是标准模糊、不可预知的。新近的一个案例发生在上海,原告的网站因上海电信的"非回复性原因"无故无法访问,因此起诉要求说明理由以及赔偿,但一审和上诉均败诉,理由不详。见 http://www.lawlee.net/archives/826.htm,最后访问日期 2009 年 2 月 28 日。另外,网站是否属于个人的私有财产的问题,在《物权法》上也无法找到答案,一般认为是用户和 ISP 的服务合同关系,上述案件也试图从这一角度抗辩。而在实践中政府更多地把网站看成是"虚拟公共场所"和"虚拟社区",以至于 2007 年公安部在全国 5 万多个网站上推出了"虚拟警察"和"报警岗亭",依法公开管理互联网;政府甚至直接安排代理人向自己报告信息安全状况(见 2006 年 9 月 12 日公安部十一局《联网单位安全员管理办法(试行)》)。

[31] 参见柯亚尼:"中国互联网行政立法问题浅析",载张平主编:《网络法律评论》第 5 卷,法律出版社 2004 年版。作者分析了 2004 年以前的立法混乱、多头管理以及缺乏公开民主的特征。

[32] 国家信息化领导小组是负责我国信息化决策的主要机构,也是协调机构,另外两个比较重要的决策机构为国务院信息化办公室和国家信息化咨询委员会。国信办也已于 2008 年并入工信部。

[33] 国家各部门纷纷成立了专门的网络管理内设或直属机构,增加编制。如国新办第五局、文化部文化市场司网络文化处、广电总局社会管理司网络传播管理处和直属信息网络视听节目传播监管中心、新闻出版总署音像电子和网络出版管理司、中央外宣办网络局、公安部十一局,等等。

[34] 《意见》原文没有公开,本图系我根据在网上找到的《中共潼关县委办公室、潼关县人民政府办公室关于进一步加强互联网管理工作的意见》(潼办发〔2006〕02 号)、《中共渭南市委办公室、渭南市人民政府办公室关于进一步加强互联网管理工作的意见》(渭市发〔2009〕16 号)和《中共陕西省委办公厅、陕西省人民政府办公厅关于进一步加强互联网管理工作的意见》(2005 年 11 月 21 日),以及各中央部委公开发表的一些相关报道和法规整理。我只列出了一些专项内容管理部门,其他在某些事项上负责的部门(如国信办、银监会、社科院)没有列出。

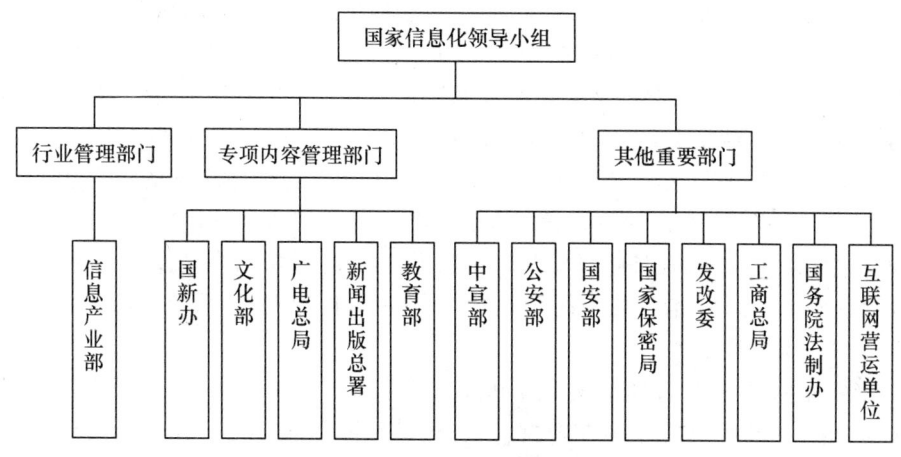

图 1 我国互联网管理部门

2006年2月17日,中宣部等16部门联合发出了《互联网站管理协调工作方案》(以下简称《方案》)。这标志着国家网站管理制度的初步完善,其中详尽介绍了政府各部门的职责和权限。在2004、2005年"集中开展互联网站清理整顿工作协调小组"的基础上,《方案》决定成立中央和省两级"互联网站管理工作协调小组",建立日常协调体制,切实加强互联网站管理沟通协调(详见图2)。

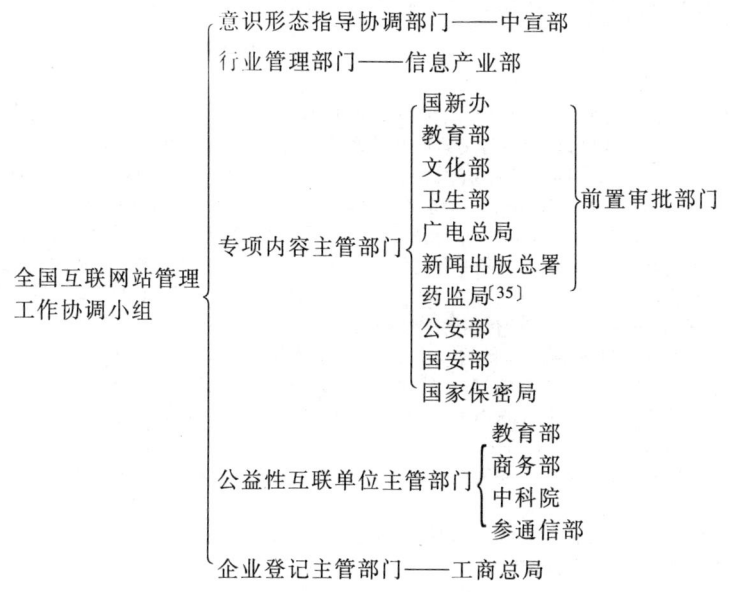

图 2 我国互联网站管理部门

[35] 2008年机构改革时被并入国家食品药品监督管理局。

可以看出，《方案》进一步充实了《意见》的要求，在网站管理这个具体环节上，不仅明确细化了一些部门的职责，还进一步将几乎所有部门都纳入到网站管理的协调工作体制中。这个体制涉及部门众多，过程繁杂，只有所有相关部门积极配合才能有效运转。《方案》主要规定了前置审批、查处违法违规网站、年度审核、查询网站信息等协调工作流程。其中特别值得注意的是对 ISP 和 ICP 的年度审核。要做到对数量巨大的 ICP 进行审核，其依据只能是日常监管和专项清理中发现的问题，只要及时删除不良信息，就可认为是没有问题的，否则会受到处罚。[36] 前面提到的《互联网站管理工作细则》则系统规定了通信管理部门的职能和流程。

然而，这种多头管理给很多网站经营者带来了困惑和不便，尽管存在协调小组，但效果似乎首先集中在中央一级，先做到部门规章与其他部门的权限和利益不冲突。[37] 至于如何执行众多规定的问题，到下面有时就比较混乱，不仅需要时间落实和完善，更需要人力和财力支持，协调问题在各级互联网监管部门中都是一个大问题。一份研究报告这样写道[38]：

> 对互联网监管的法律、法规令出多门，各部委相互之间缺乏协调和配合。目前网络行政的监管主体几乎遍及政府各大部门，各行政部门根据本部门主管的行政业务对互联网出具不同的法律、法规。这种诸多行政部门多头管理的方法，容易分散执法，弱化政府监管力度，难以应付互联网迅速

---

〔36〕 这也并不能免除网站的民事责任，例如 2005 年河南高级人民法院在一起状告网站怠于删除侮辱性帖子的二审案件中，认为被告网站明知其网站传输有害信息，仍未立即删除，怠于履行法定义务，其行为违反了有关规定，有显著过错，需承担赔偿责任。见 http://news.xinhuanet.com/legal/2005-04/06/content_2793039.htm，最后访问日期 2009 年 2 月 28 日。类似的还有 2006 年"中国博客侵权第一案"，法院作出了同样不利于博客服务商的判决。见谢渊明：《你也可以成为博客高手》，中国纺织出版社 2007 年版。这多少有些类似于版权法上的"通知—删除"制度，但目前有关网站民事责任的规定既模糊又冲突，《互联网信息服务管理办法》、《互联网出版管理暂行规定》和《互联网电子公告服务管理规定》都有不同程度的规定。
　　行政责任最早可见于 2000 年公安部的一个批复，其中不支持网站要对网民不良信息负责的观点。见公安部十一局《关于对"3·13"案件处罚问题的回复意见》（公信安〔2000〕63 号，2000 年 4 月 6 日）。但在后同年《互联网信息服务管理办法》中规定，违反删除和报告义务的网站，"由省、自治区、直辖市电信管理机构责令改正；情节严重的，对经营性互联网信息服务提供者，并由发证机关吊销经营许可证，对非经营性互联网信息服务提供者，并由备案机关责令关闭网站"（第 23 条）。

〔37〕 属地化管理的政策也并非一蹴而就，而是一个长期过程，需要慢慢改善，直到 2006 年中共十六届六中全会，中央还在强调"加强对互联网等的应用和管理，理顺管理体制，倡导文明办网、文明上网，使各类新兴媒体成为促进社会和谐的重要阵地"。见《中共中央关于建构社会主义和谐社会若干重大问题的决定》（2006 年 10 月 18 日）。其落实情况可以从 2008 年国务院机构改革后各部门的"三定"方案看出。

〔38〕 北京大学公共政策研究所："我国互联网信息内容安全及治理模式研究报告"（2007 年 1 月），载 http://ippspku.com/show.asp? unid = 91&nclassid = 7，最后访问日期 2009 年 2 月 28 日。

发展中可能出现的各种违法、危害社会安全的行为。另外法规、法律出自多个部门,这种多重管理无形中会增加互联网企业的"制度成本",致使网站花费较多的时间奔波于多个部门之间。同时也容易造成行政部门相互推诿责任和争揽权力,不利于提高行政监管的效率。

"属地化管理"是国家互联网治理政策的一个基本要点,即"谁主管谁负责"。这一点最早是在2003年国家信息化领导小组《关于加强信息安全保障工作的意见》(中办发[2003]27号)提出的,后来扩充为"三谁原则",即"谁主管谁负责、谁经营谁负责、谁接入谁负责"。[39] 这种属地化管理,实际上借鉴了20世纪90年代初社会治安综合治理的分权方式。[40]

这种"条块结合,以块为主"的属地管理原则,是按行业和地区划分为"条"和"块"两个不同的领域,明确"条"、"块"的关系,消除行业、部门、单位与行政辖区管理分割、脱节的"两张皮"现象,从而把综合治理各项措施落实到基层的一种管理方式。每一个单位不论职级、权力和隶属关系,都要服从所在地社会治安综合治理领导机构的管理,对本系统内的治安工作负责。"实行以垂直领导为主的领导体制的部门,其系统所属单位的治安综合治理工作,由部门和地方双重领导,以上级主管部门领导为主。各部门下属的企业、事业单位,在社会治安综合治理工作中,既要执行上级主管部门的部署,又要服从所在地党委、政府的统一领导和所在地社会治安综合治理领导机构的组织、指导、协调、督促和检查。"[41]这样最终形成一个治安联防网络,实际上赋予了每一级政府和团体

---

[39] 余建斌:"信息部:确立'三谁原则',净化网络环境",载《人民日报》2007年6月15日。在《计算机信息系统国际互联网保密管理规定》(国保发[1999]10号)中规定,"上网信息的保密管理坚持'谁上网谁负责'的原则。凡向国际联网的站点提供或发布信息,必须经过保密审查批准。"在上国际网的单位较少的情况下,这样的规定还可以通过控制这些终端实现;但在网民飞速增长的今天,其早已无法实现了,必须创设出新的规制端点,例如直接禁止涉密计算机连结国际互联网(见《关于严禁用涉密计算机上国际互联网的通知》中保委[2003]4号)。

[40] 见1991年2月19日中共中央、国务院《关于加强社会治安综合治理的决定》和1991年12月25日中央社会治安综合治理委员会《关于社会治安综合治理工作实行"属地管理"原则的规定》。综合治理最早是在1981年5月中央政法委召开北京、天津、上海、广州、武汉五大城市治安工作座谈会上提出来的。次年1月13日发出的《中共中央关于加强政法工作的指示》要求落实这一方针,但直到90年代初才真正落实。目前,属地化管理已经成为中国社会很多事项的行政管理体制。

[41] 《关于社会治安综合治理工作实行"属地管理"原则的规定》。国家对落实这种治理责任的一个奖惩原则就是"一票否决制",即县级以上各级社会治安综合治理领导机构对如下内容行使一票否决权:县(市、区)乡镇、街道以及机关、团体、学校、企业、事业单位评选综合性的荣誉称号;上述单位的主要领导、主管领导和治安责任人评先受奖、晋职晋级的资格。见中央社会治安综合治理委员会《关于实行社会治安综合治理一票否决权制的规定》(1991年12月25日)。

管理者更多的权力和责任。[42]

对互联网站的管理而言,属地管理是对前者工作原则的拟制。这表现为:首先是中央和地方分工,形成中央、省(区、市)两级管理格局。[43] 尽管信息产业部拥有全国网站的信息,但管理网站的责任最终还是要落实在各级政府身上。各级政府部门主要负责于本辖区内登记备案的网站和网络活动的管理,只要首先控制了登记备案机构,就能够控制网上内容发布传播的源头,也就能实现比较成功的治理。其次是同级地方部门之间的分工,需要落实各自的责任,并积极协调。[44] 再次是通过对网站及其管理人员施加自我审查的责任进一步分权,并承担不良信息的连带责任,以减少信息不对称和高昂的行政费用。[45] 最后,属于"公益性互联单位主管部门"管理的四大垂直网络体系——中国科技网(CSTNET)、中国教育科研网(CERNET)、中国国际经贸互联网(CIETNET)和中国长城互联网(CGWNET)[46],则要在本主管部门的统一领导

---

[42] 有关属地管理的治安思路,还可参见中办、国办厅转发的《中央政法委员会、中央社会治安综合治理委员会关于深入开展平安建设的意见》(2005年12月4日),特别是第(六)(七)(八)项。也可看出,网络信息安全已经成为影响中国社会稳定的一个重要因素。平安建设到2007年开始反映在文化市场领域,参见文化部、中央综治办、公安部、国家工商行政管理总局、教育部、建设部、信息产业部《关于深化文化市场综合治理,开展文化市场平安建设的意见》(2007年7月4日)。将综合治理与中国社会转型结合起来的出色研究,见唐皇凤:《社会转型与组织化调控——中国社会治安综合治理组织网络研究》,武汉大学出版社2008年版。

[43] 总的问题是行政机关的"上面千条线,下面一根针"特点,"一是省市两级的网络文化建设和管理力量不足。大部分市没有专职网络文化建设和管理人员,文化、出版、教育、广电等相关部门也未设专职网络管理人员,远不能适应网络管理工作的需要。二是属地化管理缺位。中央明确要求落实互联网属地化管理,但新闻、文化、广电等部门对互联网的执法权仅设在省一级行政管理部门,市级新闻、文化、出版的行政执法权出现空白。三是对网络运营商的管理责任缺位。通信管理部门是网络运营商的直接管理部门,但由于省辖市以下没有通信管理部门(基层电信局本身既是政府部门又是接入服务提供商,政企并不分开——引者注),部分市新闻、公安、教育、出版、文化等部门对各市的网络运营商缺乏有效的制约机制。"聂辰席:"全面加强网络文化建设和管理",载 http://hb.cenn.cn/info/shownews.asp?newsid=1213,最后访问日期2009年2月28日。目前新闻出版总署已经制定了《关于进一步明确省级新闻出版局音像电子和网络出版工作属地管理职责的意见》(征求意见稿),加大全国范围内的监管力度。见 http://www.chinapublish.com.cn/szdt/dzyx/200709/t20070929_29166.html,最后访问日期2009年2月28日。

[44] 这里更侧重于部门之间的分工与协调,至于同一部门对具体事项的管辖权实际上更加复杂。比如,公安机关对网络犯罪行为的管辖权,涉及犯罪行为地、结果地等多个地点的协调。

[45] 例如2008年年初为配合全国打击淫秽物品专项行动,各省都开始推行论坛版主实名制,以加强版主对本论坛发贴行为的约束和监控。又如2006年4月北京大兴文明办网,践行八荣八耻之风,各大门户网站纷纷进行自我审查,14家网站共计删除不健康帖文、图片近200万条,关闭论坛600余个,同时对专题、博客中不健康的内容也进行了全面清除。

[46] 实际上还包括铁路系统的中国铁通互联网(CRNET,建设中)。类似地,军队和铁路系统内部对计算机信息安全管都要由军队保卫部门和铁路公安机关分别承担,参见《关于地方公安机关与铁路公安机关公共信息网络安全监察工作管辖分工问题的批复》(公信安[2002]502号)。新疆生产建设兵团比较特殊,可以看成是一个相对独立的管理单位,例如《最高人民法院关于新疆生产建设兵团人民法院案件管辖权问题的若干规定》(2005年5月24日)。

下逐级落实责任,以垂直领导为主。[47] 另外,对属地管理的奖惩同样按照一票否决制进行。[48] 这样就初步奠定了虚拟世界中的管理秩序。

出台属地化管理是为了适应现实治理的需要,在前互联网时代有利于提高行政效率,广泛动员群众参与,减少官僚体制的信息费用。在互联网时代也有利于管理大量网站,使社会秩序不至于受到冲击。但不可否认,这也会产生一些问题,最主要的就是可能限制了信息流通,并加强了地方和部门的不同标准,甚至割裂统一的互联网。例如,为了加强对地方论坛的监管,地方政府甚至可以出台法规要求所有用户实名注册发帖,利用代码手段控制网络空间的活动,把自我审查责任直接转嫁给用户。我在另一篇文章中也说到了这个问题:

> 一旦实行这样绝对的实名制,可以想见,所有的论坛都将萎缩,像实名制之后的校园 BBS 一样。正是由于网络的匿名性保证了人们可以表达对社会和政府的看法,成为一个良性出气孔道,否则如果可以轻易找到说话人,就没有人敢于对所谓敏感话题进行发言了,他们会纷纷转向外地论坛。其次,这也就大大增强了地方政府控制本地言论的能力,使得地方信息更难于向外透露(这样的例子并不少见),使得互联网这样的新的下情上达的技术无法发挥作用。第三,全部论坛实行实名制,还要花费巨大成本进行认证(如果由网站进行操作会使一大批经营者倒闭)。这个措施的极端做法和第二个例子一样:只有限制外地 IP 在本地论坛发言,才能收到最优的效果,才能保证用户实名制落到实处。这个逻辑实际上就是校园 BBS 的翻版。[49]

另外,随着各部门信息化建设的展开,"条块分割"的弊端愈加突出,甚至加强了原来并非垂直系统的部门和单位的权力。条和块都在建立自己的电子政务系统,如何共享行政资源,缓解不同系统之间的冲突,减少重复建设和浪费,加强规划和协调就成了各级政府不得不加紧解决的问题,否则会影响到属

---

[47] 这在教育科研网内表现得最为明显,教育部不仅严格控制发布教育信息的网站(见 2000 年 7 月 5 日《教育网站和网校暂行管理办法》),而且在历次打击不良信息的运动中直接指挥各大高校校园网落实责任,参见胡凌:"网络实名制管理:由来与实践",《互联网法律通讯》2009 年待出。另可参见《互联网站管理协调工作方案》中对"公益性互联单位主管部门网站管理工作流程"的规定。实际上政府对其余的公用网也是这样看待和要求的,只不过它们覆盖的范围较广,不能形成特别的系统。参见"信息产业部召开依法打击网络色情专项行动总结会",载 http://news.xinhuanet.com/internet/2007-12/20/content_7283361.htm,最后访问日期 2009 年 2 月 28 日。

[48] 例如,《广电总局印发落实中办国办〈关于进一步加强互联网管理工作的意见〉实施细则的通知》(2005 年 5 月 8 日)。这种制度在各地纷纷被纳入绩效考核的范围,既可以实现上级对下级信息的掌控,又可以提供下级适当的激励,但也存在着下级纯粹以此为动力进行的迎合行为。

[49] 胡凌:"网络实名制管理:由来与实践",《互联网法律通讯》2009 年待出。

地管理和服务的效能。

实际上,属地化管理最适合于治安联防的管理工作。一旦将现实中的治理模式应用至网络空间中,安全问题就成了头等大事。在中国互联网引进发展之初,国家就比较重视网络安全管理问题。[50] 2001年3月国家信息化工作领导小组发布《关于计算机网络信息安全管理工作中有关部门职责分工的通知》(国信发[2001]1号)[51];2003年中共中央办公厅、国务院办公厅转发了《国家信息化领导小组关于加强信息安全保障工作的意见》,之后,各省开始成立网络与信息安全协调小组,一般由该省常务副省长担任组长,其成员包括省军区副司令员和大多数省级部门的副职领导,办公室设在省信息产业厅。根据2007年《中共中央办公厅、国务院办公厅关于加强网络文化建设和管理的意见》要求,省、市两级设立网络与信息安全协调机构,将网络文化信息安全纳入信息安全的重要议事内容,进一步推动各省市完善这种协调机制。[52] 根据地方公开的信息,可以推知国家网络与信息安全协调小组也包括了上述大多数部门,同样由它们的副职领导出面进行协调,其级别和规格显然都要高于网站管理工协调小组。这个机构很类似于各地的治安综合治理协调小组,在众多协调机构中占有重要地位。[53]

信息安全问题压倒一切,成为网站治理的重要部分。[54] 由于互联网接入和网站发布信息费用低廉的特性,原来需要费时费力进行传播的不良信息和攻击现在可以轻易做到了。因此,不仅网络空间内独有的黑客攻击、病毒、

---

[50] 1996年6月18日召开的国务院信息化工作领导小组第一次全体会议,会议决定尽快在领导小组下设立计算机信息网络国际联网信息安全工作小组,由国务院副秘书长刘奇葆领导,包括公安部、安全部、国家保密局、国新办及四个互联网络主管部门组成。见吕新奎主编:《中国信息化》,电子工业出版社2002年版,第279页。

[51] 此文件未公开,我们只能从相关报道中得知其中规定了国家保密局"负责对涉及国家秘密的计算机信息系统投入使用前的审批"(见 http://www.yichang.gov.cn/art/2007/4/18/art_1312_7230.html,最后访问日期2009年2月28日),实际上在这之前早有规定,见国家保密局《涉及国家秘密的通信、办公自动化和计算机信息系统审批暂行办法》(中办发[1998]6号)和《计算机信息系统审批暂行规定》(国保发[1998]1号)。这项职责在2004年被纳入予以保留的涉密的行政审批项目,得到了维持,见国务院办公厅《关于保留部分涉密的行政审批项目的通知》(国办发[2004]63号)第99项。

[52] 西藏自治区网络与信息安全协调小组就是在这个背景下于2007年10月31日较晚成立的。

[53] 其他有关信息安全的协调机构,还有信息安全等级保护工作协调小组,这是根据《信息安全等级保护管理办法》(2007年7月24日)在中央和地方陆续成立的,主要成员是公安机关、国家保密工作部门、国家密码管理部门和各级信息化办公室。

[54] 中共十六届四中全会提出,"坚决防范和打击各种敌对势力的渗透、颠覆和分裂活动,有效防范和应对来自国际经济领域的各种风险,确保国家的政治安全、经济安全、文化安全和信息安全。"见《中共中央关于加强党的执政能力建设的决定》(2004年9月19日),这是中央第一次把信息安全提高到和政治、经济、文化安全同等重要的位置。

垃圾邮件、恶意软件成了信息安全的防范目标(物理安全和管理安全)[55],不仅传统的信息保密制度成了信息安全的工作重点,就连一般性的不利于社会稳定的言论与表达也被纳入到信息安全保护体制中。[56] 如果说前两者主要涉及政府机关、单位、团体的职责,那么后一类则更多地与大量社会上的公共和服务网站有关,它们不仅被要求采取严格的安全技术保护措施[57],而且要实行严格的自我审查制度[58],确保社会稳定。[59] 此外,国家还采取技术措施,依法公开管理互联网。[60] 直到最近,宣传部门才逐渐倡导"网络舆情"的

---

[55] 这些都只能以公法手段解决,"私法领域的规制几乎是空白",因为我国法律尚未规定服务器上的虚拟空间为私人财产。见《刘德良:网络安全立法要综合考虑》,载 http://www.ichina.net.cn/Html/magazine/readout/2007/12-29/317842216.html,最后访问日期 2009 年 2 月 28 日。另一个例子是,网络游戏的"外挂"程序是一种改变原来游戏程序设置的侵权行为,但 2002 年公安部的一个批复认为,"外挂"属于《计算机信息网络国际联网安全保护管理办法》第 6 条第 3 项"未经允许,对计算机信息网络中存储、处理或者传输的数据和应用程序进行删除、修改或者增加的""危害计算机信息网络安全的活动"。见公安部十一局:《关于对擅自修改他人网络游戏功能行为如何处理问题的答复》(公信安〔2002〕367 号,2002 年 7 月 23 日)。同样,盗用他人网上游戏账号的行为也不被认为是侵犯虚拟财产权的行为,而是"未经允许,进入计算机信息网络或者使用计算机信息网络资源的""危害计算机信息网络安全的活动"。见公安部十一局《关于对〈关于如何处罚盗用他人网上游戏账号等行为的请示〉的答复》(公信安〔2002〕445 号,2002 年 9 月 16 日)。都要首先受到国家公权力的处罚。一个更为明显的例子是国家要对涉及公共利益的"故意避开或者破坏技术措施"的行为进行处罚(《信息网络传播权保护条例》第 18 条)。

[56] 公安部对能够危害计算机信息系统安全的"有害数据"最早是这样解释的:计算机信息系统及其存储介质中存在、出现的,以计算机程序、图像、文字、声音等多种形式表示的,含有攻击人民民主专政、社会主义制度,攻击党和国家领导人,破坏民族团结等危害国家安全内容的信息;含有宣扬封建迷信、淫秽色情、凶杀、教唆犯罪等危害社会治安秩序内容的信息,以及危害计算机信息系统运行和功能发挥,应用软件、数据可靠性、完整性和保密性,用于违法活动的计算机程序(含计算机病毒)。见《关于对〈中华人民共和国计算机信息系统安全保护条例〉中涉及的"有害数据"问题的批复》(公复字〔1996〕8 号,1996 年 5 月 9 日)。这些内容后来就扩展为通行的"十不准"。扩展到网络犯罪的分析,参见 Ronald C. Keith and Zhiqui Lin, *New Crime in China*, London and New York: Routledge, 2006, Chapter 5。

[57] 《互联网安全保护技术措施规定》(公安部第 82 号令,2005 年 12 月 13 日)。

[58] 《互联网信息服务管理办法》第 16 条规定,"互联网信息服务提供者发现其网站传输的信息明显属于本办法第十五条所列内容之一的(即'十不准'——作者注),应当立即停止传输,保存有关记录,并向国家有关机关报告"。在其他专项内容服务的法规中可以找到同样的规定。

[59] "稳定压倒一切"仍然是中央自十六大以来的核心方针,见《中共中央关于加强党的执政能力建设的决定》第七部分(四)。

[60] 2007 年 7 月召开的全国公安公共信息网络安全监察工作会议要求,各级公安机关要在全国 100 个以上城市全面推进互联网依法公开管理工作,在重点网站、论坛布建"虚拟警察"、"报警岗亭",使民警从网下走到网上,24 小时巡逻处置、接受和处理网民报警求助、化解网上矛盾纠纷、维护网上治安秩序。一些地方政府采用了谷尼(Goonie)或拓而思(TRS)等公司设计的舆情监控管理系统。

概念和监控措施[61],逐渐将网民言论同信息安全区分开来,但这也没有提及网民的表达权利保护问题。

这样就出现了一个比较奇特而矛盾的现象:一方面国家希望发展信息产业和网络文化,借以发展经济和提高竞争力,另一方面又对产业内容提出了比较严格的要求,施以严格控制,而一旦人们掌握了各种信息技术,接触各种信息又是不可避免的。原来线下的政策应用至线上,政治和社会控制与经济放开就成了一对需要小心平衡的关系。信息安全的威胁和属地化管理的努力,创造了一个独特的互联网架构,其中不仅内容和信息流通受到相对严格的限制,这种流通行为本身也要受到国家整体上的规划和干预。[62] 事实上,中国互联网本身就是一个属地管理的例子,为了确保国家安全,防止安全威胁和有害信息流入,国家在国际互联网出口信道对某些国外有害网站和网页进行了封堵和过滤[63],对内则通过注册备案加强管理,努力创造出一个健康的中国网来。[64] 如果这种管理落实到地方,紧急状态时不仅会形成地方互联网,也会形成独立

---

[61] 例如,最高人民检察院的网络舆情系统,见 http://jc.jcrb.com/shownews1.aspx?newsid=14535,最后访问日期 2009 年 2 月 28 日。

[62] 国家可以通过限制服务网站运营资本来控制其内容,比如要获得视频服务许可必须是国有独资或者国资控股单位;也可以通过限制个人电脑的"创生能力"(generativity)来防止病毒和恶意软件的传播,参见 Jonathan Zittrain, *The Future of the Internet*, New Haven: Yale University Press, 2008。这涉及 ISP 中立性原则的大问题,我将另行讨论。

[63] 关于当时的情形,库恩描述道:"在与美国的有关投资人讨论的时候,国中网公司的负责人提出了一个设想:在中国国内建立一个独立的物理网络,通过一个接口跟国际互联网相链接。中国可以在这个接口处对信息进行筛选。'这一想法得到了美国投资者的热情支持。'蔡名照回忆说。他突然插了一句,'如果我们现在提出这个概念,一定会受到美国投资人的否定,但是当时他们大为赞赏。'"参见罗伯特·劳伦斯·库恩:《中国 30 年:人类社会的一次伟大变迁》,上海人民出版社 2008 年版,第 36 章。

[64] 2008 年炒得沸沸扬扬的所谓"十进制互联网(IPv9 技术)"就代表了这种趋势。见 http://tech.sina.com.cn/i/w/2004-06-28/2331380918.shtml,最后访问日期 2009 年 2 月 28 日。塑造中国互联网的最初动因,来自于对国家安全和信息主权的担忧,在 2003 年 12 月日内瓦第一届信息社会世界峰会(WSIS)上,中国等发展中国家就要求将国际互联网治理(主要是 ICCAN 的管理)纳入联合国组织体制,而非由美国的私人组织进行管理,否则将采取自己单独的国家政策和网络系统。参见左正东:"中国大陆的网路发展与网路治理",载 http://140.109.171.199/2005/中政會論文/PANEL%2013/P13 左正東.doc,最后访问日期 2009 年 2 月 28 日。一个更加一般的分析,见 Jonathan Zittrain, "Be Careful What You Ask For: Reconciling a Global Internet and Local Law", in Adam Thierer and Clyde Wayne Crews Jr. (ed.), *Who Rules the Net?: Internet governance and jurisdiction*, Washington, D. C.: Cato Institute, 2003。

的垂直系统互联网。[65]

五、清理不良网站

运动式执法是中国政府过程和治理方式的一大特征,其部分沿袭了改革开放前中国政治运动的传统,强调宣传和发动各界力量,针对某一问题进行专项整治,以达到集中力量迅速完成治理任务的目的。从20世纪80年代"严打"开始,随着社会进一步开放和复杂化,在国家管理的各个领域都纷纷采纳了这种方式,如环保、生产安全、整顿市场秩序、打击恶性犯罪,等等。可以说这是国家转型期间不得不采取的治理方式,一方面社会变化较快,容易出现大量非法现象,另一方面在预防这些现象的正式制度形成之前,国家必须采取严厉手段暂时解决问题,缓解社会舆论的压力和群众的需要,并为建立日常治理制度创造环境。[66]一般而言,专项治理需要经过动员宣传和准备、整治和教育、汇报成果、检查评估等几大阶段,一开始,这种手段非常有效[67],但随着社会问题的进一步复杂,涉及的管理部门越来越多,专项治理持续的时间也越来越长。除了需要完成短期目标,政府也开始注意到在治理过程中完善日常管理机制,逐渐完成从非常治理方式向常规治理的转变,尽管这个过程并非能一蹴而就。在社会治安综合治理网络逐渐形成后,专项整治变得越来越频繁和成熟。

在互联网治理领域,国家同样采取了和现实世界相同的专项整治方式。和网吧治理的逻辑一样[68],在法律管制混乱的2004年以前,网上出现了大量不

---

[65] 一个极端的例子是2007年12月20日通过的《广东省计算机信息系统安全保护条例》,第34条规定:地级市以上人民政府公安机关、国家安全机关为保护计算机信息系统安全,在发生重大突发事件、危及国家安全、公共安全及社会稳定的紧急情况下,可以采取24小时内暂时停机、暂停联网、备份数据等措施。
各省均有能力对本省的网络进行监控,还可以从新疆的例子看出。新疆维吾尔自治区主席白克力曾发表讲话,强调"建立对网上舆论引导、监控、封堵、删除工作机制,有效抵御境外敌对势力特别是'三股势力'利用互联网进行的反动宣传和渗透破坏活动,同时,要加强网上评论员队伍建设,做好网上舆论引导,形成网上正面舆论的强势氛围"。见《努尔·白克力在自治区干部大会上的讲话》(2008年9月10日),载《新疆日报》2008年9月11日。

[66] 有关运动式治理特征的总结,参见冯志峰:"中国运动式治理的定义及其特征",载www.sociology.cass.cn/shxw/qt/P020070817323485159465.pdf,最后访问日期2009年2月28日。有学者认为这种方式是在国家治理资源匮乏的情况下的理性选择,见唐皇凤:《社会转型与组织化调控——中国社会治安综合治理组织网络研究》,武汉大学出版社2008年版。

[67] 1984年10月31日,中共中央转批中央政法委《关于严厉打击刑事犯罪活动第一战役总结和第二战役部署的报告》,指出:"一年来的实践证明,在社会治安不正常的情况下,采取组织战役、统一行动、集中打击的办法,依法从重从快惩处严重刑事犯罪分子,不但十分必要,而且非常见效。"

[68] 胡凌:"为什么黑网吧屡禁不止?",载张平主编:《互联网法律评论》第9卷,北京大学出版社2008年版;胡凌:"网吧治理的法律问题",载《互联网法律通讯》2008年第4卷第2期。

良信息,这使得国家下决心对全国网站信息进行集中清理。在 2002 年的第一次清理就是由中办发文命令的(《中共中央办公厅、国务院办公厅关于进一步加强互联网新闻宣传和信息内容安全管理工作的意见》),足见中央的重视。[69] 2004 年底为配合信产部的 ICP/IP 备案,全国再次集中整治非法网站和信息。[70] 按照信息产业部《开展互联网接入服务市场专项治理工作方案》,2006 年 6 月—11 月第三次对主机托管、虚拟主机服务做专项治理,其目的仍然是网站备案的工作。而 2009 年年初进行的反低俗网站专项整治行动是近年来声势最大的一次,两千余家网站被关闭或点名批评。

按照沙漏模型的顺序,首先在内容层打扫屋子,对大量有害信息、淫秽色情、垃圾邮件等进行整顿,对各种网络服务项目进行备案;其次在代码层,加紧对 IP 地址和域名的管理和备案;最后在上游接入部分,加强清理非法主机托管

---

〔69〕 到目前为止,可以知道的由中办发出或转发的有关互联网内容管理和产业发展的文件至少有 14 个,近年来几乎每年一次,每一次都引发了国家互联网政策和管理行为的巨大变化,但大多没有公开。它们是:
(1)《中央办公厅、国务院办公厅关于加强计算机信息网络国际联网管理有关问题的通知》和《中央办公厅、国务院办公厅关于加强计算机信息网络国际联网信息安全管理的紧急通知》(厅字〔1996〕21 号);
(2)《中共中央办公厅转发〈中央宣传部、中央对外宣传办公室关于加强国际互联网络新闻宣传工作的意见〉的通知》(中办发〔1999〕33 号);
(3)《中共中央办公厅、国务院办公厅关于进一步加强互联网新闻宣传和信息内容安全管理工作的意见》(中办发〔2002〕8 号);
(4)《中共中央办公厅关于在互联网经营单位以及社区、学校、图书馆、宾馆等提供上网服务场所尽快安装安全管理软件的通知》(中办〔2002〕8 号);
(5)《中共中央办公厅、国务院转发〈国家信息化领导小组关于我国电子政务建设指导意见〉的通知》(中办发〔2002〕17 号,已公开);
(6)《中共中央办公厅、国务院办公厅转发〈国家信息化领导小组关于加强信息安全保障工作的意见〉的通知》(中办发〔2003〕27 号);
(7)《中共中央办公厅、国务院办公厅关于进一步加强互联网管理工作的意见》(中办发〔2004〕32 号);
(8)《中共中央、国务院关于深化文化体制改革的若干意见》(中发〔2005〕14 号,已公开);
(9)《中共中央办公厅、国务院办公厅关于印发〈2006—2020 年国家信息化发展战略〉的通知》(中办发〔2006〕11 号,已公开);
(10)《中共中央办公厅、国务院办公厅关于转发〈国家信息化领导小组关于推进国家电子政务网络建设的意见〉的通知》(中办发〔2006〕18 号);
(11)《中共中央办公厅、国务院办公厅关于加强网络文化建设和管理的意见》(中办发〔2007〕16 号);
(12)《国务院办公厅关于加强政府信息系统安全和保密管理工作的通知》(国办发〔2008〕17 号);
(13)《中共中央办公厅、国务院办公厅关于进一步净化社会文化环境促进未成年人健康成长的若干意见》(中办发〔2009〕6 号)。
〔70〕 见前注〔16〕及其相应的正文。

和虚拟主机服务等互联网接入服务单位和互联网数据中心。[71] 通过这样几个阶段,国家初步塑造了一个比较有序的网络空间。但是这些都是依靠国家机器推进的,下一步应该逐步健全正式和长效制度,并发展软力量,广泛动员培育行业协会、中间人、民间团体甚至是网络空间中的社会规范来发挥作用。[72] 但直到目前,国家依靠的仍主要是行政强力治理的模式。[73]

从上面简要描述的我国政府管理网站的正式制度和历史轨迹,可以发现其策略仍然是,力图掌握全部网站信息,通过域名和 IP 地址备案将其纳入国家统一的监管平台,然后由前置审批主管机关将不同服务的网站纳入次级监管平台,在网络空间中形成国家有能力维护的秩序,建立长效机制;与此同时,由于代理人的问题,必须不断清理打击游离于平台之外的非法网站和不良内容。[74] 在新兴的科学技术面前,为了缓解大量信息和言论带来的压力,采取比较成熟的传统的治理方式也许是比较好的选择,这大概就是为什么一开始中央就决定按照属地化管理的方式进行。[75] 但另一方面,出于部门利益的拟制,次级监管平台政出多门,许可繁多,管理标准模糊,客观上不利于网站和网络新经济的生存与发展,并且容易出现割裂统一互联网的极端情形。对网站的治理模式源于对现实中各项事业的治理模式,而个人开办的表达性网站也一刀切地和企业商业网站同等对待,这无疑在某种程度上压缩和限制原本会增加的个人自主空间。而信息安全在未来一段时间内将成为国家不断强化的主要工作,条、块的问题仍然是未来我国网站治理的主要问题之一。

---

[71] 例如,《信息产业部关于依法打击网络淫秽色情专项行动工作方案的通知》(信部电〔2007〕231 号)。

[72] 例如,《互联网站禁止传播淫秽、色情等不良信息自律规范》(2004 年 6 月 10 日)。

[73] 胡凌:"网络言论表达的规制",《互联网法律通讯》2009 年待出。

[74] 中国互联网管理制度就是在这两方面的互动中不断形成的,一方面各部门有权在各自管辖范围内制定日常管理规则,另一方面又要在中央统一部署下,进行专项清理运动,这方面实践要远远超过前者,一般是由中办或某个中央的委员会发文决议,然后落实到各部委和各省市,最后形成全国运动。从政治学角度对政府监管逻辑的进一步分析,参见李永刚:"'国家防火墙':中国互联网的监管逻辑",载《二十一世纪》2008 年 4 月号。

[75] "经过多年的实践,社会治安综合治理工作已初步形成了党政统一领导,综治机构组织协调,各部门各方面各负其责、齐抓共管,广大人民群众积极参与的工作格局。要适应新的形势,进一步健全和完善这一工作格局。"见《中共中央、国务院关于进一步加强社会治安综合治理的意见》(2001 年 9 月 5 日)。这种态度连同不同部门对线下制度的拟制管理,一横一纵,构成了中国互联网管理体制的核心特征,而这未必是像有学者认为的那样,仅仅是"政策学习的过程"或是"国家水利工程"。参见李永刚:"中国互联网内容监管的变迁轨迹——基于政策学习理论的简单考察",载《南京工业大学学报》(社会科学版)2007 年第 2 期;以及李永刚在 2008 年第六届中国互联网研究年会上的发言,载 http://jmsc.hku.hk/blogs/circ/news/,最后访问日期 2009 年 2 月 28 日。

六、结论

综上所述,经过十余年的发展,中国的网站治理的基本制度初步形成。形成过程的轨迹伴随着政府通过强力对发展良莠不齐的网站及其内容进行规管,在专项整治的不断打击中形成正式制度。目前的成果是,政府已经掌握了至少绝大多数网站的信息,从而通过各个对口管理机构对数量庞大的网站进行表面上有效的管理。[76] 但是就广义的互联网治理而言,还远远不够,例如,有关恶搞、隐私和个人数据保护的网络空间社会规范还没有建立起来,也缺乏线下的相关参照系以供参考[77];网络空间中的垄断问题也是一个重要的空白[78];信用体系建设刚刚起步[79];病毒、垃圾邮件、恶意软件和黑客攻击带来的安全问题仍然比较突出;网络经济和商业模式在国际严格管控和实体经济不稳的状况下很难平稳发展[80];作为基础设施的三网融合计划刚刚在高层达成共识,但如何推进仍然是不小的难点;更重要的,以严格管制为特征的言论表达制度,随时可能会随着社会经济制度改革的瓶颈而破裂,从而影响政权和社会稳定。由是观之,我国的互联网管理实践只是万里长征的第一步。

(初审编辑:成协中)

---

[76] 之所以说是"表面上"有效,是从后果来讲的,即互联网的出现没有带来大规模反对政府的内容和负面信息的传播从而带来社会动荡,尽管少数网民可以突破国家防火墙的种种限制,但对维持一个稳定的社会而言,这个体制初步证明是有效的。

[77] 2008年《个人信息保护法(草案)》刚刚提交国务院审议,而规定了隐私权的《侵权责任法》有望于2009年通过。

[78] 2008年随着《反垄断法》的出台,引起广泛关注的例子包括微软黑屏事件和百度的竞价排名模式。

[79] 近年来中央决定开始培育网络信任体系,下发了《国务院办公厅转发国家网络与信息安全协调小组关于网络信任体系建设若干意见的通知》(国办发〔2006〕11号)。

[80] 特别是2008年的全球经济危机给中国中小企业以沉重打击,也间接影响到电子商务的虚拟经济。

中国刑事审判对象的实践与制度

谢进杰[*]

The Practice and System of Criminal Trial Object in China

Xie Jinjie

内容摘要： 近现代相对合理的三角结构刑事诉讼中，审判对象的存在，将控、辩、审的诉讼活动组织起来，演绎出一幅紧紧围绕审判对象的控辩对抗与法官判定的诉讼图景，实践一种控制权力、保障权利的程序逻辑。中国刑事审判对象的制度植根于控审配合为基调的强职权主义构造，呈现以案件事实为审判对象的特征，强调控审权力行使、忽略防御权利保障，可被定义为"案件事实制度"。该制度存在弊病，运行效果欠佳。除了制度建设落后和实践消极因素的影响，更是由于追究权力的扩张、诉讼结构的失衡和诉讼程序失当等深层病理。现行制度的完善，有赖于从理念、结构和程序的根本层面寻求基础资源，构建一种遵循被告人主体性的诉讼理念、以控审分离为基调的正三角结构的诉讼构造、蕴含审判对象问题意识的程序装置，进而合理借鉴诉因制度和公诉事实制度的有益因素，以完善审判对象赖以运行的各环节。

---

[*] 法学博士，中山大学法学院副教授、硕士生导师，电子邮箱：xiejj@mail.sysu.edu.cn。本研究得到教育部人文社会科学研究基金的资助，有关司法实务部门为实证调查提供支持，初审编辑与匿名评审人提出修正意见，谨致诚挚谢意！

关键词：审判对象 诉讼图景 中国问题 案件事实制度 实证研究

一、导言：审判对象的制度表达

审判对象，即审判行为的目标指向与作用范围。这一概念被普遍应用于刑事诉讼的理论与实践，用来解释审判的范围，指称控辩对抗的标的。作为一诉讼法概念，它有着自身规定性，指称的意义是约定俗成的，但另一方面，在不同的诉讼制度环境下，其具体内容可能有所不同。譬如，通常在英美法中，它被界定为诉因，在大法中被界定为公诉事实，在日本法中则被界定为公诉事实同一性范围内的诉因。当然，这些界定有着质的同构性，都将审判对象界定为控诉方提起诉讼时所提示的需要通过审判解决的某种特定的主题与范畴，即以诉审分离为基调，目的是设定法官审判范围、确立被告防御目标和规范控诉方指控界限，而不是那种在诉审合一构造下可由法官擅自确立、任意变更，对规制控审权力和保障防御权利没有意义的范畴。[1] 在诉审分离的控诉制诉讼构造视野中，诉与审发生结构和功能上的分化并形成制衡，审判对象不是由法官越权确立，而是通过控诉方起诉来提示。当控诉方基于特定控诉提请启动审判程序，就预先设定了控辩对抗的基础和法官审判的标的，在审判过程中，法官不得审判未经控诉的罪行，控诉方亦不得任意变更控诉，被告则可且只需根据控诉方明示的审判对象并在其设定的范围内进行防御，而且，该控诉罪行经过审理作出终局裁判，通常便不得被再次提示为审判对象，被告享有不受重复追诉及重复审判的权利。因而，近现代相对合理的三角结构刑事诉讼中，审判对象成为控辩对抗与法官判定的共同标的，将控、辩、审的诉讼活动组织起来，演绎一幅紧紧围绕审判对象有序推进的诉讼图景，并且，通过将控诉权及审判权的界限明确化并将其范围特定化，为被告防御权利的有效行使创造空间，并为其避免受到突袭指控和重复追诉提供保障，实践一种控制权力、保护权利的程序逻辑。在这一过程中，审判对象的运行，将经历控诉方起诉时的初始提示，到法庭审理中的集中展示，并可能发生变更，再到法官裁判时的最终型塑的动态进程。除非发生合理的变更，审判对象从初始提示到最终型塑，在指向与范围上是始终如一的，尽管由于程序的推动，其表现形态不断发生变化，并且在不同主体诉讼行为中表征为不同外在范畴，但是，这些形态与范畴具有一种同构性，实际上已被审判对象这一概念与范畴统一组织起来，并随着程序的推进而运行，这一过程，展现着审判对象的运作原理。[2]

---

[1] 在诉审合一的纠问制视野，法官同时实施控诉和审判两种职能，只要发生犯罪事件或存在犯罪嫌疑，便可发动诉讼，确定被告人有罪便可直接定罪量刑，因此，法官拥有主动追诉与惩罚任何罪行的权力，审判范围基本不受限制，审判对象可及时变更。所谓的"审判对象"，主要是法官制裁被告、治理犯罪的根据，很难被用来作为防御根据。

[2] 更详细论述，请参见谢进杰："审判对象的运行规律"，载《法学研究》2007年第4期。

为了促成审判对象运作原理在诉讼过程的制度化,为审判对象有效运行和发挥功能提供制度空间,需要从制度上规范一系列问题:审判对象是如何被提示的,控诉方如何记载起诉书以提出将成为审判对象的特定控诉;审判对象是如何得到展示的,法庭上控辩对抗的标的与法庭审理的范围如何被设定和影响诸主体的行为;审判对象是否与如何发生变更,这种变更将对诸主体和程序带来什么影响;最终型塑于法官裁判的审判对象是否可被重复提起,其被重复提起的可能性与限度该如何被设定;等等。这些主要问题,关系到审判对象运行诸基本环节,对这些典型体现审判对象运行轨迹的程序环节的规范,将构成审判对象制度的主要内容。具体来讲,支撑审判对象运行过程的制度基础,主要有起诉书记载制度、法庭调查制度、审判对象变更制度、禁止重复追诉制度,它们共同构筑审判对象制度的基本架构,可谓审判对象制度的"四项支柱"。这一点,不同诉讼制度遵循共同的诉讼规律,不管何种模式的诉讼制度下,这些支柱性制度装置,都构成审判对象最主要的制度表达,成为审判对象制度建构的主要方向。当然,审判对象制度的设计与运行,依赖于具体的诉讼构造和制度环境,在不同的诉讼模式下,设计原理可能有所差别,并呈现不同的运行特征。近现代以来,审判对象制度的建设契合于具体诉讼模式,努力寻求较为合理的制度设计及运行效果,最为典型者,当属美国法、德国法和日本法,它们分别将审判对象界定为诉因、公诉事实和公诉事实同一性范围内的诉因,并相应采取有效的制度安排,代表着对抗制诉讼文化与职权主义诉讼文化有关的制度面貌以及不同诉讼文化间制度借鉴呈现的特征,堪称审判对象制度的"三个样本"[3]。但与诉因制度、

---

[3] 根据美国法,起诉书应当明确记载诉因,简要表明指控罪行的构成要件事实;法官原则上严格按照起诉书记载的诉因来进行审判,不得超越起诉指控的事实与罪名,除非属于缩小认定包容性罪行;在定罪或裁决前,控诉方可适当修改起诉书,但无论如何,均不得增加指控另外的或不同的罪行,并且不得损害被告人的实体权利;经过审判程序,控诉方便不得对无罪裁判再行追诉,而对于有罪裁判,则只能行使极为有限的上诉权,被告人不得因为同一罪行而被加两次遭受生命或身体上的危险。根据德国法,起诉书应当根据侦查结果结合证据具体地记载公诉事实,并结合适用法条提出指控罪名;在中间程序,裁定法院可对检察官起诉书进行某种适当的变更,包括变更指控事实范围和法律观点认定;在审判过程,法院的调查与裁判,只能延伸到起诉书中写明的行为和以诉讼指控的人员,但在此界限范围内,法院有权和有义务自主行动,在刑法的适用上,法院不受提出的申请约束,如果程序上已对被告人履行告知并给予其辩护机会,法院可对被告人作出不同于起诉指控的罪名;经过审判程序,在穷尽常规的抗告、上告、上诉等上诉途径以及特定有利或者不利于被告的再审之后,被告人便不得因为该同一罪行而受到不止一次的惩罚。根据日本法,起诉书应当明确记载公诉事实和指控罪名,公诉事实应当明示诉因,尽可能地以日时、场所、方法等特别指明足以构成犯罪的事实,罪名应当示知应予适用的罚条,起诉书的记载不得导致对被告人的防御产生实质性不利,而且不得添附可能使法官对案件产生预断的文书及其他物品或者引用该文书等的内容;在审判过程,法院在检察官提出请求时,以不妨碍公诉事实的同一性为限,应当准许追加、撤回或者变更记载于起诉书的诉因或者罚条,并且,法院鉴于审理的过程认为适当时,可以命令追加或者变更诉因或罚条,当然,针对诉因与罚条的变更,法院应当及时通知被告人,并在可能对其防御产生不利影响时依照请求裁定停止公审程序,以让被告人进行充分的防御准备;经过审判终结并穷尽各种常规上诉途径和非常救济途径,当法院针对指控罪行形成终局裁判以后,被告人便不得再因该罪行而受到重复追诉。

公诉事实制度和"中间性"[4]的审判对象制度构造不同,中国现行的审判对象制度契合于控审配合为基调的强职权主义诉讼模式,可被界定为"案件事实制度"。这种案件事实制度,不但被表述于立法,更是被表达于实践,呈现以案件事实为审判对象的特征,表现出强调控审权力行使、忽略防御权利保障的特质。

二、立法的表述

综观中国现行立法[5],审判对象运行的制度环境呈现如下特点:第一,实行不告不理,审判程序由控诉方起诉来启动,审判对象由控诉方来提示,但存在例外。譬如关于法院自行决定启动再审和提审或者指令再审的规定[6],显然有悖于不告不理原则,审判对象实质上已经不是由控诉方提示,而是由法院根据启动重审的动因来自主确立。第二,实行诉审同一,审判对象与起诉范围保持同一性,法官审判受起诉范围所限制,但存在例外。譬如关于法院庭外调查证据和全面审查的规定[7],显然是对诉审同一原则贯彻不力,可能导致实际的审判范围超越起诉范围,初始提示的审判对象能够限定法官审判权力的功能较为局限,审判过程审判对象原理无法得到良好的展示。第三,审判对象基本被界定为起诉书指控的犯罪,但可能扩展至整个案件事实,而且起诉指控的罪名并不被纳入审判对象范畴。譬如按照现行法典的有关表述[8],法官承担根据法律就查明的事实是否构成犯罪作出认定的职责,审判对象可能被泛化为被告人是否有罪的问题,而不是特定控诉罪行是否成立的问题,起诉书记载的控诉事实是显在的审判对象,整个案件事实是潜在的审判对象,显然,这种立法上对审判对象的界定,为法官直接变更罪名和适时扩展审判范围,甚至为控诉方恣意变更指控与追加起诉的行为,提供了较大空间。第四,现行立法对审判对象被不当重复提起的防范明显不力。譬如根据现行法,审判对象可基于多种动因与表现形式而被重复提起[9]。这些做法虽有依据,但诸多有悖诉讼规律与法理,将同一罪行不当地重复提示为审判对象,实质上构成重复追诉与不当的重复审判。

---

[4] 参见田口守一:《刑事诉讼法》,刘迪等译,法律出版社2000年版,第165—166页。
[5] 这些立法,主要包括《中华人民共和国刑事诉讼法》(1979年7月1日通过,1996年3月17日修正,以下简称《刑诉法》)、《最高人民法院关于执行〈中华人民共和国刑事诉讼法〉若干问题的解释》(1998年9月2日通过,以下简称《解释》)和《人民检察院刑事诉讼规则》(1999年9月21日修改,以下简称《规则》)。
[6] 参见《刑诉法》第205条。
[7] 参见《刑诉法》第158条及第186条。
[8] 参见《刑诉法》第162条。
[9] 参见《刑诉法》第180条、第181条、第182条、第189条、第191条、第192条、第200条、第202条、第203条、第204条、第205条、第206条以及《解释》第117条、第268条、第270条、第276条、第285条。

当然,更重要的是,现行立法确立的控诉格局存在一些弊病,其可对审判对象运行提供合理保障的空间较为局限。根据现行法典,刑事诉讼中存在着一种"分工负责"的"检法关系",检察院负责提起公诉,法院负责审判,法院与检察院的关系被界定为"分工负责、互相配合、互相制约,以保证准确有效地执行法律"。[10] 虽然一定程度地坚持不告不理、诉审同一的原则,审判对象通常由控诉方起诉来提示,但是,这种旨在"保证准确有效地执行法律"并以"互相配合"为基调的"检法关系",实质上并不是一种分权制衡的合理的"诉审关系",由此确立起来的控诉格局带有内在缺陷。在该控诉格局下,发生法官擅自确立审判对象和审判范围并不总是受制于起诉范围的情况,以及缺乏一种将国家追诉权力对被告人权利的不法侵犯提示为审判对象的自觉机制,实属自然而然。

并且值得一提的是,现行法典在规范诉讼活动时,采取了一种"案件单位原则",诉讼客体被界定为"案件",这不但体现于侦查阶段和审查起诉阶段,而且体现于审判阶段。根据现行法,侦查机关获悉犯罪事实或者犯罪嫌疑人,便应当立案并进行侦查,侦查终结的"案件"应当做到犯罪事实清楚、证据确实充分,写出起诉意见书连同案卷材料与证据一并移送检察院审查决定;检察院对"案件"审查时,必须查明犯罪事实是否清楚、证据是否充分、罪名认定是否正确、有无遗漏罪行和嫌疑人等事项,并可要求侦查机关对"案件"进行补充侦查,认为犯罪事实已经查清、证据确实充分、依法应当追究刑事责任时,便应当作出起诉决定向法院提起诉讼;法院对于提起公诉的"案件"进行审查,对于起诉书中有明确的指控犯罪事实并附有证据目录、证人名单和主要证据复印件或者照片的,便应当决定开庭,法院审判公诉"案件"的过程,合议庭对证据有疑问时,可宣布休庭并对证据进行调查,公诉人发现提起公诉的"案件"需要补充侦查时,可要求延期审理进行补充侦查,发现犯罪事实与起诉书记载不符或者遗漏罪行时,可进行起诉变更,经过审理,当"案件"事实清楚、证据确实充分、依据法律认定被告人有罪时,法院应当作出有罪判决。[11] 这样,就审判对象的界定而言,这种"案件单位原则"可能带来两项影响:一是将审判的对象定位为"案件",进而导致将整个案件事实而不仅仅是起诉书明确记载的控诉事实作为审判对象的倾向;二是使得侦查、起诉和审判诸诉讼阶段,基于共同面对的作为诉讼客体的"案件"而形成一种承继关系,并使审判沦为这项"流水作业"的一道"工序",如此一来,审判对象倾向于整个案件事实的泛化理解,就是"自然

---

〔10〕 《刑诉法》第 7 条。

〔11〕 参见《刑诉法》,特别是第 83 条、129 条、第 137 条、第 140 条、第 141 条、第 150 条、第 158 条、第 162 条、第 165 条等规定。值得强调的是,"案件单位原则"甚至延伸到第二审乃至再审,贯穿整个刑事诉讼过程。例如,按照该法第 186 条和第 206 条,第二审法院和再审法院同样应当对"全案"进行审查,而不受制于上诉或抗诉的范围,而且不区分是否有利于被告的再审。

而然"的。

综上,在笔者看来,中国现行审判对象制度,是一种迥异于英美法诉因制度但趋近于大陆法公诉事实制度的"案件事实制度",它植根于一种以强职权主义为基调的刑事程序构造中,但是,比起大陆法,它更加强调控审配合,强调犯罪治理过程的职权特质,并相对忽略审判对象运作的程序正当性,忽略对被告人防御权益的保障,它在审判对象的提示、展示、变更、型塑与重复提起诸基本环节上,表现出一种以案件事实为单位的特征。譬如,起诉书并不是严格记载指控的特定犯罪构成要件事实,而是脱离法律评价叙述案件事实;审判范围并没有被严格限定在起诉范围内,而是存在诸多可能将整个案件事实纳为审判对象;法官有权直接变更罪名,检察官有权变更甚至追加起诉,审判对象可基于一种起诉变更主义和法官职权主义而根据案件事实发生变更,而被告人的防御利益常常得不到保障;审判对象可基于诸多可能而被重复提起,基于犯罪控制的案件事实查明机制备受强调,而保护被告人的禁止重复追诉原则则尚未被建构起来。基于此种案件事实制度,起诉的意义主要是将案件提交法院审判并提示审判的案件事实基础,起诉书记载的指控罪名并不约束法院的审判,法官有权并且有义务根据查明的案件事实进行定罪,检察官发现起诉书记载与案件事实不符时,有权进行起诉变更,法官审判的实际范围主要被控制在案件事实同一性的范围内,审判的基本职责不是严谨判定起诉书指控罪行是否成立,而是全面判定起诉书指控的被告人是否有罪。基本上,现行的案件事实制度设定审判对象的功能特点并不明显,审判对象运行过程所能够发挥的限制审判权力、规约控诉权力和保障防御权利的空间较为局限。

三、实践的表达

由于中国现行立法对审判对象原理关注甚为欠缺,审判对象制度建设极不健全甚至呈现空白,而且某些规范恰恰与该原理相悖而行,现行实践中审判对象的运行主要是参照有关司法解释[12],然而,这些规范并不完善甚至有悖于法理。整体上,现行审判对象制度建构十分不够,具体实践中呈现诸多不合理特征,这些特征表现出这种"案件事实制度"的特质:

其一,起诉书记载案件事实,但不是记载指控犯罪的构成要件事实,起诉的功能与其说是提示审判对象,不如说是将案件提交法院审判。

现行实践中,起诉书不但记载被告人情况、指控犯罪事实、指控罪名等要素,而且记载案由、证据、量刑情节等信息,记载方法上明显不同于英美法的诉

---

[12] 主要是《解释》第117条、第159条、第166条、第168条、第176条、第177条、第178条、第247条、第256条以及《规则》第281条、第348条、第349条、第351条、第362条、第353条、第354条等关于起诉书记载、起诉变更、变更罪名、法庭调查、重复追诉等环节的规定。

因记载,趋同于大陆法的公诉事实记载,不过,对犯罪事实的记载似乎比该二者都要显得详尽和宽泛,基本上将整个案件侦查结果显示有证据证明的犯罪事实都纳入到起诉范围,笼统记录于起诉书里面,其实质是记载了整个已有侦查证据所支撑的"案件事实"。这使得侦查与审判二者间由于起诉环节在提示审判对象问题上的这一特点而被不合理地链接起来,很容易导致围绕审判对象而推进的整个刑事程序过程演化为一道治理犯罪的"流水线"。目前司法实践中存在的起诉意见书、起诉书和判决书三者对案件事实的表述往往具有高度一致性的这一现象或者说倾向,或许就是很好的说明和佐证。[13]

1) S 省 R 县公安局 [R 公预起(97)006 号] 起诉意见书:

经我局侦查终结,证实犯罪嫌疑人林锡其、邓玉安有下列犯罪事实:

犯罪嫌疑人林锡其先后伙同犯罪嫌疑人邓玉安及何良德(外流),于1995年2月至1996年11月期间,在 R 县双石镇等地,采用翻围墙、撬锁等手段,盗得 R 县玉章中学抽水电机1台、长山盐矿加压站电缆线、电线260余米,公民李世金、古朝金的鸡、兔21只,价值2200余元,犯罪嫌疑人邓玉安参与作案2起,盗窃物质价值1800余元。在预审中,犯罪嫌疑人林锡其、邓玉安供述了自己的行为。

综上所述,犯罪嫌疑人林锡其、邓玉安的行为触犯了《中华人民共和国刑法》第一百五十一条,涉嫌盗窃罪,根据《中华人民共和国刑事诉讼法》第一百二十九条之规定,特将本案移送审查,依法起诉。

此致 R 县人民检察院。

2) S 省 R 县人民检察院 [R 检诉字(1997)第 13 号] 起诉书:

被告人林锡其、邓玉安盗窃一案,由 R 县公安局侦查终结,于一九九七年三月二十一日移送起诉,经审查查明:

被告人林锡其先后伙同何良德(外流)及被告人邓玉安,于一九九五年二月至一九九六年十一月期间,在 R 县双石镇等地,采用翻围墙、撬锁等手段,盗得 R 县玉章中学抽水机一台、长山盐矿金台加压站电缆线、铝芯线二百六十余米,公民李世金、古朝金的鸡、兔共二十一只,价值二千二百余元。其中被告人邓玉安参与盗窃两次,盗窃物质价值一千八百余元。破案后追回被盗的电动机、电缆线、铝芯线,退还失主,其余被销赃挥霍。

---

[13] 以下是笔者于2006年4月在实践调查中随机收集到的同一起普通刑事案件的起诉意见书[R 公预起(97)006 号]、起诉书[R 检诉字(1997)第 13 号]和刑事判决书[(1997)R 刑初字第40号]的主体内容。从这三份司法文书,我们可以感受到公检法三机关在刑事案件处理过程"分工负责,互相配合,互相制约,保证准确有效地执行法律"的共同使命和行动姿态,我们同样不难感受到起诉书记载"案件事实"的特点以及这种审判对象提示对刑事程序过程带来的影响。

侦审中,被告人林锡其、邓玉安对自己的行为供认不讳。

上述事实,有书证、证人证言,被告人供述等证据,事实清楚,证据确实、充分,足以认定。

综上所述,被告人林锡其、邓玉安盗窃集体、公民财物数额较大,其行为均触犯了《中华人民共和国刑法》第一百五十一条,构成盗窃罪。本院为保护集体和公民财物不受侵犯,惩罚犯罪,根据《中华人民共和国刑事诉讼法》第一百四十一条之规定,特向你院提起公诉,请依法予以判处。

此致 R 县人民法院。

3) S 省 R 县人民法院[(1997)R 刑初字第 40 号]刑事判决书:

R 县人民检察院以被告人林锡其、邓玉安盗窃罪,向本院提起公诉。经审理查明,案件符合开庭审理条件,本院依法组成合议庭,公开开庭进行了审理。R 县人民检察院检察员余小平,代理检察员谢玉虹出庭支持公诉,被告人林锡其、邓玉安到庭参加诉讼。本案经合议庭评议,审判委员会进行了讨论并作出决定。现已审理终结。R 县人民检察院起诉指控被告人林锡其、邓玉安犯盗窃罪。庭审中,二被告均对指控无异议。经审理查明:

被告人林锡其先后伙同被告人邓玉安、何良德(外逃)在一九九五年二月至一九九六年十一月期间,采用翻围墙、扭锁等手段盗走 R 县玉章中学抽水机一台,长山盐矿金台加油站电缆线、铝芯线二百六十余米,以及公民李世金、古朝金的鸡、兔共计二十余只,价值二千二百余元。其中被告人邓玉安参与盗窃两次,盗窃数额一千八百余元。破案后追回被盗的电动机、电缆线、铝芯线,退还失主。侦审中,被告人林锡其、邓玉安认罪态度较好。

上述事实,有被告人交待,失主证实,价格证明,证人证言等证据证实,本案事实清楚,证据确实、充分,所列证据,经法庭审理质证,被告人林锡其、邓玉安无异议,予以确认。

本院认为:被告人林锡其、邓玉安以非法占有为目的,采用秘密手段,盗走集体、公民财物数额较大,其行为已构成盗窃罪,R 县人民检察院起诉指控正确。为严肃国法,惩罚犯罪,保护集体和公民的合法财产权益不受侵犯,依照《中华人民共和国刑法》第一百五十一条、第六十七条的规定,判决如下:

一、被告人林锡其犯盗窃罪,判处有期徒刑三年。

二、被告人邓玉安犯盗窃罪,判处有期徒刑二年,宣告缓刑三年。

如不服本判决,应在收到判决书的第二天起十日内,通过本院或直接向 S 省 Z 市中级人民法院提出上诉。

根据最高检察机关关于指示各级检察院的起诉书制作说明,"案件事实部分,是起诉书的重点","叙写案件事实时","必须详细写明具体犯罪事实的时间、地点,实施行为的经过、手段、目的、动机、危害后果和被告人案发后的表现及认罪态度等内容","既要避免发生遗漏,也要避免将没有证据证明或者证据不足,以及与定罪量刑无关的事项写入起诉书","对共同犯罪案件中有同案犯在逃的,应在其后写明'另案处理'字样"。[14] 这就表明,起诉书基本上均较为详尽地叙写整个"案件事实",并以"案件"为单位来确定起诉范围,不管是"一人一罪、多人一罪",或者是"一人多罪、多人多罪",只要属于同一刑事案件或者说同一犯罪事件,就可以在一份起诉书中记载并提示为审判对象。而且,起诉书对指控的犯罪事实的记载,呈现两项显著的特征或者说倾向,一是结合证据信息予以记载,二是脱离指控罪名予以记载。这样,控诉方通过起诉书记载的主要功能是陈述案件事实并将案件提交法院审判,而很难说是明确提示具有特定性和单一性的审判对象,这是现行实践中审判对象提示的显著特点。笔者在实证调查中随机抽取由同一检察院分别在刑诉法修改前后制作的两份刑事起诉书,发现当前这种审判对象提示的特点甚为直观地体现在这样两份相当普通的起诉书记载当中,并且这一特点并没有因为该次刑诉法修改而发生改变[15]:

1) S 省 R 县人民检察院[1995]检诉字第 161 号起诉书

一九九五年五月十日凌晨一时许,村民朱世雄因怀疑自家的狗被被告人罗华福偷走,到罗华福家找狗时,与罗华福发生争吵,并形成抓扯后,被告人罗华福持菜刀将朱世雄砍伤,并导致失血性休克,经法医鉴定,属于重伤。

上述事实,有证人证言,被告人供述及法医鉴定,事实清楚,证据确实、充分。

综上所述,被告人罗华福的行为已触犯《中华人民共和国刑法》第一百三十四条第二款,构成故意伤害罪,本院为保护公民的人身权利,惩罚犯罪,依照《中华人民共和国刑事诉讼法》第一百条之规定,特向你院提起公诉,请依法予以判处。[16]

---

[14] 最高人民检察院法律政策研究室编:《人民检察院法律文书格式:样本》,中国法制出版社 2002 年版,第 217—218 页。
[15] 原因是 1996 年完成的这次刑诉法修改,并没有触及审判对象赖以运行的制度基础和改变其根本环境,未能建构中国合理的审判对象制度。
[16] 这是笔者于 2006 年 4 月在实证调研中随机抽取到的我国 S 省 R 县人民检察院"[1995]检诉字第 161 号"起诉书的主体内容。

2) S省R县人民检察院[2001]检诉字第80号起诉书

二○○一年三月十五日下午,被告人谢德华拦住放学回家的幼女王××(生于一九九三年十二月五日),采用语言恐吓,令王××脱下裤子,对其实施了奸淫。二○○○年九月的一天,被告人谢德华采用同样手段对观斗山村幼女罗××(生于一九九三年二月二十七日)实施了奸淫。

上述事实,有书证、证人证言、被害人陈述及法医鉴定、现勘笔录等在案为据,本案事实清楚,证据确实、充分。

综上所述,被告人谢德华的行为已触犯《中华人民共和国刑法》第二百三十六条第二款,构成奸淫幼女罪。本院为保护幼女的人身权利不受侵犯,惩罚犯罪,根据《中华人民共和国刑事诉讼法》第一百四十一条之规定,特向你院提起公诉,请依法予以判处。[17]

其二,检察官有权变更和追加起诉,法官有权直接变更指控罪名,审判对象变更过程交错着法官和检察官两种权力因素,并常常表现为二者的一种"沟通",呈现一种正当性控制极为有限的倾向。

按照现行司法解释,一方面,检察院在法院宣告判决前,发现指控被告人或犯罪事实与起诉书的记载不符的,有权要求变更起诉;发现遗漏的同案犯罪嫌疑人或罪行的,有权要求追加起诉;发现不存在犯罪事实或不应当追究被告人刑事责任的,有权要求撤回起诉。另一方面,法院在审理中发现新的事实,可能影响定罪的,应当建议检察院补充或者变更起诉;同时,法院经过审理,认为指控犯罪事实清楚、证据确实充分,但指控罪名与法院认定的罪名不一致的,应当直接变更罪名作出有罪判决。[18] 基于此,在当前诉讼实践中,审判对象的变更呈现诸多不合理的典型现象:

第一,法官直接变更罪名,导致控辩双方在庭审过程紧紧围绕起诉书指控罪名进行举证和辩论而法院最终却以其他未经控、辩、审的罪名对被告人作出有罪判决。这种现象极为常见,甚至已经成为一种制度化的作法。这样一来,尽管法律上已赋予法官直接变更罪名的权力,但是被告人遭遇突袭性审判已成为铁的现实。

第二,由于对检察院撤诉的合理控制不力,撤诉往往被滥用来掩盖错诉的责任和规避无罪判决或者作为一种替代性程序操作,其典型表现有:当发现指控证据不足,如果不撤诉将极可能被作出指控犯罪不能成立的无罪判决时,主动以撤回起诉的方式来规避无罪判决;当发现不存在犯罪事实、不存在

---

[17] 这是笔者于2006年4月在实证调研中随机抽取到的我国S省R县人民检察院"[2001]检诉字第80号"起诉书的主体内容。

[18] 参见《规则》第351条以及《解释》第176条。

犯罪构成、被告与犯罪事实没有关联等可能导致无罪判决的所谓"错诉"情形时,采用撤诉并移交侦查机关撤销案件的做法,来规避错诉责任;当发现遗漏罪行或者遗漏同案嫌疑人时,为了免去追加起诉或另案起诉的繁琐,直接以撤诉后全案重新起诉的操作方式来替代;当发现提起公诉的案件可能被作无罪宣判时,便以需要补充侦查为由要求延期审理,但在补充侦查的期限内没有提请法院恢复法庭审理,任由被法院按撤诉处理,以此来规避无罪判决。

第三,审判对象发生变更时,被告人的防御利益常常受到忽略甚至被不法侵犯。目前针对法院直接变更罪名的行为,并没有一套专门为保障被告人防御权利而设定的告知——防御机制。而针对检察院变更起诉的行为,虽然《规则》表象上表态"变更、追加起诉需要给予被告人、辩护人必要时间进行辩护准备的,公诉人可以建议合议庭延期审理"[19],但实质是将起诉变更时被告人是否享有准备防御权利的决定权交给了控诉机关,显然有悖于控辩平等的逻辑,并背离正当程序的原则。

第四,现行实践中法院和检察院操控审判对象变更的权力空间极大,不仅法院可直接变更罪名,而且检察院可追加指控罪行,审判对象基本上被扩展至整个案件事实。只要案件事实清楚并有证据证明,被告人便会被作出有罪宣告,而不管是否构成起诉书指控罪名,造成实质上针对被告人的突袭性审判,实践中常常可在判决书中看到这样一句话:"公诉机关对被告人的指控有错漏。"

第五,审判对象变更的实践常常表现为法院和检察院的一种"沟通"。由于现行法尚未建构完善的变更机制,实践中存在各种具体操作,检察院和法院往往会在审判对象变更的问题上进行沟通。较常见的,就是通过"通气",检察院把法院将要做无罪裁判的案件进行撤诉,或者法院发现新的犯罪事实而主动要求检察院追加起诉。譬如,有检察院就规定,"对于人民法院以不应追究被告人刑事责任为由建议人民检察院撤回起诉的案件或即将作出无罪判决的案件,人民检察院可以与人民法院交换意见,其中,认为人民法院意见正确的,可以撤回起诉"。[20] 针对这一问题,笔者在检察院和法院进行实证调查的过程,就有检察官和法官这样表态说:

> 实践中法院变更罪名的情形显得没有想象如此普遍,有一个重要原因,就是检察院在起诉前对控诉罪名存在疑惑时,往往事先就已与法院进

---

[19] 参见《规则》第353条第3款。

[20] 这是2002年2月6日北京市人民检察院第1次检察委员会讨论通过并开始施行的《北京市人民检察院关于公诉案件撤回起诉若干问题的意见(试行)》的规定。参见苗生明主编:《检察机关公诉人办案规范手册》,中国检察出版社2004年版,第189页。

行了沟通。……审判过程出现需要变更审判对象时,检察官和法官往往会互相通气,尽量考虑彼此利益,采取一种比较符合双方立场的做法。[21]

其三,现行实践中普遍存在着一类"重新审判"的诉讼现象,表征为围绕同一罪行,针对被告人不止一次地发动追诉和运行审判程序,使既有的审判对象被不断地重复提起,造成针对被告人的重复追诉和对同一案件不当的重新审判。

根据现行法,审判对象被重复提起存在诸多表现。这种"重新审判"的现象,根据其动因与方式,可被归纳为上诉抗诉型、发回重审型、提审型、再审型、重新起诉型五种基本类型。在这里面,上诉抗诉型、重新起诉型和因申诉或者抗诉而启动的再审型,属于"当事人启动型的重新审判",而发回重审型、提审型和因提审或者指令而启动的再审型,属于"法院启动型的重新审判"。在中国,案件经过两审终审,还可基于当事人申诉或者审判监督而启动再审,更重要的是,无论在上诉审还是再审甚至复核程序中,均可将案件发回原审法院重新审判,并且,对于发回重审的案件,仍然可继续地上诉、抗诉甚至提起再审,如此不断循环、周而复始。因而,审判对象被重复提起的现象极为常见。然而,这些做法诸多有悖于诉讼规律与法理,譬如违背审级原理、不告不理原则、禁止重复追诉原则,并有悖于诉讼的科学性与经济性,实质上构成重复追诉与不当的重复审判,给被告人在诉讼程序内外以及诉讼程序本身造成极大的负面影响。[22]

笔者考察了司法实践中的一个典型案例,在该案件处理过程,我们不但看到法院对指控罪名的变更乃至直接增加罪名,看到法院与检察院的某种"沟通",更看到针对同一罪行公检法三机关对被告人发动了一次又一次的侦查、追诉与审判,审判对象运行的种种特征直观地表现于该案件的处理程序过程:

> 1996 年 6 月 12 日凌晨,山东省莘县古城镇牛营村村民李玉梅在家中被一场大火烧死,经警方调查,李玉梅是被人掐住颈部窒息而死,郭新才成为嫌疑人并随即被以涉嫌故意杀人为由实施刑事拘留。
>
> 1996 年 12 月 28 日,山东省检察院聊城分院(当时聊城尚未撤地建市)提起公诉指控郭新才故意杀人罪:1996 年 6 月 12 日零时左右,郭新才趁夜深人静之机窜至被害人李玉梅家中,扼掐李玉梅颈部致其窒息死亡,

---

[21] 这是笔者于 2006 年 4 月在我国 S 省 C 市对检察官和法官进行访谈获取的资料。

[22] 笔者详细考察了三个实践中的案例——"王有恩案"、"郭新才案"和"马云案",三个案例存在一项共同特征,即围绕同一罪行六次启动审判,审判对象被不断重复提起,尽管其表现形式与诉讼后果各不相同,但是,同样都给被告人在诉讼程序内外以及诉讼程序本身带来极大的负面效应。有关案例则可分别参见李韦君:"'死囚'蒙冤获赔 8 万",载《燕赵都市报》2002 年 5 月 5 日;杨猛:"冤案,还是疑案",载《羊城晚报》2001 年 12 月 24 日;张国:"疑罪何以难从无",载《法制日报》2001 年 11 月 4 日。

为逃避罪责放火焚尸灭迹后逃离现场。聊城地区中级法院审理了此案,并于1997年1月28日作出一审判决:郭新才犯故意杀人罪判处死刑并剥夺政治权利终身。

被告人提起上诉,山东省高级法院审理了此案,经审判委员会讨论后于1997年7月31日以原审判决认定事实不清为由裁定撤销原判发回重审。

随后,聊城市检察院撤回公诉,经补充证据后于1998年10月26日以同样的指控事实和罪名再次提起公诉,聊城市中级法院再次审理后认为郭新才杀人纵火事实清楚,证据确实,足以认定犯罪,但起诉书仅指控被告人犯故意杀人罪不当,于同年11月25日作出一审判决:郭新才犯故意杀人罪、放火罪判处死刑缓期二年执行并附带赔偿民事经济损失20805元。

被告人再次提起上诉,山东省高级法院审理了此案,于1999年12月28日再次以原审判决事实不清证据不足为由,裁定撤销原判发回重审。

随后,聊城市中级法院将此案移交聊城市检察院,要求补充侦查。聊城市检察院则直接将此案移交由莘县检察院办理。2001年7月13日,莘县检察院再次以同样的指控事实和罪名提起公诉,莘县法院审理了此案并于同年8月2日作出一审判决:郭新才犯故意杀人罪判处有期徒刑15年。

郭新才又一次提起上诉,聊城市中级法院又一次审理此案,经审理后认为原审判决认定郭新才杀人焚尸的证据矛盾点较多,必要的间接证据不能形成完整的锁链,对该案事实不具有排他性,因此本案事实不清,证据不足,不能认定被告人郭新才有罪,故于2001年11月1日作出证据不足、指控的犯罪不能成立的无罪判决。

至此,郭新才在看守所里已度过5年零5个月又两天,曾两次被判死刑、死缓的他终于走出了死神的阴影。其间,他在山东省聊城市莘县看守所得到了"狱神"的"封号",他自学了些法律知识,能把看守所内疑犯的判决结果估摸个八九不离十,此技令"号友"佩服不已,纷纷称神,求其"预判"。然而他怎样也没有能够预测到自己的判决结果,因为那太过于复杂,也太过于奇特,远不是他自学的那些法律知识所能解释得了的——同样的案子,同样的证据,经过三级法院六次审理四次判决两次裁定,涉嫌故意杀人的他从死刑到死缓,到有期徒刑15年,直至无罪释放。[23]

---

[23] 参见谢春雷:"从死刑到无罪释放,山东郭新才案三次改判发人深省",载《南方周末》2001年12月22日。

四、制度的评价

在现行这种案件事实制度下,审判对象运行的功能效果并不理想:

首先,限制审判权力的功能相当弱。其主要表现有:其一,法官拥有影响法庭调查范围的实际权力。这不仅表现在法官组织法庭调查并有权询问被告和证人,有权在证据有疑问时主动进行庭外调查,而且表现在法庭辩论过程发现新的事实时有权恢复法庭调查。事实上,超越控诉范围进行法庭调查的情形虽不普遍,但时有发生,有的法官常常忽视诉审同一原则,擅自根据具体需要扩展调查范围。再者,法官积极进行庭外调查,难免发现新事实或证据,并影响对案件事实的心证,相当一部分法官在调查中发现新事实或证据时,不是通知检察官追加起诉,就是直接将证据调取到法庭上来质证并予认定。更有甚者,法官在二审中不受上诉或抗诉范围限制,有权根据审理的具体需要,自主确立法庭调查范围。其二,法官拥有几乎不受任何限制的直接变更罪名权。实践中,当起诉指控的事实清楚、证据确实充分,但指控罪名与法院审理认定的不一致时,法院基本都根据案件事实,未经任何告知和程序保障,直接变更罪名作出有罪判决,而不是作出指控犯罪不能成立的无罪判决,给被告防御带来极大的不利影响。

其次,规约控诉权力的功能效果极不显著。其主要表现有:其一,诸多检察官记载起诉书时,并没有严格根据指控犯罪的构成要件事实来记载,而是笼统地将侦查终结的案件事实"像讲故事一样地"叙述,将案件提交法院,并向法院陈述了一个有待通过审判予以惩治的犯罪事件。其二,公诉人在法庭上宣读起诉书的意图是"代表国家指控犯罪,提请人民法院对被告人依法审判"[24],重点并不在于向法庭及各方诉讼主体宣称审判对象,以便包括检察院支持公诉在内的整个庭审活动都围绕着该标的来展开,而在于将"犯罪"的被告人提交审判。其三,检察官如果发现提起公诉的案件需要补充侦查或补充证据,或者遗漏罪行或同案嫌疑人需要提出追加或变更起诉,有权要求法庭延期审理,其支持公诉的行为并不严格受到其起诉书提示的审判对象所规约,基本秉持一种全局性的犯罪追诉思维来支持公诉。其四,检察官进行着受制甚弱的公诉变更和重复追诉,提起公诉后有权变更和追加起诉,发现错诉时有权进行撤诉,但撤诉后仍然有权再行起诉。

最后,保障防御权利的功能效果特别局限。当前,被告防御的整体效果并不理想,诸如受到超出指控范围的讯问、针对指控辩护效果欠佳、遭受突袭性审判等现象常有发生。由于控审权力受规制的有限性,防御权利受到的保障同样

---

[24] 参见《规则》第 331 条第 1 项。

十分有限,显然,一旦审判不被控制在特定范围内,被告针对审判对象进行防御的权利就会受影响,更有甚者,检察官恣意的公诉变更和法官直接变更罪名的行为,将导致审判对象的防御权利保障功能被虚置。现行案件事实制度下,一方面,检察官公诉变更权力极大,整个案件事实都可能通过变更而成为审判对象,而且这种变更不需要履行防御保障的程序机制;另一方面,法官享有直接变更罪名权,不需事先告知即可根据查明的案件事实直接认定不同于起诉书指控的罪名。这样一来,被告人常常受到突袭性的指控与审判,在控辩对抗中遭到不公平对待,防御权益受到极大损害,防御效果受到十分不利的影响。面对突如其来的指控与审判,被告人常常感到防不胜防、茫然失措、束手无策,辩护律师则常常抱怨说,围绕起诉书初始提示的审判对象进行的一切防御准备与辩护上的努力,极可能就因为这种突袭性的指控与审判,而宣告前功尽弃、丝毫没有效果。[25]

现行审判对象制度存在弊病,运行功能效果欠佳,除了因为制度建设落后和实践消极因素的影响,更由于导源自现行诉讼的理念、结构和程序上的深层病理:

第一,犯罪控制与追究权力的扩张。中国历来高度强调犯罪控制,"查明犯罪事实"、"惩罚犯罪分子"、"积极同犯罪行为作斗争"被规定为刑事诉讼法的主要任务。[26] 契合于犯罪控制的主导观念,国家追究权力具有相当大的合法性空间。国家在认为有犯罪事实发生时,便可立案并展开侦查,讯问嫌疑人、收集有罪证据并逮捕有证据证明有犯罪事实的嫌疑人,侦查终结认为犯罪事实已经查清、证据确实充分、依法应当追究刑事责任时,便可提起公诉,经过审判,当案件事实清楚、证据确实充分、依据法律认定被告人有罪时,便可作出有罪判决,实现国家对犯罪的刑罚权,追究权力渗透于整个诉讼过程。表象上,刑事诉讼过程的国家权力似乎并没有表现出任何不合理的地方,但是,只要将视角探入这一过程的细微层面,便会发现问题:代表国家公诉的检察院可以通过起诉书将脱离特定法律评价的犯罪事实提交审判,发现案件需要补充侦查时有权要求延期审理并进行补充侦查,发现犯罪事实与起诉书指控不符时有权变更起诉,发现遗漏罪行或嫌疑人时有权追加起诉,认为指控犯罪事实不存在或经补充侦查认为指控证据不足时有权撤回起诉,撤诉后仍然有权基于新的事实或证据再行起诉,即便对于法院作出证据不足指控犯罪不能成立的无罪判决,同样有权根据新的事实和证据材料重新起诉,而对于法院明确作出的无罪判决,不但有权提起抗诉启动第二审,而且有权继续通过审判监督启动再审,不止一次

---

[25] 这是笔者于2006年4月在我国S省C市对多名辩护律师进行访谈获取的实证资料。
[26] 无论1979年通过的还是经1996年修订的《刑诉法》(第2条),都明确规定该"任务"。

地针对被告人发动刑事追究。诚然,法治秩序并不否定犯罪控制,国家控制犯罪本身并没有错,但是,犯罪控制需要有正当限度,如果为了控制犯罪,国家追究权力可以无限扩张,甚至将刑事诉讼直接作为控制犯罪的工具、作为积极同犯罪行为作斗争的场域,则是值得质疑的。法治背景下刑事诉讼尤其审判程序的存在,本身就是为了对刑事追究权力的行使设定边界与范围,将国家控制犯罪的行为纳入法治轨道。审判对象制度的运作,正是体现这种将国家追究权力限制在特定范围的法治理念,诸如审判对象必须明示且不得被任意变更、不得被不当重复提起等原理,其实就是为了对国家权力行使设定界限,站在人权保障而不是方便犯罪控制的立场上来运行诉讼的程序。国家追究权力天然地具有一种自我扩张的本性,如果不被限制,其犯罪控制的意图就会占据所有可能的空间,创造并利用一切条件达到实现犯罪控制的目标,被告人权利极易沦为牺牲品。基于强烈的犯罪控制意图,控诉机关自然期望把整个案件事实都纳为审判对象,而不愿将自身的追诉范围束缚于特定框架内,在一个国家追诉权力可以尽可能扩张的制度环境下,控诉机关自然愿意并且期望将追诉范围尽可能地扩展,譬如当发现犯罪事实有错漏时,自然迫切期望变更与追加起诉,当经过审判未能达到追诉目的时,自然强烈要求将审判对象重复提起。审判对象在范围上的不当扩展,其实质就是国家追诉权力的扩张。还值得注意的,占据主导的犯罪控制观念和国家追究权力的扩张,甚至可能表现为审判机关中立性、被动性的缺失,譬如脱离起诉书指控罪名乃至扩展指控犯罪事实范围进行审判,甚至自主决定启动再审等。现行的案件事实制度,无疑正是在这种犯罪控制与追究权力扩张的视野下存在并运行着的。

第二,控审配合与诉讼结构的失衡。中国刑事诉讼终究没有摆脱结构性的缺陷,特别体现为诉审关系调整过分强调"控审配合",甚至可以说,中国刑事诉讼中历来只有"检法关系",而没有严格诉讼意义上的"诉审关系"。"检法关系"被界定为"分工负责,互相配合,互相制约,保证准确有效地执行法律"[27],尽管控诉和审判分别由检察院和法院负责,基本实行不告不理、诉审同一,但并不是严格的"控审分离",而是更多地呈现职能混淆和强调配合的特质,审判对象在这种诉审关系模糊的诉讼结构中,其运作原理几乎没有发挥的空间。一方面,在"保证准确有效地执行法律"的总体目标指导下,往往首先得到彰显的不是"互相制约"而是"互相配合",实践中"控审配合"是诉审关系的基调,法官与检察官在审判对象问题上常常表现为一种"沟通",审判对象的提示乃至变更,可能是控审庭前庭后共谋的结果。另一方面,诉审关系视野追诉权力特征

---

[27] 这一点,从1979年刑诉法立法到1996年修正改革,至今丝毫没有任何改变,始终强调共同配合有效执行法律。

显著,检察院通过起诉提示审判对象以后,有权追加、变更甚至再行起诉,并且有权通过审判监督启动再审;同时,法院很大程度地担负着控制犯罪的职责,而不是单纯的中立审判的诉讼职能,鉴于"保证准确、及时地查明犯罪事实,正确应用法律,惩罚犯罪分子"的"任务",法院讯问被告人、庭外调查证据、建议变更起诉、将新事实纳入调查范围、直接变更罪名、二审全面审查、自主启动再审等做法,都是允许并可得到"合理"解释的。现行诉讼结构中的诉审关系,实质是"控审配合"为基调,"分工负责"乃至"互相制约"的终极目标在于"保证准确有效执行法律"。我们始终怀着共同有效执行法律的指导思想来对待诉审关系,在这样的诉讼结构中,十分强调一种政策实施的目标,衡量控审间的制约与配合,其实是以某种整体政策作为指导,这种政策可理解为"犯罪控制",可理解为"实体真实",也可理解为"执行法律",但不管如何,为了实施这种全局性的政策,控与审的关系总是倾向于配合,甚至"互相制约"也是为了更准确有效地"执行法律"。然而,这已明显背离刑事诉讼控审分离分权制衡的本质,在审判对象运行的问题上,诸多有悖诉讼规律的做法自然而然地发生,审判对象不但无法成为检察官借以限制审判权力的"武器",也无法成为法官借以规约控诉权力的"武器",更不可能成为被告防御控审权力侵犯的"武器"。现行的案件事实制度,显然就是这种控审配合基调下失衡的诉讼结构的产物。

　　第三,实体真实与诉讼程序的失当。中国高度强调公检法三机关执行法律"必须以事实为根据,以法律为准绳"[28],刑事诉讼运行过程弥漫着一种浓厚的追求实体真实的意味。唯有查明犯罪事实,才能正确应用法律惩罚犯罪和保护无辜,甚至保障被告人诉讼权利也是出于更好地查明事实这一立场。[29] 实体真实的认识论思想带来极大影响,甚至可能容忍牺牲程序正当性来达到查明犯罪事实的目的。为查明犯罪事实,检察官可以提示宽泛的审判对象,可以变更指控的犯罪事实,可以追加遗漏的犯罪事实,可以补充侦查有罪证据,可以根据新的事实再行起诉,甚至可以与法官进行密切的"沟通"。基于同样的目的,法官可以认为必要时不受审判对象的约束,把发现的新的事实纳入调查范围,可以建议甚至带有以无罪判决结果为威胁的意味,要求检察官变更或追加犯罪事实,可以直接变更罪名判定被告有罪,可以不受上诉范围限制全面审查,可以在认为生效裁判有误时自主启动再审,可以通过提审或者发回重审将审判对象重复提起,甚至可能自主确立审判对象或者直接将整个犯罪事件纳入审判范围。然而,对于被告人而言,在这种以准确、及时地查明犯罪事实的全局考虑下,自

---

[28] 参见《刑诉法》第6条。
[29] 按照有关的说法:"为什么要强调保障被告人的诉讼权利,因为被告人处于被控的地位,保障他们的诉讼权利,可以更好地查明事实,正确执行法律,防止错案。"参见顾昂然:《新中国的诉讼、仲裁和国家赔偿制度》,法律出版社1996年版,第7页。

然便"可以"放弃审判中设定特定防御范围的需求,"可以"容忍审判中存在随发现实体真实的需要而变化不定的审判对象,甚至"可以"牺牲审判中部分的乃至全部的防御利益和程序权利。换言之,一旦将实体真实作为刑事诉讼的直接的和终极的目标,为了查明犯罪事实,一切超越甚至严重违背正当程序的操作,就有可能发生。然而,这样,审判对象的运行就必然偏离正当程序的轨道,表现出异常的特征,减弱其原本可能发挥的功能,丧失它存在的实质意义。"以事实为根据,以法律为准绳"并没有错,然而,长期以来,我们的姿态错了,以一种百分之百符合事实真相的态度去苛求诉讼主体的行为,势必导致控诉机关乃至审判机关都怀着同一使命来进行查明犯罪事实的活动。为此,难怪检察官将整个犯罪事件提示为审判对象,并且当发现新的事实便及时追加和变更起诉,即使在审判过后也毫不犹豫地提起重新审判,亦难怪法官超越起诉书指控事实范围组织法庭调查,积极进行庭外的证据调查,以及在指控事实清楚、证据充分确实但指控罪名不能成立时,仍然可以另外的罪名来判定被告人有罪。这一切,只要在"查明犯罪事实"的名义之下,都是具有"合法性"的。然而,这些诉讼现象,显示了过分追求实体真实的认识论思想指导下刑事追诉的恣意化、诉讼形态的虚置与程序正义的牺牲。[30] 一定程度上,正是由于秉持一种不科学的实体真实观,并容忍对诉讼程序正当性的破坏,现行的审判对象制度才表现出这么多有悖于诉讼法理的特质。

五、制度的完善

现行审判对象制度的完善,有赖于从诉讼的理念、结构和程序这些根本层面上寻求基础资源:

第一,建立一种遵循被告人主体性的诉讼理念。只有真正承认被告人在诉讼中的程序主体地位,才可能基于有效保障被告人防御利益和维护控辩平等性的考虑,来设定一个能够明确控诉机关指控范围并确定被告人防御范围的范畴,使其发挥将控审权力限制于特定范围以保障被告人权利的功能。否则,如果被告人主体性理念缺失,就不可能有控辩平等的追求,也不可能有防御权利保障的诉讼理想,甚至控审权力也不需要分离制衡,被告人作为诉讼客体,只能沦为被审讯和治罪的对象,一切针对被告人的犯罪追究方式均有可能发生,在那种刑讯逼供合法化、被告人无权辩护的制度环境里,无法谈起防御范围,更不可能存在"审判对象"的概念与范畴。

第二,建构一种以控审分离为基调的三角诉讼构造。只有控与审在结构和

---

[30] 参见陈瑞华:《问题与主义之间——刑事诉讼基本问题研究》,中国人民大学出版社2003年版,第349页。

功能上发生分化并形成分权制衡,并相应地体现审判中立、控辩平等和坚持审判中心主义的构造原理,审判对象的存在才可能具有实质意义。否则,如果在控审合一的构造下,在偏离审判中心主义和控辩平等性、审判中立性的程序中,要么法官与检察官站在一起来对被告人进行"治罪",要么是既充当控诉者又充当裁判者的法官把被告人当作"犯人"来审判,"审判对象"与其说是纳入审判视野的犯罪事实,不如直接说就是被告人。既然是控审合一的"治罪式的审判",就不需要有确定的、可预见的范围,而是随着犯罪治理的具体需要而定,"审判对象"已经不可能发挥规制控审权力、保障防御权利的功能。

第三,建设一种蕴含审判对象问题意识的诉讼程序装置。只有当诉讼程序的设置有意识地为审判对象的有效运行提供平台,致力于解决审判对象运作问题的时候,审判对象才可能在诉讼程序运转过程发挥它的应有功能。否则,如果程序设置未能为审判对象运行提供支持,譬如,在关于起诉书记载、起诉书移送、法庭调查、起诉变更、变更罪名、法庭调查、法官裁判、被告人防御权保障、禁止重复追诉等问题的制度设计上,没有一种真正的审判对象问题意识,不能有效把握审判对象运作原理,放任起诉书宽泛地记载犯罪事实和无法特定的指控罪名,放任检察官在庭前移送全案卷宗及证据材料影响审判法官的预断,放任法官超越指控范围进行法庭调查,放任检察官在审判过程随意变更起诉,放任法官直接认定未经审理的罪名,放任检察官和法官变更与超越审判对象范围的行为侵犯被告人防御权利,放任检察官在终局裁判后将审判对象重复提起,那么,"审判对象"无论如何也不可能有效发挥功能,实践其存在与发生作用的原理。

现行审判对象制度的完善,不得不立足于既有制度基础和制度环境,针对既有制度的弊病,进行相应的改革和建构。除了致力于宏观层面上的建构寻求基础资源的支持,譬如,改革以配合为基调的检法关系为以分权制衡为内核精神的诉审关系、改革现行违背审判对象运作原理的程序设置、建构完善的被告人防御权利保障体系,还应当结合现行案件事实制度的特质及其制度环境,秉持一种合理的整体改革构想。

应当说,当前该制度完善面临的一项根本性任务,就是如何合理建构一种蕴涵分权制衡机理的诉审关系,真正贯彻不告不理、诉审同一原则,并坚持一种控审权力控制和被告人防御权利保障的理路,为审判对象的有效运行提供根本制度架构上的支撑。基于现行案件事实制度的弊病,当前制度完善面对的突出问题是,是否在中国建立诉因制度。刑事诉讼理论上认为,在审判对象问题上,英美法采行诉因制度,大陆法采行公诉事实制度,权衡二者,各有长短,但通常认为,英美法中作为审判对象的"诉因",较之大陆法的"公诉事实"更可能有利于控制控审权力和保障被告人防御利益。[31] 故而，近半世纪来，刑事诉讼的发展呈现一种积极借鉴诉因制度的倾向。[32] 鉴于诉因制度的特质及其制度借鉴的潮流，我国当前法学界出现一种建构诉因制度的主张。笔者认为，现行中国移植诉因制度是否可行、效果如何，这需要理性对待、充分论证，甚至只能在实践中一步一步去摸索、用经验来说明，不容草率定论。[33] 由于诉因制度以对抗制为依托，如果中国当前要移植诉因制度，必定面临诸多需要解决的问题，甚至可能需要重构一种以对抗制为根基的诉讼模式，而倘若将其直接植根于现行诉讼模式下，则势必导致其与原有强职权主义诉讼文化、理念和制度的诸多不相协调、不相适应，效果未必良好。[34] 不过，从制度改革的长远目标来看，逐渐借

---

[31] 理由是，诉因制度要求控诉方在起诉书中明确记载将起诉指控的犯罪事实与法律评价结合为一体的诉因，法官审判不得超越起诉书记载的诉因，控诉方同样不得增加和变更不同的诉因，以保障被告人的防御利益，然而，在公诉事实制度下，法官审判不得超越公诉事实范围，但在此界限范围内，法官有权自主认定罪名，不受起诉书记载的指控罪名所约束，而且通常允许控诉方在公诉事实同一性范围进行公诉变更。

[32] 譬如，日本于20世纪50年代初期在大陆法诉讼传统上引进英美法的诉因制度，通过起诉书记载诉因明确提示审判对象，同时保留原有公诉事实的概念，允许在公诉事实同一性基础上变更诉因，形成较有特色并行之有效的审判对象制度。参见田口守一：《刑事诉讼法》，刘迪等译，法律出版社2000年版，第165—166页。再如，中国台湾地区在20世纪90年代中期围绕"刑事诉讼可否采行诉因制度"展开一场颇具影响的讨论，参见"最高法院学术研究会"编：《刑事诉讼可否采行诉因制度研究讨论会》，台湾普林特印刷有限公司1994年版，第1—84页。

[33] 当然，诉因制度的移植已有日本法作为先例。日本的经验表明，这种跨诉讼文化进行制度移植具有可能性，就当前日本法的实践看来，其对诉因制度的移植基本上是成功的，在实践中也能够体现出诉因制度的某些优越性。当然，这需要一个探索与磨合的过程。日本在建立诉因制度初期，由于传统上"公诉事实"的概念及大陆法诉讼观念的影响，"诉因"的概念及其制度原理并不能立即融入其诉讼理念之中，诉讼实践在相当一段时期对此显示出一定的不适应，诸多司法人员对于起诉书如何记载诉因、诉因如何成为审判对象、诉因如何进行变更等问题感到疑惑，理论界则对审判对象究竟是诉因抑或公诉事实形成激烈论争。只是，经过观念上的逐渐革新和实践中的不断探索，而今，"诉因"在日本法中已不再是一个格格不入、令人陌生的概念，关于审判对象究竟如何界定的论战，也已基本达成共识宣告一段落。（这里得益于与日本九州大学石田伦识博士的交流，特表谢意！）日本法的经验表明，在职权主义诉讼传统上移植体现对抗制的诉因制度是可能的，当然，日本法的实践，也显示了在采行诉因制度的问题上两种诉讼文化因素间相互融合的特征，这一点充分体现在日本法对待诉因变更的态度上。因此，或许可以据此断言，在大陆法传统制度中完全抛弃固有"公诉事实"的概念而移植英美法的诉因制度，这似乎是不大可能的，至少目前为止的实践中尚无成功先例可资借鉴，即便在近二十年来持续对英美对抗制抱持浓厚兴趣的大陆法国家意大利，也并没有在移植诉因制度的问题上予以尝试，至今仍然践行着公诉事实制度。

[34] 这一点，我国台湾地区十年前的那一场探索就是一个明证，经过一番充分而深入的研讨，基本达成这样一种共识："惟现采诉因制度……其工程浩大，非短期内可以实行"，"凡是制度的好坏，必须看他实施的环境，以及主观、客观的因素……不宜以'诉因'制度在日本或其他国家行之有效，全部一字不改的移植到我国。否则有弊无利，尤其一种法律、政治上的制度，不像一件机器，改良保养或取舍那么容易。……至于如何折中至当，取人之长补己之短，不妨再三斟酌，以免利未见而弊已起，慎之、慎之。"在该场讨论中，秉持肯定态度和否定态度者均有，但占主导的是抱持谨慎的保留态度，普遍意识到在固有职权主义诉讼传统上采行诉因制度，将面临诸多需要解决的问题，应当从长计议。参见台湾地区"最高法院学术研究会"编：《刑事诉讼可否采行诉因制度研究讨论会》，台湾普林特印刷有限公司1994年版，第54—84页。

鉴诉因制度的有益因素,诸如其起诉书记载方法等,来完善中国现行存在弊病的案件事实制度,则是不容置疑的。更是需要指出,中国现行审判对象制度的完善,不应该忽略大陆法公诉事实制度的有益因素,譬如其合理的审判对象变更机制。毕竟,其职权主义诉讼背景与中国现行案件事实制度更为接近,更具有制度移植的可行性。

中国现行案件事实制度的完善势在必行,但如何设计改革方案,却始终是一个令思考者踌躇疑虑的话题。不过,不管秉持一种什么样的姿态去改革、去建构,始终应立足于中国的实际。从近十年来中国刑事诉讼发展来看,加强三角结构诉讼构造的建设是一个总的趋势,加强人权保障也是一个基本的趋向,正酝酿中的新一场诉讼改革必将带来现行制度完善的新契机。可以认为,当前中国对于刑事诉讼制度的变革已经有了一定的准备和接受能力,尽管并不一定要全盘建立对抗制的诉讼模式,但是,积极地从英美法对抗制以及大陆法职权主义的诉讼制度那里寻求借鉴,吸取有益因素以完善中国制度,这种趋向已经在诉讼改革的实践中表现出来。现行审判对象制度的改革,同样未必全盘借鉴对抗制构筑诉因制度或者全盘移植公诉事实制度,但却可以并且很有必要充分吸收其能够对现行案件事实制度完善有益的因素,借以完善审判对象赖以运行的各程序环节。

结合现行制度环境,中国审判对象制度完善的具体举措将主要包括:建设合理提示审判对象的起诉书记载方法,并借鉴诉状主义的精神完善现行起诉书移送方式,为起诉书承载审判对象功能的实践提供支持;规范起诉效力与审判范围,改革现行法庭审理程序中违背审判对象运作原理的做法;完善现行的审判对象变更程序,对审判对象变更实行正当化控制;确立禁止重复追诉的原则,矫正现行审判对象被不当重复提起的做法。与此同时,还应确立被告人防御利益保障的原则,加强防御权利保障方面的制度建设,建构一套完善的被告人防御权利体系,这种防御权利体系,应当包括被告人获得辩护律师法律帮助的权利,以及被告人及其辩护律师针对指控准备防御和进行辩护的各种权利,譬如接收起诉书副本、调查取证、阅卷、信息交流、庭审中充分陈述、针对控诉方起诉变更进行防御准备、针对法官变更罪名进行辩护、针对重复起诉寻求救济等,这一系列权利应当足以在审判对象运行过程为被告人防御提供充分保障。

(初审编辑:褚福民)

夹缝中的变革

——以行政审判管辖权为视角的叙事

何才林[*]

Reforms in the Crack:
Description Taking the Administrative Litigation Jurisdiction as a Perspective

He Cailin

内容摘要：规范与控制行政权、维护相对人合法权益，是行政诉讼的基本使命。但是要充分完成这一制度使命，必须确保行政审判不受各种不当干预。我国基层行政诉讼由于深受地方干预之困扰，审判独立性与公正性大打折扣，因此迫切需要改革。为了改变现状，不少法院在管辖权问题上进行了值得关注的改革尝试。这些尝试尽管取得了一定功效，部分缓解了法院管辖所面临的窘境，但也遭遇了一系列的问题与挑战。如何处理各种利益之间的关系，如何为改革寻找正当性依据，是司法改革需要认真面对的问题，学术研究也需要对此进行反思。

关键词：行政诉讼 级别管辖 异地管辖 管辖改革

---

[*] 北京大学法学院2007级博士研究生，电子邮箱：clhsmile@163.com。初审编辑与匿名评审人为本文的修改提出了宝贵的意见与建议，在此致谢！当然，文责由笔者自负。

与其他诉讼类型比较起来,行政诉讼由于与地方政府的关系密切,其审判的独立性问题历来备受关注。[1] 基于对法官中立存在的疑虑,众多当事人选择了上访而不是诉讼,就是行政审判存在危机的一项例证。[2] 如何尽可能摆脱地方政府干预、实现独立审判,也就成了行政诉讼不容回避的现实问题。从功能主义的角度来看,在行政诉讼立法未予及时回应之际,最高人民法院的司法解释为摆脱行政干预作出了重要的改革努力,也取得了一定的积极效果。然而,司法改革也并未显得一帆风顺,而是充满了坎坷与艰辛。在行政诉讼改革尚存众多艰难之际,考察一下司法实践的变革之路无疑具有重要意义。

本文拟结合司法解释流动的变化过程,从管辖权变革的角度,对法院为摆脱行政干预所作的抗争实践进行一番考察。由于以县级政府为被告的案件具有足够的典型性,基层行政审判长期难以走出地方干预的阴影,因此县级审判完全可以作为一个样本予以分析。[3] 需要说明的是,本文并不打算就行政审判的管辖制度进行全方位的考察与探讨,也不打算全面系统地讨论级别管辖问题,而只是主要就县级审判的级别管辖、异地管辖及其相关问题展开讨论,试图考察司法权在应对严重的地方干预问题时所作的变革之努力。在行文结构上,本文将首先对行政审判的尴尬遭遇进行简要描述,剖析其中可能存在的原因,接着对 2000 年司法解释为改变这一困局所作出的变革努力及其效果予以探讨,然后就地方法院的抗争实践考察司法权的变革路径,就"2008 年解释"与实践的呼应进行研究,分析"2008 年解释"的优点与不足,也考察了改革者们所采取的辩护策略,并涉及最高法院的功能定位以及与立法的关系问题。此外,本文还将对行政诉讼学术研究进行一些力所能及的检讨与反思。需要说明的是,尽管问题是客观的,但对其解读也是开放的,如何展开分析,显然要受到解读者方法与视角的限制,因此这一探讨仅仅是一个学术尝试,欢迎来自各方的批评指正。

一、尴尬的角力:摇摆于正义与权势之间

1989 年《行政诉讼法》颁布伊始,举国上下一片振奋。"民告官"终于从梦想变成了现实,不仅从思想理念上经历了一次重大飞跃,人民与政府可以成为

---

[1] "由于在行政审判领域政府干预的长期存在,很多法官对行政干预已习以为常,见怪不怪了。有的案件其实行政机关并没有进行干预,但法官却习惯性地征求被告的意见,甚至主动迎合被告的要求,严重背离审判中立原则。"浙江省高级人民法院行政审判庭:"行政案件管辖问题的调研报告",载《行政执法与行政审判》(总第 20 辑),法律出版社 2007 年版,第 119 页。

[2] 早在几年前这一问题就已经比较突出。参见郭国松:"审视信访",载《南方周末》2003 年 11 月 13 日。

[3] 汪华富法官的遭遇就可以被看成是一个典型。参见记者王一波:"浙江'民告官'引出台州模式,异地判决仍受行政影响",载《京华时报》2007 年 4 月 12 日。

据法对峙的双方[4],而且从制度上建构了诉讼平台,从而为民众控制与监督政府权力提供了技术上的可能性。《行政诉讼法》的正式颁行,标志着民众诉求终于在制度层面结出果实,人们更有理由相信,政府行为受到民众制约的前景,将由此变得愈加光明。[5]

由于《行政诉讼法》刚刚颁行,"民告官"在很大程度上尚属一个制度创新,众多的条文设计还是体现了比较浓厚的保守色彩,不仅抽象行政行为难以接受司法审查,从而造成了行政诉讼制度的某种"硬伤",而且关于级别管辖的设计也显得相当谨小慎微。例如《行政诉讼法》规定:"对国务院各部门或者省、自治区、直辖市人民政府所作的具体行政行为提起诉讼的案件"一律由中级人民法院作为一审。[6] 如果结合《行政诉讼法》第 14 条第 3 款的规定来看的话,若非本辖区重大、复杂案件,以县、地市级政府为被告的案件由基层法院受理,是没有问题的,也就是说,《行政诉讼法》至少从规范层面上为地方行政干预司法留下了制度空间。[7] 不过,《行政诉讼法》在防止地方保护与干预问题上并没有彻底封死制度出口,而是规定:"有管辖权的人民法院由于特殊原因不能行使管辖权的,由上级人民法院指定管辖"。[8] "下级人民法院对其管辖的第一审行政案件,认为需要由上级人民法院审判的,可以报请上级人民法院决定。"[9]其中的"由于特殊原因"、"认为需要"等措辞,均可以作出灵活解释,可以说赋予了基层法院以相当大的自由裁量空间,事实上为县级审判摆脱地方干预提供了重要的规范依据。

就在《行政诉讼法》生效以后不久,1991 年最高人民法院即出台《关于贯彻执行〈中华人民共和国行政诉讼法〉若干问题的意见》(以下简称"1991 年解释"),对新颁行的《行政诉讼法》进行系统的审判解释,以全面指导司法实践。从具体内容来看,"1991 年解释"对行政诉讼的级别管辖并未作出重大调整,严格遵循了立法原意。这很可能是由于新法刚刚颁行不久,问题还远没有得到呈现的机会。然而,行政诉讼法的立法目的却并未得到很好实现,司法实践很快就出现了问题。不仅受案范围过于狭小,导致相对人诉权难以得到全面保护,而且由于被告总是政府,而地方政府则又掌控着法院的命脉,因此法院的独立

---

[4] 关于行政诉讼中的对峙之详细论述,可参见陈端洪:"对峙——从行政诉讼看中国的宪政出路",载陈端洪:《宪治与主权》,法律出版社 2007 年版。

[5] 有学者认为:"通过诉讼中公民人格与政府法律人格的对峙,它可以排除百姓的怨气与苦楚,消除行政系统的病毒。经由两种人格在法庭上的对话,矛盾得以化解,维持了政治机体的健康,是行政系统更有效地运转,使百姓安居乐业,社会太平。……行政诉讼重新启动了中国的历史。"参见陈端洪:《宪治与主权》,法律出版社 2007 年版,第 277 页。

[6] 参见《行政诉讼法》第 14 条第 2 款的规定。

[7] 按照《行政诉讼法》第 14 条第 3 款规定,中级人民法院管辖本辖区重大、复杂案件。

[8] 参见《行政诉讼法》第 22 条第 1 款的规定。

[9] 参见《行政诉讼法》第 23 条第 2 款的规定。

审判也成了难题,难以判决被告败诉,成了基层审判的一项基本景观。[10] 面对原告的迫切诉求与被告的强势地位,法官不能独立审判,既不愿为原告的失望情绪所笼罩,更不愿得罪地方政府,只好游走于正义与权势的夹缝之中左摇右摆。[11] 也就是说,基层法院自身的力量软弱,决定了其难以对行政行为予以有效的司法审查。由于《行政诉讼法》明文规定行政案件不得调解,于是,努力促成和解而动员原告撤诉,便成了法官们的基本策略选择,撤诉率的大幅攀升也部分反映了法院地位的尴尬与无奈。[12] 促成和解离不开法院的积极努力,法官由消极被动变为主观能动,法院越来越喜欢扮演"协调"者而非裁判者的角色。[13] 可以看出,"协调"语词的出现,成为避免硬性裁判的一项成功修辞技术。在协调中,原被告双方的攻防护守与法院游走的权力实践交相辉映,构成了基层行政审判的尴尬局面。更令人们感觉沮丧的是,如果裁判者地位不中立,即使没有行政干预,也会因为违反了形式正义而难以令行政审判具备足够的公信力。[14] 面对难有起色的地方行政诉讼僵局,对管辖制度予以变革自然成了人们的殷殷期盼。

从《行政诉讼法》以及"1991年解释"的具体内容来看,毫无疑问,不能说对地方法院为摆脱行政干预没有提供必要的制度空间。事实上,正如前文已经论及的,《行政诉讼法》中"由于特殊原因"、"认为需要"等措辞的运用,意味着赋予了基层法院以相当充足的权力资源与回旋余地。换句话说,基层法院如果真的想要抵制干预,在规范层面上几乎可以纵横驰骋而无所顾忌,然而来自实践的回应却显得远不尽如人意,何以至此? 其背后究竟蕴含着什么样的力量让

---

[10] 在这方面,正如有学者提到的:"从人、财、物的支配到重大案件的审查,法院都必须听命于其他机构的摆布,这如何可能要求它与行政权理直气壮地对峙呢?"参见陈端洪:"对峙——从行政诉讼看中国的宪政出路",载陈端洪:《宪治与主权》,法律出版社2007年版,第278—279页。

[11] 当时的最高人民法院院长肖扬曾经提到:"老百姓打行政官司压力大、难度大,不少群众既对法院是否'官官相护'、能否秉公执法心存疑虑,又对获得公正裁判充满期盼",参见崔丽:"高法推进行政审判改革破解'县法院审不了县政府'现象",载《中国青年报》2007年3月29日。

[12] 在分析2002年行政案件撤诉的状况时,当时的最高人民法院大法官江必新认为,被告改变具体行政行为的比例很小,大部分案件是由于其他各种原因撤诉的。而"其中有相当多的撤诉与诉权保护不力有关。这些数量足以说明当前行政诉讼中诉权保护问题的严重程度。"参见江必新于2003年2月"在全国法院行政审判工作会议上的总结讲话",载《行政执法与行政审判》(总第5辑),法律出版社2003年版,第35页。另外,关于行政撤诉的详细研究,还可参见何海波:"行政诉讼撤诉考",载《中外法学》2001年第2期。

[13] 行政诉讼中的"协调"实践也引起了人们的关注。例如李赞:"行政诉讼和解若干问题探讨——上海高院《关于加强行政案件协调和解若干问题的意见》评析",载《法学》2007年第9期;浙江省高级人民法院行政审判庭:"行政诉讼法实施以来浙江省行政案件基本情况分析",载《行政执法与行政审判》(总第8辑),法律出版社2004年版,第243—244页。

[14] 在这一方面,就连法官们也是深有感受。据报道,湖北随州曾经发生的一起土地确权案件,可以说是一个典型的例子。参见张有义、胡新桥:"'民告官'案件异地管辖制度寻求实质突破",载《法制日报》2007年11月18日。

基层审判尴尬难言?

二、"2000 年解释":级别管辖改革的"小试牛刀"

就在地方行政诉讼进退两难之际,最高人民法院开始了打破僵局的改革努力。2000 年颁布的司法解释(以下简称"2000 年解释"),对《行政诉讼法》进行了新一轮的细化。可能是鉴于不合理的级别管辖制度所引发的问题越发严重,最高人民法院终于迈出了实质性的步伐,一定意义上实现了中级人民法院管辖权的革命性扩张,一举将以县级以上政府为被告的案件有条件地囊括在内。"2000 年解释"明文规定,中级人民法院可以受理县级以上地方政府为被告的一审案件,除了基层人民法院不适宜审理的案件以外。[15] 这样,从制度层面而言,除了较为个别的情形,所有以县、地市级政府为被告的案件,均可直接被中级人民法院受理,其初衷无非是试图排除基层审判受到的干扰。[16] 不过,"2000 年解释"在提级管辖问题上采取了比较柔和的政策立场,并没有"一网打尽",而是留给了基层法院足够的裁量余地。因为"可以"是一个授权性语词,地方法院足可以对此大做文章。在级别管辖的变动问题上,这一"可以"但不是"必须"提升级别的管辖方式,不妨可以概括为"柔性提级模式";与之相对应的,则是必须提升案件的审理级别,而不容许裁量权存在的管辖方式,不妨可以概括为"刚性提级模式"。

值得注意的是,"2000 年解释"的制度变革已经直接突破了《行政诉讼法》的明文规定,进行了一次大胆的重新书写,以坚定的姿态对司法实践强烈的变革诉求作出了制度回应。直到 2008 年关于管辖问题的审判解释[指最高人民法院《关于行政案件管辖若干问题的规定》(2007 年 12 月 17 日最高人民法院审判委员会第 1441 次会议讨论通过,法释〔2008〕1 号),以下简称"2008 年解释"]闪亮登场,对"2000 年解释"作出了传承与深化,进而肯定了此前作出的变革努力,这也表明"2000 年解释"至少在规范层面获得了成功。不过客观地说,就中级人民法院对基层法院案件的管辖问题而言,该解释虽说是迈出了颇为激进的一步,但对处于难以自主境地的基层法院而言,柔性提级模式则意味着可以名正言顺地截留案件,因此总体上而言还是显得相对保守。

那么,怀柔的"2000 年解释"之实践效果究竟如何?司法权的变革尝试是

---

[15] 参见"2000 年解释"第 8 条第 1 款的规定。

[16] 赵大光法官在谈到"2000 年解释"时提到:"由于行政案件的被告是各级人民政府或各级各类行政机关,在现行司法体制下,对于县以上人民政府为被告的案件,基层人民法院在受理和审理中,往往对来自行政机关的干预和障碍难以排除和克服,影响了司法的公正性,不利于保证办案的质量和效率。因此,被告为县级以上人民政府的案件由中级人民法院管辖,对于防止和避免前述存在的弊端会有一定的积极作用。"赵大光:"新司法解释答疑(二)——关于行政诉讼的管辖",载《行政法学研究》2000 年第 3 期。

否取得了预期的成效？还有哪些因素在制约着基层法院的公正审判？在这个问题上，看来也只有作为管辖改革排头兵的地方法院才最有发言权。

然而，实践却似乎并不令人乐观，来自浙江法院系统的变革努力遭遇失败，就是一个很好的例证。浙江法院系统通过对中级人民法院一审案件受案数量的分析得出结论，认为最高人民法院试图扩大中级人民法院管辖权的改革并没有获得成功。[17] 而从全国其他地方法院纷纷进行新的改革尝试、甚至甘冒众多合法性质疑而我行我素、毅然决然地矢志于改革实践的事实也可以看出，"2000年解释"所承载的管辖改革意图也的确没能得到很好实现。并且，由于地域管辖与级别管辖的制度设计缺陷所带来的种种弊端，也已经严重困扰了地方法院的行政审判实践，改革已如箭在弦上，不得不发。

究竟是什么原因导致了这一提级管辖改革的失败？现在看来，"2000年解释"本来希望通过提升级别管辖来加强基层审判独立性的努力之所以落空，至少有两个原因在起作用。一个原因可能在于改革者对地方干预的严重性估计不足，或者对基层法院追求独立审判的意愿与能力期望过高；另一个原因则可能是实现彻底的提级管辖改革的阻力过大，司法改革无法逾越这一障碍。之所以这么说，一是因为从"2008年解释"的内容来看，最高人民法院不惜进一步加大级别管辖提升的力度，并千方百计防止地方干预，也可以部分地看出当初改革者对地方法院抱有过多幻想，期望地方法院在审判解释的支持下"主动出击"，因而赋予了其较大的裁量权，反映在制度层面上就是"2000年解释"在提升级别管辖上的犹豫不决，试图以柔性提级模式解决问题。当发现这在很大程度上只不过是一厢情愿之后，"2008年解释"才可以说是下定决心，实现了由柔性向刚性提级模式的最终转变。二是因为从"2000年解释"在起草论证过程中曾经遭遇不同意见的激烈争论，反对之声不绝于耳[18]，亦足以看出改革所遭遇的阻力之大。但是，浙江法院的改革试验，以活生生的事实表明了单纯的提级管辖存在的诸多现实障碍。基层法院既不愿提级又不敢提级的矛盾心态，折射

---

[17] "然而，司法解释施行后，中级人民法院的受案数量并没有显著变化。根据调查统计，在2000年到2002年的三年中，浙江省各级法院受理一审行政案件9523件，全省各市中级人民法院受理案件数量为353件，中级人民法院一审案件的比例为3.7%，与之前11年4%的平均比例基本持平。而同期全省法院受理的以县政府为被告的案件和10人以上集团诉讼、共同诉讼案件的案件数量有943件，即很多可以由中级人民法院一审的案件，并没有得到提级审理。这表明最高人民法院试图扩大中级人民法院管辖范围的目的没有得到实现"，参见浙江省高级人民法院行政审判庭："行政案件管辖问题的调研报告"，载《行政执法与行政审判》（总第20辑），法律出版社2007年版，第113页。

[18] 据称由于当时拟定司法解释之际存在不同意见争论，一种主张调整案件的级别管辖，另一种则持反对态度，因此司法解释最终采取了一个折中方案。参见江必新：《中国行政诉讼制度之发展——行政诉讼司法解释解读》，金城出版社2001年版，第65—66页。此外，关于不同意见争论的问题，还可参见赵大光："新司法解释答疑（二）——关于行政诉讼的管辖"，载《行政法学研究》2000年第3期。

出了地方审判难以自主的脆弱性格。也就是说,单纯调整级别管辖以从纵向上对案件予以重新配置,并不能有效改善基层法院的审判生态。

三、艰难的前行:审判实践的风起云涌

轰轰烈烈的"2000年解释"所力推的管辖改革,为什么会在审判实践中遭遇滑铁卢?浙江法院的研究报告给出了未必全面但却十分有力的答案。来自地方行政的压力以及基层法院无案可办的尴尬现实,成为不可忽视的重要因素。而地方行政压力则可以说是最主要的原因,因为地方政府不愿法院上交案件,而法院也不愿得罪地方政府,因而也往往不敢上交。[19] 另外,基层法院也可以在技术上通过对规范条文的灵活解读而垄断解释权,因而案件不上报就会显得顺理成章,最终可以名正言顺地规避"2000年解释"的制度要求。[20] 在一个意志并不足够自主的审判环境中,如何安全地逃避责任,会成为人们极为自然的行为选择。既然生存利益决定于地方行政之手,试图既要从与之对抗中实现正义,又要很好地保全自身,基本上只会成为痴人说梦。再加上"2000年解释"所提供的制度"保护色",裁判者们躲藏在正义与权势交相攻击的丛林中就会相对容易和安全。

对于以县级政府为被告的案件,基层法院既不愿又不敢报送且中级法院又不愿要的尴尬现实,令一厢情愿的改革对策遭到搁浅。司法实践的无奈现实,充分说明了地方利益的错综复杂,各种利益博弈在级别管辖的制度变革实践中显得难解难分。[21]

---

[19] 上交案件的法院在当地的生存,有可能会因此更加艰难。"据陈崇冠回忆,当时天台县法院又一起当事人状告县政府计划生育违法的案例,天台法院不敢下判,报到中级法院,中级法院指定三门县法院审理,结果天台县政府败诉。此后天台法院被县政府指为'吃里扒外',该院再也不敢将县政府为被告的案件往外送了。案子移也移不出去,判也判不下去,该院由此建议行政案件干脆直接由中院审理。"黄秀丽:"最高法改革'民告官'管辖制度",载《瞭望东方周刊》2008年4月9日。

[20] "扩大中级法院管辖范围的阻力是多方面的。从行政机关来看,在当地基层法院审理,行政案件的处理结果容易控制,行政机关一般希望将纠纷化解在当地,不愿意交给外地或上级法院审理,个别地方的党政部门更是强烈要求当地法院审理当地的行政案件。从基层法院来看,都设有行政审判庭,需要有案件办理,本来行政案件的数量就少,如果再把案件上交,那么就更加无案可办。并且,目前司法地方化倾向比较明显,法院与当地政府存在千丝万缕的联系,为了处理好与当地政府的关系,基层法院普遍不愿意也不敢将案件移送到中级法院管辖。而司法解释又赋予各级法院在管辖问题上比较大的自由裁量权,即使有告县级政府的案件,也可以理解为不属于'社会影响重大的'和'基层人民法院不适宜审理的'情形,而不移送案件。"参见浙江省高级人民法院行政审判庭:"行政案件管辖问题的调研报告",载《行政执法与行政审判》(总第20辑),法律出版社2007年版,第113—114页。着重号为本文作者所加。

[21] 以浙江法院2002年关于拆迁案件的审理情况来看,浙江法院系统的课题组认为:"浙江法院2002年全省法院审结一审拆迁案件264件,行政行为被撤销或确认违法的案件仅为23件,占8.71%,远远低于全省城建行政案件16.89%的平均撤销率,这显然与拆迁行政违法普遍的现状不相符。"浙江省高级人民法院行政审判庭综合组:"关于当前浙江省拆迁行政案件审判情况的调研报告",载《行政执法与行政审判》(总第6辑),法律出版社2003年版,第118页。可见,城建行政案件的低败诉率,表明了行政审判依然存在严重的地位中立问题。

但地方司法并没有就此止步不前。学术上可以回避对某些棘手问题的理论研究,但审判实践却远远没有这么幸运,因为法官们并不是"从容的哈姆雷特"[22]。既不愿被指责为司法不公又不愿得罪地方政府的法院系统,开始进行谨慎的改革尝试。

其实早在 1995 年,河南平顶山法院系统就已经率先实行改革,因此可以称得上是更早的探险者。据报道:

> 平顶山市两级法院率先开展对行政案件的指定管辖改革。具体做法就是把本属于 A 县管辖的行政案件,由中级法院指定到 B 县法院审理。这样可以使法院对行政案件的受理和审判能够避开因体制问题造成的外来干预。这一做法与民事审判中上级法院一般基于下级法院自身的原因可能影响公正审判而适用指定管辖措施的做法不同。[23]

值得注意的是,无论是《行政诉讼法》,还是《行政诉讼法》出现制度缺席时要比照适用的《民事诉讼法》,都没有就裁判者的地位中立问题进行详细的制度设计。换句话说,即便是原告发现裁判者的地位不中立,仅仅以此为理由申请异地管辖,也难以获得制度性的回应。平顶山法院系统显然是在《行政诉讼法》及"1991 年解释"之外另辟蹊径,试图寻求实现公正审判所必须具备的一个基本前提——裁判者的地位中立。

如果说平顶山法院的改革努力还不具备足够的典型性,或者说没有引起广泛注意,而只是一项静悄悄的探险的话,浙江法院的大胆尝试则可以部分地成为这场管辖制度改革的缩影,其中尤以台州法院的异地管辖制度改革被总结为"台州模式"得到肯定。据媒体报道:

> 从 2002 年开始,浙江省台州市中级人民法院将当地县一级政府为被告的案件交由其他县的法院审判。2006 年,该市司法系统进一步扩大异地管辖的案件范围,赋予原告管辖选择权,准许原告在起诉时既可选择当地法院管辖,也可请求中级法院自行审理或由中院移交异地法院审理。这种探索的好处立竿见影:从 2002 年 7 月至 2005 年底,全市基层法院共审结一审异地管辖案件 447 件,其中被告败诉 158 件,败诉率达 35.35%,为同期审结的非异地管辖案件的 2.5 倍。[24]

---

[22] 有学者在谈到基层法院的法官在受理案件上的不能选择时所说的:"他/她们不是可以从容反思的丹麦王子哈姆雷特,而是后面有督战队压阵的士兵",参见苏力:《送法下乡——中国基层司法制度研究》,中国政法大学出版社 2000 年版,第 168 页。

[23] 参见记者袁定波:"改变'县法院审不了县政府'现象——河南法院系统经过十多年探索力推行政审判指定管辖改革",载《法制日报》2007 年 11 月 26 日。

[24] "行政诉讼管辖权调整意义重大",载《中国新闻周刊》2008 年 1 月 28 日。

看起来是一个偶然的创意，其实却带有一定的必然性，因为不实行异地管辖，严重的地方干预的确令行政审判步履维艰。[25] 好在台州法院改革的尝试很快就得到了最高人民法院的肯定。[26] 不过，台州法院的异地交叉审理模式，却并不来得有多么轻松，实在是有点万般无奈。[27] 天台"5%原则"就是一个生动的例子。[28]

也就是说，尽管浙江法院的单纯提级管辖尝试并没有取得预期效果，人们对改革遭遇失败却并不甘心，依然在孜孜不倦地努力寻求可能的出路。

除了浙江法院的尝试颇为引人注目以外，其他地方的法院也不甘落后，纷纷进行改革探险。2005年11月，江苏高级人民法院启动改革试验，就管辖事项进行了一系列的大胆突破。江苏法院规定被告为设区的市人民政府或县（市）、区人民政府的行政案件由中级人民法院作为一审法院，但以县（市）、区人民政府名义颁发房屋所有权证和土地使用权证的案件除外。而被告为国务院部委、省人民政府的案件则由省高级人民法院作为一审法院，坚决果断地硬性提升了案件的级别管辖。[29] 此外，在级别管辖上，重庆高级人民法院则规定，以重庆市政府为被告的一审案件一律由高级人民法院受理，从而导致二审由最高人民法院受理的情形出现。[30]

据媒体报道：

> 为破除非法干预和地方保护，浙江、福建、湖南、辽宁等地法院通过推行异地管辖、提级管辖，即有管辖权的基层人民法院不适宜管辖的第一审

---

[25] 台州异地交叉第一案，胜诉了的原告东湖村当村民代表杨志福说，他们村的土地确权这个官司，如若不是在异地审理的话，要搁在临海当地审，连立案都难，而一交叉就有希望了。参见孙文鹰、黄献安："行政案件异地审判：'陈崇冠们'先行一步"，载《人民法院报》2004年2月5日。

[26] "3月底，在第五次全国行政审判工作会议上，台州市法院的'异地交叉管辖'的创举获得高调认可。最高人民法院院长肖扬说：'……通过加大指定管辖、异地审理的力度，防止和排除地方非法干预。'"王一波："浙江民告官引出台州模式 异地判决仍受行政影响"，载《京华时报》2007年4月12日。

[27] 有一个事例可以作为生动注释。据报道，天台女子徐灵芝为在交通事故中死去的丈夫讨回公道而状告县交警，一年发了四次传票就是开不了庭。后来案子转回到天台后，法官咬牙力判被告败诉，为此承受了很大压力。"都被人当面骂过"，导致当事人亲属痛苦地想："不求结果了，法官怎么判都行"。参见孙文鹰、黄献安："行政案件异地审判：'陈崇冠们'先行一步"，载《人民法院报》2004年2月5日。

[28] 天台5%原则，是指以县级以上人民政府为被告的案子，尽量判政府赢，而此类案件每年大约占全部行政诉讼的5%，于是称为"5%原则"。参见王一波："浙江民告官引出台州模式 异地判决仍受行政影响"，载《京华时报》2007年4月12日。

[29] 参见"江苏省高级人民法院就行政诉讼案件管辖问题展开探索"，载《行政执法与行政审判》（总第17辑），法律出版社2006年版。

[30] 参见岳欣文："上诉行政案件发回重审、改判原因分析"，载《行政执法与行政审判》（总第6辑），法律出版社2003年版，第78页。

行政案件，经原告申请、基层人民法院提请或者中级人民法院决定，可以由中级人民法院将案件指定到本辖区内其他基层人民法院管辖审理，实行异地管辖。[31]

此外，上海法院系统也未驻足观望，而是积极投身提级管辖与指定异地管辖的改革试验之中。[32] 而在对于管辖的决定问题上，地方法院也在纷纷探索扩充中院的权力。[33]

不难看出，尽管"2000年解释"取得的实际效果不佳，但司法实践中对于级别管辖制度改革的呼声却持续高涨，各地法院甚至不惜突破《行政诉讼法》及司法解释的明文规定，纷纷寻求制度外的改革措施[34]，不能不说是变革需求强劲的一个反映。[35] 而浙江法院的改革实践，则无疑成了地方法院在管辖问题上探索的一个缩影，尽管遭遇到了不小的挫折，但也取得了相当的成效。后文的分析将要提到，从整个改革的全景来看，提升级别管辖并不是这场改革的直接目的，将提上来的案件安排到地位相对中立的基层法院审理，才是最终的目标所在。也就是说，实现异地审判成为这场由省级法院力推的管辖改革之主旋律。因为就现行的《行政诉讼法》及司法解释的相关规定来看，异地管辖必须要由上级法院"牵线"才行，而"牵线"的前提则是必须名正言顺地改变案件的级别管辖，由此，调整级别管辖也自然成了这场改革大潮中的一个重头戏。而从这场改革的实践效果来看，一些地方的异地管辖尝试可以说取得了不小的成功，从而为全国的异地管辖制度构建提供了宝贵的实证素材[36]，也为呼之欲出

---

[31] 参见记者崔丽："高法推进行政审判改革 破解县法院审不了政府现象"，载《中国青年报》2007年3月29日。

[32] 参见袁定波："'民告官'案管辖改革背景调查"，载《法制日报》2007年9月5日。

[33] 江苏高院就上下级管辖权转移方面，规定"上级法院有权自行决定审判下级法院管辖的第一审行政案件。……下级人民法院可以主动请上一级人民法院将已受理的案件指定相邻其他下级人民法院管辖；上级人民法院也可以根据当事人反映或其他途径了解的情况，自行决定将下级人民法院已受理的案件指定其他下级人民法院管辖。"参见"江苏省高级人民法院就行政诉讼案件管辖问题展开探索"，载《行政执法与行政审判》(总第17辑)，法律出版社2006年版，第188—189页。

[34] 当然，并非所有的改革都是突破法律规定的，比如异地管辖制度，就是《行政诉讼法》与司法解释所允许的，只有刚性提级才是没有制度依据的。

[35] 如果说在扩大行政诉讼受案范围方面，各级法院纷纷采取个案演进的策略，小心翼翼地以一点一滴的方式实现司法权扩张的话，那么与之相比较而言，管辖改革则呈现出强劲的制度化态势，范围广，强度大，规模比较壮观，并且最终获得了最高人民法院的明确制度支持。

[36] "一年后，台州中级人民法院统计，2002年7月至2003年6月，一审审结被告为县级政府的行政案件72件，政府败诉45件，败诉率62.5%。而此前一年，台州市一审审结同类案件107件，政府败诉14件，败诉率为13.1%"，袁定波："'民告官'案管辖改革背景调查"，载《法制日报》2007年9月5日。

的审判解释之出台提供了强有力的催化剂。[37]

四、制度变革:学术界的对策主张

面对行政审判管辖的艰难改革实践,学术界并没有保持沉默。尽管还难以立即修改《行政诉讼法》,但却并不妨碍学者们的探索热情。面对基层法院难以保证审判独立的艰难现状,学者们纷纷提出应对策略的制度构想。由于应对策略很多,本文不可能一一列举,只想就其中比较引人注目的提级管辖与建立行政法院这两条进行一番浅显的描述与评析。当然,学术界提出的这两条对策,也未必完全针对基层审判的级别管辖展开,但却与之不无联系。

(一)提级管辖:是不是有点一厢情愿?

为摆脱行政审判的地方干预,有观点提出应当将行政案件统一提升到中级人民法院受理。原因无非是由于中级人民法院的地位比较超脱,具有更强的抗干扰能力,因此由其受理比较恰当。可以说,这一对策设想具有相当程度的代表性。毫无疑问,一旦无法决定裁判者的命运,实现中立审判的可能性就要大得多。正是因此,各大诉讼法才会精心设计回避、异地管辖等一系列确保裁判者地位中立的诉讼制度。然而,理想的书面制度设计却难以应对基层审判的严酷现实。前文中提及浙江法院的改革失败,事实上已经部分地给出了回答。在柔性提级问题上,基层法院先不要说是否愿意上移案件尚是疑问,即使愿意提交,往往也是有心无力,因为害怕得罪当地政府。而在刚性提级方面,问题同样十分严重。如果将基层案件的管辖普遍提升一个级别,会导致基层法院无案可办,白白空闲审判资源,而中级人民法院势必会因此忙得焦头烂额。更何况一般来说,中级人民法院根本就缺乏相应的资源配置,有的中级人民法院审判庭只有三四个法官办案,审判压力可想而知。[38] 审判资源的有限性,注定了这一制度建构设想难以付诸有效实践。也就是说,单纯的提级管辖,虽然注意到了法院与政府利益的关联性,但却忽视了审判资源不足的客观现实,因而碰壁也就显得不足为奇。另外,更为重要的是,基层审判因为熟悉地方情况而拥有解决当地矛盾的优势,也就是基层纠纷应当尽可能就地解决。再有,正如后文将要论及的,处理纠纷时对于事实的调查也更容易,因为证据距离要近得多,这也是所有基层审判的一个长处所在,笼统地提升级别管辖显然无法发挥这一优势。为了改变行政诉讼的困局,浙江法院2003年开始实行提级管辖改革,将一

---

[37] 在2007年3月召开的第五次全国行政审判工作会议上,最高人民法院对一些地方法院探索指定管辖、提级审理的做法予以肯定。肖扬院长认为,通过行政案件管辖制度的改革,以较小的代价来解决长期困扰行政审判的问题,保证人民法院公正审判。参见同上。

[38] 参见浙江省高级人民法院行政审判庭:"行政案件管辖问题的调研报告",载《行政执法与行政审判》(总第20辑),法律出版社2007年版,第116—117页。

审案件基本上提到中级人民法院审理,然而出乎人们意料的是,中级人民法院对提级管辖并不欢迎,纷纷要求重新下放管辖权。不仅审判资源配置严重不均,导致出现头重脚轻的畸形局面,而且还导致大量的矛盾实际"上移",而熟悉基层行政的地方法院却缺乏用武之地。大量本来可以因地制宜合理解决的行政纠纷涌进上级法院,从而令上级法院疲于应对。[39]

看来,当初被寄予厚望的单纯提级管辖改革也只是昙花一现,在浙江法院系统只尝试了一年多就草草收兵,实际结果与人们的预想大相径庭,其阻力之大可想而知。

由此可见,浙江法院改革试验的失败,有力说明了单纯的提级管辖似乎并不具备多少现实可能性,这一对策建构在很大程度上只能算是一厢情愿。

(二) 行政法院:会不会出现水土不服?

建立独立的法院系统,一直以来就是行政诉讼改革的强劲主张。法国行政法院的成功实践,不断勾起中国学人的丰富联想,对行政法院建立的呼声因而显得愈发高涨。认为应当建立行政法院的人们往往将行政审判的独特性作为论证的理由,认为要想实现行政审判免受地方干扰,建立自上而下的行政法院系统就成为必需,唯有如此才可以尽可能免受法外干预之累。

应该说,这一制度建构设想,的确是看到了行政诉讼的地方干预之积弊,主张釜底抽薪,彻底断绝地方控制司法命脉的利益链条,令基层法院不再"仰人鼻息",从而实现独立审判。而实现法院系统的纵向构造改革,不仅成为行政诉讼的改革主张,也早就成为整个司法体制变革的一项长久诉求。[40] 然而,这一改革的现实可行性究竟如何,还是让人感觉心里没底。

如果说审判力量依然是决定行政法院能否成功运作的一个重要因素的话,那么行政法院对诉讼资源的需求之大用"令人瞠目"来形容一点也不夸张。如果在全国每个地级市设立一个行政法院的话,至少需要数百个法院建置,这就意味着相当高的成本需求。在审判资源紧缺的司法现实中,要想立即扩充这么多法院与法官,其难度可想而知。另外,即便是将各地法院行政审判力量予以集中重组,而不必另行专门扩充法官队伍,也会带来极为复杂的若干关系变动,人事调任、家属随迁、子女入学、新的人际关系的磨合,甚至法官之间相互熟悉等等,都将是一个长期的过程,成本消耗非常高。更为重要的是,即便真的建立了行政法院,法院系统垂直管理,就果真能实现独立审判了吗?[41] 对此,也有

---

[39] 参见浙江省高级人民法院行政审判庭:"行政案件管辖问题的调研报告",载《行政执法与行政审判》(总第20辑),法律出版社2007年版。

[40] 这些年来,学术界与实务界呼吁建立纵向垂直管理的法院系统之呼声一直很高,其根本原因即在于痛感法院受制于地方政府的现状而令公正审判常常受到干扰。

[41] 如何保证上下级行政法院的相互独立,如何保证行政法院不与所在地区的政府形成新的利益链条,都是应予考虑的问题。

学者提出了质疑。[42] 笼统地将法官的任免权与财权收归法院,未必就会更有助于司法独立。[43]

尽管学界提出的对策很多,也相应进行了不少精细论证,但在中国基层行政审判依然还严重受制于地方干预的司法生态中,这些对策是否具有足够的生命力,至少可以构成一桩疑问。

五、"2008 年解释":管辖变革的"梅开二度"

面对地方法院试验的成败得失,最高人民法院终于对管辖改革予以了专门与系统的制度回应。2008 年 1 月,最高人民法院出台了专门的管辖解释,对行政审判管辖制度进行了一次重大调整,以期指导并统一全国的审判管辖实践。从"2008 年解释"的内容来看,既没有建立行政法院的动向,又没有实现集中提级管辖的意图,对基层审判力量配置也无动于衷,那么最高人民法院究竟找到了什么"法宝"来攻克地方干预的顽固堡垒呢?其所采取的改革策略究竟是否可以奏效?最高人民法院究竟又是从哪里获得了变革的自信?还是让我们首先对"2008 年解释"进行一番解读再说吧。

(一)"2008 年解释"的主要内容回顾

不过,在琢磨这一新制度的同时,还不应忘记回顾"2000 年解释",或许有助于我们更准确地解读不同寻常的"2008 年解释"。

在关于提级管辖范围的问题上,细心的读者应当不难发现,"2000 年解释"在含蓄地上收一审管辖权的过程中,采用了比较温和的叙事策略,并没有对以县级政府为被告的案件"一剑封喉",而是留下了足够的回旋余地。与此同时,"2000 年解释"还运用了相当精致的修辞技术,以"其他重大、复杂案件"予以涵盖,从而避免与《行政诉讼法》产生直接的视觉冲突。另外,"且基层人民法院不适宜审理的案件"这一限制,也给了基层法院以相当巨大的裁量权,可谓犹抱琵琶半遮面。另外,"2000 年解释"并未为当事人根据自己对案件性质的判断而越级起诉留下制度出口,只是为一审法院不作为的情形提供了防范措施[44],因此基层法院几乎拥有了完全的决定权,案件一审出不了县城就会成为普遍现象。由此也足以看出,最高法院在对待提级管辖问题上,依然显得力度不足,强调立法原意的法条主义力量,还显得若隐若现。

相对于"2000 年解释"来说,2008 年的管辖解释则迈出了更大的步伐。如

---

[42] 参见王鹏:"独立行政法院否定化思考",载《行政与法》2008 年第 1 期。
[43] 有关这一点的论述,参见苏力:《送法下乡——中国基层司法制度研究》,中国政法大学出版社 2000 年版,第 85 页。
[44] "2000 年解释"第 32 条第 3 款规定:"受诉人民法院在 7 日内既不立案,又不作出裁定的,起诉人可以向上一级人民法院申诉或者起诉。上一级人民法院认为符合受理条件的,应予受理;受理后可以移交或者指定下级人民法院审理,也可以自行审理。"

果说"2000年解释"关于级别管辖的变革在某种程度上还算是"小试牛刀"的话,"2008年解释"就足以被看做是司法权不折不扣的一场革命。可能正是由于"2000年解释"并未受到强烈质疑,突破法条边界已经不再有大的风险,"2008年解释"趁势再往前推进一步,也就显得顺理成章。"2008年解释"果断摒弃了原先的修辞策略,直接提升了一审的管辖级别,而不是含蓄地以"其他重大、复杂案件"来涵盖,一举将县级行政案件直接收到中院囊中,以为指定异地管辖奠定基础。并且,也不再就中院一审管辖权问题犹豫不决,明确去掉了"且基层人民法院不适宜审理的案件"这一后缀,而代之以不动产物权登记为限制,干脆利落地将以县级以上政府为被告的案件几乎一网打尽。在坚决排除了基层法院的裁量空间之际,也几乎彻底断绝了地方行政干扰的幻想。也就是说,与"2000年解释"所采取的柔性提级模式不同,"2008年解释"直接建构了级别管辖上的"刚性提级模式"。

显而易见,"2008年解释"从"柔性提级"到"刚性提级"模式的制度变迁,正是出于对地方审判艰难变革的制度回应。[45] 最高人民法院再一次以坚定的姿态回应了基层审判中的管辖改革诉求,为地方法院的探索试验提供了明确的制度依据。

关于中级人民法院提级管辖上可能出现的漏洞问题,"2008年解释"也不再无动于衷。在提升了级别管辖以后意犹未尽,不仅明确规定了中级人民法院依职权强制上收一审管辖权[46],而且对当事人直接向中级人民法院起诉的,也必须予以正式回应,从而有力扩充了中级人民法院权力,极大提升中级人民法院在整个审判权力格局中的地位。由此不难看出,对于刚性提级模式是否足够彻底依然顾虑重重的最高人民法院,为了力挺中级人民法院的管辖权扩张,不惜大幅裁撤基层法院的裁量权力,从而为审理基层案件彻底摆脱行政干预阴影进一步扫清了制度障碍。并且,尤为可贵的是,为了进一步摆脱地方干预,更好保护当事人诉权,在案件的起诉级别上,"2008年解释"开始为倾听当事人的声音设置制度平台。当事人只要觉得案情重大、基层法院不宜受理,均可以直

---

[45] 其实"2000年解释"也曾试图作出这样的努力,但据称正是由于某些基层法院的意见,最终才没有"一锅端"。"在最初的稿子里是把被告为县、区政府的案件都视为由中级人民法院管辖的重大复杂案件,但是后来考虑到某些基层法院的意见,留了一定的余地。"江必新:《中国行政诉讼制度之发展——行政诉讼法解释解读》,金城出版社2001年版,第115页。

[46] 第5条规定:"中级人民法院对基层人民法院管辖的第一审行政案件,根据案件情况,可以决定自己审理,也可以指定本辖区其他基层人民法院管辖。"这里的"根据案件情况",显然包括基层法院身份不中立的情形在内。

接起诉到中级人民法院,无疑为当事人诉权的实现提供了弥足珍贵的制度保障。[47] 因为无论在《行政诉讼法》还是历次司法解释中,都难以寻找当事人尤其是原告的身影,原告对管辖的质疑长期被遮蔽,运用诉权制约审判权的愿望也一直难以得到制度回应。当事人根据对案件性质的判断选择管辖法院这一越级管辖通道的设置,一个基本目的无非就是为了防止基层法院滥用自由裁量权截留案件。

此外,在防止基层法院关起大门方面,"2008年解释"也作出了孜孜不倦的变革努力。一旦命脉掌握在同级政府手中,受制于人的法官们便会想方设法推卸责任,通过"不予受理"的方法任意抬高诉讼门槛,几乎成了屡试不爽的万金油,从而导致当事人正义难觅、告状无门。[48] 为了杜绝基层法院将案件拒之门外,与"2000年解释"一脉相承,"2008年解释"继续为当事人开通越级通道,凡是基层法院不受理的,当事人均可直接起诉到中级法院,从而有力制约了基层法院的裁量权。另外,也无疑会部分缓解当事人告状难的尴尬局面。

而在指定异地管辖方面,"2008年解释"也不再原地踏步。《行政诉讼法》及历次司法解释,虽然赋予了中级法院指定异地管辖的权力,然而却以"由于特殊原因不能行使管辖权的"来涵盖所有可能的理由。[49] 但"2008年解释"却明确规定了指定异地管辖的职权,这一赋予中级法院的权力更像是一项必须履行的义务,鼓励与催促的情绪溢于言表。

总之,中级法院在判断原审法院身份是否中立的问题上权限得到扩大,并在因此而指定异地管辖的权力方面获得了更明确的制度支持。至于是否因此而提级管辖,当初的《行政诉讼法》虽然赋予了这一职权,但却并未指明是因为对于原审法院身份独立的判断引起的结果,而"2008年解释"直接明确指出这一点,虽说在权限范围上并未出现截然的分别,但就限制地方行政干预而言,却体现出了重要的符号意义。

不过,"2008年解释"虽然给当事人越级起诉提供了可能性,也为倾听当事

---

[47] "2008年解释"在第2条与第3条分别对当事人就裁判者身份中立疑问的越级起诉权与当事人起诉遭拒的越级起诉权进行了规定。第2条规定:"当事人以案件重大复杂为由或者认为有管辖权的基层人民法院不宜行使管辖权,直接向中级人民法院起诉,中级人民法院应当根据不同情况在7日内分别作出以下处理:(一)指定本辖区其他基层人民法院管辖;(二)决定自己审理;(三)书面告知当事人向有管辖权的基层人民法院起诉。"第3条规定:"当事人向有管辖权的基层人民法院起诉,受诉人民法院在7日内未立案也未作出裁定,当事人向中级人民法院起诉,中级人民法院应当根据不同情况在7日内分别作出以下处理:(一)要求有管辖权的基层人民法院依法处理;(二)指定本辖区其他基层人民法院管辖;(三)决定自己审理。"

[48] 据河南高级人民法院有关负责人介绍,"在河南的很多地方,都曾出现过有关领导禁止法院受理行政案件的情况。"记者袁定波:"改变'县法院审不了县政府'现象——河南法院系统经过十多年探索力推行政审判指定管辖改革",载《法制日报》2007年11月26日。

[49] 《行政诉讼法》第22条第1款规定:"有管辖权的人民法院由于特殊原因不能行使管辖权的,由上级人民法院指定管辖。"

人声音提供了重要的制度渠道,但却并没有作出当事人对重新安排的管辖发表异议并予以回应的制度设计。也就是说,当事人对于中级人民法院的管辖安排即使不服,也无法提出有约束力的程序异议,裁判者依然可以我行我素,这看起来的确是个不小的瑕疵。不过,如果我们不是将当事人只是理解为诉讼原告的话,我们或许就会发现这恰恰有可能为抵御被告的行政干预提供某些不可缺少的制度保障。[50]

总体看来,为了防止地方干预、尽可能全面调整案件管辖,"2008年解释"可谓处心积虑,千方百计予以围追堵截。从这一点来看,基层审判的地方保护主义堡垒似乎不再那么牢不可破。

由此可见,"2008年解释"所采取的,基本上是地方法院早有尝试的异地交叉审理模式,也就是说,地方行政审判改革的显著成效给了最高人民法院以相当的自信。

(二) 关于"2008年解释"的一些追问

"2008年解释"不啻于一声号角,从制度层面上极大推动了管辖改革前进的步伐。但是,"2008年解释"却并未解决所有的问题。因为地方独立审判的问题本身就错综复杂,司法与行政的关系千丝万缕,简单的制度变革并不能成为包治百病的万能良药。

事实上,如何充实中级人民法院审判资源,这一提级管辖所必须面临的根本问题一直没有得到合理解决,单纯的提级管辖还是有可能令中级人民法院疲于应付。另外,基层法院审判资源的分配不均也会带来新的矛盾,浙江法院改革实验的失败已经对此作出了有力注解。[51] 也就是说,只是对管辖级别作出提升,尚无法有效克服这些现实的障碍。既然改革者们不可能不明白这一点,那就只能解释为是对异地管辖更加倾心。而从"2008年解释"的制度安排来看,包括明确司法解释效力的最后一条在内,总共只有十条的管辖规定,其中就有八条涉及指定管辖的内容,篇幅之大令人瞩目,也不能不说是将指定管辖作为了整个解释的重心所在。而最高法院在关于贯彻管辖解释的通知中即直接明确了这一基本立场:

---

[50] 拒绝倾听当事人的声音,一直是诉讼程序不能有效维护当事人诉权的一个重大缺陷。但是,在行政诉讼中,由于原被告地位与力量的悬殊,因此,表面看起来,拒绝倾听有时候似乎的确有可能起到一定的防御作用。但是应当注意的是,由于弱势的当事人才更需要制度化的倾听渠道,而强势地位的当事人则可以通过更多的途径影响诉讼,因此倾听当事人声音才是必需的,而不能为了实现独立审判舍本逐末。

[51] 来自浙江法院系统的观点认为:"从基层法院来看,都设有行政审判庭,需要有案件办理,本来行政案件的数量就少,如果再把案件上交,那么就更加无案可办。"浙江省高级人民法院行政审判庭:"行政案件管辖问题的调研报告",载《行政执法与行政审判》(总第20辑),法律出版社2007年版,第113页。

以指定管辖为主,以提级管辖为辅。实践证明,适当提高个别行政案件的审级对于保证公正审理案件是必要的,同时也要坚持和体现将矛盾和争议解决在基层的原则和精神。《管辖规定》在对中级人民法院管辖的第一审行政案件适度进行调整的同时,重点对中级人民法院指定管辖作了规定。各地在执行过程中应当坚持以指定管辖为主,确有必要时再选择提级管辖,尽可能将行政争议化解在基层。[52]

由此看来,中级人民法院刚性提级模式其实更多地是为了异地审判奠定前提,亦即首先解决案件能否以及如何提上来的问题,而提上来的案件最终还是要下放到基层,只不过从娘家接出来以后,还要为之找到一个婆家而已,中级人民法院的任务恰恰就是要"穿针引线",充当这么一个"媒婆"的角色。

但是,指定异地管辖同样面临诸多困难。一个最为突出的问题就是,如何防止异地之间某种可能的利益互惠制度?[53] 对此,最高人民法院在关于贯彻管辖解释的通知中,其实已经不无忧虑地表达了这种担心。[54] 但是,问题恰恰就在于,究竟怎样才有可能力图防止固定对应管辖?这样的政策指令,如何能够得到很好的实施保证?另外,异地审判是否真的能有效防止政府干预?异地管辖的执行应该如何解决?[55] 而在关于诉讼成本与异地执行方面,早就有学者专门提出过质疑。[56] 另外,这也会给法院适用地方性法规与规章带来困难。[57]

事实上,同样严重的问题还在后面,那就是最高人民法院为了实现审判独立,将案件提升后再行下放的做法,尽管也强调了尽可能将矛盾留在地方化解的政策立场,因为将矛盾留在当地解决的一个基本目的无非在于修复陷于僵局的官民关系,从而有助于促进行政管理的顺利开展,但异地管辖是否能够成功

---

[52] 参见"最高人民法院关于认真贯彻执行《关于行政案件管辖若干问题的规定》的通知(法发〔2008〕7号)",载《最高人民法院公报》2008年第3期。

[53] 据称,"随着改革的深入,和陈崇冠一样的法官们发现,为方便原告诉讼,通常就近指定异地法院管辖,但由于相对固定,出现了两地政府互为'支持'的情况。"袁定波:"'民告官'案管辖改革背景调查",载《法制日报》2007年9月5日。

[54] "五是防止法院之间固定对应管辖。中级人民法院在指定管辖法院时,应当尽量避免两个人民法院之间形成规律性的固定对应管辖,防止因此而产生负面效应,影响指定管辖作用的发挥。",参见"最高人民法院关于认真贯彻执行《关于行政案件管辖若干问题的规定》的通知(法发〔2008〕7号)",载《最高人民法院公报》2008年第3期。

[55] 参见记者王一波:"浙江台州探索以异地管辖破解民告官难",http://news.sohu.com/20070412/n249369783.shtml,最后访问日期2009年3月20日。关于对法院执行的质疑,还可参见郝昭、甘桂芬:"论司法公正与行政诉讼管辖改革的方向",载《河南师范大学学报》(哲学社会科学版)2006年第6期。

[56] 姜明安教授提到:"但是A县的案子到B县去审理,会产生其他问题。如果路途遥远,诉讼成本就会增加,有的双方当事人会不会放弃诉讼?再一个执行难的问题,异地审理执行会不会加重这个难度?"参见孙文鹰、黄献安:"行政案件异地审判:'陈崇冠们'先行一步",载《人民法院报》2004年2月5日。

[57] 参见郝昭、甘桂芬:"论司法公正与行政诉讼管辖改革的方向",同前注。

实现这一政策？法官们会不会在面对异地案件时因为不熟悉地方行政,而导致手足无措的尴尬后果？更为严重的是,中级人民法院规模化指定异地管辖的做法,也会因为难以拉进证据距离,而给案件的事实认定带来一些实在的困难。[58] 因为在诉讼证据制度设计中,证据距离的远近是决定地域管辖的一项重要考量因素,一般来说,证据距离越近,自然也就越有利于查清事实真相,因此,初审法院应当尽可能靠近案件的事实发生地。这就是为什么"原告就被告"会成为一项通行的管辖原则,也是为什么级别越高的法院,越不应当侧重于事实审的根本原因之所在。而制度化实施异地审,却恰恰背离了这一管辖精神,违反了基本的证据制度原理,给案件的事实认定增添了难以预见的众多障碍。也就是说,最高法院基于公正审判的价值取向,或多或少地牺牲了更准确更便利地认定事实的制度追求。而从这一解释通知中则不难看出,对于究竟会不会出现不利后果,以及会出现哪些不利后果,最高法院自己也还是心有疑虑,至少也是有点底气不足的。

另外,"2008年解释"也还存在一些改革不够彻底的地方,最突出的一点就是如前文所述,尽管当事人也包括处于强势地位的被告,但一般说来原告显然更加弱势,其程序权利也更加需要制度保护。"2008年解释"虽然令当事人的声音可以得到表达,但针对当事人的指定管辖异议,却不是必须倾听并给出制度化的正式回应。事实上,如果从"2008年解释"的整个基调并结合其具体条文来看的话,增强当事人影响力的根本目的其实更侧重于防止基层法院有意抬高诉讼门槛,甚至干脆关上大门。既然中级人民法院不可能"火眼金睛",主动体察下情,并且不告不理也是一项基本的司法原则,既然基层法院不大愿意主动实现下情上达,反而千方百计围追堵截,倾听当事人声音就自然会成为中院的行为选择。也正是因此,我们或许能够理解在听到了当事人声音之后的中级法院,为什么对原告关于指定管辖的意见与诉求不再需要关注的理由之所在。[59] 当然,之所以不再对指定管辖规定众多救济措施,诉讼效率也是一个可能的原因。

若要从立法学的角度来看,一部完整的制度规范在逻辑上起码应当是融贯而自洽的。如果在同一部只有十条的解释规则中,前面刚刚规定所有以县级政府为被告的案件应当一律由中级人民法院一审,而随即又要求由中级人民法院一审的案件应当尽可能下放到基层法院,即使这里的基层法院已经是换了一个地方,在实施上不大可能会产生误解,通常也不会引发单纯的语义之争,却也难

---

[58] 对异地管辖带来的法院查证不利的相关论述,请参见郝昭、甘桂芬:"论司法公正与行政诉讼管辖改革的方向",载《河南师范大学学报》(哲学社会科学版)2006年第6期。

[59] "2008年解释"第7条规定:"对指定管辖裁定有异议的,不适用管辖异议的规定。"也就是说,对于指定管辖裁定不服是没有上诉权的。

免给人以自相矛盾之感。

总之,"2008年解释"尽管可以有力推动司法管辖变革的步伐,在防止地方干预上提供重要的制度支持,从而为行政审判迈向独立与公正助上显著的一臂之力,但却依然留下了不少缺陷以及诸多待解的难题。

六、为改革辩护:穿梭于问题与主义之间

如前所述,在没有最高人民法院出台解释予以强力支持的改革场景中,地方法院为了突破困境作出了巨大的单兵突围。然而,实务界的改革努力并非不存在法理障碍,对于改革合法性的追问就足以成为一个问题。值得注意的是,在对改革的辩护策略上,司法实践采取了相对实用主义的解释进路。当有人质疑行政审判中制度化指定管辖措施的做法是否合法之际,河南高级人民法院对此作出了公开回应。"河南省高级人民法院认为,管辖制度的主要功能之一就是保证公正审判,保证公正审判是原则,只要符合这个原则,就可以根据工作需要大胆探索。"[60]这一回应直接以实践需要作为依据,实用主义色彩异常鲜明。而河南高级人民法院之所以底气十足,一个重要原因无非就是因为个案取得了明显成效,从而令改革试验获得了浓厚的绩效合法性支撑。[61]

从解释学的角度来看,对于各地法院改革的合法性问题,河南法院对《行政诉讼法》显然是采取了宽松的目的解释,以实用主义为其价值取向,不再纠缠于法条的字面含义,在需要的时候,具体的条文规则应当为法律原则让路。而河南高院的合法性辩护,则堪称具备了相当程度的代表性,除了运用目的解释予以公开回应外,更多的法院在改革实践中对合法性疑问则保持了沉默,或者说是根本就未有意关心。值得注意的是,曾经参与起草和论证"2000年解释"的最高人民法院甘文法官当初对该解释的解读,就采取了同样实用主义的辩护进路。[62]其对实践中某些改革措施的支持,也体现了其一定程度上的功

---

〔60〕 记者袁定波:"改变'县法院审不了县政府'现象——河南法院系统经过十多年探索力推行政审判指定管辖改革",载《法制日报》2007年11月26日。

〔61〕 "河南省高院有关负责人表示,十多年来的管辖制度改革,全省行政审判的公信力不断增强,在保护公民合法权益、促进政府依法行政、化解和解决行政争议中发挥了重要作用。"记者袁定波:"改变'县法院审不了县政府'现象——河南法院系统经过十多年探索力推行政审判指定管辖改革",载《法制日报》2007年11月26日。

〔62〕 甘文认为:"鉴于行政诉讼法的既有规定,在修改《行政诉讼法》之前,为了使行政案件的审判工作进一步摆脱行政机关的干扰,尽可能保护相对人的合法权益,《若干解释》第8条对《行政诉讼法》第4条第(三)项作了非立法原意的解释……是被告为县级以上政府且基层法院不适宜审理的行政案件,改由中级法院管辖",参见甘文:《行政诉讼法司法解释之评论——理由、观点与问题》,中国法制出版社2000年版,第55页(着重号为本文作者所加)。由于甘文既是最高人民法院的法官,又曾参与起草论证该司法解释(参见该书的序言部分),因此其观点从一定程度上也可以被看做是代表了解释的制定者们在这个问题上的整体立场。当然,甘文法官的辩护,只是针对"2000年解释"而非针对其后的实践改革进行的。

能主义立场。[63] 在这一方面,如果说"2000年解释"在受案范围问题上还通过对立法原意的重新解读以获得合法性的话[64],那么在级别管辖的改革上,最高人民法院则直接抛弃了这一策略,而干脆利落地代之以实践需要作为变革的正当性理由。

与之相对应的,则是学术界对实践改革也不乏同情甚或支持的态度。[65] 尽管民刑事案件的中立审判也并不理想,但与之相比,基层行政诉讼的中立地位更难以实现,这实在是令人感觉沮丧,行政案件居高不下的撤诉率就很能说明问题。面对如此艰难的局面,负有使命感的学者们对此自然会感觉不满。而对于案件具有切身利害关系的当事人以及更多的普通民众来说,也似乎更倾向于认为异地审理所带来的公正比起诉讼成本来说更加重要,因而也是比较值得的。[66]

实务界采取原则、精神等目的解释论证改革的合法性,而拒绝对《行政诉讼法》条文规定进行审视的辩护策略,与"2000年解释"比较起来,法条规范原文已经不再被作为争夺改革合法性的标签,而是干脆选择了实用主义的辩护进路。从改革的实际图景来看,基层法院与上级法院对于改革合法性的质疑,采取了相对实用主义的应对策略,而最终的实践证明也是比较成功的。

---

[63] "目前,在有关行政诉讼制度改革的设想中,有两种主张得到学术界的较多支持。一种主张是取消基层法院受理行政案件的资格,将中级法院作为受理一般行政案件的第一审法院。另一种主张是规定审理行政案件的法院的'行政级别'必须高于被告的行政级别。尽管这两种改革的主张缺乏必要的法学理论支持,但作为适应目前司法实践需要的改革思路,有一定的可取之处。"参见甘文:《行政诉讼法司法解释之评论——理由、观点与问题》,中国法制出版社2000年版,第55页(着重号为本文作者所加)。

[64] 参见何海波:"行政诉讼受案范围:一页司法权的实践史",载《北大法律评论》第4卷第2辑,法律出版社2002年版,第572页。

[65] 例如姜明安教授认为:"虽然立法时没有考虑到这一情况,但更加体现了法律的精神。"参见浙江省高级人民法院行政审判庭:"行政案件管辖问题的调研报告",载《行政执法与行政审判》(总第20辑),法律出版社2007年版,第130—131页。另外,所说未必是直接针对这一改革实践进行的探讨,学术界的众多主张实际上也给了这场改革以重要的底气。相关的学术研究,例如主张提级管辖,并取消一审法院的管辖权,参见李红枫:"行政诉讼管辖制度现状及对策研究",载《行政法学研究》2003年第1期;有观点认为应当多使用指定管辖以实现行政案件的异地审理,多使用管辖权转移以实现提级管辖的目标,参见王春业:"改革管辖制度,实现审判公正——对行政诉讼案件管辖制度改革的思考",载《法制与社会》2007年第4期;主张对不同级别法院实行有条件的交叉管辖的,例如孔维迎:"浅析行政诉讼管辖",载《法制与社会》2008年第1期;当然,也不乏来自实务界的支持,认为应当提级管辖以扩充中院一审范围,利用指定管辖以实现异地管辖与交叉管辖,参见伊立:"对行政诉讼管辖制度现实问题及重构途径的思考",载《山东审判》2007年第4期;类似的主张,再例如殷勇:"行政诉讼中的异地交叉管辖制度",载《人民司法》2006年第10期;吴尚伟、柴国权:"行政案件指定异地管辖中存在的几个问题",载《人民司法》2007年第2期,等等。

[66] "在本报记者调查过程中,一些被指定异地管辖的行政案件的原告表示,他们宁可多花一些费用,也愿意选择这种方式。"张有义、胡新桥:"'民告官'案件异地管辖制度寻求实质突破",载《法制日报》2007年11月18日。

解决实际问题还是恪守法条主义?这似乎成了改革者们不得不面对的难题之一。如果说实用主义也是一种"主义"的话,还不如说这种"主义"在某种程度上更贴近"问题"。与学者们不同的是,面临具体审判的各级法院不可能对问题视而不见,而是必须对案件进行处理。而无论是地方法院还是最高法院,更多的还是展示了解决实际问题的行动逻辑,对于规范的恪守已经不再被作为唯一甚至主要的追求,对于合法性的争夺也不再只是从规范原意那里去寻找资源。因为在改革者们看来,一些制度设计显得过于保守,直接构成了实现独立审判的阻力。事实上,如果换一个角度来看的话,"问题与主义"在具体的诉讼实践中也未必就构成了一个问题,而更可能只是一种学术想象而已。因为对于改革合法性尽管不是没有追问,但对急于解决问题的审判实践来说,却还并不足以构成多大的挑战。喜欢在这些理念问题上寻根究底的,更多的还是属于学术界而非实务界的爱好,因为学术理论据说还要对真理投去深情的目光。

七、代结语:一项充满问号的试验

为了实现独立的县级审判,司法实务界为此展开了轰轰烈烈的改革试验,理论界对此也褒贬不一。《行政诉讼法》在管辖问题上某种程度的保守立场,注定了难以应对丰富复杂的审判实践,实务界只好寻求法外改革。不管这场改革的成效如何,改革合法性问题却并没有就此完全消失,反而值得进一步追问。

当年英国公法学家洛克林在分析公法的理论流派时,将规范主义与功能主义作为两种基本范式,揭示出了公法两大流派的主要学术谱系与理念主张,并且按照洛克林的归纳,实用主义乃是公法学中功能主义流派的一个重要组成部分。[67] 而仔细看来,这场由下至上的司法改革事实上表明,中国基层行政审判大致上采用了一条实用主义的改革路线,对于改革的合法性疑问要么予以宽泛的目的解释,要么采取回避问题的"鸵鸟政策",而更重要的辩护则无疑来自绩效合法性的有力支撑。从总体上看来,如果说实务界已经在某种程度上抛开了问题与主义之争的话,那么学术界对于敢闯禁区的实践改革似乎也开始秉持越来越开放的宽容态度。

这种学术思潮在实践中的变迁,之所以在行政审判的改革上并没有得到明显体现,是因为反对与支持的争论似乎并未显得足够激烈。[68] 缺少争论就不容易引起人们的注意,但却并不妨碍我们去辨析这一变迁的脉络与线条。那么,为什么会出现这一变迁?隐含在这一变迁背后的究竟是一种什么样的

---

[67] 参见马丁·洛克林:《公法与政治理论》,郑戈译,商务印书馆2002年版,第八章。

[68] 当然,这种支持未必是直接对改革发表正面意见,而是通过对问题的揭示提出自己的建构和主张,而这些建构与主张与司法改革的政策思路又是契合与一致的,因此尽管可能没有"合谋",但却构成了事实上的支持。

力量?

尽管基层行政审判也的确维护了不少当事人的诉权,向民众输送了温暖与希望,高比例的诉讼协调与和解同样也解决了不少纠纷,但从某种程度上说,地方行政审判离理想中的目标还相距甚远,向民众提供渴盼已久的权利救济还远非一桩容易实现的愿望。当严重偏离公正的基层行政审判并不能给民众带来亟需的正义,带来的却是对于司法的怀疑与失望,基层法院要么失去原则地倒向被告,要么干脆关起大门,以致行政审判长期门庭冷落、尴尬难行,《行政诉讼法》及司法解释在某种程度上的保守立场,无疑就会受到更多的挑战。

当然,从前文的分析不难看出,行政审判管辖改革基本上是由省级高级人民法院主动推行的,中级人民法院可以看成是一个还算积极的实施者,而基层法院则要么一般是小范围的实验创意者,要么是旁观者,或者直接扮演实施者角色,往往难以成为更广泛意义上的改革推手。进一步说,即使是在制度允许的范围内,很多地方法院也并不总是努力实现制度本身所试图表达的价值取向,甚至也不是法条规范实质意义上的严格遵守者。如何在法条的制度框架内既不得罪地方权势,又可以安全地逃避责任,成为基层法官们一项基本的行动逻辑。因为无论是《行政诉讼法》本身,还是"1991年解释",又或"2000年解释",均未对主动报请提级管辖以及请求异地管辖设置严格的法律禁区,可以说给了地方法院以相当大的裁量余地,然而实践效果却并不理想,基层审判在行政干预面前常常"溃不成军"。即使是在最高人民法院不断出台审判解释予以"加油打气"、明确提供制度支持的背景下,不少基层法院仍然"不思进取",就可以说是一个活生生的注释。然而本文并不是试图进行简单的道德评价,因为前文已经提及,在意志不能足够自主的审判生态中,强求基层法院的法官们超然世外,无疑构成了一种道德强制,寻找问题的根源并努力作出理论解释,才是本文的叙事目的。

当然,实用主义的改革路线尽管可以给基层法院解套提供不小的力量支撑,规范主义在这里的坚守也并非完全没有意义,恰恰相反,在很大程度上可以说是对改革的一种必要提醒。在绩效大好的场景中,人们是很容易头脑发热的,"务实"固然非常重要,但却也会掩盖矛盾与危险,因为对于既有规范的突破,甚至有可能成为一项"成功经验"得以复制,从而不能不令人为之担忧。

作为指导司法实践的重要政策工具,审判解释在司法改革中的作用可谓举足轻重。以审判解释推动司法改革进程,很显然拥有相当的合理性。首先的一个长处即在于经验与知识层面,法院要更加熟悉具体的审判情境与审判规律,更加熟悉法外干预的压力大小,也更熟悉抵御压力的具体措施。其次的一个优势在于审判解释更为灵活,所谓"船小好掉头"。比起正规立法来说,审判解释的确更易于改弦更张,而不至于产生太大的社会震动。并且,法院主导也可以有力降低改革成本。然而司法解释毕竟不能代替立法的大众民主政治过程,尤其是不能任意超越法律范围的政策制定界限,充当民意的传声筒。面对左右为难的地方司法实践,最合理的举措应当是将目光投向立法过程。因为管辖制度从根本上涉及的还是一个需要综合众多政策考量与利益取舍的大众政治事务,应当由立法的政治过程统筹解决,而不是由司法权来充当公共政策的制定者角色。当然,法律的制定与修改也未必能够有效缓解改革与立法之间的张力,但立法前行的步伐从来就具有某种程度的滞后性。既然成文法所固有的不足乃是人类理性有限的制度反映,人类也永远不可能制定出完美无缺的法条规范,通过立法不断修补就成了人们必须面对的无奈现实。一般来说,比起少数精英主导的法律改革,大众民主政治过程会因为更加集思广益而较少出现犯错的可能,尤其是当并不存在侵犯少数的问题之际就更是如此。也正是因此,寄望于尽快修改《行政诉讼法》也就成了更合理的选择,以便为地方行政审判的改革试验提供充足的合法性资源,而不是司法权的自我调整与扩张。因为这样做的一个重要意义不仅仅在于为改革"正名",而且也在于为以后的改革树立拒绝违法的样板。

此外,立法的民主政治过程也可以为改革提供更加充足的合法性资源,令改革获得更浓厚的正当性支撑。即便是从智识层面来看,在许多情况下,立法的民主政治结果未必比司法解释来得更加优越,但至少从符号意义上来看,庄重与正式的立法过程也总要比法院解释来得权威与有力。更何况,立法的政治过程可以充分吸收司法专业力量,以获取更多的智识资源。

然而,立法的政治过程要想获得足够的正当性,仅仅以民主的多数原则显然不够,及时性也显得不可或缺。尽管立法是一个涉及众多利益的博弈过程,但立法过程的复杂并不能成为缓慢与僵化的充分理由。如果对于严峻的现实反应过于迟缓,令社会矛盾积重难返,就理应对立法迟缓的机制本身予以反思,以化解本不应只由司法政策解决的矛盾。

既然近期《行政诉讼法》还没有修订,司法解释也就只好充当起了立法者的使命,为地方法院的改革试验提供制度支持,但这也仅仅应该是一项临时举措,实践效果如何也还有待观察。不过,从改革的实效角度来看,在地方政府还可以堂而皇之对行政审判予以法外干预之际,当司法改革因为无力完全树立裁判者自身独立形象因而还显得步履维艰的时候,最高人民法院的管辖改革究竟能走多远也还是个疑问。另外,这一改革所蕴含的问题,其实还远远不止这些。对于最高人民法院的功能究竟应当如何定位,也颇为值得人们深思。如何更好地发挥审判指导功能?如何制定公共政策,并且在如潮的改革呼声中保持决策者应有的理性与遵循基本的宪政权力框架?抽象的规范制定应当注意哪些最基本的权力界限?究竟应当如何处理少数精英主导的改革与普通民众决策的政治过程之间的关系？在管辖改革问题上，如何处理好审判中立与将矛盾在基层就地解决这一公共政策之间的张力？为了一种制度追求而不惜牺牲另一项未必不重要的价值取向，还应当考量哪些因素？

当然，限于篇幅的原因，本文其实只是论述了问题的一个方面。事实上，如若从行政审判的实践图景来看，更多的问题还在后面。地方干预固然是一个根本原因，但基层审判却并不因此就完全无辜。我们可以看到，同样面对强大压力，魄力不同的法院或者法官会采取迥异的应对策略。尤其是在受理还是不受理可能引发众多风险的情况下，不同的个案就会具有标本意义。拥有进取精神的裁判者可能会奋力坚守司法疆域，而顾虑重重的裁判者则有可能会退避三舍，收缩本就狭小的救济空间。[69] 这至少说明了处于夹缝中的裁判者们并不一定总是无能为力，因而也并非总是拥有足够的理由获得批评的豁免。在各种各样的干预面前，法院也常常予以严格的自我审查，甚至主动邀请外界干预，以逃避"轻率"裁判可能引发的若干风险。[70] 为了避免"引火上身"，不惜任意抬高诉讼门槛，甚至主动关上大门，成了众多法官们的行动路径。法官们在应对可能的敏感案件方面运用了复杂的技术策略，动用了众多的修辞手段，以尽可能减少法院的"麻烦"。也就是说，尽管行政干预构成了一项基本的缘由，但却并不见得就是全部的症结所在，很多时候只是法院想象的产物，是对于司法权的一种主动退让，从而加剧了基层行政审判的不独立。由是观之，将基层审判完全归咎于行政干预，尤其是政府主动干预，在很多时候实在是推卸了法官们的责任。

另外，从对行政审判管辖权变革叙事的解读中，似乎还可以引发一些对行政诉讼法学研究的学术反思。当然，这些反思未必正确，也未必有力，但至少可以给我们提供一些值得面对与思考的问题。

（1）在这场堪称革命性的制度变革中，检讨我们的对策建构也许显得颇有意义。为了尽可能实现中立审判，人们纷纷出谋划策，提出的对策也可谓五花八门，其中无疑蕴含了丰富的智慧。但是任何的改革对策都要最终面临实践的追问。为什么行政法院制度、提级管辖、集中管辖可行性不强？我们又如何防止新的制度设计不会被用来作为更多维护地方干预利益的幌子？

在诸多的变革对策中，纠缠于立法模式与语词问题，曾经成为学者们在扩

---

[69] 例如关于教育类案件的受理就存在这样的问题，法官个人魄力发挥了重要作用。有关教育类案件的受理分析，可参见何海波："行政诉讼受案范围：一页司法权的实践史"，载《北大法律评论》第4卷第2辑，法律出版社2002年版。

[70] 有学者研究指出："行政立案难并不主要是行政直接干预的结果，实际上，它首先是法院自我审查的结果。"参见应星："行政诉讼程序运作中的法律、行政与社会"，载《北大法律评论》第9卷第1辑，北京大学出版社2008年版，第10页。

大法院受案范围上的典型学术进路。[71] 当理论界费尽心机地在概括式还是列举式的制度模式问题上纠缠不休之际，面对地方法院"不予受理"这一惯用的推脱责任手法，却常常显得苍白无力。对于一些处于法律边缘模糊地带的案件，法官们反应不一，受理还是不受理并没有一个确定的标准，这也就意味着很大程度上取决于法官个人的魄力以及对案件具体情形的实际考量，但是围绕受案范围立法模式的规范研究却无力回应这些问题。同样，在管辖改革问题上，主张刚性提级、集中管辖或者设立行政法院的呼声也不断高涨，然而实践的回应却显得寥寥，理论解释力受到了限制。那么，问题究竟是出在哪里？至少值得我们反思。[72]

（2）有的学术想象似乎并未切中要害。例如不少人曾经想当然地认为司法不公的一个重要前提是法官道德素质不够，不敢"硬碰硬"，不敢对违法干预说"不"。然而从前文的叙事我们可以看出，尽管通常意义上而言，法官道德素质是司法独立的重要条件，但却并不见得就是当下中国行政审判实践的根本症结之所在。天台法院与南阳法院负责异地审的依然是基层法院的法官，裁判者没有变，变换的只是审判地点，但案件的审理却显得焕然一新。这至少表明了当下中国的基层行政审判缺少公正，并不主要甚至主要不是因为法官自身的道德水准不够，而从根本上来说更可能是一个涉及利益牵扯的问题。尽管正如前文所述，并非所有的法院与法官们在所有时候都是无辜的，但对法官们寄予过高的道德期望也并不现实，否则不仅会转移人们的注意力，容易令司法改革剑走偏锋，而且在许多时候却又可能蜕变为简单的批评与指责，以及学术偷懒的便捷工具。[73]

当年的卡多佐在讨论法官在普通法范围内自由选择法律规则之际谈到："每个法官在参考自己的经验时，都必须意识到这种时刻：在推进共同之善的目的指导下，一个创造性活动会产生某个规则，而就在这自由行使意志之际决定了这一规则的形式和发展趋势。"[74] 这本是判例法制度中对裁判者发现或创造规则的一项智识与伦理要求，为什么在成文法制度的中国，基层行政法官于某种程度上也被迫充当起了这一角色，成了力推司法程序改革的先行者？究竟是什么因素令司法解释在越权的指责中冒险前行？行政干预是否构成了唯一

---

〔71〕 有关行政审判受案范围变革史的考察之详细讨论，可参见何海波："行政诉讼受案范围：一页司法权的实践史"，载《北大法律评论》第4卷第2辑，法律出版社2002年版。

〔72〕 当年有人主张为了实现独立审判，应该实行法官的异地交流制度，然而实践也很少作出回应。对于这一改革策略的批评，可参见苏力：《送法下乡——中国基层司法制度研究》，中国政法大学出版社2000年版，第140页。

〔73〕 当然，制度也并非无所不能，将任何问题都归结为制度显然不是包治百病的万能良药。参见尹伊文："'制度决定论'的神话"，载《读书》2008年第7期。

〔74〕 本杰明·卡多佐：《司法过程的性质》，苏力译，商务印书馆1998年版，第64页。

的理由,从而会不会成为法官们推卸责任的修辞和包装?为什么许多法院会对自己本应坚守的权力拱手相让,主动邀请法外干预?另外,如果改革的流动性过于明显,会不会与法治所要求的稳定性之间存在难以调和的张力?这些问题,恐怕都是我们在关注改革的过程中应当予以深刻反思的。

(初审编辑:成协中)

CSSCI 法学期刊：谁更有知识影响力？

侯 猛[*]

Law Journals of CSSCI:
Which One Is More Influential in Knowledge Production

Hou Meng

内容摘要：现有 CSSCI 遴选标准并不能全面、真实地反映法学期刊的影响力，甚至会对法学的知识生产带来不利影响。作为重要的修正，法学期刊的相互引证程度，能够反映法学领域内各个法学期刊对知识生产的影响力大小。通过比较期刊引证他刊的次数，以及计算期刊之间的影响系数，得出了不少有待进一步验证的推论：例如，《法学》的影响力要比 CSSCI 排名（第 6）更为靠前；《法制与社会发展》则比 CSSCI 排名（第 8）更为靠后；《法学家》在 CSSCI 排名（第 14）落后的主要原因是引证他刊次数太多，等等。除了期刊之间的横向比较之外，还以《法学研究》为例对其 30 年的引证次数进行纵向比较，发现存在着期刊引证著作数较多而引证文章数较少、期刊文章的生命周期不长等问题。由此根据前述推论，最后讨论了法学期刊如何在审慎批评引证标准的基础上，

---

[*] 法学博士，对外经济贸易大学法学院副教授，电子邮箱：hmuibe@gmail.com。几位匿名评审人的意见对本文最终定稿起到了相当重要的作用；本文曾提交"法律的中国经验——'法律、文化与社会'学术研讨会"（2009 年 6 月 20—21 日），得到成凡的评议以及林端、梁治平、李学尧、张志超等师友的批评，特此致谢。本文系对外经济贸易大学"211 工程"三期重点学科建设项目（73400014）阶段成果。

采取措施进一步推进知识生产。

关键词：CSSCI 知识影响力 引证次数 期刊影响系数

2007年12月28日，南京大学中国社会科学研究评价中心公布了CSSCI来源期刊(2008—2009)遴选结果。其遴选标准是，每类期刊是按照总被引次数与2004—2006三年他引影响因子的加权值高低顺序排序。法学期刊中有21种入选[1]，排名如表1所示：

表1 CSSCI法学期刊(2008—2009)

名次	刊名	名次	刊名	名次	刊名
1	法学研究	8	法制与社会发展	15	法学论坛
2	中国法学	9	法学评论	16	行政法学研究
3	中外法学	10	现代法学	17	法学杂志
4	政法论坛	11	环球法律评论	18	中国刑事法杂志
5	法商研究	12	比较法研究	19	政治与法律
6	法学	13	知识产权	20	当代法学
7	法律科学	14	法学家	21	华东政法大学学报

问题是，依据这样的遴选标准，并不能全面、真实地反映CSSCI各个法学期刊的影响力，甚至会对法学的知识生产带来不利影响。[2] 作为重要的修正，期刊相互引证程度，能够反映出同一领域内不同期刊对知识生产的影响力（简称"知识影响力"）。例如，芝加哥大学的史蒂芬·斯蒂格勒曾比较经济学和统计学领域的期刊引文的"输出"和"输入"情况：如果甲期刊中的文章被乙期刊引用的次数，是乙期刊中的文章被甲期刊引用次数的四倍，那么，可以认为甲期刊是信息的生产者，而乙期刊则是信息的消费者。[3] 本文尝试将这种方法运用于对法学期刊的分析，通过计算CSSCI法学期刊相互的引证次数，来发现期刊在知识生产中的相互影响。[4]

---

[1] 本文只讨论CSSCI来源法学期刊，不讨论CSSCI扩展版法学期刊。

[2] 参见侯猛："数据如此分组能否真实反映法学现状——评《中国人文社会科学学术影响力报告》法学部分"，载《法学》2008年第3期。

[3] 当然，生产者或输出者并不意味着一定是高质量者。See S. M. Stigler, "Citation Patterns in the Journals of Statistics and Probability", 9 *Statistical Science* 94—108(1994); and, G. S. Stigler, S. M. Stigler, and C. Friedland, "The Journals of Economics", 103 *Journal of Political Economy* 331—359(1995).

[4] 讨论法学期刊的影响力，还可以从期刊对现实政治经济的影响力入手。例如，期刊所发表的文章如何影响决策、立法或司法。但是这一影响似乎难以量化，或许只能采取问卷调查的方式进行。不过，在美国，最高法院判决引证期刊文章的现象越来越多，这可以用来衡量期刊、期刊文章、作者对最高法院判决的影响力。例如，相关新闻，*How the Supreme Court Misread My Research: Empirics and the Death Penalty*, By Justin Wolfers, http://freakonomics.blogs.nytimes.com/2008/06/30/how-the-supreme-court-misread-my-research-empirics-and-the-death-penalty，最后访问日期2009年6月7日。

本文主要的数据来源于中国引文数据库[5]，除非特别说明，数据时间跨度从 1979 年至 2009 年，数据采集时间截止到 2009 年 5 月 30 日。本文第一和第二部分以引证次数为依据进行横向比较，讨论 CSSCI 法学期刊的相互影响力，从而发现哪种期刊在哪些情况下，更具有（而不仅仅是最具有）知识影响力；第三部分以个案切入进行纵向比较，讨论引证次数在 1979 年至 2009 年这 30 年间的变化趋势，及其对知识生产的影响；第四部分讨论期刊如何改进引证评价标准来推动知识生产；最后是小结，补充分析了 CSSCI 以引证作为评价标准对知识生产的不利影响。

一、期刊之间相互影响力的宏观评价

我们可以对 21 种 CSSCI 法学期刊引证其他期刊次数进行统计排名。附表、表 2、表 3 所示的是，引证次数进入本刊前 5 名或前 10 名的期刊名称、数量：

表 2 CSSCI 法学期刊引证次数前 5 名的期刊（含自引）[6]

	第 1 名（次数）	第 2 名（次数）	第 3 名（次数）	第 4 名（次数）	第 5 名（次数）
法学研究	法学研究（436）	中国法学（230）	政法论坛（136）	法律科学（124）	法学（118）
中国法学	中国法学（283）	法学研究（245）	法学（230）	法商研究（193）	法律科学（169）
中外法学	法学研究（74）	中外法学（49）	中国法学（42）	法律科学（37）	法学（27）
政法论坛	政法论坛（181）	中国法学（148）	法学研究（138）	法学（97）	现代法学（78）
法商研究	法学研究（164）	中国法学（151）	法商研究（143）	法学（138）	法律科学（79）
法学	法学（223）	法学研究（182）	中国法学（132）	法商研究（76）	法律科学（69）
法律科学	法学研究（197）	法律科学（150）	中国法学（149）	法学（121）	现代法学（88）
法制与社会发展	法学研究（131）	中国法学（128）	法制与社会发展（101）	比较法研究（68）	法律科学（64）
法学评论	法学研究（185）	中国法学（138）	法学评论（143）	法学（117）	法律科学（85）
现代法学	法学研究（222）	中国法学（179）	现代法学（137）	法学（127）	政法论坛（105）
环球法律评论	法学研究（34）	比较法研究（31）	中国法学（29）	外国法译评（22）	政法论坛（21）
比较法研究	比较法研究（87）	中国法学（63）	法学研究（51）	法学（41）	外国法译评（34）
知识产权	知识产权（118）	电子知识产权（43）	法学研究（27）	科技与法律（26）	中国法学（25）
法学家	中国法学（493）	法学（425）	法学研究（339）	法商研究（328）	法学评论（300）
法学论坛	法学研究（172）	中国法学（148）	法学（115）	现代法学（73）	法商研究（63）
行政法学研究	行政法学研究（157）	中国法学（80）	法学研究（46）	法学（44）	政法论坛（28） / 法商研究（28）
法学杂志	中国法学（89）	法学研究（84）	法学（65）	法学杂志（63）	法律科学（48）
中国刑事法杂志	法学研究（128）	中国刑事法杂志（104）	人民检察（89）	法学（85）	中国法学（82）
政治与法律	中国法学（132）	法学研究（119）	法学（109）	法学评论（64） / 政法论坛（64）	
当代法学	中国法学（223）	法学研究（207）	法学（157）	法学评论（130）	现代法学（111）
华东政法大学学报	法学（86）	法学研究（74）	中国法学（53）	政法论坛（47）	现代法学（43）

---

[5] http://ref.cnki.net/knsref/index.aspx。
[6] 个别刊物引证次数偏少，例如《环球法律评论》（原《外国法译评》）、《中外法学》（原《国外法学》），其原因可能与其改名较晚有关。有些则是与其引证规范没有完整建立有直接联系，例如《法学杂志》。

表 3　CSSCI 各法学期刊进入其他 20 种 CSSCI 法学期刊
引证次数前 5 和前 10 名的次数

期刊名称	进入前 5 名次数	进入前 10 名次数
法学研究	20	20
中国法学	20	20
中外法学	0	5
政法论坛	6	20
法商研究	5	15
法学	17	20
法律科学	8	18
法制与社会发展	0	5
法学评论	3	18
现代法学	5	18
环球法律评论	1	3
比较法研究	2	10
知识产权	0	0
法学家	0	0
法学论坛	0	1
行政法学研究	0	0
法学杂志	0	1
中国刑事法杂志	0	1
政治与法律	0	1
当代法学	0	0
华东政法大学学报	0	0

从表上的内容可以看出的一般趋势是:进入 21 种 CSSCI 法学期刊引证次数的前 5 名甚至前 10 名的期刊,大多数仍然是这 21 种 CSSCI 法学期刊。这说明,CSSCI 法学期刊之间的知识互惠相当紧密,并且在一定程度上也反映出法学研究的自主性(抑或自我封闭性?)。[7] 另一个值得注意的趋势是:CSSCI 排名靠前的法学期刊,多数进入了排名靠后的法学期刊引证次数前 5 名或前 10 名的期刊。但反过来,排名靠后的法学期刊,却没有或较少进入排名靠前的法学期刊引证次数前 5 名或前 10 名的期刊。这说明,排名靠前的法学期刊相对属于知识生产者,排名靠后的法学期刊则属于知识消费者,前者对后者有更大的知识影响力。

以引证次数数量和排名为依据,进一步观察,还可以得出如下推论:

第一,对其他 20 种 CSSCI 法学期刊(简称"他刊")具有第一影响力的期刊

---

[7]　关于法学的自我封闭性的更多分析,参见成凡:"从竞争看引证——对当代中国法学论文引证外部学科知识的调查分析",载《中国社会科学》2005 年第 2 期。

是《法学研究》。它进入所有期刊引证次数的前3名。其中,《法学研究》位列下列9种期刊引证次数排名的第1名,并且超过期刊自引次数:《中外法学》、《法商研究》、《法律科学》、《法制与社会发展》、《法学评论》、《现代法学》、《环球法律评论》、《法学论坛》、《中国刑事法杂志》。这说明,《法学研究》对上述9种期刊影响最大,超过了期刊自己对自己的影响力。

第二,对他刊具有第二影响力的期刊是《中国法学》。它进入所有期刊引证次数的前5名。其中,《中国法学》位列下述4种期刊引证次数排名的第1名,并且超过期刊自引次数:《法学家》、《法学杂志》、《政治与法律》、《当代法学》。这说明,《中国法学》对上述4种期刊影响最大,超过了期刊自己对自己的影响力。《中国法学》位列下述5种期刊引证次数排名的第2名,并且也超过期刊自引次数:《法商研究》、《法制与社会发展》、《法学评论》、《现代法学》、《法学论坛》。这说明,《中国法学》对上述5种期刊的影响仅次于《法学研究》,并且也超过了期刊自己对自己的影响力。

第三,对他刊具有第三影响力的期刊是《法学》。它进入17种他刊引证次数的前5名,所有期刊引证次数的前10名。其中,《法学家》、《法学论坛》、《法学杂志》、《政治与法律》、《当代法学》、《华东政法大学学报》6种期刊对《法学》的引证次数超过期刊自引次数。这说明,《法学》对上述6种期刊的影响,超过了期刊自己对自己的影响力。特别是,《法学》还是《华东政法大学学报》引证次数第1名的期刊,这说明,同属华东政法大学主办的这两种期刊的知识互惠程度相当密切。相比之下,同属中国政法大学主办的《政法论坛》和《比较法研究》,前者仅位列后者引证次数第10名,这说明,两者的知识互惠程度不高,甚至可能两种期刊在实际运作中也较少联系。

第四,如果就进入他刊引证次数前5名的数量来看,对他刊具有第四影响力的期刊是《法律科学》,共有8种。《政法论坛》、《法商研究》、《现代法学》、《法学评论》,分别进入6、5、5、3种他刊引证次数的前5名。[8] 就对他刊的影响力而言,这几种刊物与背景相似(主办方均为老牌法学院)的《法学》相比,差距很大。

如果就进入他刊引证次数前10名的数量来看,《法学研究》、《中国法学》、《法学》、《政法论坛》进入20种他刊引证次数前10名;《法律科学》、《现代法学》、《法学评论》进入18种他刊引证次数前10名;《法商研究》进入15种他刊引证次数前10名。值得注意的是,CSSCI排名第12的《比较法研究》,它进入

---

[8] 《法商研究》与《现代法学》都进入5种他刊引证次数前5名,但《法商研究》要比《现代法学》排名靠前。这是因为仔细区分后,《现代法学》所进入的5种他刊引证次数前5名分别为第4、5、5、5、5名。而《法商研究》所进入的5种他刊引证次数前5名分别为第4、4、4、5、5名。下文对类似情况进行排名都做相同处理。

了 10 种他刊引证次数的前 10 名。就此而言,它要比 CSSCI 排名第 3 的《中外法学》(进入 5 种他刊引证次数前 10 名)、排名第 8 的《法制和社会发展》(进入 5 种他刊引证次数前 10 名)、排名第 11 的《环球法律评论》(进入 3 种他刊引证次数前 10 名)影响力要大得多。

第五,CSSCI 排名第 3 的《中外法学》,却没有进入任何 1 种他刊引证次数的前 5 名。也就是说,单就引证次数来看,《中外法学》对 20 种他刊的知识影响力较低。这与它在 CSSCI 排名第 3 的位置反差很大。CSSCI 排名第 8 的《法制与社会发展》也是如此,没有进入任何 1 种他刊引证次数的前 5 名。除此之外,CSSCI 排名第 13 名至第 21 名的期刊,即《知识产权》、《法学家》、《法学论坛》、《行政法学研究》、《法学杂志》、《中国刑事法杂志》、《政治与法律》、《当代法学》、《华东政法大学学报》,也没有进入任何 1 种他刊引证次数的前 5 名的期刊。这与它们在 CSSCI 中排名靠后的情形基本符合。

第六,期刊引证次数位列第 1 名为自引的期刊共有 7 种,即《法学研究》、《中国法学》、《政法论坛》、《法学》、《比较法研究》、《知识产权》、《行政法学研究》。期刊自引次数的多少,能够反映出期刊对自己发表文章的知识承继程度。[9] CSSCI 排名第 1、2、4、6 名的《法学研究》、《中国法学》、《政法论坛》、《法学》,具有此种特点。而 CSSCI 排名靠后的《比较法研究》(第 12 名)、《知识产权》(第 13 名)、《行政法学研究》(第 16 名)也是如此,但又有一定的特殊性。因为这 3 种期刊相较前 4 种期刊,其专业更为细分,分别侧重于比较法(外国法)、知识产权、行政法学。由于综合性法学期刊发文数量有限,不可能都能全面顾及所有专业领域,这自然会降低综合性法学期刊被专业性法学期刊引证的数量。从而,也增加专业性法学期刊自我引证或引证其他专业性法学期刊的可能。《中国刑事法杂志》自引次数位列第 2 名,并且引证《人民检察》次数位列第 3 名;《知识产权》引证《电子知识产权》次数位列第 2 名,引证《科技与法律》次数位列第 4 名,也验证了上述推断。

第七,期刊自引次数没有进入引证次数前 5 名的期刊共有 5 种,即《法学家》、《法学论坛》、《政治与法律》、《当代法学》、《华东政法大学学报》。期刊自引次数分别为各自期刊引证次数排名的第 37、9、9、15、8 名。期刊自引次数排名越靠后,在一定程度上能反映出期刊相对扮演着知识消费者的角色,期刊对自己发表文章的知识承继程度较差。

这其中最奇怪的期刊是《法学家》。《法学家》是由法学学科评估(博士点

---

〔9〕《法学研究》、《知识产权》、《行政法学研究》自引数分别为 436、118、157 次,远远超出引证第 2 名的次数(230、43、80 次)。这说明,它们最重视自己的文章。

和硕士点)排名第一的中国人民大学法学院承办[10],但 CSSCI 排名仅为第 14,期刊自引次数仅为引证次数排名的第 37 名。原因何在?如果比对《法学家》引证他刊次数的绝对数量,就不难推测其 CSSCI 排名靠后的原因。

表 4 《法学家》引证期刊次数排名

序号	刊名	次数	序号	刊名	次数
1	中国法学	493	21	外国法译评	61
2	法学	425	22	法律适用	58
3	法学研究	339	23	中国社会科学	52
4	法商研究	328	24	中国刑事法杂志	47
5	法学评论	300	25	河南省政法管理干部学院学报	44
6	政法论坛	293	26	中国劳动	42
7	现代法学	275	27	华东政法学院学报	40
8	法律科学	246	28	中国人民大学学报	35
9	法学杂志	189	29	电子知识产权	32
10	政治与法律	125	30	公安大学学报(自然科学版)	30
11	法制与社会发展	116	31	公安大学学报	29
12	河北法学	111	32	浙江社会科学	29
13	当代法学	109	33	政法论丛	29
14	山东法学	105	34	西安政治学院学报	25
15	行政法学研究	100	35	国际贸易问题	24
16	中外法学	92	36	甘肃政法学院学报	24
17	比较法研究	79	37	法学家	23
18	知识产权	71	38	吉林大学社会科学学报	23
19	人民检察	68	39	中华商标	23
20	刑事技术	63	40	国家检察官学院学报	23

通过表 4 和附表可以看到,《法学家》引证其他 CSSCI 法学期刊的次数,要远远多于其他 CSSCI 法学期刊引证《法学家》的次数,也远远多于《法学家》自引次数。[11] 甚至,《法学家》引证非 CSSCI 法学期刊(包括 CSSCI 其他门类期刊)也远远多于《法学家》自引次数。主要原因在于,多年来《法学家》

---

[10] 在教育部学位与研究生教育发展中心公布的 2009 学科评估高校排名结果中,中国人民大学法学排名第一。参见该中心网站,http://www.cdgdc.edu.cn/xkpg/2009/pgjg07_09.htm,最后访问日期 2009 年 5 月 30 日。

[11] 《法学家》被引证次数偏少的另一个可能原因是,其内稿率比其他 CSSCI 法学期刊要高。而内稿率高的一个直接原因是,《法学家》被中国人民大学认定为 B 类期刊,而同属 B 类期刊的只有《法学研究》和《中国法学》,其他 CSSCI 法学期刊,或者属 C 类期刊,或者 C 类期刊都不是。由于发表于不同级别的期刊所获得的收益不同,因此,本院教师可能更愿意在《法学家》发表,甚至将质量较低的文章在《法学家》发表。除非特殊情况,一般而言,质量较低的文章被引证的可能性较小。

都有发表学科综述的做法。学科综述往往援引的是他刊的文章,本刊文章反而引证较少。[12] 这客观上造成他刊引证次数增加,相对降低了《法学家》的引证次数以及引证率(影响因子)。由于 CSSCI 是以总被引次数与 2004—2006 三年他引影响因子作为遴选标准,这直接导致《法学家》的排名靠后。因此,为提升《法学家》在现有遴选标准下的影响力,最直接的办法就是取消学科综述。[13]

二、期刊之间相互影响力的微观分析

"期刊影响系数"能够更细致地反映期刊之间的相互影响程度。所谓期刊影响系数,是指本刊引证他刊次数与他刊引证本刊次数之比。[14] 如果影响系数为 1,那么可以认为本刊和他刊的相互影响程度相等。如果影响系数小于 1,则表明本刊对他刊的影响比他刊对本刊的影响要大。如果影响系数大于 1,则表明本刊对他刊的影响比他刊对本刊的影响要小。为简化讨论和集中展现推论,本文只对 CSSCI 前 10 名法学期刊的影响系数进行统计分析:

表 5　CSSCI 前 10 名本刊与他刊的影响系数

	法学研究	中国法学	中外法学	政法论坛	法商研究	法学	法律科学	法制与社会发展	法学评论	现代法学
法学研究		1.07	1.06	1.01	1.45	1.52	1.59	3.07	1.93	2.47
中国法学	0.94		1.05	1.09	0.78	0.57	0.88	2.00	0.97	1.19
中外法学	0.96	0.95		2.61	2.43	1.48	0.78	7.8	2.07	4.35
政法论坛	0.99	0.92	0.38		1.21	0.65	1.34	0.95	1.08	1.35
法商研究	0.69	1.28	0.41	0.83		0.55	0.85	1.14	1.03	1.16
法学	0.65	1.74	0.68	1.54	1.82		1.75	1.16	1.83	2.05
法律科学	0.63	1.13	1.26	0.75	1.18	0.57		1.33	1.16	1.16
法制与社会发展	0.33	0.50	0.13	1.05	0.88	0.87	0.75		0.77	0.95
法学评论	0.52	1.03	0.48	0.93	0.97	0.55	0.86	1.30		1.30
现代法学	0.41	0.84	0.23	0.74	0.87	0.53	0.86	1.06	0.77	

从表 5 可以看出,最有影响力的期刊仍然是《法学研究》,没有 1 种期刊对它的影响系数超过 1。换句话说,其他 9 种期刊对《法学研究》形成程度不同的知识依附。除此之外,有 7 种期刊对《法学》形成程度不同的知识依附,其他依

---

[12] 之所以存在这种现象的一种解释是,综述往往引证本院教师在非 CSSCI 法学期刊(尽管可能是 CSSCI 综合期刊)上发表的文章。这对本院教师有利,但却不利于《法学家》。依据表 4 提供的数据进一步核对,这一解释能够得到部分验证。

[13] 2008 年底,《法学家》进行改组,由具有长期办刊经验的张志铭教授担任执行主编,情况有了不少改变。例如,2009 年的《法学家》已经取消了学科综述,这与本文的主张不谋而合。

[14] 当然,就期刊发表的单篇文章而言,引证哪种期刊上的哪篇文章基本上是作者的个人主观选择。但如果这样的样本足够多,就会在客观上形成他刊对本刊的知识影响力。同时,一种期刊的风格、偏好一旦形成,比如,偏好发表理论法学的文章,那么就会给潜在的作者的写作带来影响力。比如撰写理论法学文章时,尽管作者可能将文章发表在他刊,而不一定是该刊,但却可能会引证该刊的文章。这实际上就使得该刊对他刊产生知识影响力。

次为《中外法学》(6种)、《法律科学》(6种)、《政法论坛》(5种)、《中国法学》(4种)、《法商研究》(4种)、《法学评论》(3种)、《现代法学》(1种)、《法制和社会发展》(1种)。具体而言,还可以得出如下推论:

第一,《法学研究》与《中国法学》各自的影响系数分别为0.94:1.07。这说明,《法学研究》对《中国法学》的影响,要比《中国法学》对《法学研究》的影响更大(但差距不是很明显),尽管《中国法学》引证自己排名第一。如前所述,其他9种期刊对《法学研究》的影响,都不如《法学研究》对它们的影响。其中,对《法学研究》影响最小,或者说,对《法学研究》知识依附程度最高的期刊是《法制和社会发展》(3.07);对《法学研究》影响最大,或者说,对《法学研究》知识依附程度最低的期刊是《政法论坛》(1.01)。除《政法论坛》之外,《中外法学》(1.06)、《中国法学》(1.07)对《法学研究》的知识依附程度也很低。这说明,《政法论坛》、《中外法学》、《中国法学》这3种期刊相对独立,《法学研究》不对其构成知识依附意义上的支配地位。而《法商研究》(1.45)、《法学》(1.52)、《法律科学》(1.59)这3种期刊对《法学研究》的知识依附程度较高。再次,知识依附程度更高的是,《法学评论》(1.93)和《现代法学》(2.47)。

第二,虽然《法学研究》对《中国法学》的影响比其对《法学研究》影响大,但就知识依附程度而言,对《中国法学》影响最大的期刊不是《法学研究》,而是《法学》(1.74),其次是《法商研究》(1.28)、《法律科学》(1.13),最小的仍然是《法制和社会发展》(0.50)。

第三,《中外法学》虽然没有进入各刊引证的前5名,但从影响系数来看,对《中外法学》影响最大的期刊是《法律科学》(1.26)。换句话说,在期刊的相互知识依附程度上,《法律科学》与《中外法学》相比更占优势,但优势并不明显。和《法律科学》相似的《法学研究》(1.06)、《中国法学》(1.05)也是如此。相比之下,《法学》(0.68)、《法学评论》(0.48)、《法商研究》(0.41)、《政法论坛》(0.38)、《现代法学》(0.23)对《中外法学》的知识依附程度要更高,最高的仍然是《法制和社会发展》(0.13)。

第四,对《政法论坛》影响最大的期刊是《中外法学》(2.61)。对《法商研究》影响最大的期刊是《中外法学》(2.43)。对《法学》影响最大的期刊是《法学研究》(1.52)。对《法律科学》影响最大的期刊是《法学研究》(1.59)。对《法制和社会发展》影响最大的期刊是《中外法学》(7.8)。对《法学评论》影响最大的期刊是《中外法学》(2.07)。对《现代法学》影响最大的期刊是《中外法学》(4.35)。由此可见,虽然就引证次数而言,《中外法学》没有进入他刊引证前5名,但从影响系数来看,CSSCI前10名中有5种期刊受《中外法学》影响最大,而《法学研究》也不过2种。这似乎可以说明,《中外法学》是一个相对独立的期刊,同时它又对他刊有很大影响。

第五,在 CSSCI 前 10 种期刊中,同质性最高的期刊是《法商研究》和《法律科学》,分别为中南财经政法大学和西北政法大学主办。它们对其他期刊的影响力,除了对《中外法学》之外(分别为 0.41 和 1.26),对其他期刊的影响都很接近:《法学研究》(0.69、0.63),《中国法学》(1.28、1.13),《政法论坛》(0.83、0.75),《法学》(0.55、0.57),《法制和社会发展》(1.14、1.33),《法学评论》(1.03、1.16),《现代法学》(1.16、1.16)。同时,《法律科学》对《法商研究》的影响,要比《法商研究》对《法律科学》要大些(1.18:0.85)。

第六,从对他刊影响力最小的期刊来看,《法制和社会发展》对《法学研究》(0.33)、《中国法学》(0.50)、《中外法学》(0.13)、《法律科学》(0.75)、《法学评论》(0.77)、《现代法学》(0.95)6 种期刊的影响是最小的。其次是《现代法学》对《政法论坛》(0.74)、《法学》(0.53)、《法学评论》(0.77)3 种期刊的影响是最小的。《中国法学》对《法商研究》(0.57)的影响是最小的。《政法论坛》对《法制和社会发展》(0.95)的影响是最小的。

第七,一些有待验证的假设:例如,《政法论坛》与《法制与社会发展》各自的影响系数分别是 1.05:0.95。这两个数字比较接近,体现出两种期刊有一定的知识同质性,例如,整体上都偏好发表理论法学文章。此外,由于《中外法学》过去在相当长一段时间也是偏好发表理论法学文章,但在知识上扮演着输出者的角色,因而,更可能成为对《政法论坛》影响最大的期刊。但是影响系数的相对比,与期刊之间的知识同质程度并非直接相关,可能还需要进行个案具体考察。甚至从细分期刊所发表的学科领域来而言,影响系数可能不足以反映实际情况。[15]

综合上述期刊之间相互影响力的微观分析和宏观评价,对比 CSSCI 法学期刊名单,可以整理为表 6:

表 6 CSSCI 前 10 名法学期刊的三种排名

名次	依期刊影响系数	依进入期刊他引前 5 名次数	依 CSSCI 遴选标准
1	法学研究	法学研究	法学研究
2	法学	中国法学	中国法学
3	中外法学	法学	中外法学
4	法律科学	政法论坛	政法论坛
5	政法论坛	法律科学	法商研究
6	中国法学	法商研究	法学
7	法商研究	现代法学	法律科学
8	法学评论	法学评论	法制与社会发展
9	现代法学	中外法学	法学评论
10	法制与社会发展	法制与社会发展	现代法学

---

[15] 例如,《中国法学》和《法商研究》比较多地发表经济法的文章,而《法学研究》则较少,这从现有的影响系数上很难看出来。

由于难以对影响系数和他引名次进行权重统计,因此,很难综合这三份排名形成一份客观精确的期刊最终排名。但对比三份名单,还是能看出一些问题:例如,《法制与社会发展》在前两份名单中都排名第10名,这与CSSCI排名第8名有些落差。其之所以排名第8名,只能合理推断其影响因子比《法学评论》、《现代法学》更大。另一个排名存疑的是《法学》,它在两份名单中分别排在第2和第3名,但在CSSCI排名仅为第6名。由于《法学》是单月刊,发文数量较多,其受CSSCI遴选主要依据影响因子的标准冲击较大。因而,也未能真正反映出其知识影响力。

三、期刊的个案考察:以《法学研究》为例

引证次数(被引频次)的单纯横向比较,所能得到的发现或推论还相当有限,还需要拉长时间的纬度进行纵向分析。本文选择《法学研究》(1979—2009年)进行个案分析。之所以选择《法学研究》,是因为就已有分析来看,不论如何评价,《法学研究》总是排名第1名。所以,《法学研究》存在的问题,很可能其他期刊同样存在甚至更为严重。

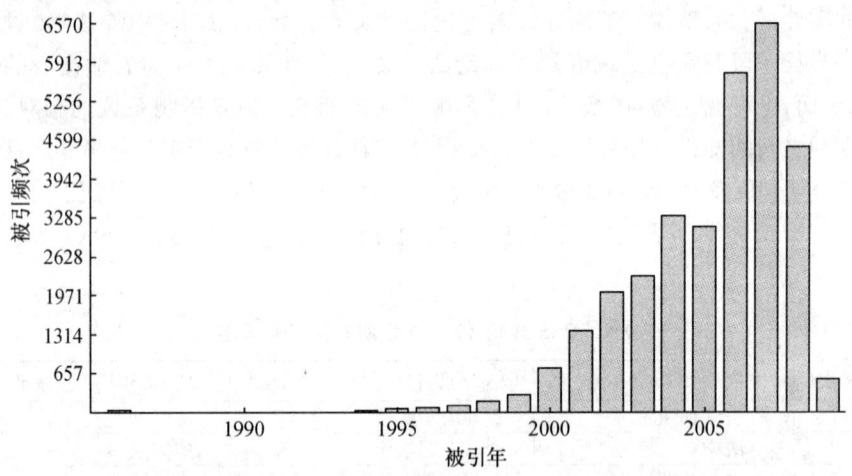

图1 《法学研究》被引频次(1979—2009)[16]

如图1所示,《法学研究》文章被引频次(被引证次数)的高峰是在20世纪90年代后期才出现。通过与其他CSSCI法学期刊被引频次进行比对,情况也是如此。因此,可以肯定的是,法学引证以及学术规范的确立,是20世纪90年代后期以后才正式开始,在此之前引证极少。[17] 这种现象的出现,应该说与20

---

[16] 此图是通过中国引文数据库自动生成。该图的数据不仅仅包括期刊文章引证次数,还包括各种学位论文的引证次数。

[17] 即使有,也往往是引证革命领袖的著作,而主要不是期刊文章。

世纪 90 年代后期的学术规范化讨论的影响密不可分。

但这只是期刊引证的好的方面。如果从期刊文章被引证次数占所有被引证次数的比例来看,那么期刊对文章的引证还远远重视不够。以 2007 年《法学研究》为例,共发表文章(不含笔谈)69 篇,总注释次数为 3161,期刊文章被引证次数为 191。[18] 这样,单篇文章引证注释的平均次数为 45.8,而单篇文章引证期刊文章平均次数只有 2.77。两相比较,尽管没有区分注和释,但期刊文章被引证次数在整体上还是偏低的。进一步来看,排除引证外文文献的情况,期刊所发表的文章在引证时更偏好引证著作,而不是文章。如果将法学期刊与理工科期刊所发表的文章进行比较,可以发现后者更多引证的是文章而不是著作,法学知识更新的速度更快。[19]

还值得注意的是,期刊所发表的文章的生命周期(短暂半衰期)。2007 年《法学研究》引证文章 191 次中,引证 10 年前即 1997 年(不含 1997 年)以前的文章只有 14 次,其中法学文章 12 次。因此,这也提醒,对于作者而言,应该创作真正经得起时间考验的文章。而对于期刊而言,这也是提升自己影响力的关键所在,应当减少应景性文章的发表。

表 7　2007 年《法学研究》引证 1997 年以前文章

原文	引文
张千帆:"宪法变通与地方试验"	郝铁川:"论良性违宪",载《法学研究》1996 年第 4 期
杨登峰:"民事、行政司法解释的溯及力"	游伟、鲁义珍:"刑法司法解释效力探讨",载《法学研究》1994 年第 6 期
刘笃才、杨一凡:"秦简廷行事考辨"	王侃:"宋例辨析",载《法学研究》1996 年第 2 期
黄松有:"和谐主义诉讼模式:理论基础与制度构建——我国民事诉讼模式转型的基本思路"	张卫平:"我国民事诉讼辩论原则重述",载《法学研究》1996 年第 6 期
吴汉东:"文化多样性的主权、人权与私权分析"	徐显明:"人权主体之争引出的几个理论问题",载《中国法学》1992 年第 5 期
夏正林:"从基本权利到宪法权利"	徐显明:"'基本权利'析",载《中国法学》1991 年第 6 期
章武生、杨严炎:"我国群体诉讼的立法与司法实践"	庄淑珍、董天夫:"我国代表人诉讼制度与美国集团诉讼制度的比较研究",载《法商研究》1996 年第 2 期

[18]　如果排除自引次数 29 次,实际只有 162 次。

[19]　当然,人文学科例如史学文章,对于著作更为重视,不能据此推论这些学科知识更新速度慢。本文对于法学知识更新速度慢的推论,是建立在法学更接近于自然科学知识生产的假设之上。这种假设是否成立,还可以进一步验证。

(续表)

原文	引文
孙宪忠、汪志刚、袁震:"侵权行为法立法学术报告会议述评"	米健:"再论现代侵权行为法的归责原则——兼答张佩霖先生",载《政法论坛》1991年第2期
马跃进:"合作社的法律属性"	卢晓媚、康德琯:"股份合作企业及其立法问题初探",载《政法论坛》1994年第3期
许发民、康诚:"犯罪对象概念的反思与重构"	李洁:"论犯罪对象",载《法律科学》1996年第5期
张生:"清末民事习惯调查与《大清民律草案》的编纂"	刘广安:"传统习惯对清末民事立法的影响",载《比较法研究》1996年第1期。
吴国喆:"善意认定的属性及反推技术"	汪泽:"民法上的善意、恶意及其运用",载《河北法学》1996年第1期。
彭学龙:"商标法基本范畴的符号学分析"	夏甄陶:"关于认识的语言符号中介",载《哲学研究》1994年第6期。
汪世荣:"陕甘宁边区高等法院对民事习惯的调查、甄别与适用"	任中和:"陕甘宁边区行政区划演变概述",载《历史档案》1988年第3期

四、期刊如何影响知识生产

上述调查结果,似乎还进一步说明了,法学论文的质量标准难以在经验上判断,因此其所依附的期刊本身成为重要的质量信号。那些影响力较大的期刊更可能吸引注意力,因此条件相同的两篇论文,不同的传播载体将导致不同的命运。这就是当代知识影响的经济逻辑。这在理论上解释了文献学中"齐普夫法则"所揭示的经验规律。这将导致一些问题,其中之一是期刊的分层将加速。正如本文显示,《法学研究》等排名靠前的期刊已经在被引证方面与同类期刊拉开距离,可以预见,这个差距将进一步扩大。中国法学将更为凸显形式上的"精英期刊",这些期刊在产业结构上高度集中法学论文引证,这也即是本文所暗含的"期刊的期刊"。

但这可能并不代表学术质量,或长期知识影响,例如前述法学论文的短暂半衰期。那么,这种分层和集中并不一定促进知识,反而可能形成障碍,例如这将不利于新思想新知识的生产。学术寻租和学术政治,在这个竞争过程中因此可能不是减弱,而是加强。[20] 如果能够意识到这一点,法学期刊特别是CSSCI法学期刊和法学集刊,或许应该采取更多的措施引导法学知识生产:

---

[20] 这两段文字主要来自于成凡的评论,并在他的建议下加入此处,从而使得文章上下文的思路更为连贯。

第一,提倡撰写专题述评(Review)。述评为学术研究所必需,一篇合格的学术论文,应该在文章中首先对已有文献进行梳理,这是文章的有机组成部分,然后才是谈及本文对已有研究的推进。但从目前来看,大多数论文还没有做到这一点。[21] 另外,作为基本训练,期刊应该提倡撰写深度的专题述评[22],而不是单篇的浅层次的学科综述。这样才能够推进知识增长。

第二,确立不同类型文章的写作方式。除了上述述评(Review)的形式以外,法学文章还包括论文(Article)、评论(Comment)和书评(Book Review),等等。不同类型文章的写作要求各不相同,但作者、编辑往往并不清楚什么是论文,更不清楚论文和评论的区别。期刊在发表述评时往往变成为会议综述,发表的书评也往往是赞美胜过批评。《北大法律评论》曾在第1卷第1辑的"编后小记"中,试图区分"论文"和"评论":"我们希望'论文'的贡献在于理论的点滴积累,它要求我们将所研究的问题建立在此前已有的学术成果或学术脉络上,通过概念或范式的演进逐步形成学术研究的传统。与论文不同,我们希望'评论'的贡献在于思想上的突破与创新,它的灵感可能直接来源于生活现实,它的论证也许不够严密,概念使用也许不够规范,但它的深刻、它的洞见、它的文采足以展现思想的魅力。"[23]但显然,这一区分原则还未能为学界所接受。期刊、集刊应联合学界好好检讨各类文章的写作方式。

第三,展开更多的学术批评。一方面,很多文章发表之后,缺少细致认真的回应;另一方面,刊登出来的一些书评,又多以恭维赞美为主。因此,真正的学术批评并没有开展起来。刊物肩负着组织学术批评的责任,在具体操作过程中应当注意如下事项:首先,在中国进行学术批评更可能会造成人际关系紧张,因此,期刊在组织学术批评的时候,可以事先相互通报,最大可能地减少当事人之间的误会。或者做好长期规划,组织学术批评先从法学界最牛的人开始,甚至不定期做批评学术人物的专栏。如冯象所言,"北大的传统,赛、德二先生是幌子,开会发言或上街喊喊而已。真正对得起先贤和这座百年'王八庙'的,是批判精神,包括对形形色色的赛某人德某人的辩论、批判。"[24]学术研究只有建立在学术批评的基础上,才能够真正加以推进。其次,除了组织对人物进行学术批评的形式之外,还可以就问题进行学术批评。特别是一篇文章涉及的问题如果属于社会现实的重要问题,都可以进行组织。这其实就涉及第四个建议。

第四,组织研讨新的学术问题。有眼光的编辑在发现一篇好文章或发现一

---

〔21〕 一种解释是,不少期刊对字数有限制,而质量较低且财政较为困难的期刊更可能对字数有限制。
〔22〕 在这方面,《中国社会科学》、《中外法学》有较好的尝试。
〔23〕 参见《北大法律评论》第1卷第1辑,法律出版社1998年版,第311页。
〔24〕 冯象:"致《北大法律评论》编辑部",载冯象:《政法笔记》,江苏人民出版社2004年版,第251页。

个值得讨论的问题的时候,可以组织相关领域的学人展开研讨。主题研讨的形式,可以围绕着这一篇文章来组织几篇评论,也可以通过组稿将问题相近的文章编排在一起。特别是前一种形式,目前还相当缺乏。而后一种形式,目前不少刊物有在做,但往往主题并不集中,会导致形式大于实质。《北大法律评论》在组织主题研讨方面有着比较优势。特别是早期组织的"中国的审判委员会制度"(第 1 卷第 2 辑)、"中国乡村社会的法律"(第 2 卷第 1 辑),主题相对集中,有专门的评议。但以后所组织的主题研讨,各篇文章往往是主题相近,但彼此之间的逻辑关联并不紧密。因此,应该回复早期主题研讨模式的传统。更进一步,可以将组织策划"主题研讨"与组织召开小型专题讨论会同步进行。刊物编委会提前筹备讨论会,并由专人负责,能够解决有"论文"但"评论"不充分的问题,从而将刊物真正建设为学术同人的交流平台。

第五,鼓励判例研究。以《北大法律评论》为例,11 年来共发表"案例研究"8 篇,其中 2001 年(第 4 卷第 1 辑)之前就发表 7 篇。最近几年已经不再刊登。出现这样的问题,其直接原因可能是优质稿源的匮乏。更深层面的原因可能是,判例研究的写作方法比较特殊,很多人往往会将判例研究写成一个纯粹的案例分析,就事论事,缺少深度和思想提炼。真正的判例研究写作,可能还是要在一定程度上遵循论文的要求,通过对个案的深描,来反思现实或理论上具有一般意义的问题。在中国,法院判决的影响力越来越大,同时,较之立法研究偏重于制度设计,判例研究重视实际经验,更能够推动法学知识生产。因此,期刊鼓励判例研究有相当必要。如有可能,可以先集中于讨论最高法院判决。

期刊还应通过推动树立良好的学风来引导知识生产,特别是应规范作者署名顺序。期刊可以对乱署名现象进行纠治。纠治的重点就是,主要由学生独立完成的论文,却把导师的姓名放在了上面,特别是将自己的名字放在学生姓名的前面。一旦在学术追求中掺杂有个人利益、贪婪或者虚伪,就会严重威胁到人们对学术价值的信任。"在学术成就的评定中,最重要的因素就是独创性和优先权,因此作者署名非常重要。如果对于荣誉的分配做不到公平准确,那么结果是非常有害的,因为它会使人无法明确到底谁应该对研究负有什么样的责任。"[25] 刊物能够做的工作,就是对合作文章提出要求,要求说明研究的分工和各自的贡献,并且提倡按照贡献大小排名。长期合作者可以轮流排名。另外,还要特别审查没有贡献却署名,甚至将实际贡献的人的名字去掉的情形。[26] 对于这样一种"学术剥削",期刊应该在制止学术不端行为方面作出表率。还

---

[25] 肯尼迪:《学术责任》,阎凤桥等译,新华出版社 2002 年版,第 258—259 页。
[26] 法学界有个别教授就是如此行事。例如,本人口授一个大纲,然后让学生组织材料去写,最后单独署名发表。

有,期刊应在扶植新人方面作出更多的工作,而不是重在发表名气大的人的文章[27],应该鼓励新人打破专业界限,进行跨学科的知识整合的研究。[28] 通过上述措施,期刊能够加快知识更新的速度。

五、结语

总的来看,CSSCI 排名并没有真正反映出法学期刊的知识影响力,更重要的是,CSSCI 以引证次数和引证率(影响因子)为主要遴选标准,会对法学知识生产产生一些不利影响。例如,第一,激励期刊不发表无助于提高本刊引证次数或引证率的文章。就形式而言,属于书评和判例研究的文章最少可能被引证。第二,以 CSSCI 作为评价法学文章质量的标准,并不准确,比较而言,单篇文章的引证次数更能够用来准确评价文章质量。第三,就现有的法学期刊来看,CSSCI 并不利于专业性法学期刊的发展。以北大法学院为例,它已经效仿美国主流法学院创办了多种专业性法学期刊。[29] 对于这些专业性法学期刊,可能更需要建立不同于 CSSCI 的评价标准。[30] 因此,法学期刊界与法学知识界,应审慎考虑改善 CSSCI 法学期刊的现有评价标准,充分发挥引证的积极功能,减少引证的负面影响,促进法学期刊在更新法学知识、建立法学知识传统中发挥更大的作用。

(初审编辑:尤陈俊)

---

[27] 名气越大的人,往往他的学术能力就开始下滑。这些人往往是参与众多仪式场所和会议活动,还要在各种场合亮相发言,包含着大量时间与精力的奉献与牺牲,这种奉献与牺牲就是这一特定象征性资本积累——学术名气——所绝对必需的条件。参见波丢:《人:学术者》,王作虹译,贵州人民出版社 2006 年版,第 130 页。

[28] 现有学术竞争规则要求知识训练,要求服从固定的学术标准,注重资深者的贡献,尤其是要尊重各专业领域的界限。这种强调使年轻学者很容易感到,从事狭窄问题的研究,要比从事大范围问题的研究更稳妥。专业化的一个根源,不是源于知识的内在发展规律,而是来自现代大学中特殊的组织结构。参见刘易斯·科塞:《理念人:一项社会学的考察》,郭方等译,中央编译出版社 2001 年版,第 310—311 页。

[29] 例如,《北大国际法和比较法评论》、《金融法苑》、《刑事法评论》、《网络法律评论》、《北大知识产权评论》、《法律书评》、《行政法论丛》、《法律和社会科学》、《财税法论丛》等。

[30] 参见苏永钦等:"从美、日、德的法学期刊看我国法学期刊的问题与出路",载台湾《政大法学评论》第七十九期。

附表　CSSCI 法学期刊引证次数前 10 名的期刊(含自引)[31]

	法学研究	中国法学	中外法学	政法论坛	法商研究	法学	法律科学	法制和社会发展	法学评论	现代法学	环球法律评论	比较法研究	知识产权	法学家	法学论坛	行政法学研究	法学杂志	中国刑事法杂志	政治与法律	当代法学	华东政法大学学报
法学研究	436	230	70	136	113	118	124		96	90		84									
中国法学	245	283	42	139	193	230	169		142	151		21					90				
中外法学	74	42	49	18		27	37		15	17		21									
政法论坛	138	148		181	97		59	59	65	78		54									
法商研究	164	151	58	143	138		79		62	56		36									
法学	182	132	63	63	76	223	69	55	64	62											
法律科学	197	149	79	56	67	121	150	48	73	88		48									
法制和社会发展	131	128		56		63	64	101	61	57		68									
法学评论	185	138	70	70	64	117	85		143	80		48									
现代法学	222	179	74	105	71	127	102		104	137		68									
环球法律评论	34	29	12	21	19			15	15	15	22	31			15						
比较法研究	51	63	25	24		41	33		25	26	34	87									
知识产权	27	25		15	19	22					16		118								
法学家	339	493		293	328	425	246		300	275					23		189		125		
法学论坛	172	148	36	63	68	115	62		56	73	19					42					
行政法学研究	46	80		28	28	44	24		19	35						157					
法学杂志	84	89		45	32	65	48		38	55		21									
中国刑事法杂志	128	82		67	36	85	64		42								63	28			
政治与法律	119	132		64	42	109	60		64	62	19							104			
当代法学	207	223		95	108	157	97	81	130	111									48	69	
华东政法大学学报	74	53		47	35	86	30		42	43											35

---

〔31〕 非 CSSCI 法学期刊进入 CSSCI 法学期刊引证前 10 名, 如《电子知识产权》进入《知识产权》第 2 名, 等等。由于表格范围限制, 这些期刊都没有列入此表。

追求不可替代

——《北大法律评论》十年感言

苏 力[*]

Pursuing the Irreplaceability:
Some Thoughts on the 10th Anniversary of
Peking University Law Review

Su Li

一

  1987年是《哈佛法律评论》的百年华诞。年前,该刊编辑部邀请校友并曾担任过《评论》主席的波斯纳法官撰文。波斯纳起先谢辞了。他认为《评论》百年"并无意义"(has no significance),还不如他的住宅已82年更有意义;后者意味着房屋的维护和修理问题,意味着住宅的建筑和结构有特点,而这些信息都可能影响当下的人如何计划和行动。而一份杂志没有自然寿命,只有迷信崇拜整数的人才会对此感兴趣。"《哈佛法律评论》百年只由于它创始于百年之前;所有主要法学院的法律评论,如果都始于百年之前,那么如今也都会是百岁华诞了。"

---

[*] 北京大学法学院教授、院长,长江学者。

在研究和思考之后,波斯纳最终还是为《哈佛法律评论》撰写了一篇 20 页的长文,这就是著名的"法律作为一个自足学科的衰落"。[1] 以上面这个故事开头,该文根据 1962—1987 年间法学学术发展状况和趋势,论证并预测了,由于诸多外在的原因,《哈佛法律评论》也许已到达其顶峰,正开始走下坡路了。

与许多中国读者初次听到这个故事时可能会有的感觉一样,我当然震惊于波斯纳如此不给面子,甚至不近人情,对于自己的母校,对自己投身并服务过的这个著名刊物。但更令我感动的,首先是波斯纳对于学术的态度,即一般人理解的较真,不凑合,不应付"场面上的事";以及波斯纳面向未来的实用主义:追求一个事件的社会的(而不是个人的)意义和行动的意义,而不是沉湎于自己"往日的美好时光"。

尽管很多人可能都会这样理解,但这个故事并没有说"场面事"必定都没有意义;它凸显的反倒是,人可以甚至必须通过自己的观察思考发现其意义。波斯纳撰文也表明这种发现可能;而因为他的发现,至少部分地改变这种"场面事"的性质,使之变得有社会行动意义了,对于自己未来的学术研究以及对于整个法学界均是如此。因此,不是清高、孤僻和骄傲,不是愤世嫉俗,以不参与"场面事"来标榜自己;这类姿态弄不好也同样变成一种——姿态,结果却仍然没有观察、思考和学术,仍然没有社会意义。但也不是刻意追求微言大义,别出心裁。在一定程度上,这仅仅印证的是苏东坡的追求:"文如万斛泉涌……常行于所当行,常止于不可不止,如是而已矣。"

二

有点绕圈子了,但不是。因为《北大法律评论》已经 10 年了;2008 年年初,一位编辑约我就《评论》10 年写点什么。我是非常不习惯这种场面的人;不是说不愿参加。作为院长,我知道这是责任;但直觉上,我还是希望找到一个切入点,从场面事中找到些什么,说一些令自己有所感悟同时可能与他人分享的话,少说或不说一些放之四海而皆准的"百尺竿头,更进一步"之类的套话。因此拖了下来。拖得时间长了,也想过妥协,随便写点什么。因为也知道,即使用心,这类文字,除了编辑和校对人员,一般也不会有什么人留心阅读,因为确实很难有新意或"干货"。许多人,无论是前辈,还是同辈,甚至更年轻的学者,都曾或正或开始写着这类文字;但对年轻的学生来说,同样感到一种师长的扶持和支持。也许,每一代人都是如此,哪怕年轻时再雄心勃勃,也只能如此,甚或必须如此。

---

[1] Richard A. Posner, "The Decline of Law as An Autonomous Discipline," 100 *Harvard Law Review* 761 (1987). 该文主要部分后被纳入《法理学问题》第 14 章;波斯纳:《法理学问题》,苏力译,中国政法大学出版社 2001 年版。

直到我读到波斯纳的这个故事!

10年了。《北大法律评论》发表了不少国内著名学者的重要论文,也翻译发表了一些外国学者的著名文章;当年的许多年轻(包括学生)作者和学生编辑,也许部分因为他们在《评论》的写作、发表或编辑的经验和经历,如今在全国各地、境外乃至国外高校或其他行业找到了自己的合适位置;它也许是全国最早的不付稿酬、但也不收版面费的法学刊物;在北大的影响下,许多高校法学院也先后以各种方式创建了本校/院的学生主办或参与的法律评论,如今已不下20种了,《北大法律评论》无疑是其中最有影响力的之一;它也已经进入了南京大学的"中文社会科学引文索引库"的集刊类,在这个意义上,也可以算是"核心刊物"了。所有这些都表明《北大法律评论》的成功,并且是在非常的艰难中。

这都值得纪念,对于10年来的不辞辛劳的编辑,对于北大法学院。但这——取决于我们的视角——并不是最值得纪念的。尽管当年的追求似乎很简单,大致就是要复制美国法学院的经验;但今天看来,我们追求的其实并不是一份由学生主办的学术刊物,在全国法学院中引领风气,发表一批重要论文,在学界获得一定的学术声誉和认可,培养一批学生编辑,增强学生的实践能力。反思我们之前的类似经验,会发现,我们真正想纪念的,无论人物、机构还是事件,都不会仅仅因为他或她或它的时间悠久,而更可能因为他或她或它的(无论过去还是现在)独特性,以及对于我们此刻的意义。

所谓独特性很容易误解,它可以仅仅是视觉、听觉、触觉上的各种差异,这相对容易达到,却未必真有意义,而且很难持久;想想我们常说的"哗众取宠"或贬义上的"标新立异"。真正的独特性,在我看来是对于社会特别是具体社会语境的不可替代性,想想"领异标新二月花",因此它不是本质主义的,而是功能主义的,强调的是对于社会需求的满足,以及其中隐含的与社会需求的有机整合。而这也正是中国和这个时代要求知识创新、制度创新的真正意义。

三

若是按照这个标准,浏览10年来《评论》发表的文章,我感觉《评论》应当更进一步强化这种不可替代性的追求。不要试图模仿现有的法学刊物的模式和主题,不要试图仅仅复制那种规训了的学术论文,也不要试图重复学界已经关注的那些讨论,仅仅让年轻作者(包括学生)多一个发表文章的园地,乃至把自己变成一份因中规中矩、符合现行学术体制的核心期刊,而不是一份给人以智识挑战和启发的核心期刊。它必须进一步寻求它对于中国和中国学术的意义,而且必须务实,即这份学生编辑的刊物可能做到并做好的。

首先是在学术传统中研究中国问题,特别要关注现有学术体制关注不够的法律现象和法律事件。年轻学生应当也更可能具备这种学术的敏锐。在这个全球激烈变革的时代，在中国作为大国崛起的进程中，当代中国法学的研究格局还在形成之中，层出不穷的中国的以及与世界有关的新问题，正不断挑战着过去三十年法学恢复发展的学科和学术体制，要求给予中国学界的回答。至少过去一年来，关于《劳动合同法》，关于"许霆案"，关于"彭宇案"，关于汶川地震，关于"问题奶粉"，都现实地摆在法律人面前，并且总是涉及许多方面和多个维度；《评论》完全可能以多学科或交叉学科的视角，组织短小精悍的系列论文，或长篇中心论文集中展开讨论（但不是议论或表态）。

当然，这有个及时性的问题。及时的参与可能不深刻，而深刻的往往不容易很及时。我认为，如果《评论》真正定位于对中国问题的学术理解和研究，关注不可替代性，那么及时性不是个真正的问题，或者说，是可以牺牲的。而且，深刻并不总是来源于时间。

应当注意学术的表述。法学常常有自己的专门术语，这便利了专门家的阅读；但术语行话并不必定代表学术研究的深度，有时它可能只是一种"过度包装"；术语还会构成进入壁垒，因此压缩了优秀论文的潜在读者。同其他消费品一样，法学论文也必须坚持为学术消费者考虑，尽可能把文章写得简单、明白、流畅。千万不要以为只有生涩的才是学术文章，或是越生涩就越是深刻的学术文章。"法律的生命从来不是逻辑……"如醍醐灌顶；而科斯的没有经济学术语和公式的文章，使他不仅获得了经济学的读者，而且获得了广大的法学读者。再看看《理想国》、《政治学》，或是《论语》、《庄子》，都表明深刻的思想并不必须是艰涩的表达。艰涩的表达，很可能反映了作者思考不清楚或表达能力的欠缺。

应当更多关注年轻的作者，包括学生作者。年龄并不是思想深刻和学术创新的可靠代表(proxy)；但一般说来，相对年轻的作者会更敏于吸纳新的社会信息，更关注不被现行知识体制看重的知识，能够提出新问题；为更有效进入学术发表的市场，一般也就会更系统思考和阐述，力求言之有物。处于学术起步阶段，处于学术体制的边缘甚至外围，他们的研究成果不容易获得现有知识体制和发表体制的认可，甚至他们会对自己不入时的作品既自信又不自信，他们会更珍惜《评论》提供的发表机会。如果每年能发现两三位这样的作者，发表数量更多的在某些方面有所创新的文章，那就会对不仅是《评论》，而且是对中国法学研究的贡献。在这一方面，《北大法律评论》是占有天时地利之便的。

应大力推进学术批评，尤其是针对我们这一代50岁上下的学者。记得《评论》早期，就有学者提出过这种建议，指出大学教授就是为学生提供一个批判对象。[2] 但由于种种原因,积极、严肃、负责任的学术批评至今没有发展起来,反倒是基于意识形态的(或理念)的批评在各类媒体上特别是在网络上扩展着。如果缺乏基于中国经验的学术批评,基于政治正确的批评就会占据相当地位。而且,我在其他地方已经指出,当代中国法学的进一步发展,首先必须批评和超越的其实不是其他,而正是我们这一代学人,这批改革开放前期入大学,如今当了教授、博导,占据了相当高的学术地位并因此享有更多话语权的学人。不是人身攻击,不是政治正确,不是概念解析,在当下中国语境中,甚至还必须尽可能防止意气化,这种批评其实也是学术的传承,因为只有在深入批判中,才能看到各位学人的弱点,才可能推动和引导整体的学术发展。对中国学者的关注必须成为中国学术的重要甚至是核心组成部分。

如果能在这些方面做得更好,《北大法律评论》就一定会培养甚或创造一批稳定的学术消费者,有别于现有学术刊物的消费者,因此会创造自己的学术市场,创造《北大法律评论》对于这个社会的不可替代性。这也可以说是"拾遗补缺",但意义并不是无关紧要,而是学术分工。

四

这么说很容易,但困难很多也很大。

《北大法律评论》仍然举步维艰。中国的学术出版还没放开,刊号制度还挤压着学术发展的自由空间,它只能"以书代刊",这就带来了出版周期和无法及时回应热点问题的麻烦;现行学术核心期刊体制排除了它"核心期刊"的可能,它发表的论文不能满足高校法学院教职晋升或定岗的标准,因此无论是教师作者,包括我在内,还是学生作者,都只能首先满足现行的学术体制对个人或学术单位的要求,以些许余力来支持一下《北大法律评论》,它很难获得大量高质量的稿源(尽管它大致保持了其创刊时的学术质量,并且在我看来,平均质量仍高于许多核心期刊的平均质量)。这些还都是短期内不大可能有根本改观的不利条件。

还有更大的威胁。鉴于互联网的发展,鉴于下一代读者的网络阅读习惯,纸版的《北大法律评论》的前景更不光明。事实上,这在美国法学院已是一个现实问题:许多法学院图书馆如今更多购买电子版杂志,纸版刊物已经很少有学生光顾了;便利的 Westlaw 或 Lexis Nexis,大大削减了读者对纸版的需求了;你甚至从网上可以免费查阅包括《哈佛法律评论》等重要法律刊物的几乎全部最新文章[3];而国际上各种新的网络法学杂志的数量也正日益增加,并且通过

---

[2] 冯象:"致《北大法律评论》编辑部",载冯象:《政法笔记》,江苏人民出版社2004年版。
[3] 《哈佛法律评论》,http://www.harvardlawreview.org/recentissues.shtml。

电邮"送法上门"。[4] 出现了一个"电子阅读的春天"。[5] 尽管人们的偏好纸版阅读的习性难以改变,但我在什么地方看到过一个美国经验研究发现一代人后(20年)这个习性就改变了。随着电子阅读的技术进步和无线网络化,可以预见,所有纸版法律评论的未来都令人疑惑,并要求编辑们未雨绸缪。

我并不是建议或暗示应停止发行纸版《北大法律评论》。即使作为资料积累,为了培养和锻炼学生编辑,或稳住现有的市场,至少一段时间内《北大法律评论》仍必须发行纸版。但我也认为,在未来几年的适当时机,在经验调查和理性盘算的基础上,并同出版社协调后,应当考虑推出网络版的《北大法律评论》,或在一定时间后提供PDF版的论文下载。这当然最有可能会进一步挤压纸版的发行量,但从理论上看也有可能增加发行量,特别考虑到人们目前的阅读习惯。从知识传播的经济学角度来看,这会是为社会提供知识并让知识发挥作用的最佳途径,也是借市场这个机制来筛选学术作品的必要。

必须作出更多的各方面的努力。但决定任何商品之命运的,说到底,仍然是它对消费者有没有无法取代或很难取代的吸引力。学术商品也不例外。因此,所有的努力都必须基于严格、认真和追求真正有意义的学术,坚持对学术的信守。不是所有人都可以做到,也不要求所有人都做到,但一个国家,一个民族,必须有那么一些人愿意并能够做到这一点,愿意不是因为历史将证明其正确、成功或辉煌,而仅仅因为它对于这个社会以及对于行动者有意义。即使知道自己的那一点追求终将随着时代变迁走出社会的视野,也仍然怀着一种刻骨铭心的真诚毫不妥协地追求。

2008/11/9 北大法学院科研楼

(初审编辑:尤陈俊)

---

[4] 例如,*Global Jurist*, http://www.bepress.com/gj; *Review of Law & Economics*, http://www.bepress.com/rle; *The Law and Development Review*, http://www.bepress.com/ldr; 以及 *The Economists' Voice*, http://www.bepress.com/ev。

[5] "电子阅读的春天,"载《经济观察报》2008年11月17日。

经由"内部契约"的公共治理:英国实践
——评戴维斯的 Accountability: A Public Law Analysis of Government by Contract

卢 超*

Government by Internal Contract: Practice of UK
—A Review of A. C. L Davies'
Accountability: A Public Law Analysis of Government by Contract

Lu Chao

内容摘要:本文对英国公法学者戴维斯女士的 Accountability: A Public Law Analysis of Government by Contract 一书进行了深度评析,探析了内部契约制度在英国公共治理中的作用。内部契约作为英国新公共管理运动的产物,革新了传统的官僚科层体系。本文对这一颇具英国特色的制度进行了全面解读,对戴维斯以 NHS 为个案的分析视角与法律社会学的研究思路进行了阐释与重构。通

---

* 南开大学法学院 2007 级行政法学硕士,上海交通大学凯原法学院 2009 级行政法学博士研究生,电子邮箱:luchao8586@sina.com。感谢初审编辑成协中对文章的宝贵修改意见,以及匿名评审专家对本文提出极为中肯的建议。南开大学法学院宋华琳副教授、吉林大学法学院于立深老师对本文的写作进行了悉心的指导,在此表示诚挚的谢意,当然文责自负。

过对英国个案话题的解析,探讨内部契约在公共治理中的运作机理与功能意义。

关键词:内部契约 公共治理 契约化国家 责任机制

一、前言

Accountability: *A Public Law Analysis of Government by Contract*(《责任机制:契约治理的公法探析》)一书为牛津大学法社会学研究系列丛书中的一本。本书为戴维斯(A. C. L Davies)[1]女士在其博士论文基础上,继续在同一主题深入研究多年的结晶。作者从事公法契约研究多年,与传统的行政契约研究不同,戴维斯在该书中运用法律社会学研究手段,以 NHS(National Health Service,英国国家医疗服务系统)中契约运作的个案为例,探讨了普遍意义上的公法契约问题。戴维斯在本书中所着重分析的,并非一般意义上的公法契约,而是行政机关内部设定责任的内部契约(internal contract)。作为现代公共治理所运用的新型契约工具[2],内部契约在英国公共治理的舞台上扮演着越来越重要的角色,但其引发的合法性以及责任机制问题,值得进一步深入研究探讨。而本书恰在此时赋予我们新的视角与思考纬度。

二、"契约化国家"(contracting state)的兴起

按照德国行政法学之父奥托·迈耶的传统行政法学观点,政府与公民之间自不可能发生契约关系,其从根本上排斥行政契约的存在。其称"国家与私人之间,前者之意思恒居单方及支配地位,契约实难想象,即所谓国家不与百姓订合约"。[3]这种19世纪的夜警国家秩序观,强调行政权与国家对于个人权益的凌驾地位,行政行为手段模式单一,更多以强制力为后盾,整个国家与社会呈纵向金字塔体系,国家与行政权力无疑处于优势状态。限于当时单一的行政任

---

[1] 本书作者戴维斯(A. C. L Davies)现任教于牛津大学,其主要研究领域为公法契约、劳动法。她的另一本专著 *The Public Law of Government Contracts* 亦于2008年12月由牛津大学出版社出版。关于戴维斯的个人介绍,可详见牛津大学其个人主页:http://denning. law. ox. ac. uk/members/profile. php? lecturer_code = daviesa,最后访问日期2009年3月20日。有关牛津大学法律社会研究的详细情况,可参见 D. J Galligan 的 *Administrative Law*(Oxford; New York: Oxford University Press, 1996)一书中对该研究中心的介绍,尤其在与行政法和政府规制结合部,牛津大学的法律社会研究业已推出大量的杰出作品,本书亦为其中之一。关于该系列丛书,可详见 http://www. oup. co. uk/law/series/socio-legal,最后访问日期2009年3月20日。

[2] 国内对虚拟契约、内部契约这一问题进行深入分析的学者首推余凌云教授,在其与于安教授合著的《关于契约理论与制度走向的对话》一文中,便提到戴维斯的此本专著。详见于安、余凌云:"关于行政契约理论与制度走向的对话",载罗豪才主编:《行政法论丛》第9卷,法律出版社2006年版,第40—54页;另外可参见余凌云:"行政法上的假契约现象——以警察法上各类责任书为考察对象",载《法学研究》2001年第5期;余凌云:《行政契约论》,中国人民大学出版社2000年版。

[3] 转引自吴庚:《行政法之理论与实用》,中国人民大学出版社2005年版,第264页。

务以及国家社会结构,奥托·迈耶的结论镶嵌于特定时代,具有自身的合理性。

而发展至现代社会,环境保护、国土开发、社会保障等诸多领域的问题层出不穷,国家日益扩充的行政任务,使得传统的高权行政行为手段日趋掣肘。在此种背景下,行政契约作为一种更加柔和、富有弹性的行政手段,适应了时代需求。在社会结构上,传统的金字塔型社会结构,随着社会变迁,逐步向更为平等化、合意化的"扁平社会"[4]方向发展,这种社会结构的变革,提升了个人在整个国家体系中的地位,使得原本依附于国家公权力的个体拥有了独立与公权主体进行磋商协议的空间。因此,行政契约的出现,不仅适应了现代行政的迫切需要,更是社会结构变迁引发的必然结果。

就本书而言,戴维斯在全书初始提出一个颇为普遍的公共治理中运用合同手段的问题。在英国,契约经常扮演一个工具性政策的角色,英国公共事业私有化改革中大量的公共契约以及公私合作模式的出现[5],对传统的行政模式和法律思维提出了挑战。[6] 合同作为传统意义上的私法手段,亦开始被作为公共治理的工具,以增进公共福祉。在现代大陆法系学者看来,"在若干范围之内,行政可以以私法形式活动,至少在法律完全没有规制或者甚至容许的时候,行政运用私法行为的空间仍然是存在的……行政运用行政行为模式实现行政目的时,拥有行为形式选择自由。"[7]随着福利国家、给付国家的兴起,作为现代行政模式新选择的公私合作、民营化手段得到广泛运用。这种公私契约模式的出现,是适应社会变迁与国家任务变革的新兴产物。

犹如英国公法学者伊安·哈登(Ian Harden)所描述的那样,现代国家犹如一个"契约化国家"(Contracting State)。[8] 在契约化国家中,合同模式早已突破私法领域,在公共领域中亦逐渐受到青睐。在伊安·哈登看来,"契约化国家"是对现代社会的一种最新阐述,在现代社会中,契约成为勾连个人之间、个人与国家甚至国家机构内部之间日常关系的工具。

---

[4] 扁平社会(horizontal society)为法社会学家劳伦斯·弗里德曼的理论概括,其理论认为在工业化与都市之后,社会结构由传统社会的垂直结构朝向扁平化方向结构发展,对社会规范以至宪法产生重大影响,个人在扁平社会之中拥有有较大的独立生存空间。详见 Lawrence M. Friedman, *The Horizontal Society*, New Haven, Conn.: Yale University Press, 1999。

[5] 关于英国公用事业私有化的详尽介绍以及所引发的法律问题探讨,可参见 A. W Bradley and K. D Ewing, *Constitutional and Administrative Law*, London; New York: Longman, 1997, pp. 326—348。更为深入的分析,可详见 Tony Prosser, *Law and the Regulators*, Oxford; New York: Clarendon Press,1997。该书以公共事业的诸多领域为框架,详尽探讨了英国公用事业规制中的理论和实践议题。

[6] 民营化、公私合作对传统的行政法模式以及司法审查制度的冲击,以及引发的新行政法变革,可参见乔迪·弗里曼:"私人团体、公共职能与新行政法",毕洪海译,载《北大法律评论》第 5 卷第 2 辑,法律出版社 2004 年版,第 516—550 页。

[7] 程明修:"行政行为形式选择自由——以公私协力为例",载台湾《月旦法学》2005 年第 5 期。

[8] Ian Harden, *The Contracting State*, Buckingham: Open University Press, 1992.

因此,"契约治理"(government by contract)的内涵便突破了对于行政契约的传统理解。马克·弗里德兰(Mark Freedland)便认为:"契约治理的含义不能局限于一般意义上的公私合作契约方式,公共服务中契约化了的组织机构设置都应纳入这一范围中。"[9] 戴维斯正是从弗里德兰对于"契约治理"的新阐释出发,通过对英国实践的举证与剖析,逐步展开自己的论证。

三、内部契约的治理模式——荆棘丛生

(一) 内部契约的模式

戴维斯在全书伊始提到英国外部契约问题之后,逐步过渡到本书的核心议题——内部契约。所谓内部契约,指的是同属公共部门的两个机构之间签订的有关权利义务的协议。内部契约按照学理上的分类属于假契约[10]的范畴,"内部契约的特征在于用市场机制来解决公共服务的质量问题,通过契约方式事先明确契约当事人彼此的权利与责任,让双方都受契约的约束和必须履行各自的契约责任,而非为了要到法院强制执行它。弗里德兰便指出这里的契约有着双重幻觉,是非独立人格的部门被认定签订了非契约的契约"。[11]

在内部契约模式下,"中央政府部门的许多责任被下放给执行机构——其与所属部门的关系由一种框架文件加以规范,内部市场被引入到像健康与教育这样最基础的公共服务领域的规范中,这些规范以购买者和供应商的区分为中心组织起来。此时契约取代了作为管制典范的命令与控制"。[12] 关于内部契约在英国的广泛使用,戴维斯在该书中举了诸多例子。譬如,中央各部同属下机构之间签订的框架文件、财政部同政府各部签订的公共服务协议(PSAs)、NHS 内部的购买者和供应者之间的合同、地方政府同其直接服务组织(DSOs)之间的服务协议。[13] 在第二章中,戴维斯还详尽介绍了强制性竞争投标(CCT)、社会看护(social care)中的契约工具、"下一步"机构框架协议(next steps agency framework agreement)、公共服务协议(public service agreements)等几类典型的内部契约模式的差异与特征。

---

[9] Mark Freedland 对 Government by Contract 此一概念的详尽分析,以及其对戴维斯《责任机制》一书的评价,详见 Mark Freedland, Government by Contract Re-examined—Some Functional Issues, in Paul Craig and Richard Rawlings, Law and Administration in Europe: Essays in Honour of Carol Harlow, Oxford; New York: Oxford University Press, 2003, pp. 124—136。

[10] 有关英国假契约问题,中文著作可参见余凌云:"行政法上的假契约现象——以警察法上各类责任书为考察对象",载《法学研究》2001 年第 5 期。

[11] 余凌云:《行政契约论》,中国人民大学出版社 2000 年版,第 31—37 页。

[12] 默里·亨特:"英国的宪政与政府契约化",载迈克尔·塔克特主编:《行政法的范围》,金自宁译,中国人民大学出版社 2006 年版,第 27 页。

[13] A. C. L Davies, Accountability: A Public Law Analysis of Government by Contract, Oxford; New York: Oxford University Press, 2001, p. 27.

内部契约的出现,同现代社会行政模式变革的大背景息息相关,"传统的脱胎于18世纪古典宪政理论的行政观,现在已经无法应对现代国家从政府到治理的转变,新公共管理运动使得公私服务之间的界限日益模糊,将市场化的运作模式引入公共服务机构内部,改变了传统的韦伯式的行政科层制"。[14] 内部契约的出现,正是这种变革的具体反映,"假契约作为一种全新的公法契约模式,在某种程度上改变了传统法律规制手段的僵化特征,更加具备回应型法(responsive law)的特性,更好地适应现代公共行政的弹性需求"。[15]

(二) 内部契约的困境与争议

然而内部契约并非无懈可击,戴维斯认为公法契约的一般弊端同样适用于内部契约,譬如宪法规范约束的不足,对更广泛的公共利益的考量不足以及公共参与的缺失等。

在其看来,内部契约最严重的问题却在于另外三个方面:一是内部契约的法律地位。在部分学者看来,契约两方缺乏相互分离、各自独立的法律人格,内部契约如同自己与自己签订合同,法律关系十分模糊。[16] 所以内部契约基本上都缺乏法律执行力。法律上执行力的匮乏,使得当违约现象产生时无法预测相应后果。由于缺乏相应的诉讼压力,内部契约便缺乏有效的机制来实现自我执行。二是关于购买方(purchaser)和提供方(provider)的组织分离程度。内部契约将传统的上层科层官僚组织分为购买方(purchaser)和提供方(provider)两个角色,购买方制定政策,而提供方则执行该决策。内部契约在很大程度上,通过契约模式来改造传统的科层制、等级化的行政体制。一般认为,这种角色分离将在三个方面大大增强责任机制:"首先,从直线管理向合同治理的模式转变,将会使绩效标准更加明晰化、正式化;其次,购买方和提供方的组织分离,将使各自的权责更加明确;最后,竞争机制将会支持和培育合同责任的正式化过程。服务的提供方将竭力满足标准要求,因为担心在与潜在对手的竞争中失利。"[17] 就实践来看,购买方和提供方的组织结构和法律形式分离程度在不同领域呈现出不同的特点,除却

---

[14] Cavin Drewry, "The Executive: Towards Accountable Government and Effective Governance?", in J. Jowell and D. Oliver(eds.), *The Changing Constitution*, 5th edition, Oxford; New York: Oxford University Press, pp. 280—303.

[15] 有关英国公共管理中契约模式与回应型法之间的关系,可详见 Peter Vincent-Jones, "Responsive Law and Governance in Public Services Provision: A Future for the Local Contracting State", *The Modern Law Review*, Vol. 61, No. 3(May, 1998): 362—381。

[16] "契约必须至少有两方当事人,每一方当事人都应有缔约能力。当涉及组织时,缔约能力与另一个更大的概念'法律人格'联系起来……既然一个机构与行政部门在法律上是不可分离的……框架文件就不可能是私法上的合同,因为这些机构没有和与之签订合同的行政部门分离的独立人格。"见于 I. Harden, *The Contracting State*,转引自卡罗尔·哈洛、理查德·罗林斯:《法律与行政》(上卷),杨伟东等译,商务印书馆2004年版,第406页。

[17] 有关角色分离将增强责任机制的讨论,详见 A. C. L Davies, *Accountability: A Public Law Analysis of Government by Contract*, Oxford; New York: Oxford University Press, 2001, pp. 50—51。

NHS 内部,在其他领域中,这种分离程度则是相当模糊的。[18] 三是一方是否具有足够的自主选择权同另一方来签订协议。毕竟,合同自由是传统以及现代合同理念的核心要素,内部契约在此点上遭遇到了重重疑问。在此点上,戴维斯简单介绍了几种内部契约的不同情况,在她的分析中,不同种类的内部契约之间合同选择自由权是不一致的。除了 NHS 的内部契约和一些地方政府服务契约存在较大程度上的竞争与自主选择权之外,其余则不容乐观。[19]

(三)内部契约的变革方案与争点

内部契约存在的诸多问题,使得不少人认为内部契约仅具有符号表达的作用,合同符号仅仅是为了使得科层制的管理关系显得更加正式、绩效目标更加明晰。也有学者从另外的角度反对内部契约,一是认为行政机构内部引入契约将带来较高的成本,内部契约的交易成本很难估量;二是认为过分强调增强内部契约的执行力,将会大大削弱内部契约的最大优势——灵活性。[20]

不同于上述观点,戴维斯认为,无论是符号主义的标签,还是成本和灵活性的判断,都没有充分理解和认识内部契约的核心争点。戴维斯认为,要让内部契约发挥出更好的规制效果和法律效力,必须充分考量三个问题。[21] 第一,内部契约的公法或者私法的划分问题。在其看来,无论内部契约由私法执行还是划入公法的范畴,都将问题重重。虽然两者保护的利益侧重点有所不同[22],但传统公法、私法价值划分的理念差异逐步缩小[23],就成熟程度上而言,公法手段同私法救济相比差距甚远。然而就内部契约的规制角度来说,私法途径又无法培育出适宜的规范体系。在作者看来,经过进一步发展改造,公法规范模式或许适应内部契约,但仍需谨慎的探索与进一步的研究。第二,私法规制涉及的自然正义与赔偿金问题。在戴维斯看来,在适用私法模式的前提下,将自然正义原则适用于内部契约,能够解决诸多难题。譬如,基于自然正义的要求,在合同协商谈判阶段,购买方将会被迫向提供方提供一个对合同文件细节进行评价的机会。尤其在无竞争的内部契约环境下,提供方无法拒绝同购买方签订合

---

[18] A. C. L Davies, *Accountability: A Public Law Analysis of Government by Contract*, Oxford; New York: Oxford University Press, 2001, pp. 51—52.

[19] Id., p. 42.

[20] Id., pp. 57—58.

[21] Id., pp. 58—71.

[22] 按照 P. S. Atiyah 的说法,便是"通过合同法与行政法的技术比较,合同法更倾向于保护期待和信赖利益,而在公法的理论和实践上,更侧重于制裁恣意无常的决策行为。"见 P. S. Atiyah, *The Rise and Fall of Freedom of Contract*, Oxford; New York: Oxford University Press, 1979, p. 723。

[23] D. Oliver 便认为,现代社会公法、私法正逐步培育共享共同的价值理念与潜在价值,见 D. Oliver, *Common Values and the Public-Private Divide*, London: Butterworths, 1999, 以及道恩·奥利弗:"公法与私法的潜在价值",载迈克尔·塔克特主编:《行政法的范围》,金自宁译,中国人民大学出版社 2006 年版,第 253—282 页。

约,自然正义便发挥出保障提供方利益的功效。同样在合同执行过程中,自然正义要求购买方在实施惩罚金之前,必须给予提供方一个自我陈辩的机会。同样她认为,如果直接将内部契约纳入公法救济范围,自然正义原则的适用将会更加顺畅,但仍然会引发出一系列难题。[24] 除了自然公正问题,戴维斯也在思考,作为私法手段的赔偿金条款,在内部契约中是否可以发挥一定的规制作用。[25] 第三,内部契约的执行问题。在内部契约的执行上戴维斯认为其不适宜由法院来执行。[26] 在其看来,就理论上而言,将内部契约争议提交法院解决,将引发法院管辖的正当性疑问。对于双方均为行政机构的争议,由于涉及复杂的政治敏感性问题,法院是否适宜介入,存在很大争议。而且,从经济的角度来说,行政机构为节约开支,一般不会将争议诉诸法院;同时,通过诉讼解决争议,将会破坏原有的长期合作关系。内部契约的争议发生后,最急需的是迅速解决纷争和重建信任关系,显然法院并非适宜之所。[27] 她认为内部契约纠纷由于涉及多中心问题[28],交由 ADR 机制来处理比法院更为适宜。而且,ADR 机制能够更好地尽可能维持原有双方的信任关系,ADR 中的委员会机制更能充分发挥专家的专业知识作用。[29]

四、责任机制——NHS 内部契约的个案考量[30]

(一) NHS 的个案选择

英国的全民健康服务制度(NHS)是 1946 年《健康服务法》(Health Service Act of 1946)所建立的制度,它要求大臣承担起为社会提供包括住院和护理在内的全面的健康服务。全民健康服务管理分为三个等级。大臣处于最高等级,

---

[24] 对于内部契约涉及的自然正义与程序公正问题,更多的讨论详见该书第 7 章,第 137—162 页。

[25] 对于赔偿金条款用于内部契约以实现规制作用,详尽的讨论和反思见该书,第 62—66 页。

[26] NHS 设立之初时便意欲排除司法执行,"我们并不打算让这些所谓的契约可在正式的法庭上诉讼……我相信没有人……真的期望 NHS 的不同机构之间发生某方把他方告上法庭要求强制执行特定合同的情况。那是律师的哲学和乐事,但对当事人毫无益处。我们期望的是,合同只在卫生系统之内发生约束力并为各方切实执行。"详见卡罗尔·哈洛、理查德·罗林斯:《法律与行政》(上卷),杨伟东等译,商务印书馆 2004 年版,第 407 页。

[27] 按照法律社会学家 Lawrence M. Friedman 的说法,便是"法院并非一个有效的纠纷解决机构,法院会营造出一种更加紧张和冲突的氛围。"参见 Lawrence M. Friedman, "Litigation and Society", 15 *Annual Review of Sociology* 17—29(1989)。

[28] 关于多中心问题不适宜司法解决的讨论,详见 Lon L. Fuller, "The Forms and Limits of Adjudication", 92 *Harvard Law Review* 353(1978)。

[29] 有关 ADR 机制在内部契约纠纷中的运用,详见该书,第 66—70 页。

[30] NHS 即英国国家医疗服务系统,由工党政府在 1948 年一手建立,是英国社会福利制度中最重要的部分之一。凡有收入的英国公民都必须参加社会保险,按统一的标准缴纳保险费,按统一的标准享受有关福利,而不问收入多少。福利系统由政府实行统一管理。NHS 是一个颇有英国特色的医疗保健制度。

可以直接对下一层级即卫生局发出指令。依次,卫生局可以将自己的职能委任给区卫生局承担,区卫生局是在该区具体负责提供和管理医院服务的机关。1990年《全民健康服务与社区关怀法》(National Health Service and Community Care Act)推行的健康服务改革,确立了内部市场制度。这一制度要求各区卫生局在对其负责地区的健康需求进行评估的基础上,通过安排服务购买者以及服务提供者来满足这些需求。[31] 该书正是以NHS的内部契约作为个案考量,利用法律社会研究(socio-legal studies)的方法,来进行一般性的理论思考。

(二)责任机制作为指导性政策

正如该书标题所揭示的那般,契约治理的责任机制是全书所重点研究的对象,戴维斯区分了两种实践中的责任机制观点,一种是内部责任机制观点,认为通过内部市场的划分使得提供方和供给方明确各自的责任,保障公共服务的质量与效率。另一种则认为责任机制更多地体现在外部责任上,譬如对外部公共参与的重视。戴维斯没有对这两种观点正面评价,而是进一步指出责任机制作为一个指导性政策所需具备的三个品质:政治上的可接受性(political acceptability)、多产性(productivity)和适应性(fit)。纵观全书的体系,戴维斯对责任机制的理解,无法单纯以内部和外部的区分来解释,更确切地说,这种混合的责任机制的特性反映在下列三个品质中:

政治上的可接受性(political acceptability)	适应性(fit)	多产性(productivity)
内部责任与外部责任机制的争议,戴维斯倾向支持的第三种更具建设性的理念:促进信息的流通和质量,增进政府绩效,戴维斯引用奥格斯(Ogus)的话便是"公法并非只关注如何防止权力的滥用,它更在于关注法律工具的选择以实现集体选择的目标"。[32]	合同责任机制同其他责任机制的比较中,看是否更适合公法的范围体系	能够激发适用内部契约的规范和原则的发展,譬如自然正义原则

图 1

(三)NHS责任机制的三个核心话题

在NHS内部契约的个案分析中,戴维斯着墨甚重,分别用了三章的篇幅,

---

[31] 关于NHS制度的一般介绍,见彼得·莱兰、戈登·安东尼:《英国行政法教科书》,杨伟东译,北京大学出版社2007年版,第48—50页,有关其更为深入的介绍,可详见 D. Hughes, "The Reorganization of the National Health Service: The Rhetoric and Reality of the Internal Market", 54 *M. L. R* 88—103 (1991); P. Allen: "Contracts in the National Health Service Internal Market", 58 *M. L. R* 321—342 (1995)。

[32] A. I Ogus, *Regulation: Legal Form and Economic Theory*, Oxford: Clarendon Press. 转引自戴维斯书第80页,戴维斯所提出的这种更强调绩效的混合责任机制,同规制国家的兴起有很大关系,责任机制亦开始关注行政效能与质量的提升,传统的强调外部责任的严格法治观念,随着规制国、行政国的崛起开始发生变化,逐渐沦为"一个高贵的谎言",详见 I Harden and Lewis Norman, *The Noble Lie: the British Constitution and The Rule of Law*, London: Hutchinson, 1986。

从三个不同的视角深入分析了 NHS 内部契约的责任机制问题。

一是 NHS 内部契约责任机制同其他责任机制的关系问题。在这一部分，戴维斯没有将视角放在合同责任机制本身，而是一开始便投向了其他责任机制的考量上。作者考察了内部契约机制同适用于购买者和提供者的其他责任机制之间的关系。

在适用于购买方的其他责任机制中，中央政府同购买者之间的资金监督关系形成良好的制约机制。尽管中央政府通过授权赋予购买者大量的实体性权力，但仍然通过财政支出监控以及特定服务标准来实现监督职能。这与公众外部监控形成鲜明的对比，由于缺乏有效的机制，购买方很少能对公众以及医患团体的需求给予积极的回应。[33]

在适用于提供方的其他责任机制分析中，戴维斯区分了合同责任机制以及非合同责任机制(Non-contractual accountability)两种类型。提供方的合同责任机制问题，主要涉及提供方与不同购买方之间的协调关系问题。非合同责任机制则主要侧重于对提供方提供的医疗服务质量的内部控制，这些机制主要是职业自我规制、申诉程序、内部监督等手段。在很多情况下，健康机构以向提供方设定软性责任标准为代价，要求提供方设定更高级别和要求的诉愿程序和内部监督机制。[34] 在 NHS 实践中，内部契约责任机制同其他责任机制的关系呈现出纷繁复杂的形态。

二是责任关系性质以及衍生的程序正义问题。戴维斯以 NHS 内部购买方和提供方双方的关系为实证案例，区别了两种不同的合同责任关系模式，见下图：

硬性模式	软性模式
合同双方的低信任关系	双方的高度信任关系
通过对抗式协商设立标准	以合作协商方式设定标准
标准的精确化、深度化	标准设定的宽泛化、模糊化
通过严格监控保障"提供方"义务的实现	通过共享信息和信任来保障"提供方"履行义务
强制力保障执行	通过劝诫等软制度实现执行

图 2　合同责任关系的两种模式[35]

戴维斯认为，硬性和软性两种不同的合同责任关系模式，在合同的信任度、双方义务实现以及执行方式上都大相径庭。最重要的是，不同的责任关系过

---

[33] 有关于中央政府在责任机制中的监控作用以及公众外部监控的无效，详见戴维斯书第 6 章，第 108—116 页。

[34] 关于非合同责任机制的类型以及其与正式化合同责任机制之间的关系，详见戴维斯书，第 129—131 页。

[35] 硬性和软性两种不同的合同责任关系模式的划分，是本书合同责任机制分析的重要理论构造，详见戴维斯书，第 146—150 页。

程,将衍生出不同的程序正义要素。戴维斯首先回溯了程序公正规范从传统的公私关系,扩充到适用于公共机构内部之间的过程。在扩张性适用的过程中,法院的一系列判例发挥了重要作用,同时兴起的"新公共管理"改革运动亦推动了工具理性化了的程序规范在公共机构之间的适用。作者详尽分析了不同的合同责任关系模式对程序正义的迥异要求,譬如在合意性、标准弹性化以及参与制度上双方就存在很大不同。[36] 当然,通过对 NHS 内部合同关系的实证考量,戴维斯亦承认硬性和软性模式的两种区分更多的是一种理想类型(Ideal type)的划分,现实中 NHS 内部责任合同关系无法简单地划分为某一范围,更多的情况是介乎于两者之间。但这一理论构造,却有助于厘清合同责任关系同程序公正之间的联系。确切地说,程序公正规范的适用,有助于增强责任机制过程的效率,并确保合同各方的利益得到足够的尊重。

三是合同责任机制所涉及的效率问题。[37] 在合同责任过程中,效率问题必须自合同谈判到整个合同的周期来进行考量。在合同初始谈判阶段,购买方的目标在于同提供方协商,以设定基于公共利益的标准。一旦合同协议达成,购买方的主要目标变成从提供方手中获得充足信息,以解决信息不对称的难题,来监控提供方的履行义务以满足合同设立的标准要求。购买方在初始谈判中确保获得良好服务的前提下,合同价格亦控制在财政范围之内。在合同成立后的整个周期内,购买方确保对合同义务的严格履行,保证违反合同义务的行为不会发生。

(四)从内部契约到外部契约:责任机制理论的扩展适用

首先,在内部契约的理论外部化适用之前,戴维斯先分析如何将 NHS 的个案分析适用于其他内部契约的问题。她认为有关内部市场的区分、合同责任关系的两种模式的假定、责任机制的效率问题等等有关 NHS 的个案分析,尽管存在一定差异[38],但在一定程度上同样适用于其他内部契约的实践。[39] 那么,内部契约的理论是否可以进一步扩展到外部契约的应用?在此时,戴维斯才真正露出本书最大的宏愿与野心。她强调,在理论进一步扩展适用之前,必须考

---

[36] 关于合同责任关系两种模式的划分以及与程序公正之间的关系,详见戴维斯书,第138—160页。

[37] 关于合同责任机制的效率问题,详见戴维斯书,第164—183页。

[38] 当然对于戴维斯的乐观倾向,Peter Vincent-Jones 便抱以谨慎态度,他认为戴维斯将内部契约视为一个统一整体,并建议最终设立《内部契约法》的建议是有待商榷的,"NHS 的内部市场同地方政府的内部市场之间存在很大差异,中央政府同机构部门之间的内部契约亦差异显著,不同的公共治理问题需要不同的解决路径,因此戴维斯的这一跃存在过于理想主义的倾向。"详见 Peter Vincent-Jones, "Regulating Government by Contract: Towards a Public Law Framework?" 65(4) *The Modern Law Review* 611—628(Jul., 2002)。

[39] 在此部分的分析中,戴维斯通过对 CCT、DSOs 等其他内部契约同 NHS 的比较考量得出的这一结论,详见戴维斯书,第193—198页。

虑政府的外部契约实践是否也会遭遇到 NHS 内部契约所碰到的难题？同时，如果所遇到的问题一致，运用公法手段解决这些问题是否适宜？[40] 在其实践考察中，NHS 内部契约的诸多规制手段类似于政府的外部契约形式，但在很多层面又不一致。但内部契约的许多规制模式，确实可为外部契约提供借鉴价值。在理论层面上，内外部契约的差异更为明显，内部契约的公法模式更有吸引力，而外部契约则适用于私法手段，而且只受极为有限的公法原则的束缚。内部契约的适用，也遭遇了政府契约的公法和私法规制模式的两难抉择。

五、结论

纵观全书，戴维斯这一著作有几个颇为显著的特色。首先，作为牛津法律社会研究系列的成果之一，全书的论述写作有极强的个案研究色彩，本书便充斥着大量有关 NHS 个案实证材料，由此展开分析并升华到一般性的有关内部契约的普遍理论。但由此带来的问题便是，这种个案研究的结论，能在多大程度上拥有了普遍意义上的真理？正如前文所强调并质疑的两步跨越，NHS 的分析结论能否适用于其他内部契约的实践？内部契约的经验又如何扩展至外部契约以及一般性的行政契约的理论实践？至少就本书而言，作者的论证在说服力上是相对欠缺的。其次，作者对于内部契约议题的提出提示我们，行政内部亦可运用契约手段实现公共治理，这扩充了对于传统公法契约的认识。作者所描述的尽管是英国个案话题，从比较法的角度却具备了普适性的借鉴意义。再次，作者关于内部契约责任机制与司法审查模式的争论，从中可以窥视出作为"多中心议题"[41]的内部契约并不十分适宜法院的司法裁断，同时作者对于契约内部责任与外部责任的划分，亦具有相当的独创性。

英国著名合同法学者 P. S. 阿蒂亚于 1979 年写成的名著《合同自由的兴起与衰落》中认为，"现代政府的膨胀与公共职能的扩张，合同在现代社会中的地位日渐没落，政府间的内部关系并不通过合同予以调控，而是更多地受控于行政与政治规范，一个政府机构不会与另一个政府机构之间签订契约，中央政府几乎不会同地方机构订立合同……即使行政机构之间签订了类似于契约性质的协议，它们之间的争端亦会最终诉诸政治手段解决。"[42] 阿蒂亚更断言道，"现代社会的发展过程似乎正在悖离梅因的论断，而日渐从契约走向身份（from

---

[40] 对于内部契约向外部契约扩展适用所遭遇的实践与理论困境，详见戴维斯书，第 198—205 页。

[41] 由于内部契约涉及一系列的政策考量，司法介入并不能妥当地解决相关问题。关于"多中心议题"的讨论，详见 Lon L. Fuller, "The Forms and Limits of Adjudication", 92 *Harvard Law Review* 353 (1978)。

[42] P. S. Atiyah, *The Rise and Fall of Freedom of Contract*, Oxford; New York: Oxford University Press, 1979, pp. 722—723.

contract to status），更精确地说，是一项从合同走向行政、从私法走向公法、从双方到多边关系、从个体化交易向长期关系发展的运动。"[43] 然而时过境迁，现代英国的公共治理没有按照阿蒂亚的预想前行，而是在某种形式上复兴了传统的合同模式，公共治理的内部契约模式以一种颇为实用主义的态度，混合了私法和公法手段，当然，这种合同模式从法律效力上与传统的私法合同模式仍存在着不小的差异。

在戴维斯看来，以公法手段来规制内部契约是一项有效和公平的责任机制。内部契约已经成为推进政策实施和提供服务的重要模式。全书的目的不仅仅是要揭示出借助契约进行公共治理的弊病，更为重要的是，要设计出有效的医治各种弊端的改革方案。

尽管在责任机制等诸多因素上，英国的内部契约仍然问题重重，理论界有赞誉[44]，亦存不少质疑。[45] 这种质疑声音不仅仅存在于内部契约，一般意义上契约治理模式在合法性与民主参与制度上亦争议不断。诚如保罗·克雷格所言："政府通过契约工具的使用来实现相应的社会目的，利用契约工具来实现特定的规制目标亦会产生政府行为的合法性问题，迄今对此尚无完美解决方案。"[46] 关于合法性问题，戴维斯在全书伊始就提出了"通过合同进行公共治理"的三个弊端：对于公共机关在特定场合使用契约进行治理，缺乏宪法性法律的拘束；在合同中缺乏行政法的相关制度来对政府决策进行制约；缺乏相应的规制手段，来确保政府在合同过程中考虑更广泛的公共利益。[47]

作者通过个案论证对这些弊端作出了积极的回应，尽管这种回应无法完全消弭争议，但作为公共治理的新型手段，我们不妨以乐观的姿态对待之。诚如富勒所言："合同所具有的促进计划执行和增进社会效率的功能，使其在规划

---

[43] Id., pp. 725—726.

[44] Peter Vincent-Jones 便认为，"合同化的公共治理可以将公开、参与和负责的民主机制与公共治理的效率、公众回应要求完整地结合一起。"详见 Peter Vincent-Jones, "The Regulation of Contractualisation in Quasi-markets for Public Services", in Colin Scott (ed.), *Regulation*, Aldershot, UK: Ashgate Publishing, 2003, pp. 459—482。

[45] 譬如 Hugh Collins 便认为，"公共管理中使用内部合同的隐喻之义便在于确保公众行政更为透明和负责，通过将合同过程引入官僚关系中，双方的各自要求说明将更为明晰，并将探悉其成本。在 NHS 例子中，最核心的议题是控制总成本，且合同实践的信息能为中央政府所控制利用，以实现对健康服务的合理分配。而实现这些目标所需要的成本甚重，而法律强制力的引入只会更为提高其成本，并将损害公共服务的质量，很少能够生成有价值的信息以实现官僚系统的中央控制，因此，公共管理中合同化的功效存在严重的弊端。"详见 Hugh Collins, *Regulating Contracts*, Oxford; New York: Oxford University Press, 1999, pp. 303—321。

[46] P. P Craig, *Administrative Law*, London: Sweet & Maxwell, 1983, pp. 595—596.

[47] 详见 A. C. L Davies, *Accountability: A Public Law Analysis of Government by Contract*, Oxford; New York: Oxford University Press, 2001, pp. 1—27。

社会进程中扮演了重要角色。"[48] 内部契约在公共治理中将继续扮演怎样的角色? 是否需要新的公法框架来予以规制? 不妨沿着戴维斯的思路且拭目以待。

(初审编辑:成协中)

---

[48] Lon L. Fuller, *The Principles of Social Order*, Durham, NC: Duke University Press, 1982, pp. 127—136.

编 后 小 记

　　博雅塔旁杨絮不复纷飞,未名湖边睡莲新蕊初绽,6月的燕园已是夏意盎然。11年前《北大法律评论》(以下简称《评论》)创刊之时,那时的燕园是否也是此番景象,我不得而知,但依稀记得11年前的10月,刚刚进入南方一所大学学习法学的自己,闲逛书店时初睹《评论》创刊号的情景。那时的我完全没有料到,有朝一日,自己会与这份刊物发生紧密联系。从2006年开始担任《北大法律评论》编辑至今,不知觉间已近三年。如今再次端详手边的《评论》创刊号之时,自己为时1年的主编任期也将结束。

　　11年了。"北大法学院的学生们做事,有一个特点,就是他们特别能够长时间地持续,他们的耐力和坚持性格是他们获得成功的最大资源。"2003年《评论》创刊5周年之际,吴志攀教授如是说。时至今日,《评论》虽然仍在不断面对新的挑战,但已经步入相对平稳的发展期。11年的坚持,或许称不上崎岖坎坷,但个中的甘苦,唯有我们历任的编辑们自知。按照我们11年来逐渐形成与完善的内部章程,编辑、主编的任期均有严格限制,以俾在必要的更替中保持良性的持续。因此,始终是"流水"的编辑们在办《评论》。自1998年6月创刊至2009年7月,《评论》已出版整整10卷(共19辑,第3卷第1辑因故未出),按照我的统计,其历任、现任编辑共有67位,如下:

　　王禹、孔庆平、仝宗锦、李光昱、董炯、彭冰、强世功、谢鸿飞、鞠晓雄、杨柳、杨海峰、凌斌、高云龙、魏双娟、史大晓、薄勇、李红海、汪庆华、邓海平、刘晓春、郑芳、丁春艳、章永乐、廖美香、陈实、劳东燕、张江莉、李洪雷、李清池、陈绪纲、余履雪、贾月、武欣、王冠玺、王斯曼、张薇薇、白洪娟、杨利敏、车浩、罗彧、胡凌、陈天一、白麟、王卫明、李晟、赖乾胜、刘哲玮、朱桐辉、缪因知、艾佳慧、毕洪海、刘晗、王旻初、夏小雄、尤陈俊、于佳佳、丁晓东、郭剑寒、成协中、胡永恒、贺剑、任启明、褚福民、王炜、傅强、沈朝晖、徐斌。

在此期间担任主编的(以各辑署名为准),则有13人:强世功、李光昱、孔庆平、彭冰、杨柳、汪庆华、陈绪纲、张江莉、王斯曼、胡凌、李晟、缪因知、尤陈俊。

《评论》当初创刊之时,借鉴的是美国各法学院"Law Review"的办刊模式(《评论》的诞生甚至在很大程度上也是受其刺激,参见《评论》第1卷第1辑"编后小记"),但《评论》编辑部的人员构成,却始终与美国各法学院"Law Review"的情况大不相同。11年来,每辑《评论》的编辑部人员大致稳定在11人左右,最少时为7人,最多时也不过15人而已。而美国各法学院"Law Review"的编辑部人数,则往往是数倍于上述数字。例如,Harvard Law Review编委会人员最多时,曾达82人之多。不同的不仅是规模,还有分工。美国各法学院的"Law Review",编辑部内部通常都有非常细致的分工。以UCLA Law Review为例,除了主编(editor-in-chief)之外,尚有chief articles editor、chief managing editor、chief comments editor、articles editor、senior editor、comments editor、executive editor、business & technology manager、symposium editor、managing editor、staff和office coordinator,其分工之详,足以让人联系到科层制的某些特点。而在我们《评论》内部,则主要依据每位编辑对各学科或领域的熟悉情况,担任相关来稿的初审编辑,并全程负责该稿件的处理。至于主编的工作,除了要像其他编辑一样担任初审编辑外,还须全面负责《评论》的内外事务(因此意味着要处理很多琐碎的杂务)。

正是这样一种人员不断流动更新、分工也许不算细致的编辑部,11年来,就所有来稿进行重重遴选,通过包括外请学者双匿名复审在内的各种程序,最终挑选出可能情况下最符合我们要求的稿件加以刊发。自始至终,我们都奉行着极为严格的遴选标准。因此,不仅用稿率相对较低(例如,从2008年6月14日至2009年6月8日,依据对已结束审读的所有来稿的粗略统计,《评论》的用稿率还不到7%),而且,在《评论》的作者之中,绝大部分人都曾受过相关编辑的反复"折磨",被要求依据各种意见,就其文章详加斟酌,不断修改完善,经常是数易其稿后方才刊出(感谢这些作者的理解与支持)。我们希望通过这种方式,将历辑《评论》的质量维持在相对稳定的理想水平,并力求稳中有升。

迄今为止先后出版的10卷《评论》,既呈延续,也有变化。一直延续的是我们始终坚持学术自主、自尊和自律的原则,秉承兼容并蓄、思想自由的北大传统人文精神;有所变化的是历辑《评论》所刊的文章不断走向多元与开放。例如,早期几辑《评论》所刊发的文章中有不少偏向法律社会学,因此被一些读者戏称为"《北大法律社会学评论》"(基于类似的原因,《中外法学》也曾一度被人戏称为"《中外法理学》"),而如今,《评论》实际上已经成为一份名副其实的综合性法学刊物,尽管她的风格一直是以注重理论性和思想性见长,但所刊发的文章已更为广泛地涉及法学的各个领域,除了继续做强、做精传统的优势领域外,部门法文章所占的比重正有所增大(但仍偏重理论性)。

11 年来,《评论》共发表了各类文章 249 篇(其中包括 38 篇译作),总字数约为 622 万字。扣除排版付印时 12% 左右的字数膨胀率,所刊文章的平均篇幅约为 2 万字。文章的篇幅,虽然未必与文章的质量正向相关,但一般而言,一篇质量上乘的文章,往往需要较长的篇幅去容纳深入的分析与详细的论证,以及借鉴与参考中外学界相关领域的先行研究成果。这一点,或许值得有意向《评论》赐稿的学人注意。《评论》的栏目设置,11 年间虽然小有调整(例如,曾经称作"学术书评"和"新书要介"的栏目,如今被合二为一,统一以"书评"名之;又如,一度出现的"个案研究",已久未设置),但已趋于稳定,形成了以"论文"和"评论"两大固定栏目为主并视不同情况安排"主题研讨"、"书评"、"北大讲坛"等流动栏目的总体格局。10 卷《评论》所刊发的 249 篇文章,其具体栏目分布如下:

表 1 《评论》各栏目文章分布状况

栏目	发文篇数
主题研讨	58
论文	62
评论	78
书评(学术书评)	14
新书要介	10
案例研究	8
北大讲坛	12
个案研究	1

尽管我们如今所处的是一个学术"信用品"而不是"检验品"占据主流的年代,但从创刊至今,《评论》一直坚持以学术水准与学术规范为唯一标准遴选文章,而不考虑来稿作者的身份与以往学术经历。因此,这 249 篇文章各自刊发之时,其作(译)者的身份各异,呈现出明显的多元性。不计算译作的原作者,仅计算中文作者与外文译者,总计 274 人次,发文之时的作者身份统计如下:

表 2　历辑《评论》作者身份统计

身份	人次
教授	53
副教授	36
讲师	44
助理教授	5
博士后	8
博士生	63
硕士生	31
本科生	6
其他	13
不详	15

注意,表2的统计远非精确,一些地方也需要说明。首先,个别作者发文之时的身份,有可能多重身份重叠,比如,既为副教授,也是博士生。对于此类的情况,我只统计该作者简介中所署的第一身份。其次,由于个别文章在刊发之时未写作者介绍或不完整(自第8卷第1辑后,这种情况已不再出现),无从判断作者当时的具体身份,故归入"不详"。再次,某些作者可能在不同时期出版的《评论》上先后发表过多篇文章,但上述统计并不区分这种实质上同为一人的情形,而是认为每篇文章刊出之时的作者身份具有形式上的独一性,并据此进行统计。最后,上表中所称的"其他",包括法院法官、科研院所研究员等上述分类无法涵盖的身份。

不过,即便如此,我们还是可以借此对《评论》以往作者的身份有大致了解。依据从多到少的顺序,排在前五名的依次为:(1)博士生(23%);(2)教授(19.3%);(3)讲师(16.1%);(4)副教授(13.1%);(5)硕士生(11.3%)。即便不包括"其他"、"不详"等类别中可能包含的年轻作者(此处所称的"年轻"系相对而言,主要是考虑其在学界的资历),仅是"讲师"、"博士生"、"硕士生"三大类年轻作者,其合占的比例便已超过50%。因此,这样一个与很多片面看重作者身份的法学核心期刊大不相同的格局,已强有力地表明,《评论》在遴选文章之时,从来都不是唯作者身份是取,而是将教授、博导等布迪厄意义上的"象征资本"暂时悬置,以文章质量与学术规范为唯一标准。我们一直在努力将《评论》打造成学术公平竞争的平台,秉承"兼容并包"与"常为新"的北大学术风格,推出更多真正有所创新的文章,而不是如不少法学刊物所常做的那样,"拉大旗,扯虎皮"。

除了作者身份的多元化之外,还有作者来源的多元化。我们一直都在警醒自己,切勿将《评论》办成北大法学院的自留地。诚然,当年始创之初,由于不可避免地面临稿源匮乏等问题,早期几辑《评论》的作者当中,有很多都是北大本校的师生(即便如此,也并非只限于北大法学院的师生,作者中还有来自北大其他院系,如社会学系),但短短几年之后,《评论》的作者来源便已实现多元化,如今已扩展至祖国大陆、港台地区乃至其他国家与地区。对 11 年来出版的 10 卷《评论》的统计结果显示,以其发表文章时的署名为准,在 274 人次中,除了 2 人次身份不详外,"北大师生"和"非北大师生"各自所占的比例分别为 39.8% 和 59.5%,两者之比约为 1∶1.5。当然,如果严格地讲,上述分类也值得斟酌,因为被归入"非北大师生"的作者中,有一部分人虽然在发表文章之时所署单位并非北大,但实际上与北大有密切的联系,例如曾经是就读北大的学生。因此,我们并不讳言,北大始终是《评论》最为深厚的根基。继贺卫方教授之后主持《中外法学》的梁根林教授,曾谈及如何谨慎平衡校内来稿和校外来稿以避免学术刊物"自留地化",他同时也指出,"当然也不应刻意限制校内来稿的刊用。毕竟,北京大学汇聚了全国最富学术创造力的法学家团队和最富学术潜力的法科学术后备军,北京大学的师生理当将自己最优秀的学术产出优先提供给《中外法学》,《中外法学》亦应当为最优秀的学术团队产出的最优秀的学术成果提供推介宣传的平台,这是我们所期待的无可非议的'良性循环'!"(见梁根林:"絮语与承诺",载《中外法学》2008 年第 1 期)在相当大的程度上,对于我们《评论》来说也是如此,因为归根结底,最终决定一份学术刊物之生命力的,乃是其所刊文章的学术质量。从这个意义上讲,无论是作者身份,还是作者来源,都只具有统计学上的参考价值,而不包含举足轻重的实质意义。《评论》实际上所致力严守的,始终是学术质量的门槛,而并非北大内外的藩篱。

"中国法律界能够接受学生主办的法律刊物吗?"尽管像《评论》这样完全由学生主办的法学刊物在中国法学界至今仍是异数,但由于历届编辑的执着和努力,以及作者、匿名审稿人(这是一个绝不逊色于《评论》作者群的阵容,可惜我们暂时不能公布其具体名单)的大力支持,《评论》如今已经初步赢得学界的认可,去年被遴选为 CSSCI 来源集刊(2008—2009 年)便是一个明证,但 12 年前方流芳教授提出的上述问题,仍然在相当大的程度上困扰着我们。时至今日,《评论》尚有相当漫长的路要走,即便《评论》今天的那些微末成绩,正如苏力教授所言,也始终"在非常的艰难中"。比如说,从整体上讲,《评论》文章的引证次数有所下降,而且前后差距颇大(一个初步的研究,参见《评论》第 7 卷第 2 辑"编后小记")。从一定程度上讲,这与存在于中国法学研究之中的某些顽疾有关。依据顾培东教授在《也论中国法学向何处去》(载《中国法学》2009 年第 1 期)中所言,"近几年来,我国各类期刊每年都推出约 5000 多篇法学论文,每年出版的法学书著(不含译著)数以千计。如果计入法学博士和硕士论文,每年形成的法学研究成果达 3 万余项。"但时至今日,仍有相当数量的中国法科学人缺乏对已有研究成果的足够尊重,在其所撰写的论著中,既没有全面深入的文献梳理,也看不到对学界相关研究的必要借鉴。因此,一方面是法学研究成果整体数量的急剧膨胀(这将增加搜寻成本),另一方面是真正建立在知识积累之上的知识增量并不乐观(因此重复生产极其严重)。这种浮躁氛围所导致的一个结果是,即便后来的某些文章所研究的主题与内容,实际上与先前的某篇文章密切相关,后者也未必能被前者引证。《评论》也不可避免地面临此一问题。尽管我们可以通过严格的审读制度,尽最大可能地保证《评论》所刊登的每篇文章都是力求立足于学术传统进行知识增量上的创新,但我们无法强求其他学人在撰写论著之时,都去留意《评论》是否发表过可供(甚至是必须)借鉴、参考、引证的相关文章。而在 CSSCI 的遴选标准中,他引率占了相当大的权重。实际上,遭遇到这一问题的,并非只有我们《评论》,姑且不说法学集刊(在 CSSCI 法学类来源集刊中,不少法学集刊的他引次数也少得可怜,最低者甚至只有 2 次,参见侯猛:"数据如此分组能否真实反映法学现状——评《中国人文社会科学学术影响力报告》法学部分",载《法学》2008 年第 3 期;法学集刊的他引次数普遍较低,一个非常重要的原因是其读者较之法学期刊要少,这与法学集刊往往在图书馆中被放置在书架,而不是通常拥有更多浏览者的期刊架有关),即便是那些刊登在排名前 10 位的 CSSCI 法学类来源期刊上的文章中,多年后他引证率依旧为零者亦非鲜见。

但是,上面所说的终究只是外部环境。所有的法学刊物,都毫无例外地处身其中,但论及各个法学刊物的影响力,相互之间却相差甚大。因此,更值得反省的或许还是内部自身的问题。尽管已经具备一定的影响力,但《评论》远未达到贺卫方教授当年所殷切期望的"龙门刊物"的高度。因此,我们一直战战兢兢,不断扪心自问。"什么是你的贡献",苏力教授当年抛给中国法学界的这一质问,时刻迫使我们"三省吾身"。而如今,"追求不可替代"将促使我们更为清醒地为此目标努力不懈,将这份事业长期延续并不断壮大。

11 年,10 卷,新的开始。

尤陈俊

2009 年 6 月 8 日于北大畅春新园

《北大法律评论》总目录
（第 1 卷—第 10 卷）

第 1 卷第 1 辑（1998/6）

论文

郑　戈　法学是一门社会科学吗？
　　　　——试论"法律科学"的属性及其研究方法
毛国权　英国法中先例原则的发展
柴融伟　晚清对外贸易商习惯探微
陈兴良　周光权　超越报应主义与功利主义："忠诚理论"
　　　　——对刑法正当根据的追问

评论

李贵连　话说"权利"
赵晓力　民法传统经典文本中"人"的观念
彭　冰　中国 50 年代的国家与契约

学术书评

范　愉　诉讼的价值、运行机制与社会效应
　　　　——读奥尔森《诉讼爆炸》
陈瑞华　通过法律实现程序正义
　　　　——萨默斯"程序价值"理论评析
冯　象　功亏一篑：评郑成思《中国知识产权的实施：主要案例与评析》
　　　　（彭冰译）

新书要介

陶　榕　Kanthryn Bernhardt & Phlilip C. C. Huang: *Civil Law in Qing and Re-*

      publican China
 董 炯 John Arthor：*Words That Bind*
 侯 健 Peter de Cruz：*Comparative Law in a Changing World*

案例研究
 金勇军 评工商行吉化办事处诉关瑞存单纠纷案
 葛云松 李珉诉朱晋华、李少华悬赏广告酬金纠纷评析

北大讲坛
 弗里德曼 法治、现代化和司法（傅郁林译）

第1卷第2辑(1999/5)

主题研讨 中国的审判委员会制度
 苏 力 基层审判委员会制度的考察及思考
 贺卫方 关于审判委员会的几点评论
 朱 晖 不可预约的正当性
 陈瑞华 正义的误区
      ——评法院审判委员会制度
 鲁智勇 关于审判委员会制度的思考

论文
 赵晓力 中国近代农村土地交易中的契约、习惯与国家法
 包万超 儒教与新教：百年宪政建设的本土情结与文化抵抗

评论
 王 涌 法律关系的元形式
      ——分析法学方法论之基础
 寺田浩明 清代民事审判：性质及意义
      ——日美两国学者之间的争论（王亚新译）
 何锦璇 信托立法不宜操之过急
 江 山 中国自然法理念的现代意义

新书要介
 洪 川 *What Should Legal Analysis Become?* (by Roberto M. Unger)
 古 静 *The Rhetoric of Law* (ed. by Austin Sarat and Thomas R. Kearns)

冷　静　*Between Law and Norms: Contributions to a Discourse Theory of Law and Democracy*(by Jürgen Harbermas)

案例研究
金勇军　张　谷　葛云松　彩色扩印服务部遗失胶卷纠纷案

第 2 卷第 1 辑(1999/12)

主题研讨　中国乡村社会的法律
张　静　乡规民约体现的村庄治权
王亚新　围绕审判的资源或区与分配
苏　力　农村基层法院的纠纷解决与规则之治
赵旭东　互惠、公正与法制现代性
陶　榕　论中国农业税收制度的非法律主义特征
杨　柳　模糊的法律产品

评论
傅郁林　法律术语的翻译与法律概念的解释
冷　静　从法院状告新闻媒体谈起
徐忠明　晚清法制改革引出的两点思考

学术书评
郑　戈　法律学术翻译的规范

新书要介
王志强　非西方法制传统的诠释
魏双娟　Order Without Law
易　平　现代中国纷争の法

案例研究
甘　雯　沈　肖　汪鸿斌　刘明达诉某公安局国家赔偿案

北大讲坛
黄宗智　中国法律制度的经济史、社会史、文化史研究

第 2 卷第 2 辑(2000/5)

主题研讨

李 猛　导言
邓正来　社会秩序规则二元观
　　　　——哈耶克法律理论的研究
卢 曼　法律的自我复制及其限制(韩旭译　李猛校)
福 柯　法律精神病学中"危险个人"概念的演变(苏力译　李康校)
布迪厄　法律的力量
　　　　——迈向司法场域的社会学(强世功译)
季卫东　从边缘到中心:20 世纪美国的"法与社会"研究运动
图依布纳　现代法中的实质要素和反思要素(矫波译　强世功校)
马考利　法行为学:言之有物吗?(徐旭译　郑戈校)

评论

冯 象　法律与文学
葛云松　论社会团体的成立
龚刃韧　关于学术著作注释和治学态度的一点看法

新书要介

武 欣　*Foucault and Law*(by Alan Hunt and Gary Wickham)

北大讲坛

利 科　公正与报复(杜小真译)

第 3 卷第 1 辑(因故未出版)

第 3 卷第 2 辑(2001/1)

论文

强世功　权力的组织网络与法律的治理化
侯 健　言论自由及其限度

评论

谢鸿飞　现代民法中的"人"

沈 岿	制度变迁与法官的规则选择
陈兴良	犯罪：规范与事实的双重视角及其分野
王小能 刘德恒	中国内地与香港两法域私法冲突与应对
丁 利	新制度理论简说：政治学法学理论的新发展
舒国滢	从美学的观点看法律
	——法美学散论

书评

彭小瑜	古代罗马宪法制度及其汉译问题

案例分析

苏号朋 王 涌 于 洋	
	恒升电子计算机集团诉王洪名誉侵权案模拟法庭辩论

第4卷第1辑(2001/8)

论文

彭小瑜	教会法与基督教之爱
	——格兰西《教会法汇要》的启示
王志强	试析晚清至民初房地交易契约的概念
	——民事习惯地区性差异的初步研究
王 钧	中国上市公司的制度性利益冲突

评论

龚刃韧	关于法学教育的比较观察
	——从日本、美国联想到中国
张薇薇	法治背后的人治
	——职业法律家阶层存在条件探析
龙卫球	美国实用法律教育的基础
徐忠明	试说中国古代法律制度研究范式之转变
傅郁林	诉讼费用的性质与诉讼成本的承担
叶必丰	宪政行为与行政行为
王明远	日本环境公害民事赔偿法研究

案例研究

金勇军	花开两朵,同结一枝

　　　　　　——评保丽板厂诉明耀公司超越经营范围的购销合同纠纷案
邹　慧　关于撞了白撞
　　　　　　——议沈阳、上海交通事故处理新办法

北大讲坛
石井紫郎　日本民法的125年日本民法典的制定史（朱芒译）
石井紫郎　日本民法的125年98年民法的100年（朱芒译）

第4卷第2辑（2002/7）

论文
朱晓东　通过婚姻的治理
肖　晖　论公开性是现代判决理由的本质特征
喻　敏　证据学问题的语言哲学初步思考
俞　江　近代中国民法学中的"私权"及其研究
朱晓喆　自然人的隐喻
　　　　——对我国民法中"自然人"一词的语言研究

评论
冯晓青　魏衍亮　互联网上言论自由权与版权关系之述评
方新军　对我国合同法第402、403条的评说
　　　　——关于两大法系代理理论差异的再思考
朱庆育　民法典编纂中的两个观念问题
何海波　行政诉讼受案范围：一页司法权的实践史（1999—2000）
亚伯拉罕　渐进式变迁
　　　　　——美英两国药品政府规制的百年演进（宋华琳译）
罗尔夫·克努特尔　古代罗马法与现代文明（涂长风译　米健校）

北大讲坛
凯　利　公正与自由宪政主义（英文）

第5卷第1辑（2003/5）

论文
何建志　基因信息与保险：社会政策与法理分析
杨利敏　关于联邦制分权结构的比较研究

张千帆　法理是一种理性对话
　　　　——兼论司法判例制度的合理性

评论
柯　岚　自由主义与超自由主义
　　　　——对昂格尔法哲学的批判分析
王贵国　世贸组织与农产品贸易
魏　姝　TRIPs协议：在什么程度上"与贸易有关"？
　　　　——兼评郑成思先生的TRIPs观
葛云松　中国的财团法人制度展望
孙秋宁　论音乐作品的法定许可录音
　　　　——以新著作权法第39条第3款为中心

个案研究
李筱平　电信自由化与科技汇流之个案研究：以我国台湾地区电信普及服务政策为中心

书评
钱玉林　内田贵与吉尔莫的对话
　　　　——解读《契约的再生》

北大讲坛
J. H. 贝克　为何英格兰法史并未撰写完成（《北大法律评论》编辑委员会译）

第5卷第2辑(2004/4)

主题研讨　财产权专题
高全喜　休谟的财产权理论
陈端洪　排他性与他者化：中国农村"外嫁女"案件的财产权分析
沃尔特　宪法上的财产权条款：在保障和限制间达致平衡
翟小波　对Hohfeld权利及其类似概念的初步理解

论文
白建军　从犯罪互动看刑罚立场
周光权　规范违反说的新展开

评论
- 洪 浩　陈 虎　论判决的修辞
- 云昌智　全球市场一体化与国际竞争法
  ——问题、理论以及分析线索初探
- 张 巍　日本担保物权法修改之初步研究
- 曾江波　民事善意制度研究
- 弗里曼　私人团体、公共职能与新行政法（毕洪海译）

学术书评
- 梁治平　故纸中的法律与社会
- 金自宁　《公法与政治理论》：阐释性方法的一个样本

北大讲坛
- 塞尔兹尼克　美国社会与法治（宁杰译　张骐校）

第 6 卷第 1 辑（2005／1）

主题研讨　转型社会中的司法过程
- 王亚新　实践中的民事审判
  ——五个中级法院民事一审程序的运作
- 傅郁林　中国基层法律服务状况初步考察报告
  ——以农村基层法律服务所为窗口
- 陈瑞华　无偏私的裁判者
  ——回避与变更管辖制度的反思性考察
- 易延友　司法权行使的正当性
  ——由回避制度看刑事诉讼程序之弊病
- 侯 猛　最高法院司法知识体制再生产
  ——以最高法院规制经济的司法过程为例

论文
- 李雨峰　枪口下的法律
  ——近代中国版权法的产生

评论
- 孙斯坦　洛克纳的遗产（田雷译　张千帆校）
- 阿 曼　全球化、民主与新行政法（刘轶译）

周安平　解构婚姻的基础
凌　斌　立法与法治：一个职业主义视角
李　强　韦伯、希尔斯与卡理斯玛式权威
　　　　——读书札记

学术书评
焦宝乾　法律意义世界的进入与困惑
　　　　——谢晖著《法律的意义追问》读后

案例分析
金锦萍　当赠与（遗赠）遭遇婚外同居的时候：公序良俗与制度协调

北大讲坛
霍普特　欧洲的公司治理：公司法和证券管理的改革问题（李丹译）

第 6 卷第 2 辑（2005/6）

主题研讨　死刑专辑
陈兴良　关于死刑的通信
陈兴良　受雇用为他人运输毒品犯罪的死刑裁量研究
梁根林　死刑控制四大论纲及其实施
周光权　死刑的司法限制
汪明亮　死刑量刑法理学模式与社会学模式

论文
刘广三　犯罪是一种评价
孙斯坦　法律的经济分析之行为学方法（王卫东　童颖琼译）
高全喜　论宪法政治
　　　　——关于中国法治主义的另一个视角
劳东燕　自由的危机："法治国"的内在机理与逻辑
张千帆　从管制到自由
　　　　——论美国贫困人口迁徙权的宪法演变
赵西巨　欧盟法中的司法审查制度：对《欧共体条约》第 230 条的释读
霍海红　证明责任：一个"功能"的视角
丁春艳　论私法中的优先购买权
许德风　论合同法上成本与费用的损害赔偿

评论
赵晓力　要命的地方:《秋菊打官司》再解读

北大讲坛
约翰-法勒　寻求比较公司治理恰当地理论视角与方法（洪艳蓉译）

第 7 卷第 1 辑(2006/1)

主题研讨　法律的社会科学研究
王绍光　导言
贺　欣　转型中国背景下的法律与社会科学研究
伊恩·艾尔斯　罗伯特·格特纳
　　　　　　填补不完全合同的空白:默认规则的一个经济学理论（李清池译）
斯图尔特·马考利　商业中的非合同关系:一个初步的研究（冉井富译）
成　凡　社会科学"包装"法学
　　　　——它的社会科学含义
侯　猛　最高法院公共政策的运作:权力策略与信息选择

论文
苏　力　作为社会控制的文学与法律
　　　　——从元杂剧切入
刘　忠　翻转的程序与颠倒的当事人
　　　　——正当程序理论的电影文本解读
毛晓秋　法律的驯顺和政治的审慎
　　　　——解读霍布斯《一位哲学家与英格兰普通法学者的对话》
李中原　中世纪罗马法的变迁与共同法的形成
曾江波　王少波　论不当得利请求权与物上请求权
　　　　——以物权变动模式为中心
张　巍　建设工程承包人优先受偿之功能研究
车丕照　杜　明　WTO 协定中对发展中国家特殊和差别待遇条款的法律
　　　　可执行性分析

评论
韩春晖　民主:一种世俗化的实践理性
　　　　——评熊彼特的民主观兼谈对我国政治文明建设的启示
冯　象　致《北大法律评论》编辑部的信

书评

朱 理　在控制和自由之间达致创新
　　　　——读莱斯格教授的《思想的未来——网络社会中公共资源的命运》

第7卷第2辑(2006/6)

论文

宾 凯　法律如何可能:通过"二阶观察"的系统建构
　　　　——进入卢曼法律社会学的核心
唐纳德·G.吉福德　公共侵扰与大规模产品侵权责任(陈鑫译)

评论

戴 昕　正义的形象
　　　　——对西方美术作品中正义女神形象的考察及其对法治话语的启示
牛 悦　"武松"与"师爷"
　　　　——从"看语"考察中国古代司法审判
尤陈俊　民事法制中的"旧惯"与日据台湾时期的治理术变迁(1895—1945)
陈 彤　管制抑或竞争:选择权应该交给谁?
　　　　——探析"州政府行为豁免原则"背后的问题意识
沈 明　前版权时代的智识权属观念和出版制度

北大讲坛

约瑟夫·J.诺顿　全球金融改革视角下的单一监管者模式:对英国FSA经验的评判性重估(廖凡译)

第8卷第1辑(2007/1)

主题研讨　人民陪审员制度

贺卫方　导言
刘晴辉　对人民陪审制运行过程的考察
曾 晖　王 筝　困境中的陪审制度
　　　　——"法院需要"笼罩下的陪审制度解读
彭小龙　陪审团审理中的微观机制考察
　　　　——一个以美国为对象的分析实证的视角

论文

王文宇	陈建霖	股权分置改革中的行政授予与补偿协商:公法与私法的融合
刘承韪		英美合同法对价理论的形成与流变
乔治·P. 弗莱彻		正确的与合理的(周折译)

评论

- **梁志文** 论通知删除制度
  ——基于公共政策视角的批判性研究
- **李 剑** 搭售案件分析的困惑与解释
  ——基于合理原则与当然违法原则的差异与融合的分析
- **陈瑞华** 社会科学方法对法学的影响
  ——在北大法学院博士生《法学前沿》课上的演讲
- **温晓莉** 论法律虚拟与法律拟制之区别
  ——法哲学的时代变革
- **严厚福** 环境公益诉讼原告资格之确立
  ——扩大"合法权益"的范围还是确立自然物的原告资格

第 8 卷第 2 辑(2007/6)

主题研讨 反思转型社会中的刑事程序法失灵

- **陈瑞华** 导言
  ——研究刑事程序失灵的意义与方法
- **季卫东** 拨乱反正说程序
- **刘 忠** 作为一个偶然地区性事件的正当程序革命
- **杨小雷** 规则建立过程的知识考察
  ——以"刘涌案"事件为空间
- **珍妮弗·史密斯 迈克尔·冈波斯**
  实现正义
  ——公平审判权在中国的发展(唐俊杰译 张建伟校)

论文

- **陈雪飞** 离婚案件审理中法官话语的性别偏好
- **郁光华** 从经济视角看中国的婚姻法改革
- **李雨峰** 思想/表达二分法的检讨

方 潇 "作为法律资源的天空"
　　　　——天学视野下对于君权制约和秩序构建的法律意义

评论

汪庆华 土地征收、公共使用与公平补偿
　　　　——评 Kelo v. City of New London 一案判决
张宪初 菲利普·斯马特
　　　　万事开头难
　　　　——《内地与香港特别行政区法院相互认可和执行当事人协议管
　　　　　辖的民商事案件判决的安排》评析
廖　凡 美国反向刺破公司面纱的理论与实践
　　　　——基于案例的考察
万　江 霍布斯丛林的真实模拟
　　　　——秩序形成的另类逻辑

第 9 卷第 1 辑(2008/1)

论文

应　星 行政诉讼程序运作中的法律、行政与社会
　　　　——以一个"赤脚律师"的诉讼代理实践为切入点
刘思达 客户影响与职业主义的相对性:中国精英商务律师的工作
成协中 中国行政诉讼证明责任的分配模式与规则重构
科林·凯莫勒　萨缪尔·伊萨查罗夫　乔治·罗文斯坦
特德·奥多诺霍　马修·拉宾
　　　　偏好与理性选择:保守主义人士也能接受的规制
　　　　——行为经济学与"非对称父爱主义"的案例(郭春镇译)

评论

崔麦克　冷　静 正式合同法和合同执行机制在经济发展中的角色
　　　　　　　　(傅强译　冷静译校)
戴立宁 论个人在票据上的签名
张　超 先天理性的法概念抑或刑法功能主义
　　　　——雅各布斯"规范论"初探兼与林立先生商榷
颜炳杰 美国上市公司私有化相关法律问题

书评
- 姜　峰　自由与权力:如何超越零和博弈?
  ——《权利的成本》读后
- 温恒国　功能主义视角下的俄罗斯宪法变迁
  ——评《俄罗斯宪法:本质、演进与现代化》
- 时　飞　网络空间的政治架构
  ——评劳伦斯·莱斯格《代码及网络空间的其他法律》

北大讲坛
- 罗伯特·C.珀斯特　论信息流通(桂舒　赵娟译)

第 9 卷第 2 辑(2008/7)

论文
- 王文宇　信托法的分析架构及可行的发展方向
  ——以台湾地区法制为例
- 李颖芝　衡平法外的受信义务
  ——析董事于新《公司法》下之"忠实义务"
- 马克·J.洛　法系渊源、政治与现代股票市场(谈萧译　朱慈蕴校)
- 何远琼　示范合同的制度考察
- 张江莉　论反垄断法对政府行为的豁免
- 赖骏楠　建构中华法系
  ——学说、民族主义与话语实践(1900—1949)

评论
- 贺　欣　离婚法实践的常规化
  ——体制制约对司法行为的影响
- 吴英姿　司法过程中的"协调"
  ——一种功能分析的视角
- 凌　斌　现代性危机与政治实践:托克维尔的历史救赎
- 韩　涛　司法变奏的历史空间
  ——从晚清大理院办公场所的建筑谈起

北大讲坛
- 菲利普·库尼希　从宪法角度看社会行动者对国家决定的影响
  (卢白羽译　王世洲校)

第10卷第1辑(2009/1)

主题研讨　清代中国的法律与社会
- 林　乾　从叶墉包讼案看讼师的活动方式及特点
- 唐泽靖彦　清代的诉状及其制作者(牛杰译)
- 李典蓉　被掩盖的声音
　　　　——从一件疯病京控案探讨清代司法档案的制作
- 邱澎生　法学专家、苏州商人团体与清代中国的"习惯法"问题
- 巩　涛　失礼的对话：清代的法律和习惯并未融汇成民法(邓建鹏译)

论文
- 向　燕　从财产到隐私
　　　　——美国宪法第四修正案保护重心之变迁
- 陈　顺　美国私营监狱的复兴
　　　　——一个惩罚哲学的透视

评论
- 陈绪纲　"朗道尔革命"
　　　　——美国法律教育的转型
- 蔡桂生　学术与实务之间
　　　　——法教义学视野下的司法考试(刑法篇)
- 海尔穆特·库齐奥　欧盟纯粹经济损失赔偿研究(朱岩　张玉东译)
- 周清林　中国语境中的"权利能力"
- 郭丹青　1995年以来的中国法制：稳步的发展与显著的延续性(周琰译)

第10卷第2辑(2009/7)

主题研讨　行政裁量的法治空间
- 王锡锌　行政自由裁量权控制的四个模型
　　　　——兼论中国行政自由裁量权控制模式的选择
- 余凌云　行政裁量的治理
　　　　——以警察盘查为线索的展开
- 朱新力　唐明良　尊重与戒惧之间
　　　　——行政裁量基准在司法审查中的地位

| 王贵松 | 行政裁量权收缩的法理基础 |
| | ——职权职责义务化的转换依据 |

论文

于　明	法律规则、社会规范与转型社会中的司法
	——《叔向使诒子产书》的法理学解读
王　慧	国际货物买卖合同中买方"拒受权"辨析
郭　雳	美国证券集团诉讼的制度反思

评论

陈福勇	仲裁机构的独立、胜任和公正如何可能
	——对S仲裁委的个案考察
胡　凌	网站治理：制度与模式
谢进杰	中国刑事审判对象的实践与制度
何才林	夹缝中的变革
	——以行政审判管辖权为视角的叙事
侯　猛	CSSCI法学期刊：谁更有知识影响力？
苏　力	追求不可替代
	——《北大法律评论》十年感言

书评

| 卢　超 | 经由"内部契约"的公共治理：英国实践 |
| | ——评戴维斯的 *Accountability: A Public Law Analysis of Government by Contract* |

引 征 体 例

(最新修订版)

援用本刊规范：
苏力:"作为社会控制的文学与法律——从元杂剧切入",载《北大法律评论》第 7 卷第 1 辑,北京大学出版社 2006 年版。

一 般 体 例

1. 引征应能体现所援用文献、资料等的信息特点,能(1)与其他文献、资料等相区别;(2)能说明该文献、资料等的相关来源,方便读者查找。
2. 引征注释以页下脚注形式连续编排。
3. 正文中出现一百字以上的引文,不必加注引号,直接将引文部分左边缩排两格,并使用楷体字予以区分。一百字以下引文,加注引号,直接放在正文中。
4. 直接引征不使用引导词或加引导词,间接性的带有作者个人的概括理解的,支持性或背景性的引用,可使用"参见"、"例如"、"例见"、"又见"、"参照"等;对立性引征的引导词为"相反"、"不同的见解,参见"、"但见"等。
5. 作者(包括编者、译者、机构作者等)为三人以上时,可仅列出第一人,使用"等"予以省略。
6. 引征二手文献、资料,需注明该原始文献资料的作者、标题,在其后注明"转引自"该援引的文献、资料等。
7. 引征信札、访谈、演讲、电影、电视、广播、录音、未刊稿等文献、资料等,在其后注明资料形成时间、地点或出品时间、出品机构等能显示其独立存在的特征。
8. 不提倡引征作者自己的未刊稿,除非是即将出版或已经在一定范围内公开的。
9. 引征网页应出自大型学术网站或新闻网站,由站方管理员添加设置的网页,应附有详细的可以直接确认定位到具体征引内容所在网页的 URL 链接地址,并注明最后访问日期。不提倡从 BBS、BLOG 等普通用户可以任意删改的网页中引征。
10. 英文以外作品的引征,从该文种的学术引征惯例,但须清楚可循。
11. 其他未尽事宜,参见本刊近期已刊登文章的处理办法。

引 用 例 证

中文

1. 著作
   - 朱慈蕴:《公司法人格否认法理研究》,法律出版社 1998 年版,第 32 页。
2. 译作
   - 孟德斯鸠:《论法的精神》(下册),张雁深译,商务印书馆 1963 年版,第 32 页。
3. 编辑(主编)作品
   - 朱景文主编:《对西方法律传统的挑战——美国批判法律研究运动》,中国检察出版社 1996 年版,第 32 页。
4. 杂志/报刊
   - 张维迎、柯荣住:"诉讼过程中的逆向选择及其解释——以契约纠纷的基层法院判决书为例的经验研究",载《中国社会科学》2002 年第 2 期。
   - 刘晓林:"行政许可法带给我们什么",《人民日报》(海外版)2003 年 9 月 6 日第 H 版。
5. 著作中的文章
   - 宋格文:"天人之间:汉代的契约与国家",李明德译,载高道蕴等主编:《美国学者论中国法律传统》,中国政法大学出版社 1994 年版,第 32 页。
6. 网上文献资料引征
   - 梁戈:"评美国高教独立性存在与发展的历史条件",http://www.edu.cn/20020318/3022829.shtml,最后访问日期 2008 年 8 月 1 日。

英文

1. 英文期刊文章　consecutively paginated journals
Frank K. Upham, "Who Will Find the Defendant if He Stays with His Sheep? Justice in Rural China", 114 *Yale Law Journal* 1675 (2005).

2. 文集中的文章　shorter works in collection
Lars Anell, "Foreword", in Daniel Gervais, *The TRIPS Agreement: Drafting History and Analysis*, London: Sweet & Maxwell, 1998, p.1.

3. 英文书　books
Richard A. Posner, *The Problems of Jurisprudence*, Cambridge, MA: Harvard University Press, 1990, p.456.

4. 英美案例　cases
New York Times Co. v. Sullivan, 76 U.S. 254 (1964).(正文中出现也要斜体)
Kobe, Inc. v. Dempsey Pump Co., 198 F.2d 416, 420 (10th Cir. 1952).

5. 未发表文章　unpublished manuscripts
Yu Li, *On the Wealth and Risk Effects of the Glass-Steagall Overhaul: Evidence from the Stock Market*, New York University, 2001 (unpublished manuscript, on file with author).

6. 信件　letters
Letter from A to B of 12/23/2005, p.2.

7. 采访　interviews

Telephone interview with A，（Oct 2，1992）．

8. 网页　internet sources

Lu Xue，*Zhou Zhengqing Talks on the Forthcoming Revision of Securities Law*，at http：//www. fsi. com. cn/celeb300/visited303/303_0312/303_03123001. htm？最后访问日期 2008 年 8 月 1 日。

　　注释中重复引用文献、资料时，若为注释中次第紧连援用同一文献的情形，使用"同上注，第 2 页"、"Id. ，p. 2"等。

　　若为非次第紧连、但在同页出现的文献，可将文献的版次、出处等简略，仅使用"同前注"、"supra note"，但须注明引用文献的名称、作者和页码，以便于识别。如"苏力:《送法下乡》,同前注,第×页"。